LICITAÇÕES PARA CONTRATAÇÃO DE SERVIÇOS CONTINUADOS OU NÃO

A terceirização na
Administração Pública

SIDNEY BITTENCOURT

LICITAÇÕES PARA CONTRATAÇÃO DE SERVIÇOS CONTINUADOS OU NÃO

A terceirização na Administração Pública

Comentários à Instrução Normativa n° 02, de 30 de abril de 2008, da Secretaria de Logística e Tecnologia da Informação (SLTI) do Ministério do Planejamento, Orçamento e Gestão (MP)

Atualizada com as alterações determinadas pelas Instruções Normativas n° 03, de 16 de outubro de 2009; n° 04, de 11 de novembro de 2009; n° 05, de 18 de dezembro de 2009; n° 06, de 23 de dezembro de 2013; e n° 3, de 24 de junho de 2014

© 2015 – Sidney Bittencourt
Direitos em língua portuguesa para o Brasil:
Matrix Editora
www.matrixeditora.com.br

Diretor editorial
Paulo Tadeu

Capa e diagramação
Monique Schenkels

CIP-BRASIL. CATALOGAÇÃO-NA-FONTE
SINDICATO NACIONAL DOS EDITORES DE LIVROS, RJ

Bittencourt, Sidney

Licitações para contratação de serviços continuados ou não: a terceirização na administração pública /Sidney Bittencourt. - 1. ed. - São Paulo : Matrix, 2015.
312 p. ; 23 cm. Inclui bibliografia e índice

ISBN 978-85-8230-162-3

1. Brasil. [Lei n. 8.666, de 21 de junho de 1993]. 2. Licitação pública - Legislação - Brasil. 3. Contratos administrativos - Legislação - Brasil. 4. Serviço público - Brasil. I. Título.
14-18457   CDU: 342.951:352.712.2(81)1

Dedico este trabalho à minha mãe,
Sara Iglesias Bittencourt,
pela verdadeira aula de vida em momento
extremamente difícil.

O que interessa é uma boa terceirização seja onde for, mesmo porque, nos modernos sistemas de produção, é quase impossível determinar com precisão o que é meio e o que é fim. A velocidade de mudança é meteórica e não permite discussões acadêmicas sobre termos e conceitos obscuros.

José Pastore

SUMÁRIO

15 Prefácio

17 Introdução

17 1. Administração Pública

20 1.1 A Terceirização na Administração Pública – Comentários à Instrução Normativa nº 02, de 30 de abril de 2008, da Secretaria de Logística e Tecnologia da Informação (SLTI) do Ministério do Planejamento, Orçamento e Gestão (MPOG)

27 EMENTA E ARTIGO 1º

27 1. Instruções Normativas

28 2. As normas que dão suporte à edição da Instrução Normativa SLTI nº 02/2008

30 3. Objetivos da Instrução Normativa

31 4. As alterações impostas pela Instrução Normativa SLTI nº 6/2013

32 5. Abrangência da Instrução Normativa

32 6. Definições

35 6.1 Os serviços continuados

38 6.1.1 A questão da duração dos contratos de serviços continuados

41 6.1.2 A responsabilização pelos encargos trabalhistas, previdenciários e fiscais nos serviços continuados de mão de obra exclusiva

41 6.1.2.1 A responsabilidade pelos encargos trabalhistas, previdenciários, fiscais e comerciais

41 6.1.2.2 A não transferência da responsabilidade para a Administração

41 6.1.2.3 A responsabilidade trabalhista

43 6.1.2.4 A responsabilidade previdenciária

45 ARTIGO 2º

46 1. O planejamento das contratações de serviços

46 1.1 Diretrizes do planejamento nos serviços de natureza intelectual

48 ARTIGO 3º
48 1. A licitação de serviços distintos
51 1.1 A realização de licitação e a contratação de serviços distintos conjuntamente

52 ARTIGOS 4º E 5º
52 1. A cooperativa como parte preponderante no uso da licitação para a alavancagem do desenvolvimento nacional
55 1.1 Regras obrigatórias concernentes à participação de cooperativas em licitações
58 1.2 A habilitação das cooperativas
60 1.2.1 A ideia de equalização dos preços propostos por cooperativas
63 1.2.2 O acordo celebrado entre o MPT e a AGU limitando a participação de cooperativas em licitações
69 2. Instituições sem fins lucrativos
72 2.1 A contratação de OSCIPs pela Administração Pública
73 2.1.1 A questão da realização de licitação para a seleção da OSCIP com a qual a Administração firmará o Termo de Parceria
76 2.1.2 A questão da instauração da licitação para as contratações realizadas pelas OSCIPs com dinheiro público

79 ARTIGO 6º
79 1. A possibilidade dos serviços continuados serem executados por terceiros contratados
81 1.1 Inexistência de vínculo empregatício
82 1.2 A contratação de serviços mediante licitação devidamente planejada

83 ARTIGOS 7º A 9º
84 1. Elenco exemplificativo de atividades passíveis de serem terceirizadas pela Administração
84 2. Terceirização de atividades dos cargos extintos ou em extinção
87 3. Atividades que não admitem a terceirização
89 4. Observação da nomenclatura prevista no Código Brasileiro de Ocupações – CBO

90 ARTIGO 10
91 1. Vedação a atos de ingerência nas atividades da organização privada contratada

92	ARTIGO 11
92	1. A contratação de serviços por intermédio de unidade de medida
94	2. O uso de Acordo de Nível de Serviços – ANS
96	ARTIGO 12
96	1. A transferência de tecnologia na contratação de serviços de natureza intelectual ou estratégicos
97	ARTIGO 13
97	1. A não vinculação aos acordos e convenções coletivas que não tratem de questões trabalhistas
99	ARTIGOS 14 E 15
102	1. Obrigatória a elaboração de Projeto Básico ou Termo de Referência
102	1.1 Projeto Básico: a determinação prevista no artigo 7º da Lei nº 8.666/93
103	1.2 Os regulamentos federais do pregão: o termo de referência
106	2. Elaboração do Projeto Básico ou do Termo de Referência
107	3. Itens do Projeto Básico ou do Termo de Referência
112	3.1 Os critérios ambientais adotados como uma das justificativas da necessidade da contratação
114	3.1.1 As normas de compras sustentáveis no Brasil
121	3.2 A adoção de critérios técnicos de julgamento das licitações do tipo técnica e preço
124	ARTIGO 16
124	1. Vedações nas especificações dos serviços a serem contratados
126	ARTIGO 17
126	1. Diretrizes para a elaboração do Acordo de Níveis de Serviços – ANS
129	ARTIGOS 18 E 19
137	1. A elaboração do edital de licitação
138	2. Elementos de composição do edital
144	2.1 Critérios de julgamento para comprovação da capacidade técnica dos licitantes nas licitações tipo técnica e preço
148	2.2 A repactuação dos preços
152	2.3 A possibilidade de prorrogação contratual para os serviços continuados
153	3. Documentos habilitatórios a serem exigidos de cooperativas
155	4. Outras inovações promovidas pela IN nº 06/13

158 ARTIGO 19-A
160 1. Garantia do cumprimento das obrigações trabalhistas
161 1.1 A conta vinculada
164 1.2 A previsão de provisionamento
164 1.3 A retenção da garantia
164 1.4 O pagamento dos salários dos empregados por intermédio de depósito bancário
164 1.5 A autorização para desconto nas faturas e pagamento dos salários e verbas trabalhistas

165 ARTIGO 20
166 1. Vedações ao edital
169 2. A revogação do dispositivo que vedava à Administração fixar os salários das categorias ou dos profissionais

170 ARTIGOS 21 A 24
172 1. As propostas dos licitantes
174 2. Planilhas de custos quando a modalidade licitatória for o pregão

176 ARTIGOS 25 A 29-B
179 1. Tipos licitatórios para a contratação de serviços
179 1.1 O uso da licitação do tipo menor preço para a contratação de serviços comuns e a adoção da modalidade pregão
179 1.1.1 O uso do pregão nos casos de contratação de serviços comuns
181 1.2 As contratações de serviços de Tecnologia da Informação – TI
184 1.3 A adoção excepcional da licitação do tipo técnica e preço para a contratação de serviços
186 2. A análise e o julgamento das propostas
190 2.1 A fase externa da licitação (art. 43 da Lei nº 8.666/93)
191 2.1.2 Alterações no rito procedimental em face da LC nº 123/06
191 2.1.3 Roteiro de atos da fase externa da licitação (incs. I a VI e §§ 1º e 2º do art. 43 da Lei nº 8.666/93)
192 2.1.3.1 Recebimento dos envelopes
193 2.1.3.2 Direito de manifestação dos participantes
193 2.1.3.3 Abertura dos envelopes de habilitação
194 2.1.3.4 Análise e julgamento da documentação
194 2.1.3.5 Divulgação da decisão sobre a habilitação
194 2.1.3.6 Interposição de recursos contra a decisão sobre a habilitação

195 2.1.3.7 Devolução de envelopes-propostas aos inabilitados
195 2.1.3.8 Abertura dos envelopes-propostas
195 2.1.3.9 Julgamento e classificação das propostas
195 2.1.3.10 Divulgação da decisão referente ao julgamento e classificação das propostas
196 2.1.3.11 Recursos contra a decisão referente ao julgamento e classificação das propostas
196 2.1.3.12 Limite das atribuições da comissão de licitação
196 2.2 Motivos que justificam a desclassificação das propostas
196 3. Propostas com preços inexequíveis
199 3.1 Preços inexequíveis nas licitações de menor preço para obras e serviços de engenharia
201 4. Análise da exequibilidade de preço proposto nos serviços continuados com dedicação exclusiva de mão de obra

204 ARTIGO 30
204 1. A duração do contrato administrativo
206 2. A exceção para os casos de serviços executados de forma contínua (inc. II do art. 57 da Lei nº 8.666/93)
206 2.1 A questão da prorrogação do prazo de duração contratual
207 2.1.1 A questão de se prorrogar somente por iguais e sucessivos períodos
208 2.2 Regras específicas para os contratos de serviço continuado

210 ARTIGO 30-A
211 1. Inexistência de direito subjetivo à prorrogação
216 2. Amortização de custos não renováveis
216 3. Vedação à prorrogação contratual

217 ARTIGOS 31 A 35
222 1. Acompanhamento e fiscalização da execução dos contratos
224 2. Fiscalização de obrigações trabalhistas
227 2.1 Consequências do descumprimento de obrigações trabalhistas
232 3. Procedimentos na contratação de serviços de natureza intelectual
232 4. O uso dos Acordos de Níveis de Serviços – ANS
233 5. Outras regras para a fiscalização de serviços continuados

237 ARTIGO 36
238 1. Do pagamento

246 ARTIGOS 37 A 41-B
249 1. Repactuação de contratações de serviços continuados com dedicação exclusiva de mão de obra
251 1.1 Regras específicas para a repactuação
253 1.2 Interregno mínimo para a repactuação e marco inicial da contagem
254 1.3 Regras referentes à repactuação
256 1.4 Início dos efeitos financeiros da repactuação
259 2. Manutenção do equilíbrio econômico-financeiro dos contratos administrativos

261 ARTIGOS 42 A 48
263 1. A contratação de serviços de limpeza
264 1.1 Definição de parâmetros

267 ARTIGOS 49 A 56
269 1. A contratação de serviços de vigilância
269 1.1 Definição de parâmetros
270 2. Escalas de trabalho
270 3. Preços mensais dos postos de vigilância
270 4. Estudos para otimização dos postos de vigilância
271 5. Das vedações
271 5.1 Vedação de licitação conjunta com serviços de instalação, manutenção ou aluguel de equipamentos de vigilância eletrônica
272 6. Das disposições finais
276 Anexo I - Definições dos termos utilizados na instrução normativa
279 Anexo II - Modelo do acordo de níveis de serviços
281 Anexo III - Modelo de planilha de custos e formação de preços
282 Anexo III-A - Mão de obra vinculada à execução contratual
285 Anexo III-B - Quadro-resumo do custo por empregado
285 Anexo III-C - Quadro-resumo do valor mensal dos serviços
285 Anexo III-D - Quadro demonstrativo do valor global da proposta
286 Anexo III-E - Complemento dos serviços de vigilância
287 Anexo III-F - Complemento dos serviços de limpeza e conservação
290 Anexo IV - Guia de fiscalização dos contratos de prestação de serviços com dedicação exclusiva de mão de obra
293 Anexo V - Metodologia de referência dos serviços de limpeza e conservação
299 Anexo VI - Conta vinculada para a quitação de obrigações trabalhistas
302 Anexo VII - Modelo de declaração
303 BIBLIOGRAFIA

PREFÁCIO

Sem nenhuma dúvida, uma das maiores alegrias que tive em minha vida profissional, que já ultrapassa 50 anos, foi o convite recebido dessa celebridade, Ilustríssimo Professor Sidney Bittencourt, para prefaciar uma de suas inestimáveis obras-primas. Trata-se de seu mais novo lançamento: "Licitações para contratação de serviços continuados ou não - A terceirização na Administração Pública".

Nessa obra tão relevante e necessária, frente a todas as dificuldades encontradas por aqueles que tanto na Administração Pública quanto nas empresas privadas lidam com as licitações e contratações de serviços continuados ou não, o autor traz um foco de radiosa luz que certamente irá auxiliar a todos nessas atividades tão complexas e ao mesmo tempo tão importantes, pois envolvem significativa parcela de recursos advindos dos impostos pagos pelos contribuintes.

Sempre com muita ousadia, sem nenhum receio de tecer todas suas ideias, lastreadas na melhor doutrina dominante e jurisprudência, ele analisa todos os meandros desse tema, orientando agentes públicos e licitantes com a autoridade de pesquisador e professor consagrado e respeitado por todos.

Na esfera federal, a contratação de serviços pela Administração Pública é disciplinada por diversos atos normativos que sofreram constantes inovações e alterações ao longo desses anos, possuindo enorme quantidade de dispositivos e grande detalhamento de procedimentos. É o caso da Instrução Normativa nº 02, de 30 de abril de 2008, da SLTI/MPOG, que disciplina a contratação de serviços, continuados ou não, por órgãos ou entidades integrantes do SISG – Sistema de Serviços Gerais. A importância desse diploma normativo e a elaboração de seus procedimentos têm tamanho brilhantismo que, apesar de sua aplicabilidade restrita, a princípio aos órgãos integrantes do SISG (e, ainda, em função da ausência de diplomas com detalhamentos similares nas demais esferas federativas), a IN 02 vem sendo utilizada como referência nas contratações de órgãos e entidades públicas de todo o Brasil, em todas as esferas.

A carência sobre o tema, contudo, não abrange somente a via legislativa. A doutrina é extremamente omissa sobre a matéria, sendo o referido tema enfrentado por pouquíssimos juristas. Mais um motivo que torna a presente obra de singular riqueza, prestigiando o Direito Administrativo com relevantes considerações inéditas sobre a matéria.

Além disso, o autor consegue sempre navegar com extrema facilidade dos meandros jurídicos aos fatos, qualidade de poucos juristas e de enorme relevância quando falamos de licitações e contratos administrativos, em face de enorme heterogeneidade dos costumeiros consumidores desse tema.

Tão grande é sua produção intelectual, que já deve estar preocupando, lá no céu, o grande e memorável mestre Hely Lopes Meirelles por eventual ultrapassagem no seu número de obras produzidas, nessa área tão relevante para o Direito Administrativo Brasileiro.

Nossos agradecimentos sinceros e parabéns ao professor Sidney Bittencourt, unanimidade como jurista, pesquisador, professor e escritor.

Mario Vianna
Professor especialista em Licitações e Contratos Públicos.
Um dos mais antigos e consagrados instrutores da matéria em cursos de aperfeiçoamento.
Diretor Técnico da Vianna & Consultores Associados.

INTRODUÇÃO

1. Administração Pública

O vocábulo Administração está intimamente relacionado a planejamento e gerenciamento de pessoas, situações ou recursos, objetivando o alcance de metas previamente definidas, tendo origem no latim *administratione*, que significa direção, gerência.

Em termos técnicos, Administração é um ramo das ciências humanas que se caracteriza pela aplicação prática de um conjunto de princípios, normas e funções dentro das organizações privadas ou públicas.

Numa organização privada, o ato de administrar significa planejar, organizar, coordenar e controlar todas as tarefas com o intuito de atingir boa produtividade, bem-estar dos trabalhadores e lucratividade, entre outros objetivos definidos pela organização.

Isso também ocorre nas organizações públicas. Adota-se, então, a expressão Administração Pública, ou simplesmente Administração, que é utilizada em diversas acepções (orgânica, material e operacional), cada uma com um alcance específico.

Na acepção orgânica, consigna o grupo de entes públicos instituídos para consecução dos objetivos governamentais. Na material, designa as diversas funções necessárias aos serviços públicos a serem prestados à sociedade pelo governo[1]. Na operacional, configura os serviços governamentais efetuados para atender a população.

Verifica-se, portanto, que, numa ótica global, Administração Pública é todo o aparato governamental voltado para a realização de serviços que objetivem a satisfação das necessidades do povo.

É nesse contexto que Romeu Felipe Bacellar assevera que todas as atividades estatais exercidas por meio da Administração Pública ocorrem em face do Princípio Geral do Bem Comum[2].

Por conseguinte, é possível afirmar que o regime jurídico administrativo se concretiza, principalmente, sob a égide de dois princípios próprios do Direito Administrativo: a Supremacia do Interesse Público sobre o do Privado[3]

---

[1] Para bem situar a matéria, registre-se que "Estado" configura a sociedade política e juridicamente organizada em determinado território. Por sua vez, "Governo" consigna um centro estratégico ocupado temporariamente por pessoas, que define os objetivos, diretrizes e metas do Estado.
[2] BACELLAR FILHO, Romeu Felipe. Direito Administrativo, p. 38.
[3] Diogo de Figueiredo Moreira Neto contesta a aplicação, na atualidade, da supremacia do interesse público: "(...) no Estado Democrático de Direito não há mais fundamento para sustentar-se o antigo princípio da supremacia do interesse público, que partia da existência de uma hierarquia automática entre categorias de interesses públicos e privados" - Curso de direito administrativo, p. 87.

e a Indisponibilidade dos Interesses Públicos. Inobstante, não podem ser deixados de lado outros princípios que informam a Administração Pública, alguns constitucionais e outros integrantes de legislação infraconstitucional, a saber: Legalidade, Impessoalidade, Presunção de Legitimidade, Especialidade, Controle, Autotutela, Hierarquia, Continuidade do Serviço Público, Publicidade, Moralidade Administrativa, Razoabilidade (Proporcionalidade), Motivação, Eficiência e Segurança Jurídica[4].

Essa função exercida pela Administração Pública que busca atender o interesse coletivo é denominada "função administrativa", sendo de crucial importância sublinhar que essa prática não configura atos de governo[5], mas sim atos administrativos[6].

Para exercer a função administrativa com bom desempenho, a Administração precisa valer-se de diversos mecanismos de atuação.

Atuando inicialmente de maneira centralizada, ou seja, exercendo plenamente o poder que lhe é outorgado pela Constituição Federal, a Administração, diante de demandas cada vez mais complexas e trabalhosas, viu-se obrigada a encontrar novas saídas para o exercício a contento de suas atribuições.

Dentre outras formas, uma primou pela busca de colaboração de terceiros, brotando daí o que se denominou descentralização de poder, ou simplesmente descentralização.

Vide que Hely Lopes Meirelles[7] já antevia, ainda nos anos 1970, que a ampliação das funções estatais, a complexidade e o custo das obras e serviços públicos eram de tal monta que abalavam os fundamentos da Administração Pública clássica e exigiam novas maneiras de prestação de serviços afetos ao Estado.

Destarte, como consequência lógica dessa situação, decorreu a natural evolução dos serviços públicos centralizados para os delegados a terceiros.

Como prelecionava Meirelles, descentralizar é o afastamento do centro, com a atribuição a outrem, em sentido jurídico-administrativo, dos poderes de administrar, cujo titular é o Estado. Esse seria, inclusive, o ponto nuclear da chamada Administração descentralizada (ou Administração Indireta), com o surgimento das autarquias, das sociedades de economia mista, das empresas públicas e das entidades fundacionais públicas e das entidades fundacionais[8].

---

[4] Elenco sustentado por Maria Sylvia Zanella Di Pietro. Direito Administrativo, p. 66-86.
[5] Atos de governo (ou políticos) são atos complexos e discricionários, normalmente praticados pelo Chefe do Poder Executivo, alicerçados na Constituição Federal. Os atos de governo, embora sejam atos da Administração, não são atos administrativos.
[6] Ato administrativo é a declaração do Estado, que produz efeitos jurídicos imediatos, com observância da lei, sob o regime jurídico de direito público e sujeita ao controle pelo Poder Público.
[7] Cf. MEIRELLES, Hely Lopes. Direito administrativo brasileiro.
[8] Adotamos a expressão "entidades fundacionais" por entendermos que há uma forte diferença entre

Sob esse prisma, Marcos Juruena afirma, com absoluta propriedade, que o ato de descentralizar caracteriza uma opção técnico-administrativa de desmembramento do exercício do poder e não de sua titularidade, que permanece com o povo, de quem emana, em favor do Estado[9].

Dessa forma, além da descentralização por *outorga institucional* (quando o Estado, por intermédio de lei, cria uma nova pessoa jurídica e transfere uma atividade administrativa) e da realizada por *desconcentração* (que ocorre no âmbito da própria estrutura administrativa, decorrente do poder hierárquico), veio à tona a descentralização por *colaboração* (ou por delegação), com a transferência de atividade administrativa para terceiros, estranhos à Administração Pública.

No bojo dessa última hipótese descortinaram-se os atos administrativos unilaterais (autorizações e permissões), os bilaterais (contratos) e os multilaterais (convênios, termos de cooperação, contratos de repasse, termos de parceria, protocolos de intenções, contratos de gestão, consórcios, acordos de parceria público-privada, dentre outros ajustes).

Com perspicácia, Juruena registrou a dificuldade enfrentada pelo Estado com o arcaico gerenciamento centralizado:

> Verificou-se que as fórmulas tradicionais não se prestavam mais a solucionar problemas. Foi preciso, pois, buscar um novo modelo que demonstrasse que não são apenas os beneficiários diretos do contrato que vão colher os frutos dos investimentos públicos e/ou privados sobre um determinado segmento econômico[10].

Nessa conjuntura, viu-se o Estado diante da premente necessidade de interação constante com aqueles que o rodeavam: os entes da Administração direta das diversas esferas de governo; os componentes da Administração indireta, de todos os níveis; as empresas privadas; os que compõem o chamado Terceiro Setor (Organizações não governamentais – ONGs, Organizações Sociais – OS, Organizações da Sociedade de Interesse Público – OSCIP e os integrantes do Sistema S – SENAC, SENAI, SESI, SEBRAE etc.), entre outros.

Nesse passo, ao avaliar os caminhos gerenciais da nova Administração Pública, dispôs Orlando Euler[11]:

---

as fundações de Direito Privado instituídas pelo Poder Público e as denominadas "fundações 9 SOUTO, Marcos Juruena Villela. Licitações e contratos administrativos. v. 1, p. 31.
10 SOUTO, Marcos Juruena Villela. Direito administrativo das parcerias. Rio de Janeiro: Lumen Juris, 2005.
11 Disponível em: <http://www.indg.com.br/institucional/falconi/request_id.asp?id=47>.

A boa gestão pública é aquela que busca uma nova postura, para se adaptar aos novos tempos, revendo ou abandonando paradigmas da "cultura" vigente, promover mudanças e aperfeiçoar os métodos de administração[12].

1.1 A Terceirização na Administração Pública

A descentralização bilateral na Administração Pública, realizada por intermédio da celebração de contratos de prestação de serviços, passou a ser conhecida como "terceirização", do mesmo modo que já ocorria no âmbito jurídico privado, que a define como o processo de gestão de transferência a terceiros de serviços que originalmente deveriam ser executados no seio da própria organização[13].

Logicamente, o assunto toma relevo quando se fala em terceirização de atividades públicas. Nesse caso, além do âmbito trabalhista, a matéria estende seus braços sobre outros campos do Direito, principalmente sobre o Direito Administrativo.

---

[12] Anote-se que não se está defendendo o afastamento total do atendimento ao Princípio da Legalidade, mas sim uma reavaliação da vetusta ideia de que, em qualquer situação, a Administração Pública só efetua aquilo que a lei autoriza. Preocupadíssimo com a possibilidade dessa postura de evolução do Direito Administrativo levar o desavisado a entendimento irregular do tema, Robertônio Pessoa faz um alerta: "Para atender às cambiantes exigências coletivas, numa sociedade cada vez mais complexa, a Administração Pública deve estar em permanente processo de aperfeiçoamento e modernização, sempre ocupada com a 'eficiência' dos serviços que presta à sociedade, às empresas e aos cidadãos. A prestação de serviços públicos é a razão de ser e condição de legitimidade de qualquer organização administrativa. O modelo jurídico-administrativo em vigor no Brasil, em conformidade com o ideário do Estado Democrático de Direito, deve atender, assim, a uma tríplice ordem de imperativos: legalidade – moralidade – eficiência. Tais diretrizes devem ser realizadas de forma equilibrada. O princípio da legalidade não pode se desvirtuar em legalismo formal ou em burocracia, com o comprometimento da celeridade e eficiência das decisões e ações administrativas. Os justos reclamos por eficiência, por outro lado, não podem servir de álibi ao menosprezo para com o princípio da legalidade e uma de suas principais consequências: a observância do devido processo legal. De fato, a submissão da Administração Pública à lei constitui-se numa das conquistas básicas do Estado de Direito. A legalidade administrativa, como é sabido, implica em exigências das mais diversas ordens no trato e condução dos 'negócios públicos'. (...) É a legalidade que permite o controle jurisdicional e público das condutas e decisões administrativas, sempre que estas se desviem dos interesses públicos. Vinculada umbilicalmente aos valores acima, o princípio da legalidade, que tanto parece incomodar os profetas da 'Nova Administração', é o único capaz de assegurar a construção efetiva não só de um Estado de Direito, mas também de um Estado Democrático. Por meio dele promove-se uma maior garantia dos direitos dos administrados, uma legitimação do poder, um correto desempenho da função pública, um melhor conteúdo das decisões tomadas, uma maior aproximação entre Administração e cidadãos, uma justiça administrativa, e um maior controle e fiscalização dos agentes públicos. Tais são os pontos fortes do modelo jurídico-administrativo ainda vigente. A observância do devido processo legal não pode ser vista como entrave à obtenção de metas e resultados práticos e concretos no seio da Administração, como pretendem os defensores da Escola da Nova Administração. Os processos, em regime de legalidade e publicidade, são tão importantes quanto os resultados. São eles que, em grande parte, garantem a sintonia dos resultados com as demandas públicas". (Alerta! A "nova Administração Pública". Disponível em: <http://jus2.uol.com.br/doutrina/texto.asp?id=318>).

[13] Na verdade, bem antes do uso da expressão "terceirização", a descentralização já existia na Administração através da natural contratação de serviços. O que ocorreu foi a incorporação de novos termos para designar institutos antigos, além de agregação de novos institutos.

Indagamos em trabalho anterior[14]:

> Por que a Administração Pública deve ficar sempre um passo (ou muitos passos) atrás nas inovações que visam a um bom funcionamento, como produtividade e economicidade?
> Por que, notadamente nesses tempos de penúria, não pode a Administração valer-se de técnicas modernas e eficientes para transferir algumas atividades para os particulares, que não sejam as malfadadas (quando mal realizadas) privatizações, além das concessões, permissões e autorizações?

E afiançamos:

> O desafio do Direito Público é fazer com que, dentro da lei, o interesse da coletividade seja mais bem atendido, através da prestação de serviços eficientes, mais ágeis, menos onerosos aos cofres públicos. Tal desafio é nitidamente encontrado na Constituição Federal de modo expresso em seu artigo 1º, que lista entre os fundamentos da República Federativa, dentre outros, os valores sociais do trabalho e da livre iniciativa. O mesmo espírito aparece repetidamente nos artigos 3º, 5º, 6º, 170 e, implicitamente, em toda a Ordem Social (Título VIII). Essa foi uma opção do constituinte pelo sistema capitalista, privilegiando de modo nítido a expressão do trabalho livre, em sociedade pluralista[15].
> A Administração, seguindo os passos das empresas privadas, deve estar sempre à procura de modelos novos de desenvolvimento. Muda-se o Estado, reinventa-se o Governo.
> Partidários do obsoletismo logo surgem com argumentos ultrapassados, sem levar em consideração que a Administração precisa avançar, evoluir, crescer e, mais do que nunca, aparelhar-se para alcançar, com êxito, o seu objetivo fundamental, o interesse público.
> A regra constitucional do obrigatório concurso público para ingresso na Administração não pode, é claro, ser esquecida. Mas é necessário separar o joio do trigo. Duas formas existem para que a Administração consiga obter atividades de pessoas para alcançar seus propósitos, ambas com ampla base constitucional: uma, por intermédio da seleção de pessoas para a ocupação de cargos públicos (selecionadas, de regra, por concurso público); e outra, via licitação pública.

Destarte, num cenário de dificuldades para exercer com plenitude a sua função social, a Administração encontrou na descentralização através da terceirização uma importante ferramenta de colaboração.

---

[14] BITTENCOURT, Sidney. A participação de cooperativas em licitações públicas. p. 50.
[15] LEIRIA, Jerônimo Souto; SOUTO, Carlos Fernando; SARATT, Newton Dornelles; e LA PORTA, Sylvia. Terceirização passo a passo – o caminho para a administração pública e privada. Sagra-DC Luzzato Editores, p. 48.

Ao versar sobre a descentralização, o legislador do vetusto Decreto-Lei nº 200/1967, com ótica bem aguçada, já previu, no § 7º do art. 10, que, para melhor desincumbir-se das tarefas de planejamento, coordenação, supervisão e controle, e com o objetivo de impedir o crescimento desmesurado da máquina administrativa, a Administração deveria buscar desobrigar-se da realização material de tarefas executivas, recorrendo, sempre que possível, à execução indireta, mediante contrato, desde que existisse iniciativa privada suficientemente desenvolvida e capacitada a desempenhar os encargos de execução.

Posteriormente, o Decreto-Lei nº 2.300/1986, primeiro Estatuto de licitações e contratações públicas, prescreveu a execução indireta, com a contratação de serviços, sempre precedida de licitação ou de afastamentos dessa por intermédio de dispensa licitatória ou inexigibilidade.

Confirmando a possibilidade, a Constituição Federal de 1988 deu fundamento à contratação de serviços pela Administração ao dispor, no inc. XXI do art. 37, ajustes mediante processo de licitação pública que assegure igualdade de condições a todos os concorrentes, com cláusulas que estabeleçam obrigações de pagamento, mantidas as condições efetivas da proposta, nos termos da lei, o qual somente permitirá as exigências de qualificação técnica e econômica indispensáveis à garantia do cumprimento das obrigações, ressalvados os casos especificados na legislação.

Nesse curso, a Lei nº 8.666/93, atual Lei Geral de Licitações e Contratações Públicas, ao regulamentar o dispositivo constitucional antes mencionado, previu a contratação de serviços, expondo, logo no seu art. 1º, que o diploma estabeleceria normas gerais sobre licitações e contratos administrativos para vários objetos, dentre os quais os serviços no âmbito dos Poderes da União, dos Estados, do Distrito Federal e dos Municípios[16].

Em continuação, o inc. II do art. 6º define que serviço é toda atividade destinada a obter determinada utilidade de interesse para a Administração, tais como demolição, conserto, instalação, montagem, operação, conservação, reparação, adaptação, manutenção, transporte, locação de bens, publicidade, seguro ou trabalhos técnico-profissionais. É de se notar que o elenco é exemplificativo, haja vista o uso da expressão "tais como".

Ademais, a Lei nº 8.666 faz menção a serviços a serem prestados por terceiros para a Administração em diversos dispositivos, tratando-os, tal como a lei pretérita, como de execução indireta, isto é, não executados diretamente pelo Poder Público, além de indicar os regimes para a execução: tarefa ou empreitada.

---

[16] Os outros objetos são: obras, compras, alienações e locações.

Destaque-se, também, o art. 13, que alude aos serviços técnico-profissionais especializados, fazendo referência a vários deles, a saber: estudos técnicos, planejamentos e projetos básicos ou executivos; pareceres, perícias e avaliações em geral; assessorias ou consultorias técnicas e auditorias financeiras ou tributárias; fiscalização, supervisão ou gerenciamento de obras ou serviços; patrocínio ou defesa de causas judiciais ou administrativas; treinamento e aperfeiçoamento de pessoal; e restauração de obras de arte e bens de valor histórico.

Sobre esse rol, acresçam-se os comentários apresentados em outro trabalho[17], quando afirmamos que a enumeração, nesse caso, era restrita:

> Evidentemente, existem outros serviços que poderão ser entendidos como especializados (...). A enumeração das modalidades é taxativa e não exemplificativa – nessa linha também José Cretella Júnior[18] e Lúcia Valle Figueiredo[19]. Parte da doutrina, entretanto, tem se posicionado contrariamente a esta interpretação, entendendo que o rol é meramente exemplificativo (ex.: Marçal Justen[20] e Ronny Charles[21]).
> O TCU segue nossa linha de entendimento, consoante se deduz da súmula a seguir: SÚMULA TCU 252 - Contratação direta; inexigibilidade de licitação; Serviços técnicos especializados - A inviabilidade de competição para a contratação de serviços técnicos, a que alude o inciso II do art. 25 da Lei nº 8.666/1993, decorre da presença simultânea de três requisitos: serviço técnico especializado, entre os mencionados no art. 13 da referida lei, natureza singular do serviço e notória especialização do contratado.

Convém ainda registrar a edição do importante Decreto Federal nº 2.271/1997, que, tendo em vista o disposto no § 7º do art. 10 do Decreto-Lei nº 200/1967, dispõe pioneiramente sobre a contratação de serviços pela Administração Pública Federal direta, autárquica e fundacional, e fixa, em seu art. 1º, a possibilidade de serem objeto de execução indireta as atividades materiais acessórias, instrumentais ou complementares aos assuntos que constituem área de competência legal do órgão ou entidade.

Esse decreto é tão explícito no que tange à terceirização na esfera da Administração, que chega a enumerar algumas atividades que deverão "de preferência" ser objeto de execução indireta: conservação, limpeza, segurança,

---

[17] BITTENCOURT, Sidney. Licitação Passo a Passo. 7. ed., p. 117.
[18] CRETELLA JÚNIOR. Das licitações públicas: comentários à nova Lei Federal nº 8.666, de 21.6.1993. 4. ed., p. 138.
[19] FIGUEIREDO, Lúcia Valle. Direitos dos licitantes. 4. ed., p. 24.
[20] JUSTEN FILHO. Comentários à Lei de Licitações e Contratos Administrativos: de acordo com a Lei Federal nº 8.666, de 21.6.1993, p. 76.
[21] TORRES, Ronny Charles. Leis de Licitações Públicas comentadas. 3. ed., p. 69.

vigilância, transportes, informática, copeiragem, recepção, reprografia, telecomunicações e manutenção de prédios, equipamentos e instalações.

Por tudo que foi exposto, é inconteste que a terceirização no âmbito da Administração é legal e perfeitamente viável.

Mas há um importante alerta a ser feito: em princípio, a Administração só pode terceirizar atividades-meio, dado que as atividades-fim estão reservadas para a execução direta dos agentes públicos.

Sobre a matéria, desenvolvemos os seguintes comentários:

> É evidente que há uma linha divisória (...): sendo funções inerentes ao Poder Público, que correspondam a cargos públicos, o caminho é o concurso público; sendo apenas atividades-meio, a trilha (e a grande solução) é o procedimento licitatório, com a competente terceirização. Consequentemente, a terceirização de serviços públicos somente poderá prosperar quando as atividades pretendidas não se referirem àquelas inerentes a cargos públicos (atividades-fim) inseridos nos quadros funcionais do órgão, pois, neste caso, dever-se-á observar a regra constitucional de prévio concurso público de provas ou provas e títulos, consoante prescrito no inciso II do art. 37 da Carta Magna. É despropositado que o Estado terceirize, por exemplo, as tarefas de legislar ou as inerentes a seu poder de polícia administrativa[22].

Nesse contexto, o citado Decreto nº 2.271/97 também fez constar esse diferencial, informando, no § 2º do art. 1º, a vedação ao uso da execução indireta nas atividades inerentes às categorias funcionais abrangidas pelo plano de cargos do órgão ou entidade, salvo expressa disposição legal em contrário ou quando se tratar de cargo extinto, total ou parcialmente, no âmbito do quadro geral de pessoal.

Relembra-se ainda o famoso Enunciado 331 do Tribunal Superior do Trabalho, transcrita a seguir, que deu curso ao tema terceirização em suas várias facetas, cuja interpretação permite concluir, em comparação com as normas federais que regem a matéria, a ratificação de que a admissão do mecanismo só tem conexão com a atividade-meio.

> TST Enunciado nº 331 - Revisão da Súmula nº 256 - Res. 23/1993, DJ 21, 28.12.1993 e 04.01.1994 - Alterada (Inciso IV) - Res. 96/2000, DJ 18, 19 e 20.09.2000 - Mantida - Res. 121/2003, DJ 19, 20 e 21.11.2003
> Contrato de Prestação de Serviços - Legalidade
> I - A contratação de trabalhadores por empresa interposta é ilegal, formando-se o vínculo diretamente com o tomador dos serviços, salvo no caso de trabalho temporário (Lei nº 6.019, de 3.1.1974).
> II - A contratação irregular de trabalhador, mediante empresa interposta, não gera vínculo de emprego com os órgãos da Administração Pública direta, indireta ou fundacional (art. 37, II, da CF/1988). (Revisão do Enunciado nº 256 - TST)

---

22 BITTENCOURT, Sidney. A participação de cooperativas em licitações públicas, p. 50.

III - Não forma vínculo de emprego com o tomador a contratação de serviços de vigilância (Lei nº 7.102, de 20.6.1983) e de conservação e limpeza, bem como a de serviços especializados ligados a atividade-meio do tomador, desde que inexistente a pessoalidade e a subordinação direta.

IV - O inadimplemento das obrigações trabalhistas, por parte do empregador, implica a responsabilidade subsidiária do tomador dos serviços quanto àquelas obrigações, desde que haja participado da relação processual e conste também do título executivo judicial. (Alterado pela Res. 96/2000, DJ 18.9.2000)

V - Os entes integrantes da Administração Pública direta e indireta respondem subsidiariamente, nas mesmas condições do item IV, caso evidenciada a sua conduta culposa no cumprimento das obrigações da Lei nº 8.666, de 21.6.1993, especialmente na fiscalização do cumprimento das obrigações contratuais e legais da prestadora de serviço como empregadora. A aludida responsabilidade não decorre de mero inadimplemento das obrigações trabalhistas assumidas pela empresa regularmente contratada.

VI - A responsabilidade subsidiária do tomador de serviços abrange todas as verbas decorrentes da condenação referentes ao período da prestação laboral.

A partir de todo o normativo exposto, das interpretações doutrinárias e das decisões judiciais, resolveu a Secretaria de Logística e Tecnologia da Informação (SLTI) do Ministério do Planejamento, Orçamento e Gestão (MP) editar instrução que complementasse as informações sobre a matéria, não só no âmbito técnico-jurídico, mas também na esfera prática-procedimental.

Nesse viés, editou a Instrução Normativa nº 02, de 30 de abril de 2008, dispondo sobre regras e diretrizes para a contratação de serviços, continuados ou não, por órgãos ou entidades integrantes do Sistema de Serviços Gerais – SISG[23].

A IN SLTI nº 02/2008, muito detalhada e bastante elucidativa, teve ótima recepção no meio administrativo, tendo sido adotada inclusive por entes federais não integrantes do SISG, bem como por outras esferas federativas.

---

[23] O Sistema de Serviços Gerais (SISG) foi criado pelo Decreto nº 1.094/1994, abrangendo todos os órgãos civis da Administração Federal direta, das autarquias federais e fundações públicas. Consoante o art. 1º do diploma, ficam organizadas sob a forma desse sistema as atividades de administração de edifícios públicos e imóveis residenciais, material, transporte, comunicações administrativas e documentação. Segundo o § 1º, integram o SISG os órgãos e unidades da Administração Federal direta, autárquica e fundacional, incumbidos especificamente da execução das atividades mencionadas. O § 2º delineia que os Ministérios Militares e o Estado-Maior das Forças Armadas poderão aplicá-lo, no que couber. O art. 7º institui o Sistema Integrado de Administração de Serviços Gerais - SIASG, auxiliar do SISG, destinado a sua informatização e operacionalização, com a finalidade de integrar e dotar os órgãos da administração direta, autárquica e fundacional de instrumento de modernização, em todos os níveis. Dessa forma, o SIASG constitui o sistema informatizado de apoio às atividades operacionais do SISG, sendo o sistema onde são realizadas as operações das compras governamentais dos órgãos integrantes do SISG (Administração Pública Federal direta, autárquica e fundacional). O Sistema inclui a divulgação e a realização das licitações, a emissão de notas de empenho, o registro dos contratos administrativos, a catalogação de materiais e serviços e o cadastro de fornecedores.

Em função da natural necessidade de aperfeiçoamentos, a IN sofreu alterações importantes pelas INs nos 02/2008, 04/2009 e 05/2009.

Na sequência, a IN nº 06/2013 promoveu alterações relevantes em alguns dispositivos e revisou os procedimentos para fiscalização do cumprimento das obrigações sociais e trabalhistas pelas contratadas.

Posteriormente, a IN nº 03/2014 estabeleceu mais importantes mudanças em outros preceptivos, com alterações de textos e de anexos. As modificações incorporaram recomendações feitas pelo TCU no Acórdão nº 1.214/2013 - Plenário, objetivando ofertar aos administradores públicos elementos necessários para minimização de riscos e fornecer instrumentos para redução de eventuais prejuízos decorrentes da responsabilidade subsidiária trabalhista que possa ser atribuída à Administração tomadora de serviços contínuos com dedicação exclusiva de mão de obra[24].

Destacam-se, dentre outras modificações impostas pela IN nº 06/2013, as determinadas ao Anexo III, que institui o modelo de Planilha de Custos e Formação de Preços.

Sendo uma instrução que muito impacta o planejamento e a gestão dos contratos de prestação de serviços da Administração Pública, é induvidoso que a sua análise pormenorizada se faz necessária, consubstanciando um fundamental auxílio aos gestores públicos que atuam na condução dessas contratações.

Comentários à Instrução Normativa nº 02, de 30 de abril de 2008, da Secretaria de Logística e Tecnologia da Informação (SLTI) do Ministério do Planejamento, Orçamento e Gestão (MPOG)

Alterada pelas Instruções Normativas nº 03, de 16 de outubro de 2009; nº 04, de 11 de novembro de 2009; nº 05, de 18 de dezembro de 2009; e nº 06, de 23 de dezembro de 2013, e nº 3, de 24 de junho de 2014

---

[24] Os serviços continuados com dedicação exclusiva de mão de obra são aqueles nos quais os empregados da contratada são alocados para trabalhar continuamente nas dependências do ente público. São os contratos típicos de terceirização (limpeza, vigilância, recepção, portaria etc.). Logicamente, os serviços continuados sem dedicação exclusiva de mão de obra são aqueles em que não há alocação contínua de empregados da contratada nas dependências do órgão, nem dedicação exclusiva. São exemplos comuns os serviços de lavanderia, manutenção preventiva ou corretiva de equipamentos, locação de máquinas etc. A distinção entre as duas modalidades é de vital importância. Nos serviços com dedicação exclusiva de mão de obra, a Administração poderá ser responsabilizada pelo descumprimento de obrigações trabalhistas e previdenciárias relativas aos empregados alocados à execução contratual. Essa possibilidade determina que a Administração estabeleça severos mecanismos de fiscalização.

EMENTA E ARTIGO 1º

A SECRETARIA DE LOGÍSTICA E TECNOLOGIA DA INFORMAÇÃO DO MINISTÉRIO DO PLANEJAMENTO, ORÇAMENTO E GESTÃO, no uso das atribuições que lhe confere o Decreto nº 7.675, de 20 de janeiro de 2012, e considerando o disposto na Lei nº 8.666, de 21 de junho de 1993, na Lei nº 10.520, de 17 de julho de 2002, no Decreto nº 2.271, de 7 de julho de 1997, no Decreto nº 1.094, de 23 de março de 1994, no Acórdão TCU nº 2.798/2010 - Plenário e no Acórdão TCU nº 1.214/2013 - Plenário, resolve: (Redação dada pela Instrução Normativa nº 6, de 23 de dezembro de 2013)
Art. 1º. Disciplinar a contratação de serviços, continuados ou não, por órgãos ou entidades integrantes do Sistema de Serviços Gerais - SISG.
Parágrafo único. Para os efeitos desta Instrução Normativa, são adotadas as definições constantes do Anexo I desta Instrução Normativa.

1. Instruções Normativas

As instruções normativas, assim como as circulares, as portarias, os avisos e outros normativos, são atos que servem para que a Administração Pública organize as suas atividades. Por conseguinte, são denominados, no linguajar administrativista, de atos ordinatórios. Funcionam, nesse contexto, como instrumentos de auxílio para a definição da organização interna. Entrementes, na prática, são vistos, não raro, muitos desses atos consignando caráter normativo, diversas vezes substituindo o natural documento regulamentar, que é o decreto, impondo regras de toda ordem.

Hely Lopes Meirelles as via em caráter ainda inferior, sustentando que deveriam consignar tão somente ordens escritas e gerais a respeito do modo e forma de execução de determinado serviço público, expedidas pelo superior hierárquico com o escopo de orientar no desempenho das atribuições que lhe estariam afetas e assegurar a unidade de ação no organismo administrativo[25].

Na prática, como o sistema legislativo brasileiro não adotou a codificação administrativa, cada pessoa federativa, cada pessoa administrativa ou até órgãos autônomos buscam expedir atos normativos que estejam voltados para as suas atividades.

Nesse curso, José dos Santos Carvalho anota, com lucidez, que as tentativas que os estudiosos encetaram para distinguir os atos têm sido infrutíferas, em face da variação que sofrem no que se refere a seu conteúdo e à competência dos agentes[26].

---
[25] MEIRELLES, Hely Lopes. Direito Administrativo Brasileiro. 20. ed., Malheiros, p. 167.
[26] CARVALHO FILHO. Manual de Direito Administrativo. 23. ed., Lumen Juris, p. 151.

Destarte aponta, corretamente, que na prática administrativa atual é irrelevante distingui-los, sendo importante apenas entendê-los como instrumentos de organização da Administração. No mais, cabe verificar se, em cada caso, foi competente o agente que os praticou, se estão presentes seus requisitos de validade e, por fim, qual o propósito do administrador.

Obviamente não poderão, em hipótese alguma, contrariar a lei ou o decreto regulamentar caso exista, uma vez que consignam atos inferiores, de mero ordenamento administrativo.

2. As normas que dão suporte à edição da Instrução Normativa SLTI n° 02/2008

A SLTI alicerçou-se em diversas normas para demonstrar capacidade para expedir instruções **disciplinadoras** das contratações de serviços por órgãos ou entidades integrantes do Sistema de Serviços Gerais – SISG.

Para tanto, cita as atribuições a ela concedidas pelo Decreto n° 7.675, de 20 de janeiro de 2012, e considera o disposto na Lei n° 8.666, de 21 de junho de 1993, na Lei n° 10.520, de 17 de julho de 2002, no Decreto n° 2.271, de 7 de julho de 1997, no Decreto n° 1.094, de 23 de março de 1994, no Acórdão TCU n° 2.798/2010 – Plenário e no Acórdão TCU n° 1.214/2013 – Plenário.

O Decreto n° 7.675/2012, que aprovara a Estrutura Regimental e o Quadro Demonstrativo dos Cargos em Comissão e das Funções Gratificadas do Ministério do Planejamento, Orçamento e Gestão, foi recentemente revogado pelo Decreto n° 8.189, de 21 de janeiro de 2014, que possui o mesmo escopo.

O art. 34 do Decreto n° 8.189/2014 prevê as competências da SLTI:

> Art. 34. À Secretaria de Logística e Tecnologia da Informação compete:
> I - propor políticas, planejar, coordenar, supervisionar e orientar normativamente as atividades:
> a) de gestão dos recursos de tecnologia da informação, no âmbito do Sistema de Administração dos Recursos de Tecnologia da Informação - SISP, como órgão central do sistema;
> b) de gestão dos recursos de logística sustentável, no âmbito do Sistema de Administração de Serviços Gerais - SISG, como órgão central do sistema;
> c) de gestão de convênios e contratos de repasse;
> d) de governo eletrônico, relacionadas à padronização e à disponibilização de serviços eletrônicos interoperáveis, acessibilidade digital e abertura de dados; e
> e) de segurança da informação no âmbito do SISP;
> II - gerir os sistemas informatizados:
> a) Sistema Integrado de Administração de Serviços Gerais - SIASG;
> b) Sistema de Concessão de Diárias e Passagens - SCDP; e

c) Sistema de Gestão de Convênios e Contratos de Repasse - SICONV;
III - presidir a Comissão de Coordenação do SISP; e
IV - atuar como Secretaria Executiva da Comissão Gestora do SICONV.

A nosso ver, não restou demonstrada a competência da SLTI para o estabelecimento de normas sobre serviços, por não se enquadrar no elenco disciplinado no artigo 34 antes exposto. Nesse viés, logo nos vem à mente uma especial monografia de Toshio Mukai, a qual repetimos todas as vezes que somos instados a tratar do tema. O trabalho intitula-se "E ainda se legisla por portarias e/ou instruções normativas", no qual o ilustre doutrinador dá vazão a toda a sua preocupação quanto ao uso impróprio dessa ferramenta[27].

Versando a matéria, não especificamente sobre a IN em debate, mas de outra de igual alcance, Milton da Cunha da Silva Filho, também incomodado com a pretensa competência da SLTI, observou:

> (...) entende-se que a "iniciativa" de regulamentação de assunto tão abrangente (...) por meio do instrumento (IN), mostra-se pouco aceitável. (...) [28].

No mesmo contexto, ao comentar sobre as inúmeras instruções concernentes a licitações e contratos, o saudoso Carlos Pinto Coelho Motta anotou[29], com sua contumaz verve, que a tarefa não é nada simples, exatamente porque, em casos concretos, tende a extrapolar seu papel:

> Especificamente na área de licitações e contratos, verifica-se uma proliferação de toda sorte de regulamentos. É um campo a ser trilhado com cautela, por implicar na movediça questão das prerrogativas da Administração em contraponto aos direitos dos licitantes e contratados. (...). Tais atos não podem, contudo, limitar o universo potencial de licitantes engendrando requisitos ou obrigações não autorizados em lei.

Sobre as Instruções Normativas, assevera com desapontamento:

> Nos anos de vigência do Decreto-Lei de Licitações nº 2.300/1986, era constante a expedição de normas procedimentais específicas, tais como os múltiplos regulamentos de licitação das empresas estatais. Após a sanção da Lei nº

---
27 MUKAI, Toshio. E ainda se legisla por portarias e/ou instruções normativas. Boletim Legislativo Adcoas, v. 30, n.1.
28 SILVA FILHO, Milton da Cunha. *Parecer s/nº, AJDADM*, de 13.4.2014.
29 MOTTA, Carlos Pinto Coelho. Os efeitos das regulamentações complementares na condução dos pregões. *Revista do Tribunal de Contas do Estado de Minas Gerais*, abril/maio/junho 2010, v. 75, n. 2, p. 50.

8.666/1993, essa práxis caiu em relativo desuso. Nos últimos anos, notadamente na esfera federal, foi retomada e consubstanciou-se, notadamente, em uma série de instruções normativas geradas pelo Ministério do Planejamento, Orçamento e Gestão, por meio de sua Secretaria de Logística e Tecnologia da Informação. (...) A simples leitura das ementas indica que tais diretivas, a exemplo de alguns decretos, promoveram ampliações e complementações significativas aos textos legislados nº 8.666/1993 e nº 10.520/2002. De certa forma, introduziram inovações, fixando requisitos para habilitação, critérios de aceitabilidade de propostas e condições para apresentação de documentação e proposta.

No restante, as menções normativas são naturais, pois dizem respeito a duas leis que tratam de contratação de serviços: a Lei Geral de Licitações e Contratos (Lei nº 8.666/93) e a Lei do Pregão (Lei nº 10.520/2002); ao Decreto nº 2.271/1997, que dispõe sobre a contratação de serviços pela Administração Pública Federal direta, autárquica e fundacional; ao Decreto nº 1.094/1994, que dispõe sobre o Sistema de Serviços Gerais (SISG).

Por fim, aludem a julgados do Tribunal de Contas da União - TCU: Acórdãos nº 2.798/2010 - Plenário e nº 1.214/2013 - Plenário[30], que indicam determinações expedidas pela Corte de Contas federal sobre a matéria.

3. Objetivos da Instrução Normativa

O art. 1º da IN indica o mote da instrução: disciplinar a contratação de serviços, continuados ou não, por órgãos ou entidades integrantes do Sistema de Serviços Gerais – SISG, que, consoante os itens XXI e XXII do Anexo I, seriam:

a) serviços continuados: aqueles cuja interrupção possa comprometer a continuidade das atividades da Administração e cuja necessidade de contratação deva estender-se por mais de um exercício financeiro e continuamente; e

b) serviços não continuados: os que possuem como escopo a obtenção de produtos específicos em um período predeterminado.

---

[30] ACÓRDÃO Nº 1214/2013 - TCU - Plenário - Relator: Ministro Aroldo Cedraz. 9. Acórdão: VISTOS, relatados e discutidos esses autos que cuidam de representação formulada pela então Secretaria Adjunta de Planejamento e Procedimentos – Adplan, com o objetivo de apresentar propostas de melhorias nos procedimentos de contratação e execução de contratos de terceirização de serviços continuados na Administração Pública Federal. ACORDAM os Ministros do Tribunal de Contas da União, reunidos em Sessão Plenária, diante das razões expostas pelo Relator, em:
9.1 recomendar à Secretaria de Logística e Tecnologia da Informação do Ministério do Planejamento que incorpore os seguintes aspectos à IN/MP 2/2008:
9.1.1 que os pagamentos às contratadas sejam condicionados, exclusivamente, à apresentação da documentação prevista na Lei 8.666/93;
9.1.2 prever nos contratos, de forma expressa, que a administração está autorizada a realizar os pagamentos de salários diretamente aos empregados, bem como das contribuições previdenciárias e do FGTS, quando estes não forem honrados pelas empresas;
9.1.3 que os valores retidos cautelarmente sejam depositados junto à Justiça do Trabalho, com o objetivo de serem utilizados exclusivamente no pagamento de salários e das demais verbas trabalhistas, bem

No inc. II do art. 6º, a Lei Geral de Licitações - LGL (Lei nº 8.666/1993) define que "serviço" é toda atividade destinada a obter determinada utilidade de interesse para a Administração (exemplificando: demolição, conserto, instalação, montagem, operação, conservação, reparação, adaptação, manutenção, transporte, locação de bens, publicidade, seguro ou trabalhos técnico-profissionais).

Todavia, ao especificar, no mesmo dispositivo, no inc. I, que "obra" é toda construção, reforma, fabricação, recuperação ou ampliação, realizada por execução direta ou indireta, causa incerteza e insegurança ao aplicador, em virtude de semelhança semântica. Um simples exemplo dessa incerteza pode ser visualizado na suposição de um conserto a ser realizado num imóvel, que poderia ser considerado como recuperação (obra) ou reparação (serviço).

Sobre a matéria, buscando diferenciar "serviço" de "obra", observamos:

> Pelo sim pelo não, convém esclarecer, visando uma perfeita identificação, que obra – consoante consagrado conceito de engenharia – consistiria numa realização material, e serviço, numa atividade. Havendo, entretanto, a conjugação dos dois, a distinção seria feita seguindo clássica lição de Hely Lopes Meirelles, através da avaliação de predominância. Predominando material sobre a mão de obra, caracterizaria a obra; ocorrendo o contrário, o serviço[31].

4. As alterações impostas pela Instrução Normativa SLTI nº 6/2013

A Instrução Normativa nº 6, da Secretaria de Logística e Tecnologia da Informação, do Ministério do Planejamento, publicada no Diário Oficial da União de 26 de dezembro de 2013, alterou a Instrução Normativa nº 2/08, incorporando recomendações feitas pelo TCU no Acórdão nº 1.214/2013 - Plenário, objetivando indicar aos gestores públicos elementos necessários para minimizar o risco e fornecer instrumentos para reduzir eventual prejuízo decorrente da responsabilidade subsidiária trabalhista que possa ser atribuída à Administração tomadora de serviços contínuos com dedicação exclusiva de mão de obra.

---

como das contribuições sociais e FGTS, quando não for possível a realização desses pagamentos pela própria administração, dentre outras razões, por falta da documentação pertinente, tais como folha de pagamento, rescisões dos contratos e guias de recolhimento;
9.1.4 fazer constar dos contratos cláusula de garantia que assegure o pagamento de:
9.1.4.1 prejuízos advindos do não cumprimento do contrato;
9.1.4.2 multas punitivas aplicadas pela fiscalização à contratada;
9.1.4.3 prejuízos diretos causados à contratante decorrentes de culpa ou dolo durante a execução do contrato;
9.1.4.4 obrigações previdenciárias e trabalhistas não honradas pela contratada.
31 BITTENCOURT, Sidney. Licitação Passo a Passo, 7. ed.

Essas novidades entraram em vigor e certamente impactaram por demais no planejamento e na gestão dos contratos de prestação de serviços, como se verificará oportunamente.

5. Abrangência da Instrução Normativa

O art. 1º da IN indica o mote da instrução: disciplinar a contratação de serviços, continuados ou não, por órgãos ou entidades integrantes do Sistema de Serviços Gerais - SISG.

Já anotamos que o SISG foi criado pelo Decreto nº 1.094/1994, voltado para todos os órgãos civis da Administração Federal direta, das autarquias federais e fundações públicas. Consoante seu art. 1º, sob a forma desse sistema organizaram-se as atividades de administração de edifícios públicos e imóveis residenciais, material, transporte, comunicações administrativas e documentação.

Dita o § 2º do art. 1º que os órgãos militares (o dispositivo ainda usava a expressão "ministérios militares") poderão aplicá-lo, no que couber. Na prática, o emprego das regras previstas na IN pelos Comandos Militares tem sido uma constante.

Sobre a abrangência da norma, registre-se que o TCU, avaliando a matéria, determinou que: "(...) nas contratações custeadas total ou parcialmente com recursos federais e que envolvam a prestação de serviços continuados, com ou sem o fornecimento de materiais ou produtos, adote como parâmetro a Instrução Normativa SLTI/MPOG nº 2/2008, que disciplina a contratação de serviços no âmbito da administração pública, e, em especial, o disposto sobre a elaboração da planilha de custos e formação de preços por parte das licitantes (...)" (Acórdão nº 5648/2012 - 2ª Câmara).

6. Definições

Intentando afastar interpretações dúbias, o parágrafo único consigna que, para os efeitos da IN, adotar-se-ão as definições constantes de seu Anexo I, cuja atual redação veio à tona por intermédio da IN nº 6/2013. Indubitavelmente, trata-se de detalhado glossário, que, como bem registrou Coelho Motta, constitui referência e fonte de consulta para a boa leitura de vários outros textos legislativos e normativos:

a) *Acordo de Nível de Serviço* – ANS: ajuste escrito, anexo ao contrato, entre o provedor de serviços e o órgão contratante, que define, em bases compreensíveis, tangíveis, objetivamente observáveis e comprováveis, os níveis esperados de qualidade da prestação do serviço e respectivas adequações de pagamento;

b) *Benefícios Mensais e Diários*: benefícios concedidos ao empregado, estabelecidos em legislação, acordo ou convenção coletiva, tais como os relativos a transporte, auxílio-alimentação, assistência médica e familiar, seguro de vida, invalidez, funeral, dentre outros;

c) *Custo de Reposição do Profissional Ausente*: custo necessário para substituir, no posto de trabalho, o profissional que está em gozo de férias ou em caso de suas ausências legais, dentre outros;

d) *Custos Indiretos*: custos envolvidos na execução contratual decorrentes dos gastos da contratada com suas estruturas administrativa, organizacional e gerenciamento de seus contratos, calculados mediante incidência de um percentual sobre o somatório da remuneração, encargos sociais e trabalhistas, insumos diversos, tais como os dispêndios relativos a: funcionamento e manutenção da sede, aluguel, água, luz, telefone, Imposto Predial Territorial Urbano – IPTU, dentre outros; pessoal administrativo; material e equipamentos de escritório; supervisão de serviços; e seguros;

e) *Encargos Sociais e Trabalhistas*: custos de mão de obra decorrentes da legislação trabalhista e previdenciária, estimados em função das ocorrências verificadas na empresa e das peculiaridades da contratação, calculados mediante incidência percentual sobre a remuneração;

f) *Fiscal Administrativo do Contrato*: servidor designado para auxiliar o gestor do contrato quanto à fiscalização dos aspectos administrativos do contrato;

g) *Fiscal Técnico do Contrato*: servidor designado para auxiliar o gestor do contrato quanto à fiscalização do objeto do contrato;

h) *Gestor do Contrato*: servidor designado para coordenar e comandar o processo de fiscalização da execução contratual. É o representante da Administração, especialmente designado na forma dos arts. 67 e 73 da Lei nº 8.666, de 1993, e do art. 6º do Decreto nº 2.271, de 1997, para exercer o acompanhamento e a fiscalização da execução contratual, devendo informar a Administração sobre eventuais vícios, irregularidades ou baixa qualidade dos serviços prestados pela contratada, propor soluções para regularização das faltas e problemas observados e sanções que entender cabíveis, de acordo com as disposições contidas nessa Instrução Normativa;

i) *Insumos Diversos*: uniformes, materiais, utensílios, suprimentos, máquinas, equipamentos, entre outros, utilizados diretamente na execução dos serviços;

j) *Lucro*: ganho decorrente da exploração da atividade econômica, calculado mediante incidência percentual sobre a remuneração, benefícios mensais e diários, encargos sociais e trabalhistas, insumos diversos e custos indiretos;

k) *Ordem de Serviço*: documento utilizado pela Administração para solicitação, acompanhamento e controle de tarefas relativas à execução dos contratos de prestação de serviços, especialmente os de tecnologia de informação, que deverá estabelecer quantidades, estimativas, prazos e custos da atividade a ser executada, e possibilitar a verificação da conformidade do serviço executado com o solicitado;

l) *Planilha de Custos e Formação de Preços*: documento a ser utilizado para detalhar os componentes de custo que incidem na formação do preço dos serviços, podendo ser adequado pela Administração em função das peculiaridades dos serviços a que se destina, no caso de serviços continuados;

m) *Produtividade*: capacidade de realização de determinado volume de tarefas, em função de uma determinada rotina de execução de serviços, considerando-se os recursos humanos, materiais e tecnológicos disponibilizados, o nível de qualidade exigido e as condições do local de prestação do serviço;

n) *Produtos ou Resultados*: bens materiais e imateriais, quantitativamente delimitados, a serem produzidos na execução do serviço contratado;

o) *Projeto Básico ou Termo de Referência*: documento que deverá conter os elementos técnicos capazes de propiciar a avaliação do custo, pela Administração, com a contratação e os elementos técnicos necessários e suficientes, com nível de precisão adequado, para caracterizar o serviço a ser contratado e orientar a execução e a fiscalização contratual;

p) *Pró-labore*: equivalente salarial a ser pago aos cooperados, pela cooperativa, em contrapartida pelos serviços prestados;

q) *Remuneração*: soma do salário-base percebido pelo profissional, em contrapartida pelos serviços prestados, com os adicionais cabíveis, tais como hora extra, adicional de insalubridade, adicional de periculosidade, adicional de tempo de serviço, adicional de risco de vida e demais que se fizerem necessários;

r) *Repactuação*: forma de manutenção do equilíbrio econômico-financeiro do contrato que deve ser utilizada para serviços continuados com dedicação exclusiva da mão de obra, por meio de análise da variação dos custos contratuais, devendo estar prevista no instrumento convocatório com data vinculada à apresentação das propostas, para os custos decorrentes do mercado, e com data vinculada ao acordo ou à convenção coletiva ao qual o orçamento esteja vinculado, para os custos decorrentes da mão de obra;

s) *Rotina de Execução de Serviços*: detalhamento das tarefas que deverão ser executadas em determinados intervalos de tempo, sua ordem de execução, especificações, duração e frequência;

t) *Salário*: valor a ser efetivamente pago ao profissional envolvido diretamente na execução contratual, não podendo ser inferior ao estabelecido em acordo ou convenção coletiva, sentença normativa ou lei. Quando da inexistência destes, o valor poderá ser aquele praticado no mercado ou apurado em publicações ou pesquisas setoriais para a categoria profissional correspondente;

u) *Serviços Continuados*: serviços cuja interrupção possa comprometer a continuidade das atividades da Administração e cuja necessidade de contratação deva estender-se por mais de um exercício financeiro e continuamente;

v) *Serviços Não Continuados*: serviços que têm como escopo a obtenção de produtos específicos em um período predeterminado; e

w) *Unidade de Medida*: parâmetro de medição adotado pela Administração para possibilitar a quantificação dos serviços e a aferição dos resultados.

6.1 Os serviços continuados

Dentre as várias importantes definições, releva destacar a que conceitua a expressão que constitui o mote da IN em análise: o serviço continuado.

A constante preocupação com os serviços continuados advém das regras dispostas na Lei nº 8666/93 referentes à duração dos contratos administrativos.

Como regra geral, o art. 57 do diploma estabelece que a duração dos contratos administrativos esteja adstrita à vigência dos respectivos créditos orçamentários.

Os incisos do dispositivo, todavia, preveem as exceções a essa regra. Segundo, o inc. II, com redação dada pela Lei nº 9.648/98, o preceito de adstrição à vigência do crédito orçamentário não é válido para as prestações de serviços a serem executados de forma contínua, que poderão ter a sua duração prorrogada por iguais e sucessivos períodos com vistas à obtenção de preços e condições mais vantajosas para a Administração, limitada a sessenta meses.

Nesse contexto, fez-se necessário definir com precisão o que seria esse serviço, uma vez que a lei não o conceituou, deixando a tarefa, em princípio, para a doutrina, a jurisprudência e, nesse diapasão, para a regulação infralegal.

Destarte, passou a doutrina a emitir opinamentos e, com isso, a formar o conceito da expressão em sede administrativista.

Conforme destacamos em obra que aprecia os dispositivos da Lei nº 8.666/93[32], esta exceção constitui, sem hesitação, a mais preocupante das elencadas na norma, em função da redação do dispositivo portar enorme dificuldade interpretativa.

Tratando da matéria, Marçal Justen dispôs que se referem a contratações cujo objeto envolve prestações homogêneas:

---

[32] BITTENCOURT, Sidney. Licitação Passo a Passo. 6. ed., Fórum, 2010.

A identificação dos serviços de natureza contínua não se faz a partir do exame propriamente da atividade desenvolvida pelos particulares, como execução da prestação contratual. A continuidade do serviço retrata, na verdade, a permanência da necessidade pública a ser satisfeita. Ou seja, o dispositivo abrange os serviços destinados a atender necessidades públicas permanentes, cujo atendimento não exaure prestação semelhante no futuro. "(...) O que é fundamental é a necessidade pública permanente e contínua a ser satisfeita através de um serviço"[33].

Da mesma forma, Diógenes Gasparini, Toshio Mukai, Carlos Pinto Coelho Motta, Renato Geraldo Mendes, dentre tantos outros:

São os serviços que não podem sofrer solução de continuidade ou os que não podem ser, na sua execução, interrompidos. Dessa natureza são os serviços de vigilância, de manutenção e de limpeza[34]. (...) por serem imprescindíveis às atividades do órgão ou da entidade pública, não devem ser paralisados, ou seja, devem ser executados de forma continuada por essa razão[35]. (...) são aqueles que não podem ser interrompidos; fazem-se sucessivamente, sem solução de continuidade, até seu exaurimento ou conclusão do objetivo. Como exemplo, teríamos: limpeza, conservação, manutenção, vigilância, segurança, transporte de valores, carga ou passageiros[36]. (...) são aqueles serviços auxiliares, necessários à Administração para o desempenho de suas atribuições, cuja interrupção possa comprometer a continuidade de suas atividades e cuja contratação deva estender-se por mais de um exercício[37].

No mesmo curso, a posição do Tribunal de Contas da União – TCU (Acórdão nº 132/2008 – Segunda Câmara. Relator: Ministro Aroldo Cedraz. Data do julgamento: 12.2.2008):

Voto do Ministro Relator [...] 29. Na realidade, o que caracteriza o caráter contínuo de um determinado serviço é sua essencialidade para assegurar a integridade do patrimônio público de forma rotineira e permanente ou para manter o funcionamento das atividades finalísticas do ente administrativo, de modo que sua interrupção possa comprometer a prestação de um serviço público ou o cumprimento da missão institucional.

---

33 JUSTEN, Marçal. Comentários à Lei de Licitações e Contratos Administrativos. 12. ed. São Paulo: Dialética, 2008, p. 668-669.
34 GASPARINI, Diógenes. Direito administrativo. 7. ed. São Paulo: Saraiva, 2002, p. 535.
35 Licitações e contratos públicos. 8. ed. São Paulo: Saraiva, 2008, p. 159.
36 MOTTA, Carlos Pinto Coelho. Eficácia nas Licitações e Contratos. 7. ed., Del Rey, 1998.
37 MENDES, Renato Geraldo. Lei de Licitação e Contratos Anotada. 4. ed., Zênite, p. 177.

Certo é, portanto, que os contratos continuados, no âmbito da Administração Pública, são aqueles voltados para serviços que, devido ao interesse público, devam ser prestados sem nenhum tipo de interrupção, ou seja, sem solução de continuidade.

Ante o entendimento doutrinário e jurisprudencial unânime, formou-se o consenso de que a caracterização de um serviço como continuado requer a demonstração de sua *essencialidade* e *habitualidade* para a Administração contratante.

A essencialidade jungida à existência e à necessidade comprovada da manutenção do contrato, uma vez que a paralisação do serviço demandaria um prejuízo às atividades da Administração. A habitualidade, por sua vez, atrelada à imprescindibilidade, também devidamente comprovada, da atividade ser prestada via terceiros permanentemente.

Nesse sentido, foram estabelecidas as normas infralegais que surgiram ao longo do tempo, como, por exemplo, a vetusta IN nº 18/97, do extinto Ministério da Administração Federal e Reforma do Estado – MARE, que já esposava que "serviços continuados são aqueles serviços auxiliares, necessários à Administração para o desempenho de suas atribuições, cuja interrupção possa comprometer a continuidade de suas atividades e cuja contratação deva estender-se por mais de um exercício financeiro".

Da mesma forma, é a definição apresentada no Anexo I da Instrução Normativa SLTI nº 2/2008, ora em análise:

> Serviços Continuados: serviços cuja interrupção possa comprometer a continuidade das atividades da Administração e cuja necessidade de contratação deva estender-se por mais de um exercício financeiro e continuamente.

Vide que, para a caracterização de um serviço continuado, a definição da IN aponta para a necessidade de atendimento a dois requisitos: (1º) a comprovação de que sua interrupção poderá comprometer a continuidade das atividades da Administração; e (2º) a necessidade da contratação se estender por mais de um exercício financeiro. Logo, faz-se necessária a verificação da presença desses dois requisitos.

Nesse passo, o momento adequado para a verificação é, incontestavelmente, o da elaboração do projeto básico ou do termo de referência, porque nele se define o prazo previsto para a execução do contrato.

Assim, há de se apreciar, para a caracterização da espécie, cada caso *de per si*, ressaltando-se que a necessidade permanente de um serviço por si só não o qualifica como continuado, mas sim a imperiosa necessidade da prestação ininterrupta para o habitual desenvolvimento das atividades da Administração.

6.1.1 A questão da duração dos contratos de serviços continuados

Ao tratar da hipótese de exceção, o inc. II, do art. 57, da Lei nº 8.666/93 informa que os contratos a serem executados de forma contínua poderão ter a sua duração prorrogada por iguais e sucessivos períodos com vistas à obtenção de preços e condições mais vantajosas para a Administração, limitada a sessenta meses.

> Art. 57. A duração dos contratos regidos por esta Lei ficará adstrita à vigência dos respectivos créditos orçamentários, exceto quanto aos relativos:
> (...)
> II - à prestação de serviços a serem executados de forma contínua, que poderão ter a sua duração prorrogada por iguais e sucessivos períodos com vistas à obtenção de preços e condições mais vantajosas para a Administração, limitada a sessenta meses.

Nesse viés, debate-se se poderiam ter a duração fixada por prazo superior ao respectivo exercício financeiro, como ocorre nos contratos atrelados a projetos cujos produtos estejam contemplados nas metas estabelecidas no Plano Plurianual, ou seja, se poderiam ser já firmados com a duração de até 60 meses.

A nosso ver, tal prática é vedada pela CF, que proíbe a assunção de obrigações que excedam os créditos orçamentários, exceto no caso do Plano Plurianual. *Vide* que o art. 167, que trata da matéria, não excepcionou o serviço contínuo[38].

Ao tratarmos das diversas alterações sofridas pelo dispositivo, culminando com o texto ora vigente, concluímos:

> Com a "balbúrdia interpretativa" causada (com reflexos no dia a dia da Administração que, sem saber ao certo o caminho a seguir, tratou de adotar o sentido literal do texto e inúmeras vezes celebrou "contratos iniciais" com
> 60 meses de duração), teve o Executivo a sensibilidade de utilizar a MP para correção do erro (pelo menos aqui ela foi útil!). Em consequência, através da MP nº 1.500, de 7.6.1996 (somente dois anos depois!), foi revista a redação desse inc.

---

38 Art. 167. São vedados:
I - o início de programas ou projetos não incluídos na lei orçamentária anual;
II - a realização de despesas ou a assunção de obrigações diretas que excedam os créditos orçamentários ou adicionais;
III - a realização de operações de créditos que excedam o montante das despesas de capital, ressalvadas as autorizadas mediante créditos suplementares ou especiais com finalidade precisa, aprovados pelo Poder Legislativo por maioria absoluta;
IV - a vinculação de receita de impostos a órgão, fundo ou despesa, ressalvadas a repartição do produto da arrecadação dos impostos a que se referem os arts. 158 e 159, a destinação de recursos para as ações e serviços públicos de saúde, para manutenção e desenvolvimento do ensino e para realização de atividades da administração tributária, como determinado, respectivamente, pelos arts. 198, § 2º, 212 e 37, XXII, e a prestação de garantias às operações de crédito por antecipação de receita, previstas no art. 165, § 8º, bem como o disposto no § 4º desse artigo; (Redação dada pela Emenda Constitucional nº 42, de 19.12.2003)
V - a abertura de crédito suplementar ou especial sem prévia autorização legislativa e sem indicação dos recursos correspondentes;

II, culminando com o texto trazido a lume pela Lei nº 9.648, de 22.5.1998 (...).

Com base em todas as premissas e conceitos antes esposados – mesmo porque o texto legal manteve-se irretocável quanto ao tal período de prorrogação – mantemos nosso entendimento de que, além da regra do *caput* (duração adstrita à vigência do crédito orçamentário), podem os contratos continuados (ou seja, que, por interesse público, não podem ser interrompidos, sob pena de sério dano à coletividade) se manterem vivos, através de prorrogações sucessivas, até o limite de 60 meses (...)[39].

É o que também sustenta Leon Szklarowsky:

> (...) hoje terá que fazer o contrato para vigorar no exercício, com a possibilidade de prorrogar essa duração por iguais e sucessivos períodos, desde que prevista no ato convocatório e no contrato. Resulta da disposição legal que a prorrogação não é automática, como se poderia entender, numa interpretação mais apressada. (...) o dispositivo confirma energicamente essa exegese, porquanto deve-se ler que a duração dos contratos (....) ficará adstrita aos créditos orçamentários, exceto quanto aos relativos *(caput)*: (...) II) à prestação de serviços a serem executados de forma contínua, que poderá ter a sua duração prorrogada (...). Entenda-se que a duração de um exercício (previsto no *caput*) pode ser (faculdade a ser exercida, não automática, não imediata) prorrogada, tendo em vista a obtenção de melhor preço e condições mais vantajosas, que serão aferidos não no momento do contrato originário, como antes, mas por ocasião da realização do aditivo, se realmente for de interesse da Administração essa prorrogação. Caso contrário, o contrato exaure-se pela expiração do prazo não prorrogado e nova licitação far-se-á, obrigatoriamente[40].

VI - a transposição, o remanejamento ou a transferência de recursos de uma categoria de programação para outra ou de um órgão para outro, sem prévia autorização legislativa;
VII - a concessão ou utilização de créditos ilimitados;
VIII - a utilização, sem autorização legislativa específica, de recursos dos orçamentos fiscais e da seguridade social para suprir necessidade ou cobrir déficit de empresas, fundações e fundos, inclusive dos mencionados no art. 165, § 5º;
IX - a instituição de fundos de qualquer natureza, sem prévia autorização legislativa;
X - a transferência voluntária de recursos e a concessão de empréstimos, inclusive por antecipação de receita, pelos Governos Federal e Estaduais e suas instituições financeiras, para pagamento de despesas com pessoal ativo, inativo e pensionista, dos Estados, do Distrito Federal e dos Municípios; (Incluído pela Emenda Constitucional nº 19, de 1998)
XI - a utilização dos recursos provenientes das contribuições sociais de que trata o art. 195, I, a, e II, para a realização de despesas distintas do pagamento de benefícios do regime geral de previdência social de que trata o art. 201. (Incluído pela Emenda Constitucional nº 20, de 1998)
39 BITTENCOURT, Sidney. A questão da duração do contrato administrativo. Revista Diálogo Jurídico, ano I, n. 9, dez. 2001 - Salvador - BA - Brasil. <http://www.direitopublico.com.br/pdf_9/DIALOGO-JURIDICO-09-DEZEMBRO-2001-SIDNEY-BITTENCOURT.pdf>.
40 SZKLAROWSKY, Leon Frejda. Duração do contrato administrativo. <http://www.ambito-juridico.com.br/site/index.php?n_link=revista_artigos_leitura&artigo_id=2150>.

Na mesma sintonia, a orientação da AGU sobre a questão:

> Orientação Normativa AGU nº 38, de 13 de dezembro de 2011 - Nos contratos de prestação de serviços de natureza continuada deve-se observar que: a) o prazo de vigência originário, de regra, é de até 12 meses; b) excepcionalmente, este prazo poderá ser fixado por período superior a 12 meses nos casos em que, diante da peculiaridade e/ou complexidade do objeto, fique tecnicamente demonstrado o benefício advindo para a administração; e c) é juridicamente possível a prorrogação do contrato por prazo diverso do contratado originariamente.

6.1.2 A responsabilização pelos encargos trabalhistas, previdenciários e fiscais nos serviços continuados de mão de obra exclusiva

Consoante o previsto no art. 71 da Lei nº 8.666/93, o contratado é responsável direto pelos encargos trabalhistas, previdenciários, fiscais e comerciais resultantes da execução do contrato celebrado com a Administração.

Segundo o seu § 1º, a inadimplência do contratado, com referência aos encargos trabalhistas, fiscais e comerciais, não transfere ao Poder Público a responsabilidade pelo pagamento, nem poderá onerar o objeto do contrato ou restringir a regularização e o uso das obras e edificações, inclusive perante o Registro de Imóveis.

Por sua vez, seu § 2º dispõe que a Administração responderá solidariamente com o contratado pelos encargos previdenciários resultantes da execução do contrato, nos termos do art. 31 da Lei nº 8.212/91[41].

---

[41] Art. 31. A empresa contratante de serviços executados mediante cessão de mão de obra, inclusive em regime de trabalho temporário, deverá reter 11% (onze por cento) do valor bruto da nota fiscal ou fatura de prestação de serviços e recolher, em nome da empresa cedente da mão de obra, a importância retida até o dia 20 (vinte) do mês subsequente ao da emissão da respectiva nota fiscal ou fatura, ou até o dia útil imediatamente anterior se não houver expediente bancário naquele dia, observado o disposto no § 5o do art. 33 desta Lei. (Redação dada pela Lei nº 11.933, de 2009)
§ 1º O valor retido de que trata o caput deste artigo, que deverá ser destacado na nota fiscal ou fatura de prestação de serviços, poderá ser compensado por qualquer estabelecimento da empresa cedente da mão de obra, por ocasião do recolhimento das contribuições destinadas à Seguridade Social devidas sobre a folha de pagamento dos seus segurados. (Redação dada pela Lei nº 11.941, de 2009)
§ 2º Na impossibilidade de haver compensação integral na forma do parágrafo anterior, o saldo remanescente será objeto de restituição. (Redação dada pela Lei nº 9.711, de 1998)
§ 3º Para os fins desta Lei, entende-se como cessão de mão de obra a colocação à disposição do contratante, em suas dependências ou nas de terceiros, de segurados que realizem serviços contínuos, relacionados ou não com a atividade-fim da empresa, quaisquer que sejam a natureza e a forma de contratação. (Redação dada pela Lei nº 9.711, de 1998)
§ 4º Enquadram-se na situação prevista no parágrafo anterior, além de outros estabelecidos em regulamento, os seguintes serviços: (Redação dada pela Lei nº 9.711, de 1998)
I - limpeza, conservação e zeladoria; (Incluído pela Lei nº 9.711, de 1998)
II - vigilância e segurança; (Incluído pela Lei nº 9.711, de 1998)
III - empreitada de mão de obra; (Incluído pela Lei nº 9.711, de 1998)

A responsabilização subsidiária trabalhista da Administração contratante tem sido uma das principais questões que envolvem a gestão dos contratos de prestação de serviços continuados com dedicação exclusiva da mão de obra, que, como a expressão indica e já registrado em nota de rodapé neste trabalho, são aqueles nos quais os empregados da contratada são alocados para trabalhar continuamente nas dependências do ente público, constituindo contratos típicos de terceirização (limpeza, vigilância, recepção, portaria etc.).

6.1.2.1 A responsabilidade pelos encargos trabalhistas, previdenciários, fiscais e comerciais

O *caput* do art. 71 da Lei nº 8.666/93 ressalta o óbvio, ou seja, que a responsabilidade por encargos (trabalhistas, previdenciários, fiscais e comerciais) resultantes da execução contratual é do contratado, uma vez que o simples fato de estar executando um serviço para o Poder Público jamais teria o condão de excluir a empresa de obrigações dessa natureza.

6.1.2.2 A não transferência da responsabilidade para a Administração

O § 1º, com redação imposta pela Lei nº 9.032/95, em reforço ao preconizado no *caput*, prescreve que a inadimplência do contratado quanto aos encargos trabalhistas, fiscais e comerciais não transfere à Administração Pública a responsabilidade por seu pagamento, não podendo também onerar o objeto do acordo ou criar algum tipo de situação que venha a restringir a regularização e o uso das obras ou edificações, inclusive perante o Registro de Imóveis.

Pelo exposto, afastar-se-ia qualquer solidariedade do Poder Público referente aos encargos mencionados.

6.1.2.3 A responsabilidade trabalhista

A questão da responsabilização trabalhista, resolvida na norma legal, sofreu um revés inesperado, em função do Enunciado nº 331 do Tribunal Superior do Trabalho – TST (com nova redação em 12.9.2000), que concluiu pela responsabilidade subsidiária do tomador de serviços quanto às obrigações trabalhistas, inclusive da Administração Pública, o que poderá acarretar a condenação do Poder Público contratante como devedor complementar.

IV - contratação de trabalho temporário na forma da Lei no 6.019, de 3 de janeiro de 1974. (Incluído pela Lei nº 9.711, de 1998)

§ 5º O cedente da mão de obra deverá elaborar folhas de pagamento distintas para cada contratante. (Incluído pela Lei nº 9.711, de 1998)

§ 6º Em se tratando de retenção e recolhimento realizados na forma do caput deste artigo, em nome de consórcio, de que tratam os arts. 278 e 279 da Lei no 6.404, de 15 de dezembro de 1976, aplica-se o disposto em todo este artigo, observada a participação de cada uma das empresas consorciadas, na forma do respectivo ato constitutivo. (Incluído pela Lei nº 11.941, de 2009)

Comentamos em outro trabalho:

> Tal orientação jurisprudencial, *data máxima venia*, beira o absurdo, porquanto envereda pelo descumprimento de dispositivo expresso em lei. Além disso, como assevera Airton Nóbrega, favorece a inadimplência, uma vez que proclama, de logo, a possibilidade de imputar-se à outra parte a responsabilidade pelas obrigações trabalhistas não satisfeitas pelo empregador. "Torna-se extremamente cômodo para o mau empresário e para os fraudadores gerirem os seus negócios sem atendimento às obrigações que lhes incumbem. O ente contratante, por decisão de cortes trabalhistas, ficará encarregado de suprir essa imoral conduta, estimulada pela pseudoproteção prestada ao trabalhador."[42] Ademais, tal acordo constitui-se num contrato administrativo regido por regras de direito público, sendo inaplicáveis as normas de direito trabalhista, além do reconhecimento, de certa forma, de uma relação de emprego com a Administração, o que afronta a Constituição Federal, que exige aprovação em concurso público para ingresso na Administração Pública[43].

Pois bem, em 24 de novembro de 2010, o Plenário do STF declarou a constitucionalidade desse parágrafo. A decisão foi tomada no julgamento da Ação Declaratória de Constitucionalidade nº 16, ajuizada pelo governador do Distrito Federal, em face do Enunciado (súmula) 331 TST.

Importa sublinhar que, como ressaltou o então presidente da Suprema Corte, Ministro Cezar Peluso, tal decisão "não impedirá o TST de reconhecer a responsabilidade, com base nos fatos de cada causa". Conforme explicitou o Ministro, o que o TST tem reconhecido é que a omissão culposa da Administração em relação à fiscalização (se a empresa contratada é ou não idônea, se paga ou não encargos sociais etc.) gera responsabilidade da Administração.

Em síntese, a deliberação do STF pela constitucionalidade do dispositivo implica na não generalização da responsabilidade subsidiária por parte da Administração Pública, quando da contratação de serviços, mas não a afasta de vez, dado que ela poderá existir caso ocorra omissão da Administração em relação à fiscalização.

Nesse passo, é preciso que fique comprovada, na hipótese da contratada falhar nos seus compromissos nessa seara, que não ocorreu omissão culposa do Poder Público.

---

[42] Airton Rocha Nóbrega, artigo Encargos trabalhistas em contratos administrativos, Jus Navigandi, Teresina, ano 5, n. 49, fev. 2001. Disponível em: <http://jus2.uol.com.br/doutrina/texto.asp?id=1172>. Acesso em: 17 fev. 2009.
[43] BITTENCOURT, Sidney. Licitação Passo a Passo. 6. ed., Fórum.

Em termos práticos, como asseverou Ricardo Alexandre Sampaio, a decisão do STF impôs ao Poder Judiciário Trabalhista a impossibilidade de generalizar os casos e o dever de aferir com mais rigor se a inadimplência tem como causa principal a falha ou a falta de fiscalização pelo órgão público contratante, sob pena de não ser devida a responsabilização subsidiária da Administração:

> É sob esse enfoque que reputamos mais adequada, em sede da Justiça Trabalhista, a aplicação do princípio da melhor aptidão para a prova, segundo o qual o ônus da prova caberá àquele que se mostrar mais apto a demonstrá-la em juízo. A hipossuficiência do trabalhador, reconhecida pelo Direito Processual Trabalhista, não pode se resumir à questão econômica, alcançando também os meios e recursos para a produção de provas. Nesse sentido, caberá à Administração, e não ao empregado reclamante, comprovar ter agido de modo compatível com o cumprimento de seu dever legal de fiscalizar a execução dos contratos[44].

6.1.2.4 A responsabilidade previdenciária

Por força de alteração imposta pela Lei nº 11.933/09, o art. 31 da Lei nº 8.212/91, que dispõe sobre a organização da Seguridade Social, passou a ter o seguinte texto:

> Art. 31. A empresa contratante de serviços executados mediante cessão de mão de obra, inclusive em regime de trabalho temporário, deverá reter 11% (onze por cento) do valor bruto da nota fiscal ou fatura de prestação de serviços e recolher, em nome da empresa cedente da mão de obra, a importância retida até o dia 20 (vinte) do mês subsequente ao da emissão da respectiva nota fiscal ou fatura, ou até o dia útil imediatamente anterior se não houver expediente bancário naquele dia, observado o disposto no § 5o do art. 33 desta Lei. (Redação dada pela Lei nº 11.933, de 2009)
> § 1º O valor retido de que trata o caput deste artigo, que deverá ser destacado na nota fiscal ou fatura de prestação de serviços, poderá ser compensado por qualquer estabelecimento da empresa cedente da mão de obra, por ocasião do recolhimento das contribuições destinadas à Seguridade Social devidas sobre a folha de pagamento dos seus segurados. (Redação dada pela Lei nº 11.941, de 2009)
> § 2º Na impossibilidade de haver compensação integral na forma do parágrafo anterior, o saldo remanescente será objeto de restituição. (Redação dada pela Lei nº 9.711, de 1998)

---

44 SAMPAIO, Ricardo Alexandre. A responsabilidade subsidiária trabalhista e o dever de a administração contratante adotar medidas efetivas que afastem o prejuízo dos trabalhadores no caso de inadimplemento da contratada. Disponível em: <http://jus.com.br/artigos/24728/a-responsabilidade-subsidiaria-trabalhista-e-o-dever-de-a-administracao-contratante-adotar-medidas-efetivas-que-afastem-o-prejuizo-dos-trabalhadores-no-caso-de-inadimplemento-da-contratada#ixzz349jx9NFC>.

§ 3º Para os fins desta Lei, entende-se como cessão de mão de obra a colocação à disposição do contratante, em suas dependências ou nas de terceiros, de segurados que realizem serviços contínuos, relacionados ou não com a atividade-fim da empresa, quaisquer que sejam a natureza e a forma de contratação. (Redação dada pela Lei nº 9.711, de 1998)

§ 4º Enquadram-se na situação prevista no parágrafo anterior, além de outros estabelecidos em regulamento, os seguintes serviços: (Redação dada pela Lei nº 9.711, de 1998)

I - limpeza, conservação e zeladoria; (Incluído pela Lei nº 9.711, de 1998)
II - vigilância e segurança; (Incluído pela Lei nº 9.711, de 1998)
III - empreitada de mão de obra; (Incluído pela Lei nº 9.711, de 1998)
IV - contratação de trabalho temporário na forma da Lei no 6.019, de 3 de janeiro de 1974. (Incluído pela Lei nº 9.711, de 1998)

§ 5º O cedente da mão de obra deverá elaborar folhas de pagamento distintas para cada contratante. (Incluído pela Lei nº 9.711, de 1998)

§ 6º Em se tratando de retenção e recolhimento realizados na forma do caput deste artigo, em nome de consórcio, de que tratam os arts. 278 e 279 da Lei no 6.404, de 15 de dezembro de 1976, aplica-se o disposto em todo este artigo, observada a participação de cada uma das empresas consorciadas, na forma do respectivo ato constitutivo. (Incluído pela Lei nº 11.941, de 2009)

Em função da obrigação de retenção mencionada, passou a Administração Pública a também responder solidariamente pelos encargos previdenciários resultantes dos contratos celebrados.

Frisa-se, portanto, que a solidariedade só existe estritamente quanto à obrigação de retenção referente aos pagamentos realizados ao contratado por serviços prestados. Qualquer outra inadimplência não alcança a Administração, não podendo o Poder Público ser arrolado como devedor solidário ou subsidiário.

Conforme bem observou Jessé Torres, a solidariedade termina na medida em que o contratante da empresa cedente da mão de obra retenha e recolha, nos prazos assinados, os 11% sobre o valor dos serviços que contratou. Nenhuma responsabilidade ser-lhe-á imputável por irregularidade que a empresa cedente perpetre contra a seguridade social, em relação à folha de pagamento de seus empregados[45].

Vide jurisprudência do STJ sobre a questão:

> REsp nº 460.862/CE, 1ª T., Rel. Min. Francisco Falcão, DJ de 17.5.2004: (...)
> I - A responsabilidade pelo cumprimento das obrigações previdenciárias e solidária entre o tomador e o executor de obras de construção, sendo

---

[45] PEREIRA JUNIOR, Jessé Torres. Comentários à Lei de Licitações e Contratações da Administração Pública. 7. ed., Renovar, 2007, p. 757.

somente elidida se a prestadora de serviço recolher, previamente, as ditas contribuições previdenciárias.

II - A referida regra aplica-se mesmo aos entes públicos, ante a previsão do art. 71, § 2° da Lei n° 8.666/93. (...)

REsp n° 382/157/RS, 2ª T., Rel. Min. Castro Meira, DJ de 13.12.2004: (...) 2. A Administração Pública só responde solidariamente pelas contribuições previdenciárias decorrentes da execução do contrato após a edição da Lei n° 9.032/95. Não há responsabilidade subsidiária do Município pelo pagamento das contribuições previdenciárias devidas pelo empreiteiro de obra pública, relativamente a fatos geradores ocorridos antes do advento da Lei n° 9.032/95, em face da legislação superior que disciplinava a matéria estabelecer que esse ônus apenas caberia ao contratado. (...)

ARTIGO 2º

Art. 2º. As contratações de que trata esta Instrução Normativa deverão ser precedidas de planejamento, em harmonia com o planejamento estratégico da instituição, que estabeleça os produtos ou resultados a serem obtidos, quantidades e prazos para entrega das parcelas, quando couber.

Parágrafo único. O planejamento de que trata o *caput*, quando dispuser sobre serviços de natureza intelectual, deverá observar ainda as seguintes diretrizes:

I – (revogado). (Revogado pela Instrução Normativa nº 3, de 16 de outubro de 2009)

II – definir papéis e responsabilidades dos atores e áreas envolvidas na contratação, tais como:

a) ateste dos produtos e serviços;
b) resolução de problemas;
c) acompanhamento da execução dos trabalhos;
d) gerenciamento de riscos;
e) sugestão de aplicação de penalidades;
f) avaliação da necessidade de aditivos contratuais; e
g) condução do processo de repactuação, quando for o caso.

1. O planejamento das contratações de serviços

Planejar, como leciona Oscar Rover, **é** o processo desenvolvido para alcance de uma situação desejada de um modo eficiente, eficaz e efetivo com o maior aproveitamento de esforços e recursos disponíveis, correspondendo a um conjunto de providências a serem tomadas para promoção de um futuro diferente do passado, em torno de variáveis possíveis de serem atacadas pela organização planejadora[46].

Assim, nas contratações de prestação de serviços, a Administração deverá planejar previamente, de modo a identificar as suas necessidades e, a partir desse diagnóstico, definir todas as especificações que comporão o objeto a ser adquirido.

Realizado o planejamento, deverá voltar-se para o mercado e examinar as opções disponíveis, escolhendo a de melhor relação custo-benefício.

O dispositivo em comento determina que as contratações de serviços deverão ser precedidas de planejamento, em harmonia com o planejamento estratégico da instituição, que estabeleça os produtos ou resultados a serem obtidos, quantidades e prazos para entrega das parcelas, quando couber.

Atualmente, o planejamento estratégico constitui a principal ferramenta de gerenciamento de uma organização, seja ela pública ou privada. Na medida em que é realizado o planejamento, os ambientes político (externo) e administrativo (interno) da organização passam por importantes mudanças, o que determina o emprego de uma variedade de técnicas gerenciais de enfrentamento.

Para a organização, o planejamento estratégico permite que se desenvolvam um sentido de direção, um conceito do futuro e uma forma de controlar aspectos deste nos quais a organização tem interesse, gerando informações preliminares com as quais se pode avançar na planificação de longo prazo para decisões organizacionais, oferecendo, dessa forma, a possibilidade de melhorias significativas na gestão e nos programas. É nesse contexto que se afirma que o planejamento estratégico está intimamente relacionado com objetivos de longo prazo e com estratégias e ações para alcançá-los.

1.1 Diretrizes do planejamento nos serviços de natureza intelectual

Segundo a ciência da Administração, um bom processo de planejamento tem início com a fixação de objetivos, a partir dos quais são estabelecidas políticas, diretrizes e metas.

O termo *diretriz* deve ser entendido como um conjunto de instruções ou indicações para levar adiante um plano, uma ação etc.[47]

---

[46] ROVER, Oscar José. Noções básicas de planejamento. Disponível em: <www.ufcg.edu.br/~cedrus/.../nocoes_basicas_de_planejamento.rtf>.
[47] Cf. FERREIRA. Novo dicionário da língua portuguesa.

Nesse contexto, Idalberto Chiavenato leciona que as diretrizes são princípios estabelecidos que possibilitam o alcance dos objetivos pretendidos, sendo instrumentos utilizáveis para a localização dos meios adequados para seu atingimento[48].

Destarte, sendo as diretrizes normas procedimentais básicas, deverão ser, por conseguinte, de aplicação obrigatória no planejamento das contratações de serviços de natureza intelectual[49], sem as quais o contrato se desnaturaria.

Assim, consoante o parágrafo único, as diretrizes a serem seguidas nesses acordos consistem na definição de papéis e responsabilidades dos atores e áreas envolvidas na contratação. O dispositivo, com o intuito de facilitar o aplicador da norma, elenca alguns deles: ateste dos produtos e serviços; resolução de problemas; acompanhamento da execução dos trabalhos; gerenciamento de riscos; sugestão de aplicação de penalidades; avaliação da necessidade de aditivos contratuais; e condução do processo de repactuação, quando for o caso.

Registre-se que a Lei nº 8.666/93, no que tange aos serviços de natureza predominantemente intelectual, prescreve, no art. 46, que os mesmos deverão ser licitados, em princípio, por intermédio de tipos especiais de competição (*melhor técnica* ou *técnica e preço*)[50], notadamente na elaboração de projetos, cálculos, fiscalização, supervisão e gerenciamento e de engenharia consultiva em geral e, em particular, para a elaboração de estudos técnicos preliminares e projetos básicos e executivos.

---

48 CHIAVENATO, Idalberto. Teoria geral da administração. p. 387.
49 Como leciona Ivan Barbosa Rigolin, serviços intelectuais, ao menos para efeito jurídico, são aqueles de natureza humanística e para cuja execução se demandam requisitos particularmente especializados do prestador, exigidores de uma capacidade reconhecida e incontestes na área respectiva, sendo trabalhos detentores de cunho cultural preponderantemente sobre qualquer outro aspecto. Não se trata, nesse senso, de trabalho meramente "mental", porque qualquer serviço que apenas um homem possa realizar é serviço mental, já que puxar carroça ou mover um arado, tarefa que animais realizam, serviço mental não é, muito menos intelectual – e se um homem se dispuser a puxar uma carroça, em breve estará emprestando conteúdos mais requintados a esse trabalho, isso é inevitável. Pintar uma parede é trabalho humano, com inafastável característica mental, mas dificilmente poderá categorizá-lo como intelectual, sem qualquer demérito ao prestador. Serviços mecânicos que o homem realize são mentais, porque é indissociável a participação de conteúdo mental em qualquer trabalho consciente realizado pelo homem – mas a ideia de intelectual nessa hipótese fica afastada, ou seja, a característica mental não resume bem um serviço intelectual. Serviços intelectuais são, em exemplificativo resumo e juridicamente pensando, trabalhos mentalmente refinados, ou tecnicamente especializados em área humanística – seja qual for –, ou voltados à arte, à ciência ou à tecnologia, ou ainda ao humanismo considerado em qualquer sentido e dentro de qualquer matéria ou especialidade, o seu conjunto final resultando virtualmente infinito. (Serviço intelectual se licita por pregão?) Disponível em: <http://www.acopesp.org.br/artigos/Dr.%20Ivan%20Barbosa%20Rigolin/artigo%20164.pdf>.
50 A licitação do tipo *Melhor Técnica*, como o nome indica, constitui critério de seleção em que a proposta mais vantajosa para a Administração é escolhida com base em fatores de ordem técnica. A licitação do tipo *Técnica e Preço* constitui critério de seleção em que a proposta mais vantajosa é escolhida com base na maior média ponderada, considerando-se as notas obtidas nas propostas de preço e de técnica.

ARTIGO 3º

> Art. 3º. Serviços distintos podem ser licitados e contratados conjuntamente, desde que formalmente comprovado que: (Redação dada pela Instrução Normativa nº 6, de 23 de dezembro de 2013)
> I - o parcelamento torna o contrato técnica, econômica e administrativamente inviável ou provoca a perda de economia de escala; e (Incluído pela Instrução Normativa nº 6, de 23 de dezembro de 2013)
> II - os serviços podem ser prestados por empresa registrada e sob a fiscalização de um único conselho regional de classe profissional, quando couber. (Incluído pela Instrução Normativa nº 6, de 23 de dezembro de 2013)
> Parágrafo único. O órgão não poderá contratar o mesmo prestador para realizar serviços de execução e fiscalização relativos ao mesmo objeto, assegurando a necessária segregação das funções. (Incluído pela Instrução Normativa nº 6, de 23 de dezembro de 2013)

1. A licitação de serviços distintos

Evidentemente, a competição apartada deve ser a regra para licitar serviços diferenciados, procedimento que, além de lógico, privilegia o princípio da competitividade.

Nesse sentido, sumulou o TCU:

> Súmula 247 - É obrigatória a admissão da adjudicação por item e não por preço global, nos editais das licitações para a contratação de obras, serviços, compras e alienações, cujo objeto seja divisível, desde que não haja prejuízo para o conjunto ou complexo ou perda de economia de escala, tendo em vista o objetivo de propiciar a ampla participação de licitantes que, embora não dispondo de capacidade para a execução, fornecimento ou aquisição da totalidade do objeto, possam fazê-lo com relação a itens ou unidades autônomas, devendo as exigências de habilitação adequar-se a essa divisibilidade.

Verifica-se que, para alargar ainda mais a competição, a Lei nº 8.666/93 prevê licitações distintas até mesmo para serviços iguais, quando for, comprovadamente, técnica e economicamente viável.

> Art. 23 (...)
> § 1o As obras, serviços e compras efetuados pela Administração serão divididos em tantas parcelas quantas se comprovarem técnica e

economicamente viáveis, procedendo-se à licitação com vistas ao melhor aproveitamento dos recursos disponíveis no mercado e à ampliação da competitividade sem perda da economia de escala.

§ 2o Na execução de obras e serviços e nas compras de bens, parceladas nos termos do parágrafo anterior, a cada etapa ou conjunto de etapas da obra, serviço ou compra, há de corresponder licitação distinta, preservada a modalidade pertinente para a execução do objeto em licitação.

Assim, até mesmo nesses casos, a cada parcela ou conjunto de parcelas há de corresponder licitação distinta, desde que haja a preservação da modalidade pertinente para execução total do objeto pretendido.

Uma questão que pulula os diversos compêndios que tratam de licitações e contratações administrativas envolve duas expressões que, aparentemente, conduzem para a mesma ideia: o fracionamento e o parcelamento das contratações.

Os dicionários da língua portuguesa trazem as definições de fracionamento e parcelamento, quase sempre no seguinte sentido: "Fracionamento: fragmentação, divisão. Parcelamento: divisão em parcelas, em prestações"[51]. Nesse curso, conclui-se que parcelar significa dividir o todo em parcelas, enquanto fracionar significa dividir o todo em frações.

No entanto, no âmbito das licitações e contratações públicas, os institutos adquirem significados diametralmente opostos, não por expressa menção semântica legal, mas por construção doutrinária.

Preliminarmente, anote-se que a Lei nº 8.666/93, como bem verificou Flavia Daniel Vianna[52], não alude em momento algum ao fracionamento, mencionando tão somente, em alguns dispositivos, o parcelamento.

Verifica-se que o inc. IV do art. 15 determina que as compras, sempre que possível, visando economicidade, deverão ser subdivididas em tantas parcelas quanto necessário para aproveitamento das peculiaridades do mercado. Nesse mesmo plano, o § 1º do art. 23 preconiza a divisão dos serviços, obras e compras da Administração em tantas parcelas quanto se comprovarem técnica e economicamente viáveis, procedendo-se à licitação com vistas ao melhor aproveitamento dos recursos disponíveis no mercado e à ampliação da competitividade, sem perda da economia de escala.

Como já frisado, ainda que determine o parcelamento, a lei impõe que, na execução de contratações parceladas, cada etapa ou conjunto de etapas do serviço deve corresponder a uma licitação distinta, preservada a modalidade pertinente para a execução do objeto em licitação (§ 2º do art. 23).

---

51 AULETE. Dicionário contemporâneo da língua portuguesa: digital.
52 VIANNA, Flavia Daniel. Ferramenta contra o fracionamento ilegal de despesa, p. 67.

Arrematando a determinação, o § 5º veda a utilização da modalidade "convite" ou "tomada de preços", conforme o caso, para parcelas de uma mesma obra ou serviço, ou ainda para obras e serviços da mesma natureza e no mesmo local que possam ser realizadas conjunta e concomitantemente, sempre que o somatório de seus valores caracterizar o caso de "tomada de preços" ou "concorrência", respectivamente.

Apesar de não mencionar a expressão "fracionamento", é nesse momento que a norma veda esse procedimento, pois determina que a Administração preserve a modalidade do todo, dispondo que cada parcela (ou conjunto de parcelas) deverá corresponder à licitação distinta, desde que haja a preservação da modalidade pertinente para execução total do objeto pretendido.

Flavia Daniel Vianna focou com extrema didática a questão:

> O fracionamento ilegal de despesa é vedado no art. 23, § 5º, da Lei 8.666/93, caracterizando-se quando o órgão licitante divide a despesa e, em vez de somar os valores para utilizar a modalidade pertinente de licitação referente ao valor global da contratação, utiliza-se de modalidade inferior em cada parcela, ou mesmo realiza a contratação direta em tais parcelas. Em outras palavras, a Administração divide determinada despesa que, em sua totalidade, corresponde ao valor de uma concorrência, porém licita cada parcela através de tomada de preços para abster-se de utilizar a concorrência. O mesmo ocorreria se a totalidade do valor da contratação correspondesse a uma tomada de preços e o órgão licitasse cada uma de suas parcelas por convite, abstendo-se de realizar tomada de preços, ou, ainda, caso contratasse diretamente cada parcela (através de dispensa de licitação, com fundamento no art. 24, I ou II), sendo que, na realidade, o somatório das parcelas ultrapassa o limite previsto para contratação por dispensa em função do pequeno valor. Exemplificando: um serviço que foi dividido em cinco parcelas, sendo que a totalidade de cada parcela corresponde a um convite, porém, o valor das cinco corresponde a uma tomada de preços, esta deverá ser a modalidade adotada para a escolha do licitante que, por exemplo, executará apenas uma das parcelas. Se, em caso similar, a totalidade do valor das parcelas resultasse no valor de concorrência, esta deveria ser empregada. A vedação ao fracionamento deverá persistir tanto para parcelas de uma mesma obra ou serviço quanto para obras ou serviços distintos, desde que possuam similaridade de natureza e sejam realizados no mesmo local, em conjunto (pelo qual todas elas formem parte de um todo) e concomitantemente, ou seja, ao mesmo tempo.[53,54]

---

55 VIANNA, Flavia Daniel. Ferramenta contra o fracionamento ilegal de despesa, p. 79-80.
54 A respeito do tema, vários julgados do TCU (apud VIANNA. Ferramenta contra o fracionamento ilegal de despesa):
- Acórdão 82/2005: (...) Acontece que a realização de vários procedimentos em um exercício não caracteriza, por si só, o fracionamento indevido da despesa, o qual somente ocorre quando não se preserva a modalidade pertinente para o total de aquisições do exercício (§ 2º do art. 23 da Lei 8.666/93).

1.1 A realização de licitação e a contratação de serviços distintos conjuntamente

Apesar de a regra para licitar e contratar serviços distintos ser a realização apartada, há situações fáticas que autorizam a realização conjunta.

Nesse passo, o art. 3º aponta essa solução, determinando, logicamente, a necessidade da comprovação formal de que: (a) o parcelamento torna o contrato técnica, econômica e administrativamente inviável ou provoca a perda de economia de escala; e (b) os serviços poderão ser prestados por empresa registrada e sob a fiscalização de um único conselho regional de classe profissional, quando couber.

No entanto, conforme previsto no parágrafo único, é vedado à Administração contratar o mesmo prestador para realizar serviços de execução e fiscalização relativos ao mesmo objeto, assegurando, dessa forma, a necessária segregação das funções.

O princípio da segregação de funções decorre do princípio da moralidade (art. 37, da CF/88) e consiste na necessidade de a Administração repartir funções entre os agentes públicos, cuidando para que não exerçam atividades incompatíveis umas com as outras, especialmente aquelas que envolvam a prática de atos e, posteriormente, a fiscalização desses mesmos atos.

No caso específico, adequou-se a ideia ao pessoal das empresas prestadoras de serviços.

Plenário, Processo nº 015.968/2002-9, Ministro Relator Augusto Sherman Cavalcanti, Sessão de 16 de fevereiro de 2005, Brasília.
- Acórdão 2528/2003: Este Tribunal já manifestou, em diversas assentadas, o entendimento de rejeitar as razões de justificativa quanto à prática do fracionamento de despesa, que se dá mediante a realização de vários certames licitatórios na modalidade convite, em detrimento da modalidade adequada - tomada de preços. São exemplos: Acórdão 101/98 - Plenário - Ata nº 28/98, Processo TC 250.136/97-0; Acórdão 255/97 - Segunda Câmara - Ata nº 15/97, Processo TC 450.217/95-7; Decisão nº 484/96 - Plenário - Ata 31/96, Processo TC 475.053/95-8. Evitar o fracionamento de despesas como mecanismo de fuga à modalidade de licitação adequada (art. 23, § 5º). Primeira Câmara, Processo 003.338/1999-1, Ministro Relator Humberto Guimarães Souto, Sessão de 21 de outubro de 2003, Brasília.
- Acórdão 73/2003: Atente para o fato de que, atingido o limite legalmente fixado para dispensa de licitação, as demais contratações para serviços da mesma natureza deverão observar a obrigatoriedade da realização de certame licitatório, evitando a ocorrência de fracionamento de despesa. Segunda Câmara, Processo nº 004.960/2000-6, Ministro Relator Guilherme Palmeira, Sessão de 6 de fevereiro de 2003, Brasília.
- Acórdão 89/2004: A responsável (Diretora-Geral de Administração e Ordenadora de Despesa do Tribunal Regional do Trabalho 2ª Região) alegou que não há determinação legal quanto ao lapso temporal entre duas aquisições da mesma espécie, não cabendo ao intérprete impor restrições [...] A SECEX/SP não acatou as justificativas apresentadas, uma vez que: a) apesar de o art. 23 da Lei nº 8.666/93 não estabelecer um lapso temporal para o parcelamento das compras, o seu § 2º determina que seja preservada a modalidade licitatória pertinente para o objeto total da contratação, com exceção da contratação direta por pequeno valor, quando a compra puder ser realizada de uma só vez (...). Segunda Câmara, Processo nº 007.671/2002-3, Ministro Relator Adylson Motta, Sessão de 5 de fevereiro de 2004, Brasília

ARTIGOS 4º E 5º

> Art. 4º. A contratação de sociedades cooperativas somente poderá ocorrer quando, pela sua natureza, o serviço a ser contratado evidenciar:
> I - a possibilidade de ser executado com autonomia pelos cooperados, de modo a não demandar relação de subordinação entre a cooperativa e os cooperados, nem entre a Administração e os cooperados; e
> II - a possibilidade da gestão operacional do serviço ser compartilhada ou em rodízio, onde as atividades de coordenação e supervisão da execução dos serviços, e a de preposto, conforme determina o art. 68 da Lei nº 8.666, de 1993, sejam realizadas pelos cooperados de forma alternada, em que todos venham a assumir tal atribuição.
> Parágrafo único. Quando admitida a participação de cooperativas, estas deverão apresentar um modelo de gestão operacional adequado ao estabelecido neste artigo, sob pena de desclassificação.
> Art. 5º. Não será admitida a contratação de cooperativas ou instituições sem fins lucrativos cujo estatuto e objetivos sociais não prevejam ou não estejam de acordo com o objeto contratado.
> Parágrafo único. Quando da contratação de cooperativas ou instituições sem fins lucrativos, o serviço contratado deverá ser executado obrigatoriamente pelos cooperados, no caso de cooperativa, ou pelos profissionais pertencentes aos quadros funcionais da instituição sem fins lucrativos, vedando-se qualquer intermediação ou subcontratação.

1. A cooperativa como parte preponderante no uso da licitação para a alavancagem do desenvolvimento nacional

No dia 16.12.2010, o presidente da República sancionou a Lei nº 12.349, em face da conversão em lei da MP nº 495/10, estabelecendo um novo mecanismo de apoio à inovação tecnológica, com o intuito de fomentar o desenvolvimento nacional.

De acordo com a nova redação dada ao *caput* do art. 3º da Lei nº 8.666/93, além de se destinar a garantir a observância do princípio constitucional da isonomia e a seleção da proposta mais vantajosa para a Administração, a licitação passou a destinar-se também à promoção do desenvolvimento nacional sustentável.

A inserção da promoção do desenvolvimento nacional sustentável como uma das finalidades legais da licitação revigorou o propósito anteriormente deflagrado, com a edição da Lei Complementar nº 123/06 – que oferece tratamento diferenciado para microempresas e empresas de pequeno porte –, do poder de compra do Estado como instrumento de difusão de políticas públicas.[55, 56]

Sobre a questão, a observação de Ricardo Alexandre Sampaio:

> Com isso, mais do que apenas satisfazer as necessidades da Administração, o contrato administrativo também servirá como indutor de políticas públicas, em especial aquelas voltadas ao fomento e ao desenvolvimento de segmentos econômicos reputados estratégicos[57].

Doravante, portanto, as contratações públicas deverão ser fitadas como ferramentas de alavancagem de desenvolvimento, promovendo, inclusive, incentivo à produção tecnológica brasileira[58].

---

[55] A LC nº 123/06 estabelece tratamento diferenciado para as microempresas (ME) e empresas de pequeno porte (EPP), prescrevendo como benefício a faculdade de formulação de nova proposição quando da ocorrência de empate com uma empresa tradicional. Além disso, faculta a realização de licitações diferenciadas para essas empresas: uma, consistindo na destinada à participação exclusiva das mesmas, quando o objeto pretendido tiver seu valor estimado em até R$ 80.000,00; outra, envolvendo o fracionamento do objeto, assegurando uma parcela para ser disputada somente entre elas; e mais uma, que se refere à subcontratação compulsória de uma parcela do objeto. O diploma foi recentemente alterado pela LC nº 147, de 7 de agosto de 2014, sendo as principais alterações: (a) o prazo para regularização das certidões fiscais passa a ser de 5 dias úteis (art. 43); (b) mudanças nos benefícios dispostos no art. 48: a licitação exclusiva passa a ser obrigatória para valores até R$ 80.000,00, podendo ser aplicado esse limite a itens, não ao valor total da licitação; a subcontratação continua sendo um benefício de aplicação facultativa, mas que deverá ser utilizada somente para os casos de contratação de serviços e obras. Anteriormente havia a limitação de 30% (trinta por cento) de subcontratação, passando a poder ser utilizado percentuais maiores, desde que não haja a subcontratação total do objeto, o que poderia caracterizar fuga ao procedimento licitatório; a cota reservada passa a ser de aplicação obrigatória para bens de natureza divisível, no limite de até 25% do objeto licitado; (c) foi inserido o § 3º ao art. 48, que estabelece que poderá, mediante justificativa, ser dada prioridade de até 10% do melhor preço válido para contratação de MPE sediada local ou regionalmente, objetivando a promoção do desenvolvimento econômico e social no âmbito municipal e regional; (d) mudanças nas dispensas dos incisos I e II do art. 24 da Lei nº 8.666/93: anteriormente, nas licitações dispensáveis não se aplicavam os benefícios trazidos pelos arts. 47 e 48 da LC nº 123/06. A partir de agora, nas dispensas dos incisos I e II do art. 24 da Lei nº 8.666/93, os gestores públicos deverão dar preferência às MPE nas contratações que se enquadrarem no limite disposto no inciso I do art. 48.
Segundo dados do Ministério do Planejamento, em 2013 a participação das micro e pequenas empresas nas listas de compras do governo federal teve um acréscimo de 33%, em comparação com o ano anterior. Dos R$ 68,4 bilhões gastos pela União no ano, R$ 20,5 bilhões foram com contratações com pequenas empresas, valor que corresponde a 30% de todas as aquisições de bens e serviços. Há uma estimativa de que essa fatia, até 2017, alcance 50%.
[56] Sobre o tema, em apreciação mais aprofundada, *vide* o nosso "As licitações públicas e o estatuto nacional das microempresas". 2. ed., Fórum, 2010.
[57] SAMPAIO, Ricardo Alexandre. A nova Lei nº 8.666/93. ILC. Zênite.
[58] Além de dispor como hipótese de desempate nas licitações a preferência para bens produzidos ou prestados por empresas que invistam em pesquisa e no desenvolvimento de tecnologia no país (art. 3º, §2º, inc. IV), a lei nº 12.349/20010 fez constar na Lei nº 8.666/93 a possibilidade de a Administração estabelecer nos editais licitatórios uma margem de preferência para produtos manufaturados e para serviços nacionais que atendam a normas técnicas brasileiras considerando, entre outros fatores, o desenvolvimento e inovação tecnológica realizados no país (§ 6º, inc. III).

O fomento ao desenvolvimento econômico e social é parte preponderante do elenco de finalidades do Estado[59], pois o art. 3º da CF elenca como objetivos fundamentais do Estado brasileiro "garantir o desenvolvimento nacional" e "reduzir as desigualdades sociais". Nesse aspecto, principalmente a partir da década de 1990, houve grandiosa evolução[60].

É indiscutível que, dentre os instrumentos que o Poder Público detém para serem adotados no atendimento dessa regra constitucional, um dos mais fortes é a licitação, ou seja, a utilização do "poder de compra do Estado" como uma eficaz ferramenta para fomento efetivo do mercado[61]. Essa, inclusive, é bandeira deflagrada há tempos pelo prof. Luciano Ferraz[62], ponderando constantemente que a licitação deveria ser utilizada como instrumento de regulação de mercado, de modo a torná-lo mais livre e competitivo, além da possibilidade de concebê-la como mecanismo de indução de determinadas práticas que produziriam resultados sociais benéficos, imediatos ou futuros[63].

Sob esse aspecto, o inc. I do supracitado artigo, que determina o pleno atendimento ao princípio da competitividade nas licitações[64], teve importantes acréscimos.

Inicialmente, acresceu-se a expressão "inclusive nos casos de sociedades cooperativas", ou seja, a lei deixou claro que as cooperativas não podem ser afastadas

---

59 BITTENCOURT, Sidney. As licitações públicas e o Estatuto Nacional das Microempresas. 2. ed. Belo Horizonte: Fórum, 2010.
60 O historiador José Murilo de Carvalho afirma, partindo da base da estabilização da moeda, estabelecida na década de 1990, que o Estado brasileiro avançou na modernização da administração e na expansão da política social.
61 Conforme colaciona Erivam da Silva, "o uso desta política é justificado quando se constata que o direcionamento do poder de compra do Estado, por sua própria natureza e flexibilidade, e que também possui um viés redistributivo, tem todos os atributos necessários para gerar impacto na competitividade industrial e tecnológica, já que o Estado, enquanto consumidor em grande escala de bens e serviços, está em posição ideal para a implantação de um sistema de indução de produtividade, controle de qualidade, transferência de tecnologia e promoção de benefícios sociais, principalmente quando se trata de geração de emprego e renda e desenvolvimento local, em que este direcionamento para os pequenos fornecedores, principalmente em áreas de menor desenvolvimento econômico, com a indução de arranjos locais, apresenta-se como um mecanismo de alto impacto e de baixo custo. A possibilidade de o Estado utilizar-se desse potencial, que não somente sob a ótica do paradigma da eficiência estrita, que é o atualmente utilizado, traduzindo-se por comprar mais, mais rápido e por um menor preço, mas também para alcançar outros resultados que, vistos globalmente, possam ser mais vantajosos para a Administração Pública e, indiretamente, para a sociedade, coloca-se como uma questão de grande complexidade a ser enfrentada. (...) Embora se mantenha a preocupação com a eficiência das compras públicas, com a adoção do uso do poder de compra do Estado há uma ponderação entre redistribuição e eficiência, o que é um ponto central no debate econômico. Desse modo, o processo de adaptação de um sistema de compra, seja do nacional ou de seus entes, antes de tornar-se um instrumento redistributivo, enfrenta o desafio de provar que os benefícios dessa política são maiores do que os seus custos" (O uso do poder de compra do Estado como instrumento de política pública: a Lei Complementar nº 123/2006, sua implementação, p. 70-71).
62 Cf. FERRAZ. Função regulatória da licitação. *Revista Eletrônica de Direito Administrativo Econômico – REDAE*.
63 Tese também defendida com brilhantismo por Marcos Juruena Villela Souto, em palestra proferida no ano de 2005, no Congresso sobre licitações, transcorrido no BNDES.
64 Impende alertar que o art. 90 do Estatuto considera crime frustrar ou fraudar, mediante ajuste, combinação ou qualquer outro expediente, o caráter competitivo da licitação.

dos certames licitatórios[65]. Essa inserção apenas confirma o que já se inferia da questão diante do preconizado na Lei nº 11.488/07, que incluiu as cooperativas no elenco de beneficiários de tratamento diferenciado da LC nº 123/06[66].

1.1 Regras obrigatórias concernentes à participação de cooperativas em licitações

O art. 4º da IN estabelece, com a pretensão de dar segurança ao Poder Público, que somente poderá ocorrer contratação de sociedades cooperativas quando, pela sua natureza, o serviço a ser ajustado evidenciar duas possibilidades:

a) ser executado com autonomia pelos cooperados, de modo a não demandar relação de subordinação entre a cooperativa e os cooperados, nem entre a Administração e os cooperados; e

b) a gestão operacional do serviço ser compartilhada ou em rodízio, onde as atividades de coordenação e supervisão da execução, e a de preposto, conforme determina o art. 68 da Lei nº 8.666/93 – que determina que o contratado deva manter preposto, aceito pela Administração, no local da obra ou serviço, para representá-lo na execução do contrato – sejam realizadas pelos cooperados de forma alternada, de modo que todos venham a assumir tal atribuição.

A primeira exigência advém da preocupação natural de se demarcar, nas prestações de serviços por cooperativas, que não pode existir relação de subordinação entre a sociedade e os cooperados, nem, é claro, entre estes e a Administração Pública contratante, evitando-se – e combatendo-se – a fraude na intermediação de mão de obra subordinada, posto que, não raro, essa forma societária é utilizada por pessoas inescrupulosas para burlar a legislação trabalhista.

Esmiuçando o demarcado, Lívio Rodrigues Ciotti obtemperou:

> A expressão *autonomia* foi empregada apenas para traçar um limite entre as atividades em que ela se evidencia com mais facilidade e aquelas atividades em que uma *liberdade de fazer* praticamente não existe, tal é – e tão intensa – a relação (de subordinação) que se estabelece entre as partes. Além de correlatas, as expressões são interdependentes.
>
> O que resta, então? *Um serviço que, pela sua natureza, possa ser executado com autonomia, de modo a não demandar relação de subordinação.*
>
> De forma mais específica: *um serviço que admite terceirização por meio de cooperativa*. Sempre defendi que *um serviço dessa natureza* deveria se encontrar previsto (normatizado) com antecedência, previamente ao edital, para não

---
[65] Sobre a participação de cooperativas em licitações, vide o nosso A participação de cooperativas em licitações públicas. Rio de Janeiro: Temas & Ideias, 2001.
[66] Lei nº 11.488/2007 - Art. 34. Aplica-se às sociedades cooperativas que tenham auferido, no ano-calendário anterior, receita bruta até o limite definido no inciso II do caput do art. 3o da Lei Complementar no 123, de 14 de dezembro de 2006, nela incluídos os atos cooperados e não cooperados, o disposto nos Capítulos V ao X, na Seção IV do Capítulo XI, e no Capítulo XII da referida Lei Complementar.

ficar ao arbítrio do administrador. E entendo que isso ocorreu quando a União, por meio de termo de conciliação judicial, comprometeu-se a não contratar cooperativas *quando o labor, por sua própria natureza, demandar trabalho subordinado em relação ao tomador ou ao prestador do serviço*[67].

A segunda exigência merece reflexão. Numa cooperativa, além dos conselheiros e diretores, é de suma importância a existência de uma equipe com profissionais competentes e qualificados para a elaboração do planejamento estratégico. É por intermédio de uma boa estrutura que ela consegue atingir os objetivos e metas determinados nesse planejamento.

Com base no planejamento estratégico, a cooperativa define diretrizes de trabalho, o que também envolve planejamento tático e gestão operacional.

Nesse contexto, como o preceito da IN exige, para a participação em licitações, que a cooperativa demonstre que será possível que a gestão operacional do serviço contratado seja compartilhada ou em rodízio, em que as atividades de coordenação e supervisão da execução dos serviços venham a ser realizadas pelos cooperados de forma alternada, de modo que todos venham a assumir tal atribuição, o parágrafo único determina que a cooperativa apresente um modelo de gestão operacional que permita essa ocorrência.

Ocorre que a determinação tem sido contestada, com absoluta razão, pelos especialistas em Direito Cooperativo.

Amilcar Barca Teixeira opõe-se ao instituído, apresentando vários argumentos. Inicialmente, por entender que a disposição contraria o previsto no inc. I, do § 1º, do art. 3º da Lei nº 8.666/93, que veda admitir, prever, incluir ou tolerar, nos atos de convocação, cláusulas ou condições que comprometam, restrinjam ou frustrem o seu caráter competitivo, inclusive nos casos de sociedades cooperativas, concluindo, com desassossego, que "trata-se, mais uma vez, de expediente para afastar as cooperativas dos procedimentos licitatórios". Depois, em termos práticos, preocupa-se com a questão da realização dos serviços de forma alternada:

> O inciso I do art. 4º da Lei nº 5.764/71 dispõe: *adesão voluntária, com número ilimitado de associados, salvo impossibilidade técnica de prestação de serviços*. Desse modo e considerando a situação fática, esgotada a alternância de cooperados na prestação de serviços, a cooperativa deverá admitir permanentemente novos associados para cumprir as determinações da IN? A Administração Pública fará esse mesmo tipo de exigência para empresas não cooperativas? A manutenção dessa exigência não será prejudicial à continuidade dos serviços?
> No que diz respeito à continuidade dos serviços, se for mantida a alternância, entendo que essa prática será prejudicial ao administrado, tendo em vista

---

[67] Conforme e-mail de 27.6.2014.

que, no momento em que um terceirizado assimilou os serviços, a regra obrigará o prestador a trocá-lo por novo prestador (cooperado ou não). Esta situação, no meu entender, não tem lógica. Se considerarmos, ainda, o art. 6º da Lei nº 12.690/12, que, ao dispor sobre as cooperativas de trabalho, anota que essas sociedades só poderão ser constituídas com número mínimo de sete sócios, não creio que o grupo inicial de cooperados nessa prestação de serviços à Administração Pública terá paciência para esperar a sua vez de retornar ao órgão tomador de seus serviços. É certo que ele irá procurar nova colocação para poder manter sua sobrevivência. A relação societária com a cooperativa deixará de ser atrativa[68].

Lívio Rodrigues Ciotti também impugna o texto normativo:

> Entendo que essa segunda condição é um entrave (inconstitucional, ilegal e abusivo) ao ingresso de cooperativas nos certames. (...) Trata-se de uma condição ofensiva tanto para o ambiente cooperativo como para todo o segmento empresarial. Desde a divisão especializada do trabalho, nunca se viu tamanho absurdo. Falar sobre compartilhamento (de experiências e vivências) e de rodízio de cargos em nível gerencial é uma situação corriqueira na administração/gestão de pessoas jurídicas nos grandes centros urbanos. É inovador, é estimulante, é estratégico, chega a ser revolucionário. Já vivenciei essa experiência. O departamento jurídico se transformando de mero suporte em área de negócios, vendendo produtos e ideias da empresa; o gerente de marketing aprendendo sobre as complexas atribuições do gerente financeiro; o supervisor da equipe de vendas tendo que desenvolver novas habilidades interpessoais para administrar os recursos humanos da instituição.
> Mas trocar o motorista que acabou de se associar à cooperativa com o supervisor da equipe de coordenadores setoriais (que lidam, por sua vez, diretamente com os demais motoristas)... e vice-versa... pode representar um verdadeiro fiasco, um desastre irremediável para a gestão dos serviços contratados pelo Poder Público. (...)
> Leva-se muito mais tempo para se formar um bom gestor de cooperativas do que qualquer outro. Sem mencionar as diversas áreas do conhecimento que interagem em sua formação, o gestor desse tipo de sociedade leva muito tempo para se desintoxicar de sua formação capitalista para abraçar os ideais cooperativistas e fazê-los funcionar na prática, no dia a dia com outros gestores, clientes e fornecedores. Um empreendimento cooperativista pode levar de 5 a 10 anos para se estabelecer, outros 10 para se fortalecer e outros 5 para se firmar no mercado, e isso contando com profissionais de alto nível de especialização em função da matéria e legislação próprias. E de uma hora para outra substituo um gerente (...) só porque alguém cismou que na Administração Pública cooperativa só pode se

---

[68] Conforme e-mail de 26.6.2014.

fizer rodízio... Isso seria subverter todo um processo de gestão e gerenciamento, a evolução natural das práticas de gestão, o novo ambiente e cenário de negócios. Não é assim que se faz. Posso até fazer rodízio (...), mas num mesmo nível e na mesma sede, sem deslocar para outros ambientes. Seria oportuno verificar o que as empresas prestadoras de serviços achariam da ideia se a obrigação também se estendesse a elas... Isso parece a seta para um precipício. Depois que a contratada cair, é só falar que ela era incompetente...[69, 70]

1.2 A habilitação das cooperativas

A habilitação de sociedades cooperativas merece uma análise apartada, diante de controvérsias ainda existentes acerca da viabilidade de participação delas em procedimentos licitatórios[71].

As cooperativas são sociedades de natureza civil, sem fins lucrativos, constituídas por pessoas (cooperados) que exercem atividade de natureza econômica, sendo constitucionalmente reconhecidas, recebendo inclusive tratamento diferenciado como incentivo à sua criação.

No plano infraconstitucional, a Lei nº 5.764/71 reconhece-as como sociedades civis, dotadas de capacidade jurídica (titulares de direitos e obrigações), estando, assim, plenamente aptas para exercitar direitos e contrair obrigações, o que significa, em síntese, que podem celebrar contratos. Os artigos 5º e 86 desse diploma admitem expressamente a execução de qualquer atividade pelas cooperativas, inclusive a prestação de serviços a terceiros. Em consequência, as sociedades cooperativas estão plenamente aptas a participar de certames licitatórios, bem como a ser contratadas pela Administração Pública, caso sejam vencedoras dos certames.

Como o ordenamento jurídico brasileiro adota o princípio da livre concorrência, havendo distinções prescritas pela própria CF (objetivando fomentar a criação de cooperativas), não se configura possível a hipótese de um agente público, por intermédio do edital de licitação, negar os benefícios a elas concedidos.

Como observam **Fernando Pellenz, Luis Felipe Spinelli e Rodrigo Tellechea**, "é notório que as cooperativas possuem estrutura organizacional e funcionamento que as sujeitam às mesmas situações de fragilidade de qualquer empresa de grande porte"[72].

---

69 Conforme e-mail de 27.6.2014.
70 Sobre o tema, sugere-se a leitura da obra *A Participação de Cooperativas em Procedimentos Licitatórios*, de autoria de Amilcar Barca Teixeira Junior e Lívio Rodrigues Ciotti. Mandamentos, 2002.
71 Sob o argumento de que as cooperativas de trabalho geram muitas reclamações trabalhistas, dentre outros, o Ministério Público do Trabalho (MPT) e a Advocacia Geral da União (AGU) firmaram um acordo em 2003, homologado na 20ª Vara do Trabalho de Brasília/DF, limitando a participação dessas sociedades em licitações na Administração Pública Federal. Em face do ajuste, a União comprometeu-se a não mais contratar cooperativas de mão de obra para trabalho subordinado, seja na atividade-fim ou atividade-meio, seja a subordinação em relação ao tomador ou ao fornecedor dos serviços.
72 PELLENZ, Fernando; SPINELLI Luis Felipe; TELLECHEA, Rodrigo. Cooperativas e recuperação judicial. *Jornal Valor Econômico*, 26.6.2014.

Os cuidados a serem tomados são exatamente os mesmos que devem ser considerados nos contratos a serem celebrados com qualquer outro, ou seja, celebrar contrato com a cooperativa (e não com os cooperados); estabelecer criteriosamente os serviços a serem prestados (que deverão ser prestados pelos cooperados, e não por empregados da cooperativa); definir, com clareza, rotinas, procedimentos, horários etc., em função do serviço a ser prestado (e não em função do horário dos servidores do órgão contratante); nunca esquecer que os prestadores dos serviços não são servidores, estando, assim, sob a égide, em termos de chefia, direção etc., da cooperativa; designar um fiscal para verificação da boa execução dos serviços (e não um "chefe" dos cooperados); definir, no edital e no contrato, que deverá haver um coordenador, representante da cooperativa, para gerenciar os serviços, com o qual o fiscal manterá entendimentos, exigirá o que for necessário etc.; impedir qualquer desvio de rotina, devendo os cooperados executar somente tarefas estabelecidas no edital, que, logicamente, estarão transcritas no contrato; enfim, dar ao contratado o tratamento normal que deve ser dado a uma sociedade civil prestadora de serviço.

Nesse sentido, o art. 5º da IN em análise indica a inadmissão de contratação de cooperativas cujo estatuto e objetivos sociais não prevejam ou não estejam de acordo com o objeto contratado, prevendo, no parágrafo único, que o serviço contratado deverá ser executado obrigatoriamente pelos cooperados, no caso de cooperativa, ou pelos profissionais pertencentes aos quadros funcionais da instituição sem fins lucrativos, vedando-se qualquer intermediação ou subcontratação.

Consigne-se que o § 3º do art. 19 da IN relaciona, de forma didática, os documentos a serem exigidos de cooperativas na fase habilitatória de uma licitação:

a) relação dos cooperados que atendem aos requisitos técnicos exigidos para a contratação e que executarão o contrato, com as respectivas atas de inscrição e a comprovação de que estão domiciliados na localidade da sede da cooperativa, respeitado o disposto no art. 4º, inc. XI, 21, inc. I e 42, §§ 2º ao 6º da Lei nº 5.764/71;

b) declaração de regularidade de situação do contribuinte individual – DRSCI de cada um dos cooperados relacionados;

c) comprovação do capital social proporcional ao número de cooperados necessários à prestação do serviço;

d) registro previsto no art. 107 da Lei nº 5.764/71;

e) comprovação de integração das respectivas quotas-partes por parte dos cooperados que executarão o contrato;

f) documentos para a comprovação da regularidade jurídica da cooperativa (ata de fundação; estatuto social com a ata da assembleia que o aprovou; regimento dos fundos instituídos pelos cooperados, com a ata da assembleia que os aprovou; editais de convocação das três últimas assembleias gerais extraordinárias; três registros de presença dos cooperados que executarão o contrato em assembleias gerais ou nas reuniões seccionais; e ata da sessão em que os cooperados autorizaram a cooperativa a contratar o objeto da licitação); e

g) última auditoria contábil-financeira da cooperativa, conforme dispõe o art. 112 da Lei nº 5.764/71, ou uma declaração, sob as penas da lei, de que tal auditoria não foi exigida pelo órgão fiscalizador.

1.2.1 A ideia de equalização dos preços propostos por cooperativas

Sempre que se fala em contratação de cooperativas por intermédio de licitação, logo surgem os que advogam a necessidade de uma equalização dos preços por ela propostos. De forma diversa, sustentamos – conforme já nos pronunciamos em outras oportunidades, inclusive em artigo sobre o tema publicado em obra jurídica[73] – a participação incondicional de cooperativas em licitações públicas, em virtude, como já esposado, de serem reconhecidas legalmente como sociedades civis, dotadas de capacidade jurídica, estando, assim, plenamente aptas para exercitar direitos e contrair obrigações, o que significa que podem celebrar contratos, nada existindo que impeça que tais acordos sejam celebrados com a Administração Pública[74].

Em nossa ótica, é totalmente descabida a tentativa de equalizar propostas em licitações, através de cláusula específica do edital, visando a neutralização dos benefícios outorgados às cooperativas pela CF e pelo ordenamento jurídico, por entendermos que, se o princípio é o da livre iniciativa e a Constituição estabeleceu essas distinções, não está autorizado o agente público, ao elaborar os editais ou julgar recursos, fixar distinções, negando esse tratamento beneficiado oferecido a essas sociedades.

Assim sustentamos por compreendermos não ser possível a adoção de critérios de equalização das propostas comerciais apresentadas pelas cooperativas com as apresentadas pelas demais licitantes, incorporando-se aos preços oferecidos por aquelas os tributos e encargos trabalhistas que oneram as ofertas realizadas pelas

---

73 BITTENCOURT, Sidney. Questões polêmicas sobre licitações e contratos administrativos. 2. ed. atual. e ampl. com novos artigos.
74 A doutrina, por larga margem, entende da mesma forma. Para confirmar essa afirmação, listamos alguns nomes de estudiosos que sustentam a livre participação de cooperativas em licitações: Adriano Dutra da Silveira, Aline Paola Correa Braga Câmara de Almeida, Amílcar Barca Teixeira Júnior, Benedicto de Tolosa Filho, Carlos Alberto Ramos Soares de Queiroz, Flávio Amaral Garcia, Francisco Mauro Dias, Francisco Rezende Filho, Horácio Augusto Mendes de Sousa, Ivan Barbosa Rigolin, Jero Oliva, Jessé Torres Pereira Júnior, Jorge Lobo, Jorge Ulisses Jacoby Fernandes, Lívio Rodrigues Ciotti, Lucas Rocha Furtado, Marçal Justen Filho, Marcos Juruena Villela Souto, Maria Sylvia Zanella Di Pietro, Maurício Balesdent Barreira, Newton Saratt, Renato Lopes Becho, Ricardo Alexandre Sampaio, Rodrigo de Lacerda Carelli, Silvio Felipe Guidi, Solange Afonso de Lima, Vera Lúcia de Almeida Corrêa e Waldírio Bulgarelli.

demais proponentes, uma vez que cada licitante comparece ao certame e, de acordo com sua estrutura e constituição, dele participa.

Entendemos ainda que, se tal procedimento fosse adotado para as cooperativas, situação semelhante deveria ocorrer para as micro e pequenas empresas, o que, em verdade, não ocorre na prática.

Convém alertar que a Administração, em qualquer tipo de licitação, mesmo na chamada de menor preço, está sempre em busca da melhor proposta. Dessa forma, não deve(m) o(s) agente(s) público(s) designado(s) para conduzir qualquer procedimento licitatório pautar(em)-se, para a tomada de decisão, somente no preço oferecido em termos absolutos, mas sim procurar(em) a proposta que, atendendo às condições preestabelecidas, faça com que o Poder Público despenda o mínimo possível de dinheiro público, sem, evidentemente, deixar de pagar um preço justo.

Destarte, é necessário que no julgamento sejam avaliadas as propostas considerando o tipo da pessoa jurídica ofertante, buscando não a equalização – impondo sobre ela uma penca de encargos que ela não possui –, mas sim objetivando conhecer o que de real a Administração pagará pelo objeto pretendido, no caso de contratação efetiva.

É claro que é preciso ser equânime no julgamento, mas não pode a Administração, em nenhuma hipótese, gastar mais do que poderia, em termos globais, apesar de o preço apresentado ser o menor.

Equalizar, em termos gramaticais, visa compensar distorções. Equalização, nos termos adotados no âmbito licitatório, de acordo com a regra estabelecida no § 4º do art. 42 da Lei nº 8.666/93 – voltada, no caso, para os preços de licitações internacionais –, busca a compensação de distorções, atendendo, portanto, à acepção do vernáculo, pois consiste numa fictícia elevação de preços ofertados pelos licitantes estrangeiros ou numa redução dos apresentados pelos brasileiros, visando viabilizar uma compensação de tributação que onera somente os licitantes brasileiros.

Para viabilizá-la, a lei dispõe de um mecanismo estranho, também muito questionado pela doutrina, que, para fins de julgamento, determina que as propostas apresentadas por licitantes estrangeiros sejam acrescidas dos gravames consequentes dos mesmos tributos que oneram exclusivamente os licitantes brasileiros quanto à operação final de venda.

Deve o administrador, entretanto, ser cauteloso no cumprimento dessa determinação legal, porquanto descabe, por ferir o princípio da igualdade, o simples acréscimo de valores às propostas dos estrangeiros.

Diferente é, no entanto, fazer com que o Poder Público efetue um gasto maior em face de tributação diferenciada.

É o que pode acontecer na contratação de uma cooperativa, num certame em que haja disputa entre cooperativas e outros tipos de empresas.

Como é cediço, conforme determina o art. 22, inc. IV, da Lei nº 8.212/91, os tomadores de serviços prestados por cooperativas de trabalho devem recolher ao INSS a alíquota de 15% sobre o valor da fatura. Tal recolhimento, no caso de contrato administrativo, correrá a expensas da Administração.

Na hipótese de o contratado constituir empresa que não cooperativa de trabalho, a retenção será de 11% do valor bruto da nota fiscal, em nome de empresa, para a seguridade social, nos termos do art. 219 do Decreto nº 3.048/99. Destarte, constata-se que as alíquotas diferenciadas implicarão diretamente no valor a ser pago, coisa que a Administração não deverá desconsiderar para concluir pela melhor proposta.

Em auspicioso estudo, Solange Afonso de Lima e Ricardo Alexandre Sampaio esmiuçaram a matéria:

> Apesar de não fazer parte da contraprestação a ser conferida às cooperativas de trabalho, o que significa dizer que não incorporam os valores da proposta comercial que esta oferecerá, por óbvio, conclui-se que a Administração não poderá tão somente considerar o valor proposto pela remuneração dos serviços a serem prestados, pois seu ônus com a contratação será 15% superior a este. Nesse caso, o critério de julgamento pelo menor preço não deve ser entendido somente como a menor remuneração para a contratada, mas sim como o menor preço advindo pela contratação pela Administração. O menor preço a ser considerado é aquele que representa o menor desembolso para a Administração, incluindo, assim, os valores a serem pagos como contraprestação pelos serviços prestados, bem como todos os ônus advindos da contratação, tais como taxas, contribuições previdenciárias ou outras obrigações que a lei determinar. O próprio texto do art. 3º da Lei nº 8.666/93, ao definir as finalidades da licitação, expõe que a "licitação destina-se a garantir a observância do princípio constitucional de isonomia e selecionar a proposta mais vantajosa para a Administração" e não a simples seleção do menor preço constante nominalmente nas propostas apresentadas pelos licitantes. É óbvio que a proposta mais vantajosa para a Administração será aquela que apresentar o menor dispêndio de dinheiro público para a efetivação da contratação, o que nem sempre se reflete na proposta cujo preço é o menor[75].

---

75 LIMA; SAMPAIO. As propostas apresentadas pelas cooperativas e seu verdadeiro ônus para a administração. Informativo de Licitações e Contratos - ILC, v. 7, n. 76.

Demonstrando com exemplo prático, os juristas ilustram claramente a situação:

> Imaginemos que uma cooperativa tenha apresentado o menor preço e que este seja de R$ 100,00 (cem reais), enquanto o segundo colocado (não cooperativa) apresentou oferta de R$ 110,00 (cento e dez reais). Mesmo sendo menor o preço apresentado pela cooperativa, se efetivada a contratação com esta, a Administração assumirá um ônus maior do que se firmasse o contrato com o segundo colocado, pois uma vez recolhida a contribuição para a Seguridade Social (encargo este da contratante – Administração), o real gasto da Administração com esse contrato seria de R$ 115,00 (cento e quinze reais) e não somente os R$ 100,00 (cem reais) constantes da proposta.

Assim, é de se concluir, quando do julgamento de propostas apresentadas por cooperativas cuja prestação de serviços sofra a incidência do recolhimento pelo próprio Poder Público da alíquota referente ao INSS, que caberá à Administração considerar, tão somente para efeito de julgamento, o ônus que a proposta apresentada pela cooperativa representar, isto é, o valor acrescido da contribuição imposta por lei, e não somente o valor apresentado pelo particular em questão na sua proposta comercial.

Em nossa opinião, tal mecanismo não caracteriza qualquer tipo de equalização, porquanto não objetiva compensação de deformação, mas sim uma precisa avaliação do dispêndio da Administração.

Também somos de parecer que o assunto não precisa ser disciplinado no edital, por ser justo e de fácil entendimento. Todavia, para evitar discussões desnecessárias, parece mais conveniente o seu disciplinamento nos instrumentos convocatórios.

1.2.2 O acordo celebrado entre o MPT e a AGU limitando a participação de cooperativas em licitações

Como já mencionado, em 2004, surpreendentemente, um acordo selado entre o Ministério Público do Trabalho e a Advocacia-Geral da União (Termo de Conciliação Judicial), com a chancela homologatória do Poder Judiciário[76], obrigou a Administração Pública Federal direta a inserir um inusitado item nos editais licitatórios vedando a participação de cooperativas de trabalho nos certames.[77]

---

76 Processo nº 01082-2002-020-10-00-0 (20ª Vara do Trabalho de Brasília/DF).
77 A conciliação foi celebrada nos autos de ação civil pública movida pelo Ministério Público do Trabalho contra a União por contratação de empregados por meio de cooperativas fraudulentas. Em caso de descumprimento do acordo, a União obriga-se ao pagamento de multa correspondente a R$ 1 mil por

Sob o argumento de que as cooperativas de trabalho são geradoras contumazes de muitas reclamações trabalhistas, entenderam as partes que, dessa forma, evitar-se-ia a participação das falsas cooperativas.

Em face do ajuste, a União comprometeu-se a não mais contratar cooperativas de trabalho para trabalho subordinado, seja na atividade-fim ou atividade-meio, seja a subordinação em relação ao tomador ou ao fornecedor dos serviços.

Com base em números levantados, o prof. José Pastore criticou o acordo:

> São poucas as estatísticas sobre a participação das cooperativas de trabalho no volume de reclamações trabalhistas que, atualmente, tramitam na Justiça do Trabalho. Mas alguns escassos números já permitem interpretar esta realidade. Dados do Tribunal Superior do Trabalho (TST) indicam que, em 2005, foram autuados 17.735 processos trabalhistas referentes à atividade econômica na indústria. O sistema financeiro aparece em segundo lugar, com 15.762 processos autuados, enquanto a atividade econômica circunscrita no campo da comunicação apresenta-se com 8.284 processos.

trabalhador que esteja em desacordo com as condições estabelecidas no termo, sendo a mesma revertida ao Fundo de Amparo ao Trabalhador (FAT). Pelo acordo, a União também deverá recomendar o estabelecimento das mesmas diretrizes às autarquias, fundações públicas, empresas públicas e sociedades de economia mista, casos em que se enquadram, por exemplo, a Caixa Econômica Federal e o Banco do Brasil. Na íntegra, os fatores considerados no acordo entre MPT e AGU foram: a) que toda relação jurídica de trabalho cuja prestação laboral não eventual seja ofertada pessoalmente pelo obreiro, em estado de subordinação e mediante contraprestação pecuniária, será regida obrigatoriamente pela Consolidação das Leis do Trabalho ou por estatuto próprio, quando se tratar de relação de trabalho de natureza estatutária, com a Administração Pública; b) que a legislação, consolidada em seu art. 9º, comina de nulidade absoluta todos os atos praticados com o intuito de desvirtuar, impedir ou fraudar a aplicação da lei trabalhista; c) que as sociedades cooperativas, segundo a Lei nº 5.764, de 16.12.1971, art. 4º, "(...) são sociedades de pessoas, com forma e natureza jurídica próprias, de natureza civil, não sujeitas a falência, constituídas para prestar serviços aos associados"; d) que as cooperativas podem prestar serviços a não associados somente em caráter excepcional e desde que tal faculdade atenda aos objetivos sociais previstos na sua norma estatutária (art. 86, da Lei nº 5.764, de 16.12.1971), aspecto legal que revela a patente impossibilidade jurídica das cooperativas funcionarem como agências de locação de mão de obra terceirizada; e) que a administração pública está inexoravelmente jungida ao princípio da legalidade, e que a prática do merchandage é vedada pelo art. 3º da CLT e repelida pela jurisprudência sumulada do C. TST (En. nº 331); f) que os trabalhadores aliciados por cooperativas de mão de obra, que prestam serviços de natureza subordinada à União, embora laborem em situação fática idêntica a dos empregados das empresas prestadoras de serviços terceirizáveis, encontram-se à margem de qualquer proteção jurídico-laboral, sendo-lhes sonegada a incidência de normas protetivas do trabalho, especialmente aquelas destinadas a tutelar a segurança e higidez do trabalho subordinado, o que afronta o princípio da isonomia, a dignidade da pessoa humana e os valores sociais do trabalho (art. 5º, caput e 1º, III e IV da Constituição Federal); g) que num processo de terceirização o tomador dos serviços (no caso a Administração Pública) tem responsabilidade sucessiva por eventuais débitos trabalhistas do fornecedor de mão de obra, nos termos do Enunciado nº 331, do TST, o que poderia gerar graves prejuízos financeiros ao erário, na hipótese de se apurar a presença dos requisitos do art. 3º, da CLT, na atividade de intermediação de mão de obra patrocinada por falsas cooperativas; h) o teor da Recomendação para a Promoção das Cooperativas aprovada na 90ª sessão, da OIT (Organização Internacional do Trabalho), em junho de 2002, dispondo que os Estados devem implementar políticas nos sentido de: "8.1.b Garantir que as cooperativas não sejam criadas para, ou direcionadas a, o não cumprimento das leis do trabalho ou usadas para estabelecer relações de emprego disfarçadas, e combater pseudocooperativas que violam os direitos dos trabalhadores velando para que a lei trabalhista seja aplicada em todas as empresas".

Em conformidade com o TST, o setor de serviços, em que atuam as cooperativas de trabalho, é decomposto em serviços urbanos e serviços diversos. O tribunal não informa o que denomina de serviços diversos. Do total de 92.897 ações autuadas no TST só no ano de 2005, as empresas e cooperativas que atuam na área de serviços urbanos contribuíram com 7.511 ações, ou seja, 8,08% desse universo. Os números revelam, ainda que de forma imprecisa, que o passivo trabalhista gerado pelas cooperativas de trabalho, apresentado pelo TST, é incipiente, muito embora não se negue que haja problemas nesse setor. O raciocínio lógico para quem justifica a consumação do acordo restringindo o mercado para determinadas atividades econômicas, sob o argumento de que apresentam elevado número de ações trabalhistas, leva à conclusão de que todo o sistema de relações de trabalho deve ser revisto, já que o Brasil é campeão mundial de reclamações trabalhistas, com 2,5 milhões de processos judiciais ao ano. Seguindo o mesmo raciocínio, as empresas do setor privado deveriam deixar de contratar empregados e sofrer restrições de atuação no mercado, já que também geram muitas ações trabalhistas, o que seria um absurdo. (....) Os números do TST, portanto, indicam duas possibilidades: ou o Ministério Público do Trabalho, autor do acordo que restringe a participação de cooperativas de trabalho no mercado, os desconhece, o que não se compreende, ou, o que é pior, os conhece, porém não os admite. Acertadamente, como disse recentemente o ex-presidente da República Fernando Henrique Cardoso, *o rei está nu*. Nada como as ciências exatas para concluir que, geralmente, falácias se curvam aos fatos[78].

É cediço que, cada vez mais, buscando facilidades, proliferam em solo pátrio empresas travestidas de cooperativas de trabalho. Por outro lado, não se pode descurar da certeza de que, com fulcro no ordenamento jurídico que as autoriza a existir, há um bom número de cooperativas dessa categoria com produção intelectual, por intermédio de seus integrantes, de alto nível.

Alegou-se também, no acordo, a existência de fraude trabalhista, com a utilização irregular das cooperativas de trabalho para execução de atividades-fins, com burla ao regime do concurso público.

É incontroverso que a burla à legislação trabalhista deve ser combatida. Todavia, tal fato não se consubstancia, em hipótese alguma, num alicerce para o afastamento sumário das verdadeiras cooperativas de trabalho das licitações públicas.

A matéria foi objetivamente tratada pelo Procurador do Trabalho Rodrigo de Lacerda Carelli, em trabalho voltado para municiar os operadores do Direito de mecanismos que afastem a fraude nessa área:

---

[78] As Cooperativas e a Justiça Trabalhista. *Valor Econômico*, 12.4.2007.

Primeiramente, a pergunta: existe cooperativa de trabalho legal? A resposta é sim. Desde que não realize fornecimento de trabalhadores para outra empresa, e que constitua uma unidade de produção, cuja organização será realizada conjuntamente pelos trabalhadores por meio de cooperativa[79].

Portanto, inexistindo subordinação jurídico-trabalhista entre o tomador de serviços e o trabalhador, nem entre este e a cooperativa (ou seja, não havendo vínculo empregatício algum), nada há que impeça a contratação.

Importa acrescentar que o Poder Público só está autorizado a contratar cooperativas de trabalho nas mesmas hipóteses que possa contratar empresas prestadoras de serviços, isto é, como bem delineou Dora Maria de Oliveira Ramos, "desde que inegavelmente presente uma unidade produtiva voltada para a execução de objeto contratado com a conjugação do capital, trabalho e matéria-prima organizados pelo prestador de serviço"[80].

Apreciando a matéria, Bruno de Aquino Xavier adverte que os editais contendo cláusulas que vedam a participação de cooperativas nas licitações públicas afrontam a legislação em vigor:

> Trata-se de uma proibição genérica e absurda, sanável *verbi gratia* pela via do Mandado de Segurança. Digo isto, pois nada impede que a Administração Pública vete a participação de cooperativas em licitações públicas. Porém, o deve fazer através de motivo próprio/específico e com embasamento legal. Se é certo – e é certo mesmo!!! – que algumas cooperativas estão violando direitos sociais dos trabalhadores, tal questão deve ser aferida na fase de habilitação do certame licitatório mediante análise criteriosa da sua documentação e de seu funcionamento (como, aliás, há de ser feito com qualquer outro postulante a licitante vencedor seja este cooperativa ou não) [...] conclui-se que não há subsídio legal para a vedação da participação de cooperativas em licitações públicas. [...] O fato de existirem cooperativas fraudulentas não pode levar a presunção de que todas o são, muito menos a uma vedação genérica violadora da livre concorrência, do princípio da competitividade e dos ditames constitucionais e legais que regem o cooperativismo. Não se corrige as distorções existentes no pseudocooperativismo inibindo e restringindo o mercado das cooperativas autênticas e legítimas, da mesma forma que não se medica a unha encravada cortando o pé do enfermo[81].

---

79 CARELLI. Cooperativas de mão de obra: manual contra a fraude, p. 47.
80 RAMOS. Terceirização na Administração Pública, p. 86.
81 XAVIER, Bruno de Aquino Parreira. Licitações públicas e a participação de cooperativas. Disponível em: <http://jus.com.br/artigos/3287/licitacoes-publicas-e-a-participacao-de-cooperativas>.

Em lúcida avaliação, os professores Amilcar Barca Teixeira Júnior e Lívio Rodrigues Ciotti expuseram:

> Não é crível que nos dias atuais exista discriminação tão exacerbada que impeça que o próprio contribuinte venha prestar, em forma de trabalho associado, serviços para a Administração Pública (...). A Constituição nega a livre associação, o apoio e o incentivo ao cooperativismo. A lei ordinária estabelece os critérios para a constituição da sociedade cooperativa, da mesma forma que outras estabelecem a forma de criação de outros tipos societários. Diante de tantas evidências, querer frear o trem da história é o mesmo que querer voltar para o regime escravocrata de séculos passados, em que a pessoa humana só tinha a obrigação de trabalhar, e mais nada[82]!

Nesse viés, o conselho sempre contundente de Ivan Barbosa Rigolin:

> A quem ainda não se conforme com a plena igualdade de direito que existe entre as cooperativas e as demais espécies de sociedades, o crucial é recomendar que simplesmente constitua uma cooperativa e passe assim a desfrutar daquela cornucópia de direitos e prerrogativas, alhures tão amaldiçoada – exatamente como procedeu Colombo na passagem arquiconhecida [83].

Pondo um ponto final nessa questão, como já frisado, foi editada a Lei nº 12.690, em 19.7.2012, que dispõe sobre a organização e o funcionamento das cooperativas de trabalho, dispondo, no § 2º do art. 10, que as mesmas não poderão ser impedidas de participar de procedimentos de licitação pública que tenham por escopo os mesmos serviços, operações e atividades previstas em seu objeto social.

> Art. 10. A Cooperativa de Trabalho poderá adotar por objeto social qualquer gênero de serviço, operação ou atividade, desde que previsto no seu Estatuto Social.
> § 1º É obrigatório o uso da expressão "Cooperativa de Trabalho" na denominação social da cooperativa.
> § 2º A Cooperativa de Trabalho não poderá ser impedida de participar de procedimentos de licitação pública que tenham por escopo os mesmos serviços, operações e atividades previstas em seu objeto social.

---

[82] TEIXEIRA JÚNIOR; CIOTTI. Participação de cooperativas em procedimentos licitatórios, p. 283.
[83] RIGOLIN; BOTTINO. Manual prático das licitações: Lei nº 8.666/93. 5. ed., rev. e atual., p. 270.

Sobre os efeitos dessa nova realidade legislativa, avaliando se a Lei nº 12.690/12 daria um basta definitivo na questão, registre-se o lúcido comentário de Mauro Scheer Luís:

> O que a Lei nº 12.690 trouxe ao cooperativismo de trabalho brasileiro foi o alinhamento dos direitos e garantias fundamentais do cooperado. A lei foi projetada há anos dentro do seio do cooperativismo de trabalho, na Confederação das Cooperativas de Trabalho (Cootrabalho) e nasceu do consenso de que as alegações de fraude contra o trabalhador só cessariam se cumpridas duas condições: a concessão ao cooperado dos direitos fundamentais previstos pela CF ao trabalhador e que os cooperados deveriam pertencer a uma cooperativa apenas se conhecessem a fundo seus direitos e deveres. Em outras palavras, não basta ter legalidade; é necessário que a cooperativa tenha legitimidade.
>
> Foi justamente o que fez a lei (que atendeu ao primeiro requisito), ao trazer a obrigação de concessão de certos direitos fundamentais, como limitação da jornada de trabalho, retiradas não inferiores ao piso da categoria, repouso semanal remunerado, retirada do trabalhador noturno superior ao diurno, adicional sobre atividades insalubres e perigosas, além do seguro de acidente de trabalho.
>
> Acaba aqui a intensa fiscalização do Ministério Público sobre as cooperativas de trabalho? Certamente a resposta é não, pois não basta a concessão correta dos direitos previstos em lei. É necessário, ainda, cumprir o segundo requisito citado anteriormente, qual seja, a legitimidade da cooperativa.
>
> Uma cooperativa é legal quando todos os seus documentos estão em ordem. Mas não é isso que a torna legítima. A legitimidade pode ser comprovada por vários indícios, dos quais podemos citar: deve haver rotatividade da diretoria, pois cooperativa não pode possuir um proprietário, ou ainda um pequeno grupo de proprietários; o cooperado precisa "ser" cooperado, e não "estar" cooperado. Isso significa que é fundamental que ele saiba como sua cooperativa é gerida. Precisa ainda participar ativamente das assembleias, manifestar suas opiniões e contribuir para o crescimento da sociedade – afinal de contas, ele é o verdadeiro "dono" da cooperativa.
>
> As novas cooperativas (criadas após a publicação da lei) deverão seguir desde já as novas diretrizes legais. As cooperativas já existentes, entretanto, deverão adaptar-se no prazo de 12 meses.
>
> Agora há a possibilidade real do cooperativismo de trabalho brasileiro seguir sua trilha de crescimento. Todavia, o sucesso dependerá da legitimidade. Quanto mais participação do trabalhador na gestão de sua cooperativa, mais legitimidade haverá, ampliando as chances de sucesso[84].

---

[84] LUÍS, Mauro Scheer. Não basta ter legalidade, é preciso que a cooperativa tenha legitimidade. Valor Econômico. 24.8.2012.

Nesse mesmo sentido, a avaliação do Procurador Federal Rômulo Gabriel Lunelli:

> (...) opinamos no sentido de que: (i) deve ser considerado superado o Termo de Conciliação Judicial homologado pela Justiça do Trabalho nos autos da ação civil pública nº 01082-2002-020-10-00-0, firmado entre o Ministério Público do Trabalho e a União, por força da edição da Lei nº 12.690/2012 e da Lei nº 12.349/2010 que alterou a lei 8666/93; (ii) cabe garantir às cooperativas a participação nas licitações promovidas pelo Poder Público, para qualquer gênero de serviço, operação ou atividade, desde que previsto no seu Estatuto Social, e desde que haja observância dos ditames da Lei 12.690/2012 e da Instrução Normativa nº 02/2008-SLTI/MPOG; (iii) por se tratar de relação jurídica continuada, não viola a coisa julgada a aplicação da nova legislação para as novas licitações deflagradas a partir da vigência[85].

2. Instituições sem fins lucrativos

Além das cooperativas, o art. 5º também alude às instituições sem fins lucrativos. Como as cooperativas também fazem parte desse rol, o redator do dispositivo poderia ter optado apenas pela expressão "instituições sem fins lucrativos". Entendeu, no entanto, para não dar margem a qualquer dúvida, que deveria fazer menção apartada, uma vez que as sociedades cooperativas têm tratamento em separado na legislação.

As instituições sem fins lucrativos são organizações de natureza jurídica que não visam a acumulação de capital para o lucro de seus dirigentes. O saldo financeiro positivo, isto é, a diferença entre suas receitas e custos (o que numa empresa se chamaria de lucro), é reinvestido em estrutura ou em outras áreas da organização.

Em geral, essas organizações existem para prestar algum serviço de natureza pública, agregando valor para a sociedade. Como observa Ronny Charles[86], são organizações que não participam da roupagem estatal, nem têm interesses privados que as identifiquem com o mercado ou agrupamentos corporativos, configurando aquilo que se cunhou chamar de Terceiro Setor.

Compõem o Terceiro Setor as Organizações da Sociedade Civil de Interesse Público – OSCIPs[87], os Serviços Sociais Autônomos (que formam o Sistema

---

[85] LUNELLI, Rômulo Gabriel M. Da vedação da participação de cooperativas em licitações. Disponível em: <http://jus.com.br/artigos/27623/da-vedacao-da-participacao-de-cooperativas-em-licitacoes>.
[86] TORRES, Ronny Charles Lopes de. Terceiro Setor – Entre a liberdade e o controle. Ed. Juspodivm, p. 56.
[87] Consoante dispõe a Lei nº 9.790, de 12.3.99 (a chamada Nova Lei do Terceiro Setor), regulamentada pelo Decreto nº 3.100, de 30/6/99, as OSCIPs são pessoas jurídicas de direito privado, sem fins lucrativos, instituídas por iniciativa de particulares, para o desempenho de serviços sociais não exclusivos do Estado, mas com incentivo e fiscalização deste, por intermédio de vínculo jurídico estabelecido através de Termo de Parceria.

S)[88], as Entidades de Apoio (fundações, associações etc.) e as Organizações Sociais – OS.

Em função de se caracterizarem, primordialmente, pela execução de atividades de interesse público por iniciativa privada, e por não possuírem fins lucrativos, não raro recebem auxílios financeiros do Estado, o que as obriga a atender a requisitos previamente estabelecidos em lei[89].

O preenchimento dos requisitos determina que possam ser certificadas como instituições de finalidades filantrópicas, tituladas como de utilidade pública ou qualificadas como organizações sociais.

Enfim, são consideradas integrantes do Terceiro Setor porque não se enquadram inteiramente como instituições privadas, nem fazem parte da Administração Pública, inserindo-se, por conseguinte, na genérica denominação de Organizações Não Governamentais – ONGs.

A Exposição de Motivos nº 20/98, que sustentava a importância da aprovação do projeto de lei das OSCIPs, bem explicita o fenômeno globalizado do Terceiro Setor:

> No Brasil, como em toda parte, o Terceiro Setor – não governamental e não lucrativo – coexiste hoje com o Estado (primeiro setor) e com o mercado (segundo setor), mobilizando um volume crescente de recursos e energias para iniciativas de desenvolvimento social. Essa multiplicação de iniciativas privadas com sentido público é um fenômeno recente, massivo e global. O protagonismo dos cidadãos e de suas organizações rompe a dicotomia entre público e privado, na qual *público era sinô*nimo de estatal; e privado, de empresarial. A expansão do Terceiro Setor dá origem, portanto, a uma esfera pública não estatal. (...). Hoje

---

88 Sobre as Licitações e Contratações no Sistema S, sugere-se a leitura do excelente trabalho de autoria de Julieta Mendes Lopes Vareschini intitulado Licitações e Contratos no Sistema S. 5. ed., Ed. JML.

89 A Associação Brasileira de Organizações Não Governamentais - ABONG, em estudo realizado em parceria com o Instituto de Pesquisa Econômica Aplicada – IPEA, o Instituto Brasileiro de Geografia e Estatística – IBGE e o Grupo de Institutos, Fundações e Empresas – GIFE, informa que em 2002 havia 276 mil fundações e associações sem fins lucrativos no país, empregando 1,5 milhão de pessoas, pagando salários e outras remunerações no valor de R$ 17,5 bilhões. O mesmo estudo revela que a grande maioria das associações sem fins lucrativos, 62%, foi criada a partir dos anos 1990. As entidades sediadas no Norte e Nordeste são bem mais jovens que as do Sul e Sudeste. A cada década se acelera o ritmo de crescimento, que foi de 88% de 1970 para 1980; de 124% de 1980 para 1990 e, no período de apenas 6 anos, 1996 a 2002, de 157%. A região Sudeste concentra 44% das fundações e associações, sendo que apenas o Estado de São Paulo tem 21% das entidades e Minas Gerais 13%, o que representa 1/3 das organizações existentes no Brasil. De modo geral, o conjunto das associações e fundações brasileiras é formado por milhares de organizações muito pequenas e por uma minoria que concentra a maior parte dos empregados das organizações. Cerca de 77% delas não têm sequer um empregado e, por outro lado, cerca de 2.500 entidades (1% do total) absorvem quase 1 milhão de trabalhadores. Esse pequeno universo de instituições é formado por grandes hospitais e universidades pretensamente sem fins lucrativos, na sua maioria entidades filantrópicas (portadoras do Certificado de Entidade Beneficente de Assistência Social, que possibilita a isenção da cota patronal, devida em razão da contratação de funcionários e prestadores de serviços). As áreas de saúde e educação empregam mais da metade, 52% do total de pessoas ocupadas em entidades sem fins lucrativos (Cf. Manual Básico de Repasses Públicos ao Terceiro Setor - Tribunal de Contas do Estado de São Paulo - 2007).

o conceito de Terceiro Setor é bem mais abrangente. Inclui o amplo espectro das instituições filantrópicas dedicadas à prestação de serviços nas áreas de saúde, educação e bem-estar social. Compreende também as organizações voltadas para a defesa dos direitos de grupos específicos da população, como mulheres, negros e povos indígenas; ou de proteção ao meio ambiente, promoção do esporte, cultura e lazer. Além disso, engloba as experiências de trabalho voluntário, pelas quais cidadãos exprimem sua solidariedade através da doação de tempo, trabalho e talento para causas sociais.

Buscando entender e explicitar o universo do Terceiro Setor, Maria das Graças Bigal e Ana Maria Viegas concluem que a ação conjunta dos três setores – Estado, iniciativa privada e instituições do Terceiro Setor – visa amenizar as dificuldades encontradas na aplicação de novos critérios organizacionais em estruturas sociais estabelecidas em áreas mais distantes e menos beneficiadas pelo progresso, assim como em pequenos grupos sociais e étnicos, segregados pelas condições econômicas e culturais[90]. Na mesma linha, Fabião Guasque afirma que o Terceiro Setor se presta para reformular o conceito de democracia através do redimensionamento da relação Estado-indivíduo, aí incluídos os empresários e suas responsabilidades com o bem-estar coletivo[91].

Nesse contexto, o art. 5º da IN em análise, tal como prescreveu para a hipótese de contratação de cooperativas pelo Pode Público, também ditou a inadmissão de contratação de instituições sem fins lucrativos cujo estatuto e objetivos sociais não prevejam ou não estejam de acordo com o objeto contratado, impondo, no parágrafo único, que, quando dessas contratações, deverá o serviço contratado ser executado obrigatoriamente pelos profissionais pertencentes aos quadros funcionais da instituição, vedando qualquer intermediação ou subcontratação.

Complementando a matéria, sublinhe-se que há a possibilidade legal de contratação de instituições sem fins lucrativos por intermédio de dispensa de licitação. O inc. XIII do art. 24 da Lei nº 8.666/93 prevê a dispensa licitatória na contratação de instituição brasileira incumbida regimental ou estatutariamente da pesquisa, do ensino ou do desenvolvimento institucional, ou de instituição dedicada à recuperação social do preso, desde que a contratada detenha inquestionável reputação ético-profissional e não tenha fins lucrativos.

Sobre a questão, sumulou o TCU:

> SÚMULA Nº 250 - A contratação de instituição sem fins lucrativos, com dispensa de licitação, com fulcro no art. 24, inciso XIII, da Lei nº 8.666/93,

---

[90] Maria das Graças Bigal Barboza da Silva e Ana Maria Viegas da Silva. Terceiro Setor, Gestão das Entidades Sociais (ONG – OSCIP – OS). Ed. Fórum, p. 16.
[91] GUASQUE, Luiz Fabião. Manual das Fundações e ONGs. Ed. Freitas Bastos, p. 27.

somente é admitida nas hipóteses em que houver nexo efetivo entre o mencionado dispositivo, a natureza da instituição e o objeto contratado, além de comprovada a compatibilidade com os preços de mercado.

2.1 A contratação de OSCIPs pela Administração Pública

Dentre as contratações realizadas pela Administração com organizações sem fins lucrativos, a que mais causa polêmica é a realizada com as Organizações da Sociedade Civil de Interesse Público – OSCIPS.

O art. 9º da Lei nº 9.790/99 informa que o instrumento a ser firmado entre o Poder Público e as entidades qualificadas como OSCIPs é o Termo de Parceria, que constitui um instrumento jurídico que objetiva estabelecer um vínculo de cooperação, tendo em vista o fomento e a execução de projetos de interesse público.

Avaliando-se o instrumento e tomando-se por base o Princípio da Finalidade, é possível concluir que ele possui as características do convênio, constituindo, tal como este, uma ferramenta de estímulo aos projetos de interesse da sociedade.

Impende alertar que o Estado não é obrigado a celebrar esses ajustes com as OSCIPs. A qualificação não induz à imposição de parceria. Tal só ocorrerá se o órgão governamental tiver interesse na promoção do acordo, em função da existência de proveito público. A decisão quanto à efetivação de um Termo de Parceria é, por conseguinte, exclusivamente do Estado.

O Termo de Parceria, por ser um acordo entre o Poder Público e as OSCIPs, deve conter, em minúcias, os direitos e as responsabilidades dos parceiros, tais como o objeto do termo, as metas a alcançar, o prazo de vigência, os critérios de avaliação de desempenho, a obrigatoriedade de prestação de contas etc.

Registre-se que, por intermédio do Acórdão nº 746/2014 do Plenário do TCU, de 26.3.2014, foi firmado o entendimento no sentido de que é vedado às OSCIPs, atuando nessa condição, participarem de processos licitatórios promovidos pela Administração Pública Federal, considerando que tal participação implicaria na ofensa aos artigos 9º e seguintes da Lei nº 9.790/1999, que dispõe ser o Termo de Parceria o meio adequado de relacionamento entre as OSCIPs e o Poder Público.

No caso de sociedades diversas, tais como as Organizações Sociais Civis de Interesse Público – OSCIPs e as Organizações Sociais, será exigida a comprovação de atendimento a eventuais obrigações decorrentes da legislação que rege as respectivas organizações. Nessa linha, a IN, ao tratar no inc. III do art. 34 do acompanhamento e fiscalização dos contratos, consigna que, no caso de sociedades diversas, tais como as OSCIPs e as Organizações Sociais, os fiscais deverão exigir a comprovação de atendimento a eventuais obrigações decorrentes da legislação que rege as respectivas organizações.

2.1.1 A questão da realização de licitação para a seleção da OSCIP com a qual a Administração firmará o Termo de Parceria

A normatização não é clara quanto à efetivação ou não do certame licitatório para a escolha da OSCIP com a qual a Administração celebrará o Termo de Parceria, não havendo alusão nesse sentido na Lei nº 9.790/99.

Em outro trabalho, criticamos veementemente o art. 23 do Decreto nº 3.100/99, que regulamenta a Lei nº 9.790/99, diante de redação que instalava mais dúvidas do que certezas: o dispositivo informava que a escolha da Organização da Sociedade Civil de Interesse Público para a celebração do Termo de Parceria *poderá* ser realizada por meio de publicação de edital de concursos de projetos pelo órgão estatal parceiro, para obtenção de bens e serviços e para a realização de atividades, eventos, consultorias, cooperação técnica e assessoria.

A expressão "poderá", numa análise literal, fazia crer que a realização do concurso não seria obrigatória. Nessa linha de raciocínio, Justino de Oliveira e Borges Mânica concluíram que a decisão nesse *mister* enquadrar-se-ia nos casos de avaliação discricionária da Administração[92]. Da mesma forma, dentre outros analistas, Maria das Graças Bigol e Ana Maria Viegas[93], Elizabete Ferrarezi e Valéria Rezende[94] e Maria Nazaré Barbosa[95].

Nesse viés, Silvia Persechin obtemperou sobre a confusão generalizada no que concerne à realização ou não de licitação para as atividades desenvolvidas pelas OSCIPs:

> (...) a Lei nº 9.790/99, por regulamentar a Organização Civil de Interesse Público, que tem como objetivo exclusivo a prestação de serviços sociais, criou o seu próprio método para firmar parceria com o órgão estatal, sendo certo que, enquanto os dispositivos dessa lei estiverem em vigor, a celebração do Termo de Parceria não impõe o prévio procedimento licitatório. O que gera essa confusão entre OSCIP e licitação é que, infelizmente, nos dias atuais, algumas OSCIPs estão sendo criadas sem terem como objetivo primordial aprimorar as necessidades da sociedade – atendendo exclusivamente aos interesses públicos –, mas tão somente para intermediação de mão de obra à Administração Pública[96].

---

[92] OLIVEIRA; MÂNICA. Organizações da sociedade civil de interesse público: termos de parceria e licitação. Fórum Administrativo – FA, p. 5351.
[93] SILVA; SILVA. Terceiro Setor: gestão das entidades sociais: ONG: Oscip: OS, p. 85.
[94] FERRAREZI; REZENDE. OSCIP – Organização da Sociedade Civil de Interesse Público: a Lei nº 9.790/99 como alternativa para o Terceiro Setor. p. 32.
[95] BARBOSA. Os termos de parceria como alternativa aos convênios: aspectos jurídicos. In: SZAZI. Terceiro setor. p. 30.
[96] PERSECHIN, Silvia Ferreira. Disponível em: <http://www.homerocosta.com.br/cpanel/arquivos/OSCIP_e_LICITACAO.htm>.

De forma contrária, autores e analistas de escol sustentavam a obrigatoriedade do certame público.

Nesse sentido, o Advogado da União Pedro Duarte Neto:

> (...) começo por referir que o princípio da legalidade necessita de lei em sentido formal e material do termo para ter validade e, como sabemos, decreto não é lei, porquanto baixado pelo Executivo. Mas, por outro lado, seja pela lei de licitações ou até mesmo preceitos constitucionais, a Administração só contrata com o particular após licitação, apenas dispensável em casos também previstos em lei. A Administração também só faz ou deixa de fazer algo em virtude de lei, o que parece não existir para afastar a licitação com as OSCIPs interessadas, exceto se houver apenas uma capaz de realizar o objeto de interesse da Administração. Portanto, minha conclusão, em resumo apertado, é a da necessidade da licitação[97].

Também o Advogado da União Celso Clovis Boechat, considerando o Termo de Parceria de natureza contratual:

> (...) após a leitura do art. 23 do indigitado Decreto nº 3.100/99, a primeira questão que me ocorreu diz respeito ao emprego pelo legislador palaciano da expressão "poderá ser feita por meio de publicação de edital de concursos de projetos". Observo que o texto pode dar margem à interpretação dúbia sobre a intenção do legislador quanto ao significado do termo "poderá", como "dever/obrigatoriedade" ou "faculdade/discricionariedade". Ao meu sentir, o termo de parceria tem natureza de contrato administrativo, a teor do parágrafo único do art. 2º da Lei 8.666/1993, e poderá, com o sentido de "dever/obrigatoriedade", ser precedido de concurso somente nos casos em que o seu objeto se enquadre nas situações elencadas no §4º do art. 22 da Lei 8666/93, ou seja, trabalho técnico, científico ou artístico. Nas demais situações a contratação deverá ser precedida de licitação nas outras modalidades previstas no estatuto, ou observadas as hipóteses de dispensa ou inexigibilidade porventura enquadráveis nos arts. 24 e 25 da lei de regência. Entendo também que, embora a Lei nº 9.790/99 seja uma lei especial e posterior à Lei nº 8.666/93, ela não contém dispositivo liberando o procedimento licitatório para a efetivação das parcerias, não existindo respaldo legal ou jurisprudencial para que um Decreto regulamentador possa excepcionar ou alterar a lei vigente, que estabelece normas gerais sobre licitações e contratações no âmbito da Administração Pública, instituída por lei especial e previsão constitucional[98].

---

[97] Em e-mail de 4 ago. 2010.
[98] Em opinamento emitido em 9 de setembro de 2010 (anotações pessoais).

No mesmo diapasão, Marçal Justen Filho, sustentando que, em hipótese contrária, haveria uma "porta aberta" para a fraude e a destruição da regra constitucional da obrigatoriedade de licitação[99]; Ferreira da Rocha, defendendo taxativamente que a celebração do Termo de Parceria pelo Estado depende de licitação, uma vez que o art. 23 do decreto regulamentar, estabelecendo em caráter facultativo a realização de concurso de projetos para a escolha da OSCIP parceira, não bastaria para garantir a adequação aos princípios da igualdade, impessoalidade e moralidade[100].

Também de forma categórica, Abduch Santos sustenta, quanto à escolha das entidades do Terceiro Setor pela Administração Pública, que prevaleceria a regra geral prevista na Constituição, que obriga licitar, salvo hipótese de dispensa ou de inexigibilidade, chegando a apontar que a modalidade de licitação e o critério de julgamento adequado dependerão do caso concreto:

> Qualquer que seja a opção, deverá considerar a relevância do aspecto relativo à técnica – modalidade de concurso ou adoção do critério de julgamento de melhor técnica, por exemplo[101].

Por sua vez, o administrativista e Advogado da União Francisco Rezende Filho, bastante ponderado, opinou:

> Diante de toda essa celeuma criada pelo indigitado decreto (mais uma) e com o devido respeito às opiniões contrárias, defendo a tese de que, quando for oportuno e conveniente para a Administração Pública, que seja publicado o referido edital de Concursos de Projetos, mas, em minha opinião, não com o rigor de uma concorrência, por exemplo, mas de uma seleção de forma simplificada. Optando pela não realização do concurso, o próprio decreto faculta tal possibilidade, bastaria tão somente a justificativa da não realização do mesmo, nos autos do processo da celebração do Termo de Parceria[102].

Em face de todo esse imbróglio, resolveu o governo federal rever a questão. Nesse curso, após diversas avaliações, veio à tona o Decreto nº 7.568, de 16 de setembro de 2011, que, entre outras disposições, alterou o art. 23 do Decreto nº 3.100/99, substituindo "poderá" por "deverá", tornando obrigatória a instauração de processo de concurso público para a celebração de convênio ou contratos de repasse com entidades privadas sem fins lucrativos:

---
[99] JUSTEN FILHO. Comentários à Lei de Licitações e Contratos Administrativos. 9. ed., p. 37.
[100] ROCHA. Terceiro Setor. 2. ed., p. 91-92.
[101] SANTOS. Licitação e terceiro setor. *Revista Zênite de Licitações e Contratos* – ILC, p. 354-366.
[102] Opinião esposada em 8 de setembro de 2010 (anotações pessoais).

Art. 23. A escolha da Organização da Sociedade Civil de Interesse Público, para a celebração do Termo de Parceria, **deverá** ser feita por meio de publicação de edital de concursos de projetos pelo órgão estatal parceiro, para obtenção de bens e serviços e para a realização de atividades, eventos, consultoria, cooperação técnica e assessoria[103].

2.1.2 A questão da instauração da licitação para as contratações realizadas pelas OSCIPs com dinheiro público

---

[103] Registre-se que discordamos dessa obrigatoriedade que o decreto impôs. Sopesando a questão – não obstante as doutas opiniões –, acreditamos que a resposta há de ser encontrada perquirindo-se a natureza jurídica do instituto. De tudo que foi exposto, verifica-se que, mais do que assemelhar-se ao convênio, o Termo de Parceria faz as vezes deste no âmbito da norma que o fez surgir no ordenamento jurídico. Vide que Zannella Di Pietro (*Parcerias na Administração Pública*, p. 219), Carvalho Filho (*Manual de direito administrativo*, p. 284), Diogo de Figueiredo (*Curso de direito administrativo...*, p. 279, 554), Luciana Fernandes (*Reforma do Estado e Terceiro Setor*, p. 436), entre outros, visualizam enormes semelhanças entre os Termos de Parceria e os convênios. Nazaré Lins Barbosa, por exemplo, argumenta que "os termos de parceria, instituídos pela Lei nº 9.790/99 como instrumentos de cooperação entre o setor público e as (...) OSCIPs, têm todas as características assinaladas pela doutrina para a caracterização dos convênios" (SUNDFELD. Parcerias público-privadas. In: BARBOSA. *A experiência dos termos de parcerias entre o Poder Público e as Organizações da Sociedade Civil de Interesse Público (OSCIPs)*, p. 501). José Sabo Paes aduz que o Termo de Parceria constitui uma alternativa ao convênio na realização de projetos ou atividades de interesse comum entre as entidades qualificadas como OSCIPs e a Administração Pública, observando, corretamente, que nele não há a necessidade do extenso rol de documentos exigidos na celebração convenial (*Fundações e entidades de interesse social*: aspectos jurídicos, administrativos, contábeis e tributários, p. 96). Maria Tereza Dias, compulsando a doutrina, chega a concluir que a maioria esmagadora da literatura sobre o tema aponta a semelhança indiscutível entre o Termo de Parceria e o convênio (*Terceiro Setor* e Estado: legitimidade e regulação por um novo marco jurídico, p. 299). Delineada a natureza jurídica do Termo de Parceria, vislumbra-se que, assim como nos convênios, não há como se admitir a obrigatoriedade de licitação para a sua celebração. Ora, caracterizando-se o Termo de Parceria, tal como no convênio, por uma união de esforços, em face de objetivos comuns, é evidente que não há possibilidade de coexistência com procedimentos competitivos. Como ponderamos com relação aos convênios, a situação singulariza o objeto, afastando a licitação. Como esposado, o Termo de Parceria constitui um acordo de cooperação, que afasta a necessidade de procedimento licitatório, por total incompatibilidade material. Observe-se que o Decreto Regulamentar nº 3.100/99 informa que o Termo de Parceria será firmado mediante modelo padrão próprio, elaborado pela Administração, confirmando, nesse passo, que a participação da OSCIP, por intermédio do termo, ocorrerá efetivamente na condição de mera executora, de conformidade com as diretrizes definidas pelo parceiro público. De todo modo, como bem observa Luciana Fernandes, na tentativa de minimizar essa unilateralidade, segundo o §1º do art. 10 da Lei nº 9.790/99, a celebração do Termo de Parceria será precedida de consulta aos Conselhos de Políticas Públicas das áreas correspondentes de atuação existentes, nos respectivos níveis de governo, sendo que o Decreto nº 3.100/99 detalha esse procedimento, em seu art. 10 (*Reforma do Estado e terceiro setor*, p. 437). Destarte, consoante o art. 10 do diploma regulamentar, para efeitos da consulta mencionada no §1º do art. 10 da Lei nº 9.790/99, o modelo a que se refere o parágrafo único do art. 8º deverá ser preenchido e remetido ao Conselho de Política Pública competente, que se manifestará sobre o mesmo, sendo que esta manifestação será considerada para a tomada de decisão final por parte da Administração em relação ao Termo de Parceria (§1º). O Conselho terá o prazo de trinta dias, contado a partir da data de recebimento da consulta, para se manifestar sobre o Termo de Parceria, cabendo ao órgão estatal responsável, em última instância, a decisão final sobre a celebração do respectivo Termo de Parceria (§3º). O extrato do Termo de Parceria, conforme modelo constante do Anexo I do Decreto nº 3.100/99, deverá ser publicado pelo órgão estatal parceiro no *Diário Oficial*, no prazo máximo de quinze dias após a sua assinatura (§4º). Acrescente-se que, inexistindo Conselho de Política Pública da área de atuação correspondente, dispensar-se-á a consulta, não podendo haver substituição por outro Conselho (§2º).

Além do vetusto debate sobre a instauração ou não de licitação, também se discute quanto à eventual obrigatoriedade das OSCIPs aplicarem em suas contratações a Lei Geral de Licitações – Lei nº 8.666/93 (ou mesmo a Lei do Pregão – Lei nº 10.520/02), quando estiverem utilizando recursos advindos da Administração, considerando a natureza pública dos mesmos.

O art. 14 da Lei nº 9.790/99 prevê que a OSCIP fará publicar, no prazo de 30 dias da assinatura do Termo de Parceria, regulamento próprio com os procedimentos a serem adotados para a contratação de obras, serviços e compras com emprego de recursos advindos da Administração, devendo ser observados os princípios estabelecidos no inciso I do art. 4º do diploma (legalidade, impessoalidade, moralidade, publicidade, economicidade e da eficiência).

Da mesma forma, o Decreto regulamentar federal nº 3.100/99:

> Art. 21. A Organização da Sociedade Civil de Interesse Público fará publicar na imprensa oficial da União, do estado ou do município, no prazo máximo de trinta dias, contado a partir da assinatura do Termo de Parceria, o regulamento próprio a que se refere o art. 14 da Lei nº 9.790, de 1999, remetendo cópia para conhecimento do órgão estatal parceiro.

Evidencia-se, nos termos da legislação em vigor, que as OSCIPs não estão sujeitas às leis licitatórias supramencionadas, já que a Lei nº 9.790/99 disciplina que as contratações deverão ocorrer através de regulamento próprio[104]. Incontestavelmente, a regra não poderia ser diferente, uma vez que tais instituições não integram a Administração Pública. [105]

---

[104] Não se trata de procedimento inovador, uma vez que às entidades da Administração Pública indireta já é dado o direito de edição de regulamentos, consoante preconiza o art. 119 da Lei nº 8.666/93.
[105] Observa-se que o TCU tem entendimento diverso, como se verifica no Acórdão abaixo:
Acórdão nº 353/2005 – Plenário – Ministro Relator: WALTON ALENCAR RODRIGUES
(...) A Constituição Federal de 1988, consagrando os princípios da igualdade, legalidade, moralidade e eficiência administrativa, estabeleceu, no art. 37, inciso XXI, que, ressalvados os casos especificados na legislação, as obras, serviços, compras e alienações efetuados pela administração pública serão contratados mediante processo de licitação pública que assegure igualdade de condições a todos os concorrentes. A licitação, nesse sentido, deve ser entendida como um conjunto de procedimentos a serem seguidos pela administração no curso de suas contratações, com vistas não só a propiciar a escolha da proposta mais vantajosa, como também a garantir que todos os particulares capacitados a transacionar com a administração possam ter a possibilidade de acesso aos recursos públicos envolvidos. No âmbito da administração pública federal esse dispositivo constitucional foi regulamentado pela Lei 8.666/93, cujas disposições, pelo art. 116 dessa Lei, são aplicáveis, no que couber, aos convênios, acordos, ajustes e outros instrumentos congêneres celebrados por órgãos e entidades da Administração. Como está muito bem explicitado no relatório, esse comando não é aplicável para a celebração de convênios que, por suas características, pressupõe evento de interesse recíproco, executado em regime de mútua cooperação (art. 10, §5º, do Decreto-Lei 200/67) (...)
Dessa forma, a interpretação que parece se integrar ao ordenamento jurídico de modo mais harmônico é a de que as despesas decorrentes da aplicação de recursos repassados mediante convênios, acordos, ajustes e outros instrumentos estão sujeitas, no que couber, às disposições da Lei 8.666/93, conforme estabelecido em seu art. 116. Primeiro, porque inteiramente de acordo com o comando constitucional, que impõe a licitação

Não obstante, calha registrar que, inopinadamente, o governo federal, através do Decreto nº 5.504, de 5 de agosto de 2005, estabeleceu a exigência de utilização do pregão, preferencialmente na forma eletrônica, para entes públicos ou privados, nas contratações de bens e serviços comuns, realizadas em decorrência de transferências voluntárias de recursos públicos da União, decorrentes de convênios, instrumentos congêneres ou consórcios públicos, conforme a seguir:

> Art. 1º Os instrumentos de formalização, renovação ou aditamento de convênios, instrumentos congêneres ou de consórcios públicos que envolvam repasse voluntário de recursos públicos da União deverão conter cláusula que determine que as obras, compras, serviços e alienações a serem realizados por entes públicos ou privados, com os recursos ou bens repassados voluntariamente pela União, sejam contratados mediante processo de licitação pública, de acordo com o estabelecido na legislação federal pertinente.
> §1º Nas licitações realizadas com a utilização de recursos repassados nos termos do *caput*, para aquisição de bens e serviços comuns, será obrigatório o emprego da modalidade pregão, nos termos da Lei nº 10.520, de 17 de julho de 2002, e do regulamento previsto no Decreto nº 5450, de 31 de maio de 2005, sendo preferencial a utilização de sua forma eletrônica, de acordo com cronograma a ser definido em instrução complementar.

Repisamos, entrementes, que as OSCIPs não estão submetidas à obrigatoriedade de realizar processo de licitação pública, nos moldes da Lei nº 8.666/93 ou da Lei nº 10.520/02, cingindo-se à adoção de regulamentos próprios que contenham os procedimentos para a contratação de obras, serviços e compras com emprego de recursos provenientes do Poder Público, em observância aos princípios da moralidade, impessoalidade, legalidade, publicidade, economicidade e da eficiência, nos termos do art. 14 da Lei nº 9.790/99.

Nesse passo, como oportunamente pondera Patrone Regules, as regras contidas no Decreto nº 5.504/05 haverão de ser interpretadas nos limites da legislação em vigor, em harmonia com o regime jurídico aplicável às organizações do Terceiro Setor. [106]

como regra a ser adotada, sempre que houver o envolvimento de recursos públicos; segundo, porque a par de fixar regras a serem seguidas – no que couber – pelos convenentes na gestão de recursos públicos, os procedimentos são, em essência, os mesmos impostos aos entes públicos, o que determina, guardadas as diferenças, uma saudável padronização.
Não significa dizer que o particular, ao aplicar recursos públicos provenientes de convênios celebrados com a administração federal, esteja sujeito ao regramento estabelecido na Lei 8.666/93. No entanto, sendo a licitação imposição de índole constitucional, ela não representa apenas um conjunto de procedimentos como se estes fossem um fim em si mesmo. Representa fundamentalmente um meio de tutelar o interesse público maior que tem por meta garantir o cumprimento dos princípios da legalidade, impessoalidade, moralidade, publicidade e eficiência que devem estar presentes em qualquer operação que envolva recursos públicos.

---

106 REGULES. Terceiro setor: regime jurídico das OSCIPs, p. 124.

ARTIGO 6º

DA TERCEIRIZAÇÃO

Art. 6º. Os serviços continuados que podem ser contratados de terceiros pela Administração são aqueles que apoiam a realização das atividades essenciais ao cumprimento da missão institucional do órgão ou entidade, conforme dispõe o Decreto nº 2.271/97.

§ 1º A prestação de serviços de que trata esta Instrução Normativa não gera vínculo empregatício entre os empregados da contratada e a Administração, vedando-se qualquer relação entre estes que caracterize pessoalidade e subordinação direta. (Renumerado pela Instrução Normativa nº 3, de 16 de outubro de 2009)

§ 2º O objeto da contratação será definido de forma expressa no edital de licitação e no contrato, exclusivamente como prestação de serviços, sendo vedada a utilização da contratação de serviços para a contratação de mão de obra, conforme dispõe o art. 37, inciso II, da Constituição da República Federativa do Brasil. (Incluído pela Instrução Normativa nº 3, de 16 de outubro de 2009)

§ 3º A contratação deverá ser precedida e instruída com plano de trabalho, aprovado pela autoridade máxima do órgão ou entidade, ou a quem esta delegar competência, e conterá, no mínimo: (Incluído pela Instrução Normativa nº 3, de 16 de outubro de 2009)

I - justificativa da necessidade dos serviços; (Incluído pela Instrução Normativa nº 3, de 16 de outubro de 2009)

II - relação entre a demanda prevista e a quantidade de serviço a ser contratada; (Incluído pela Instrução Normativa nº 3, de 16 de outubro de 2009)

III - demonstrativo de resultados a serem alcançados em termos de economicidade e de melhor aproveitamento dos recursos humanos, materiais ou financeiros disponíveis. (Incluído pela Instrução Normativa nº 3, de 16 de outubro de 2009)

1. A possibilidade dos serviços continuados serem executados por terceiros contratados

Anotamos, no item 1.1 da introdução deste trabalho, que a descentralização bilateral na Administração Pública, realizada por intermédio da celebração de contratos de prestação de serviços, passou a ser conhecida como *terceirização*, como já ocorrera na esfera privada, que a define como o processo de gestão de transferência a terceiros de serviços que originalmente deveriam ser executados no seio da própria organização[107].

---

[107] Na verdade, bem antes do uso da expressão *terceirização*, a descentralização já existia na Administração através da natural contratação de serviços. O que ocorreu foi a incorporação de novos termos para designar institutos antigos, além de agregação de novos institutos.

A questão tomou relevo quando se passou a falar em terceirização de atividades públicas. Nesse caso, além do âmbito trabalhista, a matéria estende seus braços sobre outros campos do Direito, principalmente sobre o Direito Administrativo.

Certo é que, num cenário de dificuldades para exercer com plenitude a sua função social, a Administração encontrou na descentralização através da terceirização uma importante ferramenta de colaboração.

Várias normas administrativas passaram a tratar o tema[108], até que a Constituição Federal de 1988 deu-lhe fundamento ao dispor, no inc. XXI do art. 37, sobre a possibilidade da Administração Pública contratar serviços mediante processo de licitação pública assegurador de igualdade de condições a todos os concorrentes.

Nesse viés, a Lei nº 8.666/1993, ao regulamentar esse dispositivo constitucional, definiu, em seu art. 1º, que o diploma estabeleceria normas gerais sobre licitações e contratos administrativos para vários objetos, dentre os quais os serviços no âmbito dos Poderes da União, dos Estados, do Distrito Federal e dos Municípios[109].

Nesse contexto, o inc. II do art. 6º definiu *serviço* como toda atividade destinada a obter determinada utilidade de interesse para a Administração, apoiando-se em elenco exemplificativo: demolição, conserto, instalação, montagem, operação, conservação, reparação, adaptação, manutenção, transporte, locação de bens, publicidade, seguro ou trabalhos técnico-profissionais.

Além disso, a Lei nº 8.666/1993 faz menção a serviços a serem prestados por terceiros à Administração em diversos dispositivos, tratando-os como de execução indireta, isto é, não executados diretamente pelo Poder Público, além de indicar os regimes para a execução: tarefa ou empreitada.

Nessa conjuntura, veio à tona o Decreto nº 2.271/97, que, tendo em vista o disposto no § 7º do art. 10 do Decreto-Lei nº 200/67, dispôs pioneiramente sobre a contratação de serviços pela Administração Pública Federal direta, autárquica e fundacional, fixando, no art. 1º, a possibilidade de se tornarem objeto de execução indireta as atividades materiais acessórias, instrumentais ou complementares aos assuntos que constituem área de competência legal do órgão ou entidade.

Esse decreto é tão explícito no que tange à terceirização na esfera da Administração, que chega a enumerar algumas atividades que deverão "de preferência" ser objeto de execução indireta: conservação, limpeza, segurança, vigilância, transportes, informática, copeiragem, recepção, reprografia, telecomunicações e manutenção de prédios, equipamentos e instalações.

Sendo inconteste que a terceirização no âmbito da Administração Pública é matéria constitucional, legal e perfeitamente viável, o art. 5º da IN em análise, tratando

---
108 Vide item 1.1 da Introdução deste trabalho.
109 Os outros objetos são: obras, compras, alienações e locações.

especificamente dos serviços continuados, confirma, no *caput*, a possibilidade de contratação de terceiros pela Administração, condicionando as contratações a atividades de apoio à realização das atividades essenciais ao cumprimento da missão institucional do órgão ou entidade, atendendo plenamente o previsto no Decreto nº 2.271/97.

Ao estabelecer a condição, o artigo reafirma que a terceirização só é admitida para as atividades-meio, reservando as atividades-fim para a execução direta dos agentes públicos.

1.1 Inexistência de vínculo empregatício

Como já esposado, na terceirização o Poder Público, através da celebração de um contrato administrativo, transfere determinado serviço para uma empresa especializada, que o executará com seus próprios recursos materiais e humanos, só interessando ao Poder Público, em tese, que a atividade seja executada com eficiência, consoante o especificado contratualmente. Dora Maria de Oliveira Ramos, nessa linha de raciocínio, assenta que, quando aplicada ao Direito Administrativo, a terceirização ocorre quando o gestor operacional repassa a um particular, por meio de contrato, a prestação de determinada atividade, como mero executor material, destituído de qualquer prerrogativa do Poder Público[110].

É por conta disso que a matéria envolve a *contratação de serviços* e não o *fornecimento de mão de obra*, posto que a força de trabalho utilizada subordina-se exclusivamente à contratada.

Nesse contexto, o §1º do dispositivo em análise dispõe que os empregados das empresas contratadas não poderão, sob nenhuma hipótese, ter vínculo empregatício com a Administração, sendo vedada qualquer relação que caracterize pessoalidade e subordinação direta.

Essa regra da IN busca atender ao Enunciado nº 331 do TST, que, com relação à matéria, indica: "Não forma vínculo de emprego com o tomador a contratação de serviços de vigilância (Lei nº 7.102, de 20.6.1983) e de conservação e limpeza, bem como a de serviços especializados ligados a atividade-meio do tomador, desde que inexistente a pessoalidade e a subordinação direta".

E mais: para afastar qualquer possibilidade de vínculo, a IN também veda, no art. 10, quaisquer ingerências do Poder Público na gestão da contratada.

Entrementes, não obstante o esforço no sentido de normatizar a questão, persiste o risco de a Administração utilizar a terceirização como forma de burlar o concurso público. É o que observa Jorge Ulisses Jacoby, ao comentar as contratações contumazes, por intermédio de remuneração de caráter eventual:

---

110 RAMOS, Dora Maria de Oliveira. A Terceirização na Administração Pública. São Paulo: LTr, 2001, p. 179.

Tal ocorre quando se contratam, por instituição (privada ou pública, organização social, organização de interesse público etc.), empregados para suprir postos de trabalho permanente, com subordinação direta, mediante remuneração de caráter não eventual. Exemplifica essa irregularidade a contratação de secretária por interposta instituição. Nesse caso, embora não possa o juiz reconhecer o vínculo empregatício, poderá entender que houve burla ao princípio do concurso público – impondo-se a regra do art. 37, § 2º da Constituição Federal, que implica nulidade da contratação e responsabilização de quem lhe deu causa. Em determinados casos, inclusive, é possível ao Ministério Público, reconhecendo que a instituição só pratica o merchandising de mão de obra – intermediação ilícita – pedir a extinção da mesma [111].

1.2 A contratação de serviços mediante licitação devidamente planejada

Ao versar sobre contratações pela Administração, indica a CF/88, como regra geral, que os serviços deverão ser contratados mediante processo de licitação pública que assegure igualdade de condições a todos os concorrentes[112]. Ao mesmo tempo, ao tratar de cargos, empregos e funções públicas, prescreve que, para a investidura em cargo ou emprego público, seja na administração direta ou indireta de qualquer dos Poderes da União, dos Estados, do Distrito Federal e dos Municípios, dependerá de aprovação prévia em concurso público de provas ou de provas e títulos, de acordo com a natureza e a complexidade do cargo ou emprego, na forma prevista em lei, ressalvadas as nomeações para cargo em comissão declarado em lei de livre nomeação e exoneração[113].

Atendendo aos ditames constitucionais, o § 2º do dispositivo em análise aponta que o objeto da contratação deverá ser definido de forma expressa no edital de licitação e no contrato como prestação de serviços, e veda, terminantemente, a contratação de serviços para a contratação de mão de obra.

Reafirmando a ideia do planejamento na contratação, e repetindo todo o art. 2º do Decreto nº 2.271/97, que, como já esposado, dispõe sobre a contratação de serviços pela Administração Pública Federal, o § 3º impõe, para que se estabeleça o certame licitatório, a prévia elaboração de um plano de trabalho, aprovado pela autoridade máxima do órgão ou entidade, ou a quem esta delegar competência, que deverá conter, no mínimo: (a) justificativa da necessidade dos serviços; (b) relação entre a demanda prevista e a quantidade de serviços a ser contratada; e (c) demonstrativo de resultados a serem alcançados em termos de economicidade e de melhor aproveitamento dos recursos humanos, materiais ou financeiros disponíveis.

---

113 FERNANDES, Jorge Ulisses Jacoby. Responsabilidade fiscal na função do ordenador de despesa; na terceirização de mão de obra; na função do controle administrativo. Brasília: Ed. Brasília Jurídica, 2001.
112 Art. 37, inc. XXI.
113 Art. 37, inc. II, com redação dada pela Emenda Constitucional nº 19/98.

O plano de trabalho consigna, portanto, como já dispusera a antiga IN nº 18/97 do extinto *Ministério* da Administração Federal e Reforma do Estado - MARE, documento aprovado pela autoridade competente que assenta a necessidade de contratação dos serviços, orientando a caracterização do objeto, evidenciando as vantagens para a Administração e sua economicidade, no que couber, e definindo diretrizes para elaboração dos projetos básicos (ou termos de referências, na hipótese de pregão).

ARTIGOS 7º A 9º

Art. 7º. As atividades de conservação, limpeza, segurança, vigilância, transportes, informática, copeiragem, recepção, reprografia, telecomunicações e manutenção de prédios, equipamentos e instalações serão, de preferência, objeto de execução indireta.

§ 1º Na contratação das atividades descritas no *caput* não se admite a previsão de funções que lhes sejam incompatíveis ou impertinentes.

§ 2º A Administração poderá contratar, mediante terceirização, as atividades dos cargos extintos ou em extinção, tais como os elencados na Lei nº 9.632/98.

§ 3º As funções elencadas nas contratações de prestação de serviços deverão observar a nomenclatura estabelecida no Código Brasileiro de Ocupações – CBO, do Ministério do Trabalho e Emprego. (Incluído pela Instrução Normativa nº 3, de 16 de outubro de 2009)

Art. 8º. Poderá ser admitida a alocação da função de apoio administrativo, desde que todas as tarefas a serem executadas estejam previamente descritas no contrato de prestação de serviços para a função específica, admitindo-se pela Administração, em relação à pessoa encarregada da função, a notificação direta para a execução das tarefas previamente definidas.

Art. 9º. É vedada a contratação de atividades que:

I - sejam inerentes às categorias funcionais abrangidas pelo plano de cargos do órgão ou entidade, assim definidas no seu plano de cargos e salários, salvo expressa disposição legal em contrário ou quando se tratar de cargo extinto, total ou parcialmente, no âmbito do quadro geral de pessoal;

II - constituam a missão institucional do órgão ou entidade; e

III - impliquem limitação do exercício dos direitos individuais em benefício do interesse público, exercício do poder de polícia, ou manifestação da vontade do Estado pela emanação de atos administrativos, tais como:

a) aplicação de multas ou outras sanções administrativas;
b) a concessão de autorizações, licenças, certidões ou declarações;
c) atos de inscrição, registro ou certificação; e
d) atos de decisão ou homologação em processos administrativos.

1. Elenco exemplificativo de atividades passíveis de serem terceirizadas pela Administração

Como já mencionado, nas definições iniciais de alguns institutos na Lei nº 8.666 (art. 6º), o inc. VIII define que a execução indireta é aquela que o órgão ou entidade contrata com terceiros.

O Decreto nº 2.271/97, nesse diapasão, regulamenta, no seu art. 1º, que, no âmbito da Administração Pública Federal direta, autárquica e fundacional, poderão ser objeto de execução indireta as atividades materiais acessórias, instrumentais ou complementares aos assuntos que constituem área de competência legal do órgão ou entidade.

Além de apontar as diretrizes para a terceirização na Administração, o §1º do dispositivo do ato regulamentar complementa a matéria indicando algumas atividades compreendidas nessa orientação, dispondo que os trabalhos de conservação, limpeza, segurança, vigilância, transportes[114], informática, copeiragem, recepção, reprografia[115], telecomunicações e manutenção de prédios, equipamentos e instalações deverão, preferencialmente, ser objeto de execução indireta.

Confirmando o disciplinado, o *caput* do art. 7º da IN 02 repete *ipsis litteris* o texto regulamentar.

Obviamente, nessas contratações inadmitir-se-á a previsão de funções incompatíveis ou impertinentes (§ 1º), ou seja, é vedada a execução de trabalhos sem conexão com os objetos para os quais os contratados foram arregimentados. Essa restrição demonstra a preocupação com distorções da terceirização que ocorrem, não raro, por exemplo, nas contratações de serviços de limpeza, quando os empregados da empresa contratada são recrutados para a execução de atividades de copeiragem, cozinha etc.

2. Terceirização de atividades dos cargos extintos ou em extinção

Dispondo sobre a extinção de cargos no âmbito da Administração Pública

---

114 O Ministério do Planejamento, Orçamento e Gestão, buscando a facilitação, disponibilizou no Portal de Compras Governamentais <https://www.comprasgovernamentais.gov.br/arquivos/caderno/servicos_transportes.pdf> o Caderno de Logística de Prestação de Serviços de Transportes. Trata-se de um Guia de Orientação sobre os aspectos gerais na contratação de Serviços de Transporte com fornecimento de veículo e mão de obra no âmbito da Administração Pública Federal Direta, Autarquias e Fundações Públicas.

115 O Ministério do Planejamento, Orçamento e Gestão, buscando a facilitação, disponibilizou no Portal de Compras Governamentais <https://www.comprasgovernamentais.gov.br/noticias/15-09-2014-slti-disponibiliza-caderno-de-logistica-de-prestacao-de-servicos-de-reprografia)> o Caderno de Logística de Prestação de Serviços de Reprografia. Trata-se de um Guia de Orientação sobre os aspectos gerais na contratação de Serviços de Reprografia, ou seja, impressão, digitalização, reprodução de cópias com fornecimento de equipamentos e insumos, inclusive suporte, manutenção e disponibilização de sistema de gerenciamento para controle de cópias (outsourcing) no âmbito da Administração Pública Federal Direta, Autárquica e Fundacional.

Federal direta, autárquica e fundacional, a Lei 9.632/98 determina, em seu art. 2º, que as atividades correspondentes aos cargos extintos ou em extinção poderão ser objeto de execução indireta.

Da mesma forma, já dispunha o Decreto nº 2.271/97 que, no § 2º de seu art. 1º, ao apontar que não poderiam ser objeto de execução indireta as atividades inerentes às categorias funcionais abrangidas pelo plano de cargos do órgão ou entidade, ressalva qualquer disposição legal em contrário ou a hipótese de se tratar de cargo extinto, total ou parcialmente, no âmbito do quadro geral de pessoal.

O § 2º do dispositivo apenas confirma tudo isso, prevendo que a Administração poderá contratar, mediante terceirização, as atividades dos cargos extintos ou em extinção, tais como os elencados na Lei nº 9.632/98.

A autorização normativa é absolutamente lógica: tendo sido extintos os cargos, mas havendo esporadicamente a necessidade de execução das tarefas, a terceirização consigna consequência natural. Como observou Francisco José de Andrade Pereira, "por consectário lógico, cargos já extintos no âmbito da Administração permitem a execução indireta"[116].

Apreciando a matéria, Mariana Wolfenson Brandão confirma a coerência:

> A exceção à admissão por concurso público contida no Decreto 2.271/97 e na IN SLTI 02/2009 respeita os princípios da razoabilidade, da não solução de continuidade da prestação dos serviços públicos e da eficiência, uma vez que autoriza a contratação indireta para execução de atividades inerentes às categorias funcionais, tão somente quando o cargo estiver total ou parcialmente extinto, tendo em vista que em tal situação não haveria a possibilidade de contratação por concurso público[117].

Insta observar que, como a normatização permite a terceirização de cargos em extinção, há a possibilidade de que aqueles apenas parcialmente extintos tenham suas funções exercidas parte por servidores e parte por terceirizados. Isso, como bem visualizou Helder Santos Amorim, permite a transição do sistema de cargos para o sistema de funções terceirizadas[118].

A verdade é que não é justificável a presença de servidores públicos concursados para exercerem tarefas hoje consideradas irrelevantes, mesmo que em outras épocas tenham sido importantes.

---

[116] PEREIRA, Francisco José de Andrade. Regras e Diretrizes para a contratação de serviços, continuados ou não, na Administração Federal. Ed. Schoba, p. 26.
[117] BRANDÃO, Mariana Wolfenson Coutinho. Terceirização ilícita. Disponível em:
<http://www.ambito-juridico.com.br/site/index.php?n_link=revista_artigos_leitura&artigo_id=8537>.
[118] AMORIM, Helder Santos. Terceirização no serviço público: uma análise à luz da nova hermenêutica constitucional. São Paulo: LTr, 2009, p. 125.

Anote-se que, não obstante a lógica terceirização de tarefas atinentes a cargos extintos, essa decisão deve ser tomada com imensa cautela, porquanto, não raro, causa a chamada "desprofissionalização" do serviço público, com prejuízo ao exercício da responsabilidade estatal. Quanto a essa matéria, Carlos Juliano Nardes alerta, com propriedade, que, mesmo com a melhora na agilidade do Estado, esse processo de atuação tem causado perdas no longo prazo, de vez que, muitas vezes, os terceirizados contribuem para desqualificar algumas atividades, sendo comum a execução de trabalhos de forma tão precária que fragilizam a organização coletiva:

> Tal atitude pode causar uma separação entre servidores públicos e terceirizados, o que evidencia a necessidade de imposição de limites na terceirização. Alguns juristas da área laboral entendem que a responsabilidade objetiva do Estado busca o mínimo de garantias ao trabalhador que utiliza sua força na Administração Pública por meio da empresa terceira, ficando à mercê das ressalvas legislativas quanto à responsabilidade entre as partes e devendo acompanhar ativamente se os créditos trabalhistas estão sendo realizados de maneira correta[119].

O Professor e Procurador do Trabalho Helder Santos Amorim é um crítico feroz dessa possível "desprofissionalização" do serviço público, condenando o que denomina a "superterceirização", diante da expansão da terceirização, "em dimensão exorbitante", a partir da década de 1990, para as atividades nucleares de competência dos órgãos e entes públicos:

> No plano institucional, a terceirização dinamiza o movimento de desregulamentação institucional e de desprofissionalização do serviço público, liquidando funções e esgotando planos de carreiras indispensáveis ao exercício das responsabilidades estatais. No plano social, a terceirização no serviço público enseja a precarização das condições de trabalho, a fragilização da organização coletiva dos trabalhadores e a discriminação entre servidores públicos e terceirizados. A superterceirização coloca o Estado na rota da exploração desmedida da mão de obra privada flutuante, sob o mesmo regime de controle quantitativo que move a iniciativa privada na busca pelo absoluto domínio do capital sobre o trabalho, ao passo que seus próprios servidores, envolvidos nas mesmas atividades de finalidade social, gozam de maior segurança jurídica e social[120].

---

[119] NARDES, Carlos Juliano Ribeiro. A terceirização no serviço público: entendimentos distintos. Disponível em: <http://www.conteudojuridico.com.br/monografia-tcc-tese,a-terceirizacao-no-servico-publico-entendimentos-distintos,29081.html>.
[120] Entrevista disponível em:
<http://www.anpt.org.br/site/index33ea.html?view=article&catid=59%3Anoticias&id=399%3Aprocurador-lanca-livro-sobre-terceirizacao-no-servico-publico&option=com_content&Itemid=72>.

3. Atividades que não admitem a terceirização

Com o intuito de manter a questão bem delineada, a IN enumerou, no art. 9º, as atividades cuja execução indireta é proibida, atendendo plenamente ao determinado no § 2º do art. 1º do Decreto nº 2.271/97, o qual preconiza que não poderão ser objeto de execução indireta as atividades inerentes às categorias funcionais abrangidas pelo plano de cargos do órgão ou entidade.

O texto é inteligente e bem esboçado, detalhando todos os encargos inerentes ao Poder Público, não dando margem a dúvidas.

O dispositivo veda a prática da terceirização para a contratação de atividades que: (a) sejam inerentes às categorias funcionais abrangidas pelo plano de cargos do órgão ou entidade, assim definidas no seu plano de cargos e salários, salvo expressa disposição legal em contrário ou quando se tratar de cargo extinto, total ou parcialmente, no âmbito do quadro geral de pessoal; (b) constituam a missão institucional do órgão ou entidade; (c) impliquem limitação do exercício dos direitos individuais em benefício do interesse público, exercício do poder de polícia, ou manifestação da vontade do Estado pela emanação de atos administrativos, tais como: aplicação de multas ou outras sanções administrativas; concessão de autorizações, licenças, certidões ou declarações; atos de inscrição, registro ou certificação; e atos de decisão ou homologação em processos administrativos.

Como bem obtempera Mariana Wolfenson Brandão, a vedação inicial – inerente às categorias funcionais abrangidas pelo plano de cargos do órgão ou entidade – é digna de nota, de vez que inexiste sentido na terceirização quando as atividades são tidas por relevantes a ponto de merecerem destaque em plano de cargos e salários. "Seria ilógico desconsiderar a profissionalização da função pública para admitir que terceiros substituam servidores públicos"[121].

Anote-se, nessa seara, o enunciado da Súmula 97 do TCU:

> Ressalvada a hipótese prevista no parágrafo único do art. 3º da Lei 5.645, de 10.12.70 (Decreto-Lei 200, de 25/2/67, art. 10, §§ 7º e 8º), não se admite, a partir da data da publicação do ato de implantação do novo Plano de Classificação e Retribuição de Cargos do Serviço Civil da União e das autarquias, a utilização de serviços de pessoal, mediante convênios, contratos ou outros instrumentos, celebrados com Fundações ou quaisquer entidades públicas ou privadas, para o desempenho de atividades inerentes às categorias funcionais abrangidas pelo referido Plano.

---

[121] BRANDÃO, Mariana Wolfenson Coutinho. Terceirização ilícita. Disponível em:
<http://www.ambito-juridico.com.br/site/index.php?n_link=revista_artigos_leitura&artigo_id=8537>.

Sobre a matéria, consigne-se que, recentemente, a Petrobras Transporte S.A. - Transpetro foi condenada pela Justiça do Trabalho a substituir, por concursados, empregados contratados por meio de terceirização considerada ilícita e ainda deve pagar indenização por dano moral coletivo de R$ 1 milhão. A Sétima Turma do Tribunal Superior do Trabalho negou provimento a agravo da empresa contra a condenação, imposta pelo Tribunal Regional do Trabalho na 19ª Região (AL), em ação civil pública movida pelo Ministério Público do Trabalho. A condenação se baseou no artigo 37 da CF, que prevê a obrigatoriedade do concurso público, e na Súmula 331 do TST. Consoante a decisão, deverão ser contratados 43 concursados para substituir os terceirizados em várias áreas da empresa em Alagoas, da administrativa até os serviços de mecânicos especializados. Os cargos ocupados pelos empregados terceirizados têm as mesmas características dos previstos no plano de cargos e salários da Transpetro e foram objeto de concurso público. O ministro Vieira de Mello Filho, relator do caso, enfatizou que a liberdade de contratar e de exercer atividade econômica – como defendeu a Transpetro em seu recurso – deve observar o respeito à pessoa humana. Segundo o ministro, "não é isso que a terceirização desenfreada tem acarretado", pois o uso abusivo dessa modalidade de contratação "tem destroçado categorias sindicais, implicado a redução de patamares salariais e de condições asseguradas em normas coletivas para categorias historicamente sólidas e, mais grave, vitimado trabalhadores terceirizados com acidentes de trabalho e doenças profissionais em proporções alarmantes". Para o relator, a questão é ainda mais grave: "Em se tratando de integrante da Administração Pública indireta, a contratação terceirizada de trabalhadores para desempenho de atividade-fim da empresa (portanto, inserida no seu Plano de Cargos e Salários) traduz-se em burla à exigência constitucional do certame público e, no caso, representou a preterição de candidatos aprovados em concurso vigente". (Processo: AIRR-96900-56.2009.5.19.0008)[122][123]

---

[122] Fonte TST - Notícia de 26.6.2014 - Disponível em: <http://www.tst.jus.br/noticias/-/asset_publisher/89Dk/content/transpetro-tera-de-substituir-terceirizados-por-concursados>.
[123] 123 A possibilidade de terceirizar a atividade-fim no âmbito privado será discutida pelo STF. A fixação de parâmetros para a identificação do que representa a atividade-fim de um empreendimento, do ponto de vista da possibilidade de terceirização, é o tema a ser discutido no Recurso Extraordinário com Agravo (ARE) 713211, que teve repercussão geral reconhecida pelo Plenário Virtual do Supremo Tribunal Federal. O relator da matéria, ministro Luiz Fux, ressaltou que existem milhares de contratos de terceirização de No ARE 713211, a Celulose Nipo Brasileira S.A. (Cenibra) questiona decisão da Justiça do Trabalho que, em ação civil pública movida pelo Ministério Público do Trabalho e pelo Sindicato dos Trabalhadores nas Indústrias Extrativas de Guanhães e Região, foi condenada a se abster de contratar terceiros para sua atividade-fim. A ação civil teve origem em denúncia formalizada em 2001 pelo Sindicato dos Trabalhadores e transporte de madeira, mobilizando mais de 3.700 trabalhadores. A condenação, imposta pela Justiça do Trabalho da 3ª Região (MG), foi mantida em todas as instâncias da Justiça trabalhista. No recurso ao STF, a empresa alega que não existe definição jurídica sobre o que sejam exatamente "atividade-meio" e "atividade-fim".

A segunda vedação – terceirização de serviços voltados para a missão institucional do órgão ou entidade – não merece maior atenção, uma vez que a restrição mencionada é básica. A missão institucional, fator determinante da própria existência do ente, não pode ser entregue a quem não se tem relação jurídica direta.

A terceira vedação – terceirização que implique na limitação do exercício dos direitos individuais em benefício do interesse público, exercício do poder de polícia, ou manifestação da vontade do Estado – também é óbvia, uma vez que as tarefas relacionadas têm conexão direta com as responsabilidades de entes da Administração. O inciso elenca alguns serviços apenas para exemplificar e demonstrar a obviedade da proibição: a aplicação de multas ou outras sanções administrativas; a concessão de autorizações, licenças, certidões ou declarações; a edição de atos de inscrição, registro ou certificação, de decisão ou homologação em processos administrativos.

Dessa forma, antes de iniciar o procedimento para a contratação de serviços de terceiros, a Administração deverá verificar se a atividade que se pretende contratar mediante a execução indireta não faz parte das atribuições definidas no preceptivo.

4. Observação da nomenclatura prevista no Código Brasileiro de Ocupações – CBO

Com redação introduzida pela IN nº 3/09, o § 3º impõe que se observe, nas funções elencadas nas contratações de prestação de serviços, a nomenclatura estabelecida no Código Brasileiro de Ocupações - CBO, do Ministério do Trabalho e Emprego.

A Classificação Brasileira de Ocupações - CBO, instituída por Portaria do Ministério do Trabalho e Emprego - MTE nº 397, de 9 de outubro de 2002, tem por finalidade a identificação das ocupações no mercado de trabalho, para fins classificatórios junto aos registros administrativos e domiciliares. Trata-se de documento que reconhece, nomeia e codifica os títulos e descreve as características das ocupações do mercado de trabalho brasileiro.

Segundo o *site* do MTE, sua atualização e modernização se devem às profundas mudanças ocorridas no cenário cultural, econômico e social do país nos últimos anos, implicando alterações estruturais no mercado de trabalho.

Assim, a proibição da terceirização, baseada apenas na jurisprudência trabalhista, violaria o princípio da legalidade contido no inciso II do artigo 5º da Constituição Federal. Em sua manifestação, o ministro Luiz Fux observou que o tema em discussão – a delimitação das hipóteses de terceirização diante do que se compreende por atividade-fim – é matéria de índole constitucional, sob a ótica da liberdade de contratar. A existência de inúmeros processos sobre a matéria poderia, segundo ele, "ensejar condenações expressivas por danos morais coletivos semelhantes àquela verificada nestes autos". O entendimento do relator pelo reconhecimento da repercussão geral do tema foi seguido, por maioria, em deliberação no Plenário Virtual da Corte (http://www.stf.jus.br/portal/cms/verNoticiaDetalhe.asp?idConteudo=267100).

O *site* consigna algumas observações sobre a CBO, além de informar que o banco de dados do documento está à disposição para consulta pela internet:

> A nova versão contém as ocupações do mercado brasileiro, organizadas e descritas por famílias. Cada família constitui um conjunto de ocupações similares correspondente a um domínio de trabalho mais amplo que aquele da ocupação.
>
> Uma das grandes novidades deste documento é o método utilizado no processo de descrição, que pressupõe o desenvolvimento do trabalho por meio de comitês de profissionais que atuam nas famílias, partindo-se da premissa de que a melhor descrição é aquela feita por quem exerce efetivamente cada ocupação.
>
> Estiveram envolvidos no processo pesquisadores da Unicamp, UFMG e Fipe/USP e profissionais do Serviço Nacional de Aprendizagem Industrial - Senai. Trata-se de um trabalho desenvolvido nacionalmente, que mobilizou milhares de pessoas em vários pontos de todo o país.
>
> A nova CBO tem uma dimensão estratégica importante, na medida em que, com a padronização de códigos e descrições, poderá ser utilizada pelos mais diversos atores sociais do mercado de trabalho. Terá relevância também para a integração das políticas públicas do Ministério do Trabalho e Emprego, sobretudo no que concerne aos programas de qualificação profissional e intermediação da mão de obra, bem como no controle de sua implementação[124].

ARTIGO 10

Art. 10. É vedado à Administração ou aos seus servidores praticar atos de ingerência na administração da contratada, tais como:
I - exercer o poder de mando sobre os empregados da contratada, devendo reportar-se somente aos prepostos ou responsáveis por ela indicados, exceto quando o objeto da contratação previr o atendimento direto, tais como nos serviços de recepção e apoio ao usuário;
II - direcionar a contratação de pessoas para trabalhar nas empresas contratadas;
III - promover ou aceitar o desvio de funções dos trabalhadores da contratada, mediante a utilização destes em atividades distintas daquelas previstas no objeto da contratação e em relação à função específica para a qual o trabalhador foi contratado; e
IV - considerar os trabalhadores da contratada como colaboradores eventuais do próprio órgão ou entidade responsável pela contratação, especialmente para efeito de concessão de diárias e passagens.

---

[124] Disponível em: <http://www.mtecbo.gov.br/cbosite/pages/saibaMais.jsf>.

1. Vedação a atos de ingerência nas atividades da organização privada contratada

Reportando-se mais uma vez ao Enunciado 331 TST, que, repisa-se, versa sobre a legalidade da contratação da prestação de serviços (terceirização), se verifica que seu inciso III dá curso a ajustes cujos objetos sejam serviços especializados ligados a atividade-meio *do tomador, desde que inexista a* pessoalidade *e a* subordinação direta.

Essa necessidade de inexistência de pessoalidade ou subordinação direta deve ocorrer, é claro, em relação aos trabalhadores que executam serviços terceirizados, por parte das tomadoras de serviços (no caso, a Administração Pública), para que não se configure o vínculo de emprego. Esse cuidado associa-se diretamente ao fato de serem elementos da relação de emprego, uma vez que, ao relacioná-los aos existentes na terceirização (habitualidade, onerosidade e alteridade), vicejará que a natureza do elo é empregatícia.

Ante tais circunstâncias, a Administração (tomadora de serviços) deve atentar-se tão somente ao resultado do trabalho contratado, e jamais à gestão da mão de obra, evitando, ainda, a inserção do trabalhador terceirizado no seu trâmite organizacional.

Buscando dar funcionalidade a essa prática, o art. 10 da IN 02 aponta alguns exemplos de condutas vedadas: (a) o exercício de mando sobre os empregados da contratada, devendo reportar-se somente aos prepostos ou responsáveis por ela indicados, exceto quando o objeto da contratação previr o atendimento direto, tais como nos serviços de recepção e apoio ao usuário; (b) o direcionamento da contratação de pessoas para trabalhar nas empresas contratadas; (c) a promoção ou aceitação do desvio de funções dos trabalhadores da contratada, mediante a utilização destes em atividades distintas daquelas previstas no objeto da contratação e em relação à função específica para a qual o trabalhador foi contratado; e (d) considerar os trabalhadores da contratada como colaboradores eventuais do próprio órgão ou entidade responsável pela contratação, especialmente para efeito de concessão de diárias e passagens.

Sobre o assunto, *vide* decisão do TCU, inopinadamente determinando procedimentos nesse sentido ao TST:

> Acórdão 47/2013 – TCU Plenário – Relator Min. André Luís de Carvalho
> (...) 9.4. Determinar ao Tribunal Superior do Trabalho que, em respeito aos princípios constitucionais da impessoalidade e da moralidade, atente para a necessidade de ser obstaculizada qualquer forma de interferência do órgão, por meio de seus agentes públicos, sobre o gerenciamento dos recursos humanos das empresas contratadas para a prestação de serviços terceirizados, em especial no

tocante à indicação dos empregados que devem ser contratados por tais empresas para prestarem os referidos serviços.

ARTIGO 11

Art. 11. A contratação de serviços continuados deverá adotar unidade de medida que permita a mensuração dos resultados para o pagamento da contratada, e que elimine a possibilidade de remunerar as empresas com base na quantidade de horas de serviço ou por postos de trabalho.

§ 1º Excepcionalmente poderá ser adotado critério de remuneração da contratada por postos de trabalho ou quantidade de horas de serviço quando houver inviabilidade da adoção do critério de aferição dos resultados.

§ 2º Quando da adoção da unidade de medida por postos de trabalho ou horas de serviço, admite-se a flexibilização da execução da atividade ao longo do horário de expediente, vedando-se a realização de horas extras ou pagamento de adicionais não previstos nem estimados originariamente no instrumento convocatório.

§ 3º Os critérios de aferição de resultados deverão ser preferencialmente dispostos na forma de Acordos de Nível de Serviços, conforme dispõe esta Instrução Normativa e que deverá ser adaptado às metodologias de construção de ANS disponíveis em modelos técnicos especializados de contratação de serviços, quando houver.

§ 4º Para a adoção do Acordo de Nível de Serviço é preciso que exista critério objetivo de mensuração de resultados, preferencialmente pela utilização de ferramenta informatizada, que possibilite à Administração verificar se os resultados contratados foram realizados nas quantidades e qualidades exigidas, e adequar o pagamento aos resultados efetivamente obtidos. **(Incluído pela Instrução Normativa nº 3, de 16 de outubro de 2009)**

1. A contratação de serviços por intermédio de unidade de medida

O comum na Administração, durante longo tempo, era o estabelecimento do pagamento de empresas contratadas para a execução de serviços por intermédio de horas trabalhadas ou por postos de trabalho. Conclui-se, todavia, que tal não constituía prática razoável, pois, além de outras consequências prejudiciais, permitia até mesmo o pagamento por serviços não realizados.

Interessantemente, o Decreto nº 2.271/97 já continha regra contrária a esse procedimento, a qual, não se sabe por que, passou despercebida por grande parte da Administração por muito tempo. Reza o § 1º do art. 3º do decreto que, sempre que a prestação do serviço objeto da contratação puder ser avaliada por determinada unidade quantitativa de serviço prestado, esta deverá estar prevista no edital e no respectivo contrato, e será utilizada como um dos parâmetros de aferição de resultados.

Destarte, em boa hora, o art. 11 da IN 02 registrou a adoção obrigatória de unidade de medida que permita a mensuração dos resultados para o pagamento da contratada. E mais: praticamente determinou a eliminação da possibilidade de remunerar as empresas com base na quantidade de horas de serviço ou por postos de trabalho.

A mensuração dos resultados alcançados nos serviços prestados constitui, fora de dúvida, a melhor forma para a remuneração. Mensurar significa determinar a medida. É o mesmo que medir. Mensurável é aquilo que pode ser medido. Assim, a determinação da medida deverá ter como base uma referência de medição padrão: metros, hectares etc.

Vide que, nas definições estabelecidas no Anexo I, consta, no item XXIII, que *Unidade de Medida* é o parâmetro de medição adotado pela Administração para possibilitar a quantificação dos serviços e a aferição dos resultados.

Por conseguinte, a regra é medição e pagamento por resultados. Assim, as ações são solicitadas, medidas e pagas uma por uma. Sobre a matéria há, inclusive, muitos julgados do TCU: Acórdão 265/2010 – Plenário, Acórdão 1453/2009 – Plenário, Acórdão 1453/2009 – Plenário, Acórdão 2655/2009 – Plenário, Acórdão 1125/2009 – Plenário, Acórdão 1238/2008 – Plenário, Acórdão 947/2010 – Plenário, Acórdão 1631/2011 – Plenário, Acórdão 1996/2011 – Plenário e Acórdão 1239/2008 – Plenário.

Evidentemente, o critério de remuneração da contratada por postos de trabalho ou quantidade de horas de serviço não pode ser totalmente descartado, pois pode ficar configurada a inviabilidade de adoção do critério de verificação de resultados. Nesse passo, o § 1º prevê, providencialmente, que, em caráter excepcional, tal metodologia poderá ser empregada quando houver inviabilidade da adoção do critério de aferição dos resultados.

Logo, evidencia-se que o uso da excepcionalidade deverá ser devidamente justificado no processo.

Para tornar mais palatável o uso da unidade de medida por postos de trabalho ou horas de serviço, a IN admite, no § 2º, a flexibilização da execução da atividade ao longo do horário de expediente, vedando, todavia, horas extras ou pagamento de adicionais não previstos nem estimados originariamente no edital licitatório.

2. O uso de Acordo de Nível de Serviços – ANS

Dita o § 3º que os critérios de aferição de resultados deverão ser preferencialmente dispostos na forma de Acordo de Nível de Serviços – ANS, que, como conceituado no Anexo I, consigna um ajuste celebrado entre o provedor de serviços e o órgão contratante, anexo ao contrato, definidor, em bases compreensíveis, tangíveis, objetivamente observáveis e comprováveis, dos níveis esperados de qualidade da prestação do serviço e respectivas adequações de pagamento[125].

O ANS, por conseguinte, é parte integrante do contrato a ser firmado, consistindo na definição de níveis de desempenho dos serviços oferecidos pelo fornecedor.

Conforme preconiza o inc. XVII do art. 15 da IN em comento, o ANS deverá estar presente no Projeto Básico ou Termo de Referência, contendo: (a) os procedimentos de fiscalização e de gestão da qualidade do serviço, especificando-se os indicadores e instrumentos de medição que serão adotados pelo órgão ou entidade contratante; (b) os registros, controles e informações que deverão ser prestados pela contratada; e (c) as respectivas adequações de pagamento pelo não atendimento das metas estabelecidas.

O ANS deverá estar em consonância com as diretrizes do artigo 17 da IN, que explicita, entre outras determinações, que: (a) os serviços e resultados esperados deverão estar claramente definidos e identificados, diferenciando-se as atividades consideradas críticas das secundárias; (b) os indicadores deverão refletir fatores que estão sob o controle do prestador do serviço; e (c) os pagamentos deverão ser proporcionais ao atendimento das metas estabelecidas.

De acordo com o modelo sugerido pela IN, o ANS deverá conter: (a) o indicador; (b) a finalidade a ser atendida por meio deste indicador; (c) a meta a ser cumprida pelo fornecedor; (d) o mecanismo a ser utilizado para fazer a medição do cumprimento deste indicador; (e) a periodicidade de medição; (f) o cálculo a ser seguido para chegar às faixas de pagamento e, em consequência, informar a remuneração a ser paga; (g) as sanções a serem aplicadas diante do descumprimento da meta; (h) o momento em que o ANS passará a ser aplicado; (i) e como a unidade administrativa o acompanhará.

Jair Santana, entusiasmado com a adoção do ANS, salienta, exultante, que a Administração Pública nacional, com esse comando, salta para romper práticas

---

[125] No ambiente da Tecnologia da Informação - TI, entende-se como um erro comum referir-se ao contrato firmado entre a organização e seu fornecedor externo como um ANS. Consoante os especialistas nessa área, esse documento, de aspecto mais formal, deve ser chamado como Contrato de Apoio, que também pode e deve envolver a definição de níveis de serviço. Ainda segundo esses técnicos, o ANS seria um ajuste firmado geralmente entre a área de TI e seu cliente interno, que descreve o serviço de TI, suas metas de nível de serviço, além dos papéis e responsabilidades das partes envolvidas no acordo. Segundo a norma brasileira ABNT NBR ISO/IEC 20000-1, esse documento deve ser acordado entre os requisitantes ou interessados em um determinado serviço de TI e o responsável pelos serviços dessa área da organização, e deve ser revisado periodicamente para certificar-se de que continua adequado ao atendimento das necessidades de negócio da organização.

tradicionalmente incrustadas na fase de execução de contratos administrativos, porquanto, doravante, a Unidade Administrativa deverá eliminar a possibilidade de remunerar a contratada com base em quantidade de tipos de serviço ou por postos de trabalho. Quer-se que, em contrário, se adote certa unidade de medida que se volta para resultados.

> De se ver que os resultados buscados prioritariamente pela Administração – plasmados no ANS – devem ser (o que é de todo óbvio) definidos previamente durante a etapa interna do procedimento, possuindo íntima ligação com a futura execução do ajuste e sua respectiva liquidação em termos econômicos. Quer-se dizer que a execução do ajuste fundado em ANS tem implicação bipolar porquanto o cumprimento das regras controladas e o atingimento das metas eleitas repercutem diretamente na questão do pagamento, sendo também os respectivos valores escalonados à frente dos indicadores escolhidos. E assim se está diante de um cenário que apresenta inclusive valores negativos (derivados de sanções)[126].

Sobre o tema, também as observações de Patrícia Peck Pinheiro:

> É importante que os indicadores de desempenho derivem dos objetivos a serem alcançados, caso contrário, poderão até ser atingidos, mas o serviço não vir a satisfazer as expectativas da unidade administrativa. Para fazer uma medição eficaz e eficiente do serviço é essencial entender os fatores envolvidos no contrato de terceirização, para definir quais as métricas relevantes. Para atingir a finalidade pretendida na IN 02/2008, a Administração deve preceder suas contratações de planejamento, isto é, fazer uma análise detalhada do resultado que pretende alcançar com o serviço a ser contratado, verificar se a melhor forma de alcançar esse resultado é por meio do referido serviço, definir quais são os indicadores que auxiliarão no monitoramento do desempenho dos serviços prestados e qual a melhor métrica a ser utilizada. Elaborar um ANS sem ter ciência sobre a real necessidade da unidade administrativa pode trazer a ela um custo elevado e desnecessário. Por exemplo, um ANS de disponibilidade de infraestrutura em 90% do tempo tem um determinado preço, ao passo que um de 99% tem outro. Portanto, coletar as informações necessárias, estudar e avaliar as necessidades que deverão ser supridas para então definir o tipo de serviço e o nível de atendimento a ser contratado não significa perder tempo, mas sim ter certeza de que a unidade administrativa estará pagando por um serviço que de fato precisa. Ademais, não basta ter um ANS e não fazer valer o que nele estiver escrito. Destarte, caberá à unidade

---

[126] SANTANA, Jair Eduardo. Licitação e Contratação de Serviços Continuados ou Não - A Instrução Normativa 02/2008 – SLTI/MPOG. Disponível em: <http://transparencia.pi.gov.br/phocadownload/Legislacao_Controle_Interno/Instrucoes_Normativas/in02_np.pdf>.

administrativa contratante monitorar constantemente o nível de qualidade do serviço para evitar a sua degeneração, bem como intervir nos casos de desconformidade da prestação do serviço com o que foi acordado. [127]

Saliente-se que, para a adoção do ANS, o § 4º sublinha a necessidade de existência de critério objetivo de mensuração de resultados, preferencialmente pela utilização de ferramenta informatizada, que possibilite à Administração verificar se os resultados contratados foram realizados nas quantidades e qualidades exigidas, e adequar o pagamento aos resultados efetivamente obtidos.

Enfatiza-se, ainda, que a IN dita diversas regras sobre ANS nos arts. 15, 17 e 33, pelo que voltar-se-á ao tema nas análises dos mesmos.

ARTIGO 12

> Art. 12. O órgão ou entidade contratante, na contratação de serviços de natureza intelectual ou estratégicos, deverá estabelecer a obrigação da contratada promover a transição contratual com transferência de tecnologia e técnicas empregadas, sem perda de informações, podendo exigir, inclusive, a capacitação dos técnicos da contratante ou da nova empresa que continuará a execução dos serviços.

1. A transferência de tecnologia na contratação de serviços de natureza intelectual ou estratégicos

A transferência de tecnologia, isto é, a transferência de <u>conhecimento</u> técnico ou científico, intenta assegurar que o desenvolvimento científico e tecnológico que venha a ocorrer na prestação do serviço contratado seja acessível ao contratante, de modo que adquira condições de desenvolver e explorar os conhecimentos adquiridos em novos processos, materiais e serviços.

Para que as contratações de serviços de natureza intelectual ou estratégicos surtam efeitos econômicos, o contrato deve ser avaliado e averbado pelo Instituto Nacional da Propriedade Industrial – INPI.

Segundo o INPI, o contrato de transferência de tecnologia é o ajuste em que há o comprometimento entre as partes envolvidas, formalizado em documento onde estejam explicitadas as condições econômicas da transação e os aspectos de caráter técnico.

---

[127] PINHEIRO, Patrícia Peck. O Acordo de Nível de Serviço (ANS) na Administração Pública. Disponível em: <http://www.pppadvogados.com.br/Publicacoes.aspx?v=1&nid=313>.

Nesse contexto, o art. 12 da IN prescreve que, na contratação de serviços de natureza intelectual ou estratégicos, o ente público contratante deverá estabelecer a obrigação de a contratada promover a transição contratual com transferência de tecnologia e técnicas empregadas, sem perda de informações, sendo permitido exigir, inclusive, a capacitação dos técnicos da contratante ou da nova empresa que continuará a execução dos serviços.

ARTIGO 13

> Art. 13. A Administração não se vincula às disposições contidas em Acordos e Convenções Coletivas que não tratem de matéria trabalhista, tais como as que estabeleçam valores ou índices obrigatórios de encargos sociais ou previdenciários, bem como de preços para os insumos relacionados ao exercício da atividade. (Redação dada pela Instrução Normativa nº 3, de 16 de outubro de 2009)

1. A não vinculação aos acordos e convenções coletivas que não tratem de questões trabalhistas

A vedação de fixação em editais licitatórios de percentual para encargos sociais e trabalhistas, onerando o preço dos serviços, critérios estatísticos ou faixas de variação em relação a preços de referência é uma realidade no âmbito das licitações. Reiteradamente o TCU já se posicionou no sentido de considerar ilegal a fixação de percentuais mínimos para encargos sociais, em ofensa ao disposto no inc. X do art. 40 da Lei 8.666/93, que consigna que o edital indique, obrigatoriamente, o critério de aceitabilidade dos preços unitário e global, conforme o caso, permitida a fixação de preços máximos e vedados à fixação de preços mínimos, critérios estatísticos ou faixas de variação em relação a preços de referência.

Vide, por exemplo, o Acórdão TCU nº 732/2011 - Segunda Câmara:

> 9.2. alertar à Companhia das Docas do Estado da Bahia de que foram identificadas as seguintes irregularidades no edital do Pregão Eletrônico nº 58/2010, a serem evitadas em certames futuros, sob pena de aplicação, aos responsáveis, das sanções previstas na Lei nº 8.443/92: (...) 9.2.2. fixação de percentual para encargos sociais e trabalhistas onerando o preço dos serviços, em desacordo com o art. 40, inciso X da Lei nº 8.666/93 e a jurisprudência deste Tribunal, a exemplo do Acórdão 381/2009- Plenário, entre outros.

Destarte, a fixação de percentuais mínimos de encargos sociais, além de restringir o caráter competitivo do certame, configura ingerência indevida na formação de preços das empresas participantes da licitação.

Sobre a questão, observou Gleisson Rubin:

> Somente parte dos encargos sociais possui percentual estabelecido em lei, sendo que os demais, basicamente, se constituem em provisões de valores para garantir o cumprimento dos direitos trabalhistas, caso seus fatos geradores venham a se realizar. Ademais, os encargos sociais não regulamentados são influenciados ora por dados estatísticos, pela experiência do empregador quanto à sua ocorrência, pelo número de contratos que dispõe, depreendendo-se, desta forma, que os percentuais também podem ser determinados pelo prestador de serviços, estimados em função das ocorrências verificadas na empresa e das peculiaridades da contratação. Como se vê, são muitas as variáveis e muitas as possibilidades, ficando, assim, a critério da licitante, não cabendo à Administração delimitar mínimos, mas, sim, buscar a proposta mais vantajosa e uma contratação eficiente [128].

Nesse sentido, o art. 13 da IN indica que a Administração não se vincula às disposições contidas em acordos e/ou convenções coletivas que não tratem de matéria trabalhista, tais como as que estabeleçam valores ou índices obrigatórios de encargos sociais ou previdenciários, bem como de preços para os insumos relacionados ao exercício da atividade.

Consigne-se que essa regra deverá ser interpretada no sentido de que a Administração não poderá fixar, em suas planilhas de custos e/ou editais, os limites mínimos contidos em acordos e convenções coletivas que não tratem de matéria trabalhista, posto que não se vincula a tais disposições.

Insta também registrar que o § 3º do art. 29-A da IN proíbe ingerências na formação de preços privados por meio da proibição de inserção de custos ou exigência de custos mínimos que não estejam diretamente relacionados à exequibilidade dos serviços e materiais ou decorram de encargos legais.

---

[128] RUBIN, Gleisson Cardoso. Disponível em: <http://www.sdh.gov.br/sobre/licitacoes/pdf/licitacoes-concluidas/concluida_99_decisao-de-recurso>.

ARTIGOS 14 E 15

DO PROJETO BÁSICO OU TERMO DE REFERÊNCIA

Art. 14. A contratação de prestação de serviços será sempre precedida da apresentação do Projeto Básico ou Termo de Referência, que deverá ser preferencialmente elaborado por técnico com qualificação profissional pertinente às especificidades do serviço a ser contratado, devendo o Projeto ou o Termo ser justificado e aprovado pela autoridade competente.

Art. 15. O Projeto Básico ou Termo de Referência deverá conter:

I - a justificativa da necessidade da contratação, dispondo, dentre outros, sobre:
a) motivação da contratação;
b) benefícios diretos e indiretos que resultarão da contratação;
c) conexão entre a contratação e o planejamento existente, sempre que possível; (Redação dada pela Instrução Normativa nº 3, de 16 de outubro de 2009)
d) agrupamento de itens em lotes, quando houver; (Redação dada pela Instrução Normativa nº 3, de 16 de outubro de 2009)
e) critérios ambientais adotados, se houver;
f) natureza do serviço, se continuado ou não;
g) inexigibilidade ou dispensa de licitação, se for o caso; e
h) referências a estudos preliminares, se houver.
II - o objetivo, identificando o que se pretende alcançar com a contratação;
III - o objeto da contratação, com os produtos e os resultados esperados com a execução do serviço;
IV - a descrição detalhada dos serviços a serem executados, e das metodologias de trabalho, nomeadamente a necessidade, a localidade, o horário de funcionamento e a disponibilidade orçamentária e financeira do órgão ou entidade, nos termos do art. 12 da Lei nº 8.666, de 1993, com a definição da rotina de execução, evidenciando:
a) frequência e periodicidade;
b) ordem de execução, quando couber; (Redação dada pela Instrução Normativa nº 3, de 16 de outubro de 2009)
c) procedimentos, metodologias e tecnologias a serem empregados, quando for o caso; (Redação dada pela Instrução Normativa nº 3, de 16 de outubro de 2009)
d) deveres e disciplina exigidos; e
e) demais especificações que se fizerem necessárias.
V - a justificativa da relação entre a demanda e a quantidade de serviço a ser contratada, acompanhada, no que couber, dos critérios de medição utilizados, documentos comprobatórios, fotografias e outros meios probatórios que se fizerem necessários;
VI - o modelo de ordem de serviço, sempre que houver a previsão de que as demandas contratadas ocorrerão durante a execução contratual, e que deverá conter os seguintes campos:

a) a definição e especificação dos serviços a serem realizados;
b) o volume de serviços solicitados e realizados, segundo as métricas definidas;
c) os resultados ou produtos solicitados e realizados;
d) prévia estimativa da quantidade de horas demandadas na realização da atividade designada, com a respectiva metodologia utilizada para a sua quantificação, nos casos em que a única opção viável for a remuneração de serviços por horas trabalhadas;
e) o cronograma de realização dos serviços, incluídas todas as tarefas significativas e seus respectivos prazos;
f) custos da prestação do serviço, com a respectiva metodologia utilizada para a quantificação desse valor;
g) a avaliação da qualidade dos serviços realizados e as justificativas do avaliador; e
h) a identificação dos responsáveis pela solicitação, pela avaliação da qualidade e pelo ateste dos serviços realizados, os quais não podem ter nenhum vínculo com a empresa contratada.
VII - a metodologia de avaliação da qualidade e aceite dos serviços executados;
VIII - a necessidade, quando for o caso, devidamente justificada, dos locais de execução dos serviços serem vistoriados previamente pelos licitantes, devendo tal exigência, sempre que possível, ser substituída pela divulgação de fotografias, plantas, desenhos técnicos e congêneres;
IX - o enquadramento ou não do serviço contratado como serviço comum para fins do disposto no art. 4º do Decreto 5.450, de 31 de maio de 2005;
X - a unidade de medida utilizada para o tipo de serviço a ser contratado, incluindo as métricas, metas e formas de mensuração adotadas, dispostas sempre que possível na forma de Acordo de Níveis de Serviços, conforme estabelece o inciso XVII deste artigo;
XI - o quantitativo da contratação;
XII - o custo estimado da contratação, o valor máximo global e mensal estabelecido em decorrência da identificação dos elementos que compõem o preço dos serviços, definido da seguinte forma:
a) por meio do preenchimento da planilha de custos e formação de preços, observados os custos dos itens referentes ao serviço, podendo ser motivadamente dispensada naquelas contratações em que a natureza do seu objeto torne inviável ou desnecessário o detalhamento dos custos para aferição da exequibilidade dos preços praticados; e
b) por meio de fundamentada pesquisa dos preços praticados no mercado em contratações similares; ou ainda por meio da adoção de valores constantes de indicadores setoriais, tabelas de fabricantes, valores oficiais de referência, tarifas públicas ou outros equivalentes, se for o caso.
XIII - a quantidade estimada de deslocamentos e a necessidade de hospedagem dos empregados, com as respectivas estimativas de despesa, nos casos em que a execução de serviços eventualmente venha a ocorrer em localidades distintas da sede habitual da prestação do serviço;
XIV - a produtividade de referência, quando cabível, ou seja, aquela considerada

aceitável para a execução do serviço, sendo expressa pelo quantitativo físico do serviço na unidade de medida adotada, levando-se em consideração, entre outras, as seguintes informações:

a) rotinas de execução dos serviços;

b) quantidade e qualificação da mão de obra estimada para execução dos serviços;

c) relação do material adequado para a execução dos serviços com a respectiva especificação, admitindo-se, excepcionalmente, desde que devidamente justificado, a indicação da marca nos casos em que essa exigência for imprescindível ou a padronização for necessária, recomendando-se que a indicação seja acompanhada da expressão "ou similar", sempre que possível; (Redação dada pela Instrução Normativa nº 3, de 16 de outubro de 2009)

d) relação de máquinas, equipamentos e utensílios a serem utilizados; e

e) condições do local onde o serviço será realizado.

XV - condições que possam ajudar na identificação do quantitativo de pessoal e insumos necessários à execução contratual, tais como:

a) quantitativo de usuários;

b) horário de funcionamento do órgão e horário em que deverão ser prestados os serviços;

c) restrições de área, identificando questões de segurança institucional, privacidade, segurança, medicina do trabalho, dentre outras;

d) disposições normativas internas; e

e) instalações, especificando-se a disposição de mobiliário e equipamentos, arquitetura, decoração, dentre outras.

XVI - deveres da contratada e da contratante;

XVII - o Acordo de Níveis de Serviços, sempre que possível, conforme modelo previsto no anexo II, deverá conter:

a) os procedimentos de fiscalização e de gestão da qualidade do serviço, especificando-se os indicadores e instrumentos de medição que serão adotados pelo órgão ou entidade contratante;

b) os registros, controles e informações que deverão ser prestados pela contratada; e

c) as respectivas adequações de pagamento pelo não atendimento das metas estabelecidas.

XVIII - critérios técnicos de julgamento das propostas, nas licitações do tipo técnica e preço, conforme estabelecido pelo artigo 46 da Lei nº 8.666, de 21 de junho de 1993.

1. Obrigatória a elaboração de Projeto Básico ou Termo de Referência

O art. 14 da IN preconiza que a contratação de prestação de serviços será sempre precedida da apresentação do Projeto Básico ou Termo de Referência.

Como não poderia deixar de ser, o preceptivo apenas repete as determinações previstas na Lei nº 8.666/93, com relação ao Projeto Básico, e nos Decretos nos 3.555/00 e 5.450/05, regulamentares do pregão, no que concerne ao Termo de Referência.

1.1 Projeto Básico: a determinação prevista no artigo 7º da Lei nº 8.666/93

O art. 7º da Lei nº 8.666/93 roteiriza a licitação para a execução de obras e serviços, nos casos de adoção das modalidades licitatórias nela regradas (concorrência, tomada de preços e convite), fixando, inicialmente, a seguinte sequência: projeto básico, projeto executivo e execução. Tal sequência há de ser respeitada, como prescreve o § 1º do artigo, com exceção da elaboração do projeto executivo, como ressalva o mesmo parágrafo. Ambos os projetos (básico e executivo) estão conceituados no art. 6º do mesmo diploma.

Dispõe o inc. IX do dispositivo:

> IX - Projeto Básico - conjunto de elementos necessários e suficientes, com nível de precisão adequado, para caracterizar a obra ou serviço, ou complexo de obras ou serviços objeto da licitação, elaborado com base nas indicações dos estudos técnicos preliminares, que assegurem a viabilidade técnica e o adequado tratamento do impacto ambiental do empreendimento, e que possibilite a avaliação do custo da obra e a definição dos métodos e do prazo de execução, devendo conter os seguintes elementos:
> a) desenvolvimento da solução escolhida de forma a fornecer visão global da obra e identificar todos os seus elementos constitutivos com clareza;
> b) soluções técnicas globais e localizadas, suficientemente detalhadas, de forma a minimizar a necessidade de reformulação ou de variantes durante as fases de elaboração do projeto executivo e de realização das obras e montagem;
> c) identificação dos tipos de serviços a executar e de materiais e equipamentos a incorporar à obra, bem como suas especificações que assegurem os melhores resultados para o empreendimento, sem frustrar o caráter competitivo para a sua execução;
> d) informações que possibilitem o estudo e a dedução de métodos construtivos, instalações provisórias e condições organizacionais para a obra, sem frustrar o caráter competitivo para a sua execução;
> e) subsídios para montagem do plano de licitação e gestão da obra, compreendendo a sua programação, a estratégia de suprimentos, as normas de fiscalização e outros dados necessários em cada caso;
> f) orçamento detalhado do custo global da obra, fundamentado em quantitativos de serviços e fornecimentos propriamente avaliados.

Pela definição legal, verifica-se que o projeto muito pouco possui de básico, diante do nível de detalhamento que deve conter[129]. Não obstante, é evidente que será o projeto final (executivo) que possibilitará a execução completa do objeto pretendido. Ivan Barbosa Rigolin traça ótima distinção entre ambos:

> O básico tem por objetivo permitir avaliar apenas o custo e prazo da obra ou do serviço, enquanto o executivo, detalhando e esmiuçando até onde for necessário e possível o primeiro, indicará todos os elementos indispensáveis a que o executor da obra ou do serviço possa saber o que executar: reitere-se que o projeto executivo deverá conter todos os dados de que o executor possa necessitar, dados esses cujo detalhamento final não foi necessário para que, baseado no projeto básico, o licitante pudesse tão só orçar a obra ou serviço. Orçar é possível com menos elementos e especificações; executar, entretanto, será impossível, e esta é a diferença entre ambos os tipos de projetos, que interessa conhecer[130].

1.2 Os regulamentos federais do pregão: o termo de referência

O regulamento federal do pregão presencial (Decreto n° 3.555/00) traz à baila, na hipótese de adoção da licitação na modalidade pregão, a necessidade de elaboração de um Termo de Referência, documento que conterá elementos que propiciarão a avaliação do custo pela Administração diante de orçamento detalhado, considerando os preços praticados no mercado, a definição dos métodos, a estratégia de suprimento e o prazo de execução contratual (inciso II do art. 8° do Anexo I do Decreto n° 3.555/00)[131]

---

[129] A importância do projeto básico foi enfatizada por Ary Braga Pacheco Filho: "Os números comprovam a importância do projeto básico na execução das obras públicas, uma vez que das 381 obras fiscalizadas pelo Tribunal de Contas da União em 2003, 275 apresentaram indícios de irregularidades graves, com indicativo para paralisação –, conhecidas pela sigla IGP, das quais mais de 70% de alguma forma apresentavam problemas de projeto, que incorreram em irregularidades nos procedimentos licitatórios; na ocorrência de sobrepreço; em alterações indevidas de projetos; falhas graves no aspecto ambiental; ou mesmo na superveniência de superfaturamento das obras, fatos graves que denotam a urgência de modificação nos procedimentos de avaliação de projetos vis a vis à liberação de recursos" (O projeto básico como elemento de responsabilidade na gestão pública. ILC - Informativo de Licitações e Contratos. Curitiba, n. 159).
[130] RIGOLIN. Manual prático das licitações, p. 84-85.
[131] TCU. Acórdão n° 718/2010, Primeira Câmara. Rel. Min. Augusto Nardes. (...) 6. De fato, conforme registrado pela Serur, o entendimento deste Tribunal acerca da matéria tratada nestes autos é no sentido de que, na licitação na modalidade pregão, o orçamento estimativo da contratação deverá constar obrigatoriamente do Termo de Referência, e não do edital, como determinado, ficando a critério do gestor, no caso concreto, a avaliação da oportunidade e conveniência de incluir tal Termo de Referência ou o próprio orçamento no edital ou de informar, no ato convocatório, a disponibilidade do orçamento aos interessados e os meios para obtê-lo. 7. Em vista disso, julgo acertada a proposta de se dar provimento parcial ao presente recurso, para tornar insubsistente a determinação consignada no subitem 1.6.1 do Acórdão n° 3.407/2009 - TCU - 1ª Câmara. 8. Outrossim, para que haja uniformidade entre as decisões adotadas por esta Corte, acolho a proposta de se alterar a recomendação contida no subitem 1.6.2 do aludido decisum, atribuindo-lhe a mesma redação do subitem 9.5 do Acórdão n°

Como não há previsão na Lei nº 10.520/02 do Termo de Referência, e há indicação na Lei nº 8.666/93 no sentido de elaboração de um projeto básico, caberia indagar se, no pregão, um substituiria o outro, o que determinaria a eliminação do segundo como anexo do instrumento convocatório da licitação.

Conforme informado, o termo de referência, consoante a regulamentação, deverá conter elementos que propiciem a avaliação dos custos pela Administração, diante de orçamento detalhado, considerando diversos fatores. Verifica-se, portanto, que o processo licitatório do pregão deve ser instruído com esse termo, o qual conterá informações essenciais para o correto andamento da competição.

Não nos parece, entrementes, que o termo de referência substitua o projeto básico, conforme já nos posicionamos em livro que aprecia o regulamento do pregão presencial[132]. Ao contrário, vislumbramos, pelos próprios textos dos dispositivos que delineiam a matéria em avaliação conjugada que, pelas informações que conterão, um servirá de suporte para a elaboração do outro, quando o projeto básico, em face do objeto pretendido, for necessário. Contudo, é evidente que, em certas ocasiões, o termo fará as vezes de projeto básico.

É cediço, entrementes, que o termo de referência traz em seu bojo informações simplificadas do objeto da contratação, do custo envolvido e dos métodos necessários. Já o projeto básico, quando necessário, conterá uma descrição detalhada do objeto, com todos os requisitos que a Lei nº 8.666/93 define no inciso IX do art. 6º.

É de se destacar a importância ainda maior que se deu ao orçamento com o pregão. Adriano Portella de Amorim destaca, com discernimento, que a matéria ganhou novo alento diante da busca do menor preço real por meio de lances sucessivos e decrescentes entre os licitantes, dando lugar a salutar redução dos preços que até então não existia. Claro está, por conseguinte, que deve o agente público responsável preocupar-se sobremaneira, no pregão, com o levantamento de preço do objeto pretendido, munindo-se de planilhas e gráficos precisos, uma vez que será com base nesse orçamento que o julgador do certame (que, mais à frente, se verá que receberá a denominação de pregoeiro) decidirá.

394/2009 - TCU - Plenário, alterado pelo Acórdão nº 1.789/2009 - TCU - Plenário, ante o entendimento de que a obrigatoriedade de inclusão do valor estimado da contratação no processo administrativo que fundamenta a licitação em planilhas ou preços unitários 'deve ser observada após a fase de lances, sob pena de tornar inócua a desnecessidade de constar do edital, além de, por se tratar de pregão eletrônico, potencialmente ferir o princípio da isonomia, diante da possibilidade de acesso ao processo administrativo por licitante presente no mesmo local do órgão, ao contrário de licitantes localizados em outras cidades' (...).

132 Cf. BITTENCOURT. Pregão Presencial. Ed. Fórum.

Nesse particular tem razão Adriano Portella de Amorim, ao afirmar que o pregão está alinhado com a moderna postura da Administração Pública perante si própria, o empresariado e o interesse público em geral, já que, utilizando-se da modalidade, pode o agente público responsável adquirir e contratar uma diversidade de bens e serviços sem a preocupação de extrapolar a modalidade de licitação ou de fracionar a despesa, posto não haver valor mínimo ou máximo delimitador:

> O orçamento adquire novo valor. É a ferramenta fundamental do pregoeiro no desiderato do pregão: a obtenção de uma proposta efetivamente justa e vantajosa. Avaliar o bem a ser adquirido ou o serviço a ser contratado deixou de ser tarefa meramente formal para constituir-se na mais sensível fase interna da licitação. Não basta, portanto, ter receita e dar andamento à aquisição ou à contratação. É imprescindível conhecer profundamente o objeto a ser licitado e obter seu real valor de mercado, comparando-o com seus semelhantes ou equivalentes, a fim de que, na sessão pública, possa o pregoeiro ter embasamento suficiente para rechaçar preços altos ou inexequíveis, obtendo, em consequência, a melhor oferta para a Administração. É de valia registrar que o orçamento bem feito da despesa, além de melhor subsidiar o trabalho do pregoeiro, funciona como defesa do erário e possibilita, com o saldo da economia obtida, novos investimentos para o ente realizador do certame[133].

Ainda sobre o termo de referência, se indaga se o mesmo deve fazer parte do instrumento convocatório como anexo, uma vez que não há determinação expressa no regulamento.

Considerando o exposto sobre o termo de referência, traçando um paralelo com o que preconiza o § 2º do art. 40 da Lei nº 8.666/93 (que dispõe que o projeto básico constitui anexo obrigatório do edital), não há dúvidas de que a resposta é afirmativa.

Sobre a matéria, bem ponderou Paulo Sérgio de Monteiro Reis:

> No caso do projeto básico, objetivou o legislador tornar obrigatório à Administração que dê conhecimento pleno aos interessados das condições fundamentais do objeto da licitação e do quanto ela pretende gastar para obtê-lo. No termo de referência a regra é a mesma e o objetivo, por via de consequência, absolutamente igual. Vários são os princípios aí envolvidos: o da transparência, o da publicidade, o da igualdade, o da moralidade, o da

---

[133] AMORIM. O valor do orçamento no pregão. Correio Braziliense, 18 jun. 2001. Caderno Direito e Justiça, p. 2.

vinculação do edital, entre outros. O fundamental é que as regras estejam formalmente estabelecidas e que todos tenham conhecimento amplo das mesmas, para que efetivamente a disputa fique adstrita à seleção daquele que oferecer a melhor proposta, a proposta mais adequada à satisfação do interesse público[134].

2. Elaboração do Projeto Básico ou do Termo de Referência

Extrai-se, de tudo que foi exposto nos itens anteriores, que o projeto básico e o termo de referência são de fundamental importância nas licitações de serviços (assim como, evidentemente, nos certames para a contratação de obras).

Sobre a importância do termo de referência, traz-se à baila Acórdão do TCU:

> 131. O projeto básico ou termo de referência dotam o processo licitatório de maior transparência e dão mais segurança ao gestor de que está contratando o produto conforme necessita, além de permitir que o licitante tenha informações e elementos necessários à boa elaboração das propostas. (...) Assim, a ausência ou fragilidades nesses procedimentos pode prejudicar o processo licitatório. (Acórdão 768/2013 – Plenário)

Na medida em que esses instrumentos servirão de parâmetro para a confecção do edital, e a definição dos critérios de julgamento das propostas e dos requisitos de habilitação influenciando todas as demais fases do processo, é incontroverso que a Administração necessita guardar total cautela na confecção de um ou de outro.

Nesse cenário, é facilmente constatável que a elaboração desses documentos constitui trabalho complexo, sendo recomendável, como observa Jair Eduardo Santana, que sejam produzidos por uma equipe multidisciplinar:

> É que, pela própria característica do documento, que deve conter informações variadas do objeto, não nos parece recomendável determinar a uma única pessoa a confecção do termo de referência. Se ele fosse delegado ao setor requisitante, o responsável poderia se deparar com dificuldade na elaboração de determinados assuntos, como, por exemplo, definir deveres e obrigações do contratado. Até mesmo especificações técnicas do objeto podem ser difíceis para o órgão requisitante, em determinadas situações. (...) A depender do grau de complexidade da aquisição, poderá ainda haver licitação para contratar empresa que elabore o termo de referência. A modalidade licitatória a ser eleita passará pelo crivo de se analisar o

---

[134] REIS, Paulo Sérgio de Monteiro. Termo de Referência no Pregão. ILC - INFORMATIVO DE LICITAÇÕES E CONTRATOS, Abril/2004. Zênite.

potencial universo de interessados, podendo desaguar, inclusive, numa contratação direta, se houver o enquadramento nas permissões legais[135].

Nesse contexto, o art. 14 da IN consigna que o projeto básico ou o termo de referência deverão, preferencialmente, ser elaborados por técnicos com qualificação profissional pertinente às especificidades do serviço a ser contratado[136], sendo os documentos aprovados pelas autoridades competentes.[137, 138]

Grife-se que, avaliando a questão da revisão de projeto básico que transfigure o objeto originalmente contratado, sumulou o TCU:

> **SÚMULA N° 261** - Em licitações de obras e serviços de engenharia é necessária a elaboração de projeto básico adequado e atualizado, assim considerado aquele aprovado com todos os elementos descritos no art. 6°, inciso IX, da Lei n° 8.666, de 21 de junho de 1993, constituindo prática ilegal a revisão de projeto básico ou a elaboração de projeto executivo que transfigurem o objeto originalmente contratado em outro de natureza e propósito diversos.

3. Itens do Projeto Básico ou do Termo de Referência

É mais do que claro que a elaboração do projeto básico ou do termo de referência é tarefa que requer planejamento. Quanto mais complexo for o objeto da licitação, mais tempo dever-se-á dedicar a essa etapa.

Georgeanne Botelho, com propriedade, leciona que, antes do início do processo de elaboração do documento, é necessário identificar todos os elementos do problema que se espera resolver com a contratação, que podem ser, como bem enumera, alguns ou todos a seguir, de modo que seja traçado um cenário da execução contratual e traduzido o que e como se deseja a contratação: Qual o tempo disponível para a execução do trabalho? Quais os limites de tempo? Quais as restrições de conhecimento? Quem poderá fornecer informações sobre o objeto da contratação? Como assegurar que as

---
135 SANTANA, Jair Eduardo. Pregão Presencial e Eletrônico: manual de implantação, operacionalização e controle. 2. ed., Belo Horizonte: Fórum, 2008, p. 173-174.
136 Com desalento, Georgeanne Lima Gomes Botelho comenta a maneira que, na prática, a Administração trata o Termo de Referência: "(...) a realidade que nos circunda no Poder Público é de que a grande maioria dos servidores ou das áreas que elaboram as solicitações de compras e serviços desvaloriza a importância do Termo de Referência, fazendo requisições genéricas e superficiais aos setores de licitações ou, ainda, copiam manuais de determinados produtos para orientar as aquisições. Consequentemente, as responsabilidades pelas aquisições e contratações são deixadas a cargo dos pregoeiros e demais membros da equipe de apoio". (*Elaboração de Termo de Referência*, Disponível em: http://www7.tjce.jus.br/portal-conhecimento/wp-content/uploads/2013/11/Elaboracao_de_Termo_de_Referencia.pdf>.
137 Lei n° 8.666/93: Art. 2o As obras e os serviços somente poderão ser licitados quando: I - houver projeto básico aprovado pela autoridade competente e disponível para exame dos interessados em participar do processo licitatório.
138 Decreto n° 5.450/05: Art. 9o Na fase preparatória do pregão, na forma eletrônica, será observado o seguinte: (...) II - aprovação do termo de referência pela autoridade competente.

especificações do objeto e as condições estabelecidas no documento para a execução do contrato vão resultar em uma boa contratação? Como estimar o custo da contratação? Como regulamentar os casos de inadimplemento contratual? Quais as obrigações das partes? Como deve ser o recebimento do objeto? Quais os testes de funcionamento que devem ser propostos? Como fiscalizar a execução do contrato?[139]

Nesse diapasão, o art. 15 da IN empenha-se em relacionar os elementos que deverão compor obrigatoriamente os documentos. Obviamente, outros itens poderão ser inseridos, dependendo do objeto pretendido. Não por outra razão que Jair Santana considera o preceptivo como de "conhecimento mínimo".

Assim, atendendo as regras ditadas pelos normativos antes mencionados, reza o dispositivo que tanto o Projeto Básico quanto o Termo de Referência deverão conter:

a) a justificativa da necessidade da contratação, dispondo, dentre outros fatores, sobre: a motivação da contratação; os benefícios diretos e indiretos que dela resultarão; a conexão entre a contratação e o planejamento existente, sempre que possível; o agrupamento de itens em lotes, quando for possível; os critérios ambientais adotados, caso haja necessidade; a natureza do serviço, se continuado ou não; o enquadramento em inexigibilidade ou dispensa de licitação, se for o caso; e as referências a estudos preliminares, caso existam.

b) o objetivo, identificando o que se pretende alcançar com a contratação;

c) o objeto da contratação, com os produtos e os resultados esperados com a execução do serviço;

d) a descrição detalhada dos serviços a serem executados, e das metodologias de trabalho, nomeadamente a necessidade, a localidade, o horário de funcionamento e a disponibilidade orçamentária e financeira do órgão ou entidade, nos termos do art. 12 da Lei nº 8.666/93 [140], com a definição da rotina de execução, evidenciando: frequência e periodicidade; a ordem de execução, quando couber; os procedimentos, metodologias e tecnologias a serem

---

[139] BOTELHO, Georgeanne Lima Gomes. Elaboração de Termo de Referência. Disponível em: http://www7.tjce.jus.br/portal-conhecimento/wp-content/uploads/2013/11/Elaboracao_de_Termo_de_Referencia.pdf>.

[140] Art. 12. Nos projetos básicos e projetos executivos de obras e serviços serão considerados principalmente os seguintes requisitos:
I - segurança;
II - funcionalidade e adequação ao interesse público;
III - economia na execução, conservação e operação;
IV - possibilidade de emprego de mão de obra, materiais, tecnologia e matérias-primas existentes no local para execução, conservação e operação;
V - facilidade na execução, conservação e operação, sem prejuízo da durabilidade da obra ou do serviço;
VI - adoção das normas técnicas, de saúde e de segurança do trabalho adequadas;
VII - impacto ambiental.

empregadas, quando for o caso; os deveres e disciplina exigidos; e as demais especificações que se fizerem necessárias;

e) a justificativa da relação entre a demanda e a quantidade de serviço a ser contratada, acompanhada, no que couber, dos critérios de medição utilizados, documentos comprobatórios, fotografias e outros meios probatórios que se fizerem necessários;

f) o modelo de ordem de serviço, sempre que houver a previsão de que as demandas contratadas ocorrerão durante a execução contratual, e que deverá conter os seguintes campos: a definição e especificação dos serviços a serem realizados; o volume de serviços solicitados e realizados, segundo as métricas definidas; os resultados ou produtos solicitados e realizados; a prévia estimativa da quantidade de horas demandadas na realização da atividade designada, com a respectiva metodologia utilizada para a sua quantificação, nos casos em que a única opção viável for a remuneração de serviços por horas trabalhadas; o cronograma de realização dos serviços, inclusas todas as tarefas significativas e seus respectivos prazos; os custos da prestação do serviço, com a respectiva metodologia utilizada para a quantificação desse valor; a avaliação da qualidade dos serviços realizados e as justificativas do avaliador; e a identificação dos responsáveis pela solicitação, pela avaliação da qualidade e pelo ateste dos serviços realizados, os quais não podem ter nenhum vínculo com a empresa contratada;

g) a metodologia de avaliação da qualidade e aceite dos serviços executados;

h) a necessidade, quando for o caso, devidamente justificada, dos locais de execução dos serviços a serem vistoriados previamente pelos licitantes, devendo tal exigência, sempre que possível, ser substituída pela divulgação de fotografias, plantas, desenhos técnicos e congêneres;

i) o enquadramento ou não do serviço contratado como serviço comum para fins do disposto no art. 4º do Decreto 5.450/05[141];

j) a unidade de medida utilizada para o tipo de serviço a ser contratado, incluindo as métricas, metas e formas de mensuração adotadas, dispostas, sempre que possível, na forma de Acordo de Níveis de Serviços - ANS, o qual, sempre que possível, conforme modelo previsto no anexo II da IN, deverá conter: os procedimentos de fiscalização e de gestão da qualidade do serviço, especificando-se os indicadores e instrumentos de medição que serão adotados

---

[141] Art. 4o. Nas licitações para aquisição de bens e serviços comuns será obrigatória a modalidade pregão, sendo preferencial a utilização da sua forma eletrônica.

§ 1º O pregão deve ser utilizado na forma eletrônica, salvo nos casos de comprovada inviabilidade, a ser justificada pela autoridade competente.

§ 2º Na hipótese de aquisições por dispensa de licitação, fundamentadas no inciso II do art. 24 da Lei no 8.666, de 21 de junho de 1993, as unidades gestoras integrantes do SISG deverão adotar, preferencialmente, o sistema de cotação eletrônica, conforme disposto na legislação vigente.

pelo órgão ou entidade contratante; os registros, controles e informações que deverão ser prestados pela contratada; e as respectivas adequações de pagamento pelo não atendimento das metas estabelecidas;

k) o quantitativo da contratação;

l) o custo estimado da contratação, o valor máximo global e mensal estabelecido em decorrência da identificação dos elementos que compõem o preço dos serviços, definido por meio:

> (I) do preenchimento da planilha de custos e formação de preços, observados os custos dos itens referentes ao serviço, podendo ser motivadamente dispensada naquelas contratações em que a natureza do seu objeto torne inviável ou desnecessário o detalhamento dos custos para aferição da exequibilidade dos preços praticados;
> (II) de fundamentada pesquisa dos preços praticados no mercado em contratações similares[142]; ou
> (III) da adoção de valores constantes de indicadores setoriais, tabelas de fabricantes, valores oficiais de referência, tarifas públicas ou outros equivalentes, se for o caso;

Vide que as duas últimas hipóteses de pesquisa de preços estão intimamente ligadas aos contratos de prestação de serviços contínuos sem dedicação exclusiva de mão de obra. A própria alínea "a" do inc. XII esclarece que a elaboração da planilha de custos e formação de preços será dispensada naquelas situações em que, motivadamente, "a natureza do seu objeto torne inviável ou desnecessário o detalhamento dos custos para aferição da exequibilidade dos preços praticados".

É o que conclui, com proficiência, a Consultoria Zênite:

> À luz desse contexto, na prestação de serviços contínuos sem dedicação de mão de obra em regime de exclusividade, em que ocorre o compartilhamento dos custos da estrutura da contratada entre seus diversos contratantes (para os quais atuam seus empregados), em princípio torna-se inviável o detalhamento preciso da formação do preço por meio da planilha de custos e formação de preços, ao menos na forma prevista no Anexo III da IN nº 2/08. Por conta disso, nos contratos em que a execução ocorre sem dedicação

---

142 Sobre a pesquisa de preços, visando a facilitação, a SLTI disponibilizou no Portal de Compras Governamentais uma versão atualizada do Caderno de Logística de Pesquisa de Preços, com as alterações promovidas pela Instrução Normativa nº 7, de 29 de agosto de 2014, que altera a Instrução Normativa nº 5, de 27 de junho de 2014, que regulamenta os procedimentos administrativos básicos para realização de pesquisa de preços. Trata-se de um Guia de Orientação aos Gestores Públicos acerca dos aspectos gerais que envolvem os procedimentos administrativos básicos para a realização de pesquisa de preços para a aquisição de bens e contratação de serviços em geral, nos termos Instrução Normativa nº 5, de 2014 – SLTI/MP. Disponível em: <http://www.comprasgovernamentais.gov.br/arquivos/caderno/pesquisa_precos-02-09.pdf>.

exclusiva de mão de obra, a rigor não há meios de estabelecer uma relação direta entre o custo da mão de obra e a formação do preço que determinará o valor a ser pago pela contratante[143].

m) a quantidade estimada de deslocamentos e a necessidade de hospedagem dos empregados, com as respectivas estimativas de despesa, nos casos em que a execução de serviços eventualmente venha a ocorrer em localidades distintas da sede habitual da prestação do serviço;

n) a produtividade de referência, quando cabível, ou seja, aquela considerada aceitável para a execução do serviço, sendo expressa pelo quantitativo físico do serviço na unidade de medida adotada, levando-se em consideração, entre outras, as seguintes informações: rotinas de execução dos serviços; quantidade e qualificação da mão de obra estimada para execução dos serviços; relação do material adequado para a execução dos serviços com a respectiva especificação, admitindo-se, excepcionalmente, desde que devidamente justificado, a indicação da marca nos casos em que essa exigência for imprescindível ou a padronização for necessária, recomendando-se que a indicação seja acompanhada da expressão "ou similar" sempre que possível; relação de máquinas, equipamentos e utensílios a serem utilizados; e condições do local onde o serviço será realizado;

o) condições que possam ajudar na identificação do quantitativo de pessoal e insumos necessários à execução contratual, tais como: quantitativo de usuários; horário de funcionamento do órgão e horário em que deverão ser prestados os serviços; restrições de área, identificando questões de segurança institucional, privacidade, segurança, medicina do trabalho, dentre outras; disposições normativas internas; e instalações, especificando a disposição de mobiliário e equipamentos, arquitetura, decoração, dentre outras;

p) os deveres da contratada e da contratante; e

q) os critérios técnicos de julgamento das propostas nas licitações do tipo técnica e preço, conforme estabelecido pelo artigo 46 da Lei nº 8.666/93 [144].

Alguns itens se definem por si só, outros, entrementes, são merecedores de comentários.

---

[143] Planilha de custos - Serviços contínuos - Sem dedicação exclusiva de mão de obra - Elaboração - Adoção da convenção coletiva aplicável ao município - Possibilidade. Revista Zênite - Informativo de Licitações e Contratos (ILC). Curitiba: Zênite, n. 238, p. 1266, dez. 2013.

[144] Art. 46. Os tipos de licitação "melhor técnica" ou "técnica e preço" serão utilizados exclusivamente para serviços de natureza predominantemente intelectual, em especial na elaboração de projetos, cálculos, fiscalização, supervisão e gerenciamento e de engenharia consultiva em geral e, em particular, para a elaboração de estudos técnicos preliminares e projetos básicos e executivos, ressalvado o disposto no § 4o do artigo anterior.

§ 1º Nas licitações do tipo "melhor técnica" será adotado o seguinte procedimento claramente explicitado no instrumento convocatório, o qual fixará o preço máximo que a Administração se propõe a pagar:

3.1 Os critérios ambientais adotados como uma das justificativas da necessidade da contratação

No que concerne à realização de licitações, a CF prevê isonomia entre os concorrentes, vedadas as exigências que venham comprometer o caráter isonômico da licitação.

> Art. 37. (...) XXI - ressalvados os casos especificados na legislação, as obras, serviços, compras e alienações serão contratados mediante processo de licitação pública que assegure igualdade de condições a todos os concorrentes, com cláusulas que estabeleçam obrigações de pagamento, mantidas as condições efetivas da proposta, nos termos da lei, o qual somente permitirá as exigências de qualificação técnica e econômica indispensáveis à garantia do cumprimento das obrigações.

Por sua vez, o art. 170, VI, com redação dada pela Emenda Constitucional nº 42/03, preconiza que a ordem econômica deverá observar a defesa do meio ambiente, inclusive mediante tratamento diferenciado, conforme o impacto ambiental dos produtos e serviços e de seus processos de elaboração e prestação.

> Art. 170. A ordem econômica, fundada na valorização do trabalho humano e na livre iniciativa, tem por fim assegurar a todos existência digna, conforme os ditames da justiça social, observados os seguintes princípios:

I - serão abertos os envelopes contendo as propostas técnicas exclusivamente dos licitantes previamente qualificados e feita então a avaliação e classificação destas propostas, de acordo com os critérios pertinentes e adequados ao objeto licitado, definidos com clareza e objetividade no instrumento convocatório e que considerem a capacitação e a experiência do proponente, a qualidade técnica da proposta, compreendendo metodologia, organização, tecnologias e recursos materiais a serem utilizados nos trabalhos, e a qualificação das equipes técnicas a serem mobilizadas para a sua execução;
II - uma vez classificadas as propostas técnicas, proceder-se-á à abertura das propostas de preço dos licitantes que tenham atingido a valorização mínima estabelecida no instrumento convocatório e à negociação das condições propostas, com a proponente melhor classificada, com base nos orçamentos detalhados apresentados e respectivos preços unitários e tendo como referência o limite representado pela proposta de menor preço entre os licitantes que obtiveram a valorização mínima;
III - no caso de impasse na negociação anterior, procedimento idêntico será adotado, sucessivamente, com os demais proponentes, pela ordem de classificação, até a consecução, de acordo para a contratação;
IV - as propostas de preços serão devolvidas intactas aos licitantes que não forem preliminarmente habilitados ou que não obtiverem a valorização mínima estabelecida para a proposta técnica.
§ 2º Nas licitações do tipo "técnica e preço" será adotado, adicionalmente ao inciso I do parágrafo anterior, o seguinte procedimento claramente explicitado no instrumento convocatório:
I - será feita a avaliação e a valorização das propostas de preços, de acordo com critérios objetivos preestabelecidos no instrumento convocatório;
II - a classificação dos proponentes far-se-á de acordo com a média ponderada das valorizações das propostas técnicas e de preço, de acordo com os pesos preestabelecidos no instrumento convocatório.
§ 3o Excepcionalmente, os tipos de licitação previstos neste artigo poderão ser adotados, por autorização expressa e mediante justificativa circunstanciada da maior autoridade da Administração promotora constante do ato convocatório, para fornecimento de bens e execução de obras ou prestação de serviços de grande vulto majoritariamente dependentes de tecnologia nitidamente sofisticada e de domínio restrito, atestado por autoridades técnicas de reconhecida qualificação, nos casos em que o objeto pretendido admitir soluções alternativas e variações de execução, com repercussões significativas sobre sua qualidade, produtividade, rendimento e durabilidade concretamente mensuráveis, e estas puderem ser adotadas à livre escolha dos licitantes, na conformidade dos critérios objetivamente fixados no ato convocatório.

> VI - defesa do meio ambiente, inclusive mediante tratamento diferenciado, conforme o impacto ambiental dos produtos e serviços e de seus processos de elaboração e prestação.

O art. 23, VI, determina que é de competência dos entes federativos a proteção do meio ambiente:

> Art. 23. É competência comum da União, dos Estados, do Distrito Federal e dos Municípios:
> (...)
> VI - proteger o meio ambiente e combater a poluição em qualquer de suas formas.

O *caput* do art. 225 impõe ao Poder Público o dever de defender e preservar o meio ambiente para as gerações presentes e futuras.

> Art. 225. Todos têm direito ao meio ambiente ecologicamente equilibrado, bem de uso comum do povo e essencial à sadia qualidade de vida, impondo-se ao Poder Público e à coletividade o dever de defendê-lo e preservá-lo para a presente e futuras gerações.

Vê-se, portanto, que a CF possui, dentre os princípios que regem a atividade econômica, a defesa do meio ambiente e a livre concorrência, denotando, por conseguinte, a preocupação com o desenvolvimento sustentável.

Em outras palavras, o desenvolvimento sustentável tem sede constitucional e está previsto, inclusive, como dever da União e de todos aqueles que exercem atividade econômica.

Em função das determinações constitucionais relacionadas, é possível afirmar que o Poder Público, quando da realização de contratações, deverá buscar selecionar bens, serviços e obras que atendam a critérios de desenvolvimento sustentável, sem, todavia, estabelecer condições que comprometam o tratamento isonômico nas competições.

A mudança de paradigma é flagrante, uma vez que, como assevera Juarez de Freitas, o sistema de avaliação de custos, sob pena de violação ao princípio constitucional, necessita ser reformulado, com a inserção dos custos indiretos, hoje seriamente negligenciados, com a intenção de estimar os dispêndios futuros a serem efetuados em função dos previsíveis impactos sistêmicos das decisões administrativas tomadas.

> Ou seja, antes de licitar, não se podem mais ignorar, candidamente, os custos ambientais, sociais e econômicos de cada escolha administrativa. Afinal,

a má licitação quase sempre começa antes da abertura do procedimento licitatório (...). Nessa prospecção, o gestor público responsável não pode mais realizar juízos adstritos ao imediato ou à pressão empobrecedora do curto prazo, típico comportamento daqueles que não apenas desprezam os princípios como se alienam a interesses secundários[145].

No mesmo prisma, as sensatas ponderações de Flávio Amaral Garcia e Leonardo Coelho Ribeiro:

> A inclusão de critérios de sustentabilidade ambiental em licitações públicas é um primeiro e importante passo que permite dar força à ideia de desenvolvimento sustentável, mudando os paradigmas de consumo pelos órgãos e entidades públicas, o que tem um importante efeito prático na forma como se comportam os agentes econômicos no país. As contratações sustentáveis, nesse particular, situam-se no contexto do que se chamou de "função regulatória da licitação", já que se propõem à concretização de outro valor constitucional[146].

3.1.1 As normas de compras sustentáveis no Brasil

A princípio, como dispunha o texto original da Lei nº 8.666/93, a licitação constituía o procedimento administrativo pelo qual a Administração Pública, no exercício da sua função administrativa, abria aos interessados a possibilidade de apresentação de propostas, dentre as quais selecionaria a mais vantajosa para a celebração de um contrato. O objetivo da licitação se cingia, portanto, ao tratamento isonômico dos interessados a contratar com a Administração e à obtenção da proposta mais vantajosa.

Em alteração textual ocorrida em 2010, considerando a deliberação ocorrida no Congresso Nacional referente ao projeto de lei de conversão da Medida Provisória nº 495/10, foi inserida uma importante modificação nessa seara: a inserção, como novo objetivo, do desenvolvimento nacional sustentável.

> A Exposição de Motivos (EM) Interministerial nº 104/MPOG/MF/MEC/MCT, de 18 de junho de 2010, apresentava as razões que ensejaram a alteração da Lei nº 8.666/93: (...) "2. Com referência às modificações propostas na Lei nº 8.666/93, é importante ressaltar que a mesma contempla diretrizes singulares para balizar os processos de licitação e contratação de bens e serviços no âmbito da Administração Pública. A norma consubstancia,

---

[145] FREITAS, Juarez. Licitações e sustentabilidade: ponderação obrigatória dos custos e benefícios sociais, ambientais e econômicos. Interesse Público – IP, Belo Horizonte, ano 13, n. 70, p. 1537, nov./dez. 2011.
[146] GARCIA, Flávio Amaral; RIBEIRO, Leonardo Coelho. Licitações públicas sustentáveis. Revista de Direito Administrativo - RDA, Rio de Janeiro, v. 260, p. 231-254, mai./ago. 2012.

portanto, dispositivos que visam conferir, sobretudo, lisura e economicidade às aquisições governamentais. Os procedimentos assim delineados são embasados em parâmetros de eficiência, eficácia e competitividade, em estrita consonância aos princípios fundamentais que regem a ação do setor público. 3. Paralelamente, impõe-se a necessidade de adoção de medidas que agreguem ao perfil de demanda do setor público diretrizes claras atinentes ao papel do Estado na promoção do desenvolvimento econômico e fortalecimento de cadeias produtivas de bens e serviços domésticos. Nesse contexto, torna-se particularmente relevante a atuação privilegiada do setor público com vistas à instituição de incentivos à pesquisa e à inovação que, reconhecidamente, consubstanciam poderoso efeito indutor ao desenvolvimento do país. 4. Com efeito, observa-se que a orientação do poder de compra do Estado para estimular a produção doméstica de bens e serviços constitui importante diretriz de política pública. (...) 6. A modificação do *caput* do artigo 3º visa agregar às finalidades das licitações públicas o desenvolvimento econômico nacional. Com efeito, a medida consigna em lei a relevância do poder de compra governamental como instrumento de promoção do mercado interno, considerando-se o potencial de demanda de bens e serviços domésticos do setor público, o correlato efeito multiplicador sobre o nível de atividade, a geração de emprego e renda e, por conseguinte, o desenvolvimento do país. *É importante notar que a proposição fundamenta-se nos seguintes dispositivos da Constituição Federal de 1988: (i) inciso II do artigo 3º, que inclui o desenvolvimento nacional como um dos objetivos fundamentais da República Federativa do Brasil;* (ii) incisos I e VIII do artigo 170, atinentes à organização da ordem econômica nacional, que deve observar, entre outros princípios, a soberania nacional e a busca do pleno emprego; (iii) artigo 174, que dispõe sobre as funções a serem exercidas pelo Estado, como agente normativo e regulador da atividade econômica; e (iv) artigo 219, que trata de incentivos ao mercado interno, de forma a viabilizar o desenvolvimento cultural e socioeconômico, o bem-estar da população e a autonomia tecnológica do país.

Observe-se que, durante a tramitação da MP nº 495/10, o Congresso Nacional adicionou a expressão "sustentável" ao corpo da nova redação conferida ao art. 3º da Lei nº 8.666/93, pois a EM, ao referir-se à ordem econômica nacional, não mencionou o inc. VI do art. 170 da CF, que versa sobre a defesa do meio ambiente, o que explica por que a alteração pretendida pela MP restringia-se à inserção da expressão "promoção do desenvolvimento nacional".

Com essa providência, a licitação, que se estabelecera como mero mecanismo de contratação pública, passou a ser adotada como ferramenta de alavancagem do desenvolvimento sustentável. E mais: institui-se nesse momento o marco legal das licitações sustentáveis no país.[147, 148]

Destarte, com a mencionada alteração da Lei nº 8.666/93, os objetivos da licitação passaram a ser:

a) propiciar oportunidades iguais a todos que desejarem contratar com a Administração Pública (isonomia), desde que, comprovadamente, possuam qualificação – de ordem jurídica, técnica, econômico-financeira e fiscal – para realizar o objeto pretendido pela Administração;

b) selecionar a proposta mais vantajosa para a Administração Pública; e

c) promover o desenvolvimento nacional sustentável.

É o que dispõe o art. 3º, com redação dada pela Lei nº 12.349, de 15 de dezembro de 2010:

> Art. 3º. A licitação destina-se a garantir a observância do princípio constitucional da isonomia, a seleção da proposta mais vantajosa para a administração e a promoção do desenvolvimento nacional sustentável, e será processada e julgada em estrita conformidade com os princípios básicos da legalidade, da impessoalidade, da moralidade, da igualdade, da publicidade, da probidade administrativa, da vinculação ao instrumento convocatório, do julgamento objetivo e dos que lhes são correlatos.

Dessa forma, a concepção das contratações públicas sustentáveis restou inserida de forma expressa na legislação pátria.

Essa nova faceta implicou na edição de normas que visem a implementação das chamadas licitações sustentáveis, advindo daí contratos administrativos com cláusulas de sustentabilidade.

Em rápida síntese, licitações sustentáveis são certames públicos que exigem das contratadas o atendimento de critérios ambientais, sociais e econômicos, tendo como fim o desenvolvimento da sociedade em seu sentido amplo e a preservação de um meio ambiente equilibrado. Portanto, baseiam-se na premissa de que o comprador público deve adotar o certame não só como ferramenta de compra do melhor produto/serviço pelo menor preço, mas também para fazer valer a obrigação constitucional do Poder Público garantir um meio ambiente equilibrado (art. 225 da CF).

Ressalta-se que, antes mesmo da inserção do novo objetivo licitatório, o Ministério do Planejamento, através de sua Secretaria de Logística e Tecnologia da Informação do Ministério do Planejamento, Orçamento e Gestão (SLTI),

---

[147] Evidentemente, como já sustentado, os art. 23, VI, 170, VI e 225 da Constituição Federal já autorizavam a realização de licitações sustentáveis.
[148] Sobre o tema, vide o nosso Licitações Sustentáveis – O uso do poder de compra do Estado fomentando o desenvolvimento nacional sustentável. Ed. Del Rey, 2014.

numa iniciativa precursora – certamente respaldada nas regras constitucionais mencionadas –, publicou a Instrução Normativa nº 1, de 19 de janeiro de 2010, dispondo sobre os critérios de sustentabilidade na aquisição de bens, contratação de serviços ou obras pela Administração Pública Federal direta, autárquica e fundacional. Prudentemente, apesar de informar que os instrumentos convocatórios das licitações (editais e convites) deveriam conter exigências nesse sentido, a Instrução ressalva que as imposições jamais poderão frustrar a competitividade inerente ao procedimento licitatório[149].

Evidentemente, não obstante os claros sinais de que a conduta é de todo benéfica, muitos serão os desafios para a implementação da licitação sustentável no Brasil. Um deles é o convencimento dos tomadores de decisão da importância e dos impactos positivos que essas ações podem trazer. E, nesse diapasão, a adoção de políticas públicas e normas se colocam como questão fundamental para a criação de um ambiente propício para tais ações[150]. Nesse contexto, em 2012, ao comemorar o Dia Mundial do Meio Ambiente, celebrado no dia 5 de junho, a presidente da República Dilma Rousseff assinou uma série de documentos com medidas voltadas para o desenvolvimento de políticas de sustentabilidade no Brasil. Dentre elas destaca-se o Decreto nº 7.746/12, que regulamenta o art. 3º da Lei nº 8.666/93, para estabelecer critérios, práticas e diretrizes para a promoção do desenvolvimento nacional sustentável nas contratações realizadas pela Administração Pública Federal, e institui a Comissão Interministerial de Sustentabilidade na Administração Pública – CISAP, consolidando e ampliando o Programa de Contratações Sustentáveis do Ministério do Planejamento, Orçamento e Gestão – MPOG.

Ao justificar as medidas, a presidente distinguiu a prioridade da compra de produtos sustentáveis:

> Além disso, o governo define uma política muito concreta, no que se refere às suas compras governamentais, ao definir em decreto a prioridade para compras do Estado brasileiro, que tem um poder significativo no que se refere a todas as cadeias produtivas. E isso nós fazemos para fortalecer essas cadeias produtivas comprometidas com a preservação, a chamada economia verde inclusiva, e, ao mesmo tempo, estimulando o mercado de bens e serviços ambientais. Ao fazer

---

149 O inc. I, do § 1º, do art. 3º da Lei nº 8.666/93 veda a admissão, previsão, inclusão ou tolerância, nos atos licitatórios, de cláusulas ou condições que comprometam, restrinjam ou frustrem o caráter competitivo do certame e estabeleçam preferências ou distinções em razão da naturalidade, da sede ou do domicílio dos licitantes ou de qualquer outra circunstância impertinente ou irrelevante para o específico objeto do contrato, ressalvado o disposto nos §§ 5º a 12 do próprio art. 3º e no art. 3º da Lei nº 8.248/91. O art. 30, § 5º, do mesmo diploma, por sua vez, proíbe a exigência de comprovação de atividade ou de aptidão com limitações de tempo ou de época, ou ainda em locais específicos, ou quaisquer outras não previstas nessa Lei, que inibam a participação na licitação.
150 BETIOL. Licitações sustentáveis: o poder de compra do governo em prol da sustentabilidade.

isso, sinalizamos a importância que economicamente o meio ambiente tem para o governo federal no que se refere ao fornecimento de bens e serviços.[151,152]

Curiosamente, a nova regulamentação não impôs a adoção de licitações sustentáveis, uma vez que estabelece que os órgãos e entidades da Administração federal direta, autárquica e fundacional "poderão" adquirir bens e contratar serviços e obras considerando critérios e práticas de sustentabilidade, que deverão estar justificados e estabelecidos no edital licitatório.

>Art. 2º. A administração pública federal direta, autárquica e fundacional e as empresas estatais dependentes **poderão** adquirir bens e contratar serviços e obras considerando critérios e práticas de sustentabilidade objetivamente definidos no instrumento convocatório, conforme o disposto neste Decreto.
>Parágrafo Único. A adoção de critérios e práticas de sustentabilidade deverá ser justificada nos autos e preservar o caráter competitivo do certame.

Mas determinou, para tal, a necessidade de elaboração e implementação de Planos de Gestão de Logística Sustentável, alicerçados nas orientações da IN SLTI nº 10/2012[153].

>Art. 16. A administração pública federal direta, autárquica e fundacional e as empresas estatais dependentes deverão elaborar e implementar Planos de Gestão

---

[151] Discurso da presidenta da República, Dilma Rousseff, na cerimônia de comemoração do Dia Mundial do Meio Ambiente. Disponível em: <http://www2.planalto.gov.br/imprensa/discursos/discurso-da-presidenta-da-republica-dilma-rousseff-na-cerimonia-de-comemoracao-do-dia-mundial-do-meio-ambiente/view>.

[152] Registrem-se as críticas às medidas por parte de Agostinho Vieira, especialista em questões ambientais: "Pode ser um embrulho e não um pacote. (...). As nove medidas ambientais anunciadas pela presidente Dilma (...) nada mais eram que projetos antigos desengavetados às vésperas da Rio+20. Fernando Collor, antes da Eco-92, homologou a terra indígena yanomami. Lula anunciou metas voluntárias de redução de emissões na COP-15. A estratégia não é original. O marketing é que ficou pior. A rádio corredor falava ou torcia por ações mais espetaculares. Uma grande reserva em Abrolhos, um ambicioso programa de educação ambiental, metas setoriais de redução de CO2 e até um inovador Conselho de Desenvolvimento Sustentável. Nada. Em lugar disso, Dilma enviou ao Congresso mensagem sobre o Protocolo de Nagoya, que trata de recursos genéticos e deveria estar lá desde 2010. Já as esperadas medidas para acabar com os lixões no Brasil até 2014 não foram à festa. Enquanto isso, dez entidades e especialistas ligados ao meio ambiente, a pedido da coluna, avaliavam os 18 primeiros meses do governo do ponto de vista ambiental. (...). Dos dez ouvidos, sete chegaram a dar notas, de zero a dez. Mas mesmo entre os que não puseram números, fica claro o desapontamento. Representantes de três ONGs, de diferentes matizes, dois responsáveis por entidades empresariais, três cientistas respeitados, um economista e um teólogo. Um grupo equilibrado que, na média, deu nota 4,3 para o desempenho ambiental do governo. Entre as críticas, falta de uma política ambiental clara, falta de integração entre os ministérios, falta de ligação entre discurso e prática, falta de compromisso com o desenvolvimento sustentável. Com tantas faltas, não há muito que discutir. A falta de ousadia no Dia do Meio Ambiente só confirmou a justiça da nota vermelha" (O embrulho é verde, mas a nota é vermelha: economia verde. O Globo).

[153] Cujo art. 8º prevê que as práticas de sustentabilidade e racionalização do uso de materiais e serviços deverão abranger vários temas, dentre os quais as compras e contratações sustentáveis, compreendendo, pelo menos, obras, equipamentos, serviços de vigilância, de limpeza, de telefonia, de processamento de dados, de apoio administrativo e de manutenção predial.

de Logística Sustentável, no prazo estipulado pela Secretaria de Logística e Tecnologia da Informação, prevendo, no mínimo:

I - atualização do inventário de bens e materiais do órgão e identificação de similares de menor impacto ambiental para substituição;
II - práticas de sustentabilidade e de racionalização do uso de materiais e serviços;
III - responsabilidades, metodologia de implementação e avaliação do plano; e
IV - ações de divulgação, conscientização e capacitação.

Não obstante, é induvidoso que as regras constitucionais e legais[154] consolidem a obrigatoriedade de fixação de critérios e práticas de sustentabilidade nos editais para contratação de compras, serviços ou obras.

Assim, as disposições do decreto regulamentar, apesar do inusitado "poderão", não devem ser entendidas como mera faculdade, mas sim como determinantes, nas hipóteses em que seja possível a adoção dos critérios e práticas no sentido do desenvolvimento sustentável[155].

Esses critérios e práticas para implantação da sustentabilidade nas licitações poderão estar relacionados com a pessoa do licitante; referir-se às especificações do bem ou serviço; ou previstos como obrigações a serem cumpridas durante a execução contratual. Como observa Ricardo Alexandre Sampaio, a forma de inserção dependerá diretamente dos elementos de cada caso concreto, uma vez que os critérios deverão ter pertinência com o objeto licitado, não podendo frustrar o caráter competitivo da licitação e nem onerar excessivamente o valor contratual[156].

Conforme sustenta Tatiana Camarão, os critérios deverão estar presentes em todas as fases da licitação, principalmente na fase interna, em que há a elaboração do Projeto Básico ou do Termo de Referência, que, por suas vezes, são os códigos genéticos de uma licitação, haja vista que tais documentos contêm as informações que irão nortear editais, propostas e contratos[157].

Para tal, como obtempera Ricardo Sampaio, é indispensável uma pormenorizada análise do mercado no qual se insere o objeto a ser licitado:

---

[154] Outros diplomas legais que, aliados ao novo texto da Lei nº 8.666/93, justificam a contratação sustentável: Leis Federais nº 6.938/81 (Política Nacional do Meio Ambiente); nº 10.257/01 (Política Nacional de Desenvolvimento Urbano); nº 12.187/09 (Política Nacional sobre Mudanças Climáticas); e nº 12.305/10 (Política Nacional de Resíduos Sólidos).

[155] Jessé Torres Pereira Júnior e Marinês Restelatto Dotti defendem que, na condição de cláusula geral, toda contratação de obra, serviço ou compra pela Administração Pública deve atingir, necessariamente, a promoção do desenvolvimento nacional sustentável, sob pena de padecer de ilegalidade o contrato cuja execução não apenas deixe de promovê-lo, mas chegue a comprometê-lo, a demandar invalidação e responsabilização (Políticas Públicas nas Licitações e Contratações Administrativas, 2. ed. Belo Horizonte: Fórum, 2012, p. 370).

[156] SAMPAIO, Ricardo Alexandre. Disponível em: <http://www.zenite.blog.br/a-fixacao-de-criterios-de-sustentabilidade-para-as-contratacoes-publicas-dever-legal/>.

[157] CAMARÃO, Tatiana. A elaboração de Projetos Básicos e Termo de Referência: A observância de padrões de sustentabilidade. Palestra realizada em Belo Horizonte em 19 de junho de 2012, durante o II Congresso Brasileiro de Direito e Sustentabilidade.

Certamente, certos materiais que não atendem determinados critérios ambientais poderão ser encontrados no mercado por um preço inferior àqueles que atendem. No entanto, a Administração não poderá considerar apenas o preço no momento de eleger a solução adequada.

Como a licitação possui três finalidades, caberá à Administração sopesar a solução que representa a melhor relação custo-benefício, jamais aquela que retratar o menor preço. É indubitável, portanto, que a prática tem sempre a ver com o bom senso:

> A realização dos objetivos almejados com a adoção de critérios e práticas de sustentabilidade nas contratações públicas não pode acontecer a qualquer preço. Os recursos públicos são escassos, e as necessidades a serem satisfeitas pelo Estado são inúmeras e crescentes. Exige-se, portanto, atuação dos gestores públicos compatível com os princípios da razoabilidade e da proporcionalidade. Assim como a sustentabilidade não pode aniquilar a competitividade (e o seu desdobramento – a economicidade), a simples economia de recursos públicos também não pode ser argumento para que as contratações públicas sustentáveis deixem de ocorrer[158].

Nesse viés, para o exercício dessa escolha, o agente público responsável, na avaliação do critério da sustentabilidade, deverá ter em mente as diretrizes do desenvolvimento sustentável, conforme elenca o decreto regulamentar: menor impacto sobre recursos naturais, como flora, fauna, ar, solo e água; preferência para materiais, tecnologias e matérias-primas de origem local; maior eficiência na utilização de recursos naturais, como água e energia; maior geração de empregos, preferencialmente com mão de obra local; maior vida útil e menor custo de manutenção do bem e da obra; uso de inovações que reduzam a pressão sobre recursos naturais; e origem ambientalmente regular dos recursos naturais utilizados nos bens, serviços e obras.[159, 160]

---

[158] Revista Zênite – Informativo de Licitações e Contratos (ILC). n. 226, dez. 2012.
[159] Durante dois anos, desde o início do Programa de Contratações Sustentáveis, a Administração Pública Federal investiu mais de R$ 34 milhões no setor. Somente no primeiro trimestre de 2012 foram adquiridos cerca de R$ 12 milhões em produtos e serviços que promovem a sustentabilidade. Dados do Sistema Integrado de Administração de Serviços Gerais (SIASG) revelam que o governo federal já realizou 1.490 licitações utilizando esses critérios. Atualmente, 600 produtos são considerados sustentáveis
[162] Para implementar os critérios, práticas e ações de sustentabilidade no âmbito da Administração Federal, o Decreto nº 7.746/2012 cria a Comissão Interministerial de Sustentabilidade na Administração Pública (CISAP), a ser formada por representantes do MPOG e também dos seguintes ministérios: Casa Civil; Meio Ambiente; Minas e Energia; Ciência, Tecnologia e Inovação; Fazenda; Desenvolvimento, Indústria e Comércio; e Controladoria-Geral da União. A Secretaria de Logística e Tecnologia da Informação (SLTI) presidirá a CISAP e será responsável por expedir normas complementares sobre critérios e práticas de sustentabilidade..

3.2 A adoção de critérios técnicos de julgamento das licitações do tipo técnica e preço

Também dispõe o preceptivo que o Projeto Básico ou o Termo de Referência deverão adotar critérios técnicos no julgamento das propostas oferecidas, quando do uso da licitação do tipo técnica e preço.

Nesse julgamento, como o próprio nome da licitação anuncia, há de se realizar uma ponderação entre a técnica e o preço. Nessa tarefa, é de fundamental importância uma avaliação preliminar que determine o quanto o quesito "técnica" é preponderante no objeto da licitação, uma vez que, quanto maior o peso arbitrado a esse fator, mais ele será determinante no resultado final do certame.

Uma das maiores dificuldades do elaborador de edital desse tipo de licitação, quando o objeto circunscreve, por exemplo, bens ou serviços de Tecnologia da Informação – TI, é o estabelecimento dos critérios para arbitramento de notas e pesos que serão imputados à técnica e ao preço oferecidos. É o que também considera Carlos Galarda, ao ponderar que a utilização de qualquer critério, seja qual for a sofisticação, sempre contará com uma razoável dose de subjetivismo, passível, por conseguinte, de críticas, insatisfações, incompreensões e reclamos por parte dos concorrentes, mormente daqueles que, por força dessa mensuração, não logrem êxito na licitação.[161]

Destarte, a determinação da pontuação técnica das propostas, em conformidade com os critérios e parâmetros previamente estabelecidos no ato convocatório, deverá ocorrer mediante o somatório das multiplicações das notas dadas a fatores pre-estabelecidos, pelos pesos atribuídos a cada um deles, de acordo com a sua importância, devidamente justificada, relativa às finalidades do objeto da licitação.

Nesse contexto, decidiu o TCU que, ao utilizar a licitação do tipo técnica e preço, "eventual desproporção na pontuação atribuída aos critérios de técnica e de preço deve ser justificada" e, ainda, que "não é admitida a utilização de critério técnico baseado, unicamente, em experiência anterior do licitante".

No mesmo diapasão, a Instrução Normativa SLTI nº 04/10 (disciplinadora das contratações de soluções de TI) exige a aposição de justificativa para os fatores de ponderação adotados:

> Art. 15. A Estratégia da Contratação será elaborada a partir da Análise de Viabilidade da Contratação e do Plano de Sustenção, contendo no mínimo: fatores de ponderação das propostas técnicas e de preço sem justificativa.

---

[161] GALARDA, Carlos. Licitações - Técnica e Preço. Ed. Juruá, p. 34.

Nesse passo, por meio do Acórdão nº 210/2011 – Plenário, a Corte de Contas federal dispôs que "o privilégio excessivo da técnica em detrimento do preço, sem haver justificativas suficientes que demonstrem a sua necessidade, pode resultar em contratação a preços desvantajosos para a Administração".

Ao tratar da matéria, Ricardo Alexandre Sampaio acena para a importância do estabelecimento de critérios de pontuação que sejam relevantes para a demonstração da qualidade da proposta técnica, frisando que a Administração não deverá valer-se de quesitos subjetivos e que não sejam diretamente relacionados aos requisitos do serviço a ser contratado:

> É muito comum encontrarmos em editais de licitações processadas pelo tipo técnica e preço a atribuição de pontuação às propostas técnicas exclusivamente em função do tempo de existência da licitante. Ao pontuar esse fato, firma-se a presunção de que quanto maior o tempo de existência da licitante, mais experiência na execução da solução proposta ela possui. Todavia, essa presunção é relativa, pois o fato de existir há muito tempo não significa que a empresa sempre realizou o que propõe em sua oferta. Além disso, ainda que a licitante tenha executado o que propõe ao longo de toda a sua existência, esse dado (tempo de existência), por si só, não garante que faça bem feito. Por isso, mais do que pontuar as propostas técnicas pelo tempo que existe a empresa licitante, a Administração deve estabelecer como quesitos para pontuação a complexidade e o desempenho efetivo obtido pela empresa em seus trabalhos anteriores[162].

Na avaliação técnica, os julgadores da licitação estarão obrigatoriamente atrelados a apreciar diversos fatores, tais como suporte de serviços, qualidade, padronização, compatibilidade, desempenho e garantia técnica. A determinação da pontuação deverá levar em conta a importância desses fatores relativa à finalidade do objeto pretendido.

Tratando da matéria, a IN que versa sobre contratação de soluções de TI prevê a desclassificação das propostas que não obtiverem a pontuação técnica mínima exigida no edital. É fato. Todavia, tal regra não é absoluta, uma vez que, em algumas ocasiões, um desses fatores pode não constituir atributo fundamental para a execução a contento do objeto, motivo pelo qual não se delinearia como exigência a expressão mínima, e muito menos, por óbvio, a desclassificação.

Um exemplo claro se vislumbra no fator "qualidade". Esse quesito normalmente determina a questão de certificação de qualidade (Normas ISO

---

[162] SAMPAIO, Ricardo Alexandre. Acórdão nº 210/2011 – Plenário do TCU confirma conclusões formadas no Seminário Nacional "CONTRATAÇÃO DE TECNOLOGIA DA INFORMAÇÃO DE ACORDO COM A NOVA IN Nº 04/10 E O DECRETO Nº 7.174/10"- <www.zenite.blog.br/acordao-nº-2102011---plenario-do-tcu-confirma-conclusoes-formadas-no-seminario-nacional-"contratacao-de-tecnologia-da-informacao-de-acordo-com-a-nova-in-nº-0410-e-o-decreto/#.UZ43KyL7XRQ>.

ou outras) que, em nenhuma hipótese, se não apresentado, seria motivo para a desclassificação. Nessa hipótese, a não apresentação determinaria tão somente a inexistência de nota, permanecendo o licitante no certame.

No mais, deverão ser atribuídos pesos para cada um dos fatores mencionados no edital, no mínimo três, de acordo com as expectativas e necessidades da Administração.

Os fatores poderão ser conceituados conforme descrito a seguir:

a) Suporte de serviços, ou seja, a assistência técnica necessária. Avaliando o fator à época do decreto anterior, o Ministério da Ciência, Tecnologia e Inovação (MCTI) complementou a definição atrelando a assistência ao "prazo ideal para a manutenção dos bens ou serviços". Não resta dúvida de que o fator deve estar intimamente ligado a um período; todavia, como suporte podem ser considerados diversos outros quesitos, tais como a agilidade no atendimento, nível dos técnicos etc.

b) Qualidade, ou seja, aptidão para execução do objeto pretendido decorrente da capacidade que o licitante efetivamente possua de realizá-lo. Normalmente, afere-se o fator qualidade através das certificações apresentadas pelo licitante. As mais famosas certificações são aquelas emitidas por entidades credenciadas pelo Instituto Nacional de Metrologia, Normalização e Qualidade Industrial (INMETRO) ou instituições reconhecidas para tal – as tão propaladas normas ISO 9000, adotadas pela maioria dos países industrializados.

c) Padronização, ou seja, o atendimento às normas nacionais ou internacionais de padronização no que se refere às especificações.

d) Compatibilidade, ou seja, o grau desejado para que equipamentos e sistemas tenham compatibilidade entre si e com os demais equipamentos preexistentes.

e) Desempenho, ou seja, a *performance* desejada, seja em agilidade, velocidade, precisão etc.

f) Garantia técnica, ou seja, a garantia oferecida pelo *fornecedor original*.

Em função do envolvimento de questões eminentemente técnicas, é flagrante, no estabelecimento dos critérios, fatores de julgamento e pontuação, a necessidade da Administração ser assessorada por especialistas do serviço que se pretende contratar. Da mesma forma, também no momento de avaliação das propostas deverão os julgadores valer-se desse assessoramento, inserindo no processo todos os laudos, pareceres, perícias, opiniões técnicas e outros documentos produzidos[163].

Registre que, por intermédio da Súmula nº 272/2012, o TCU explicitou que, no edital de licitação, é vedada a inclusão de exigências de habilitação e de quesitos de pontuação técnica para cujo atendimento os licitantes tenham de incorrer em custos que não sejam necessários anteriormente à celebração do contrato.

---

[165] Sobre a matéria, com mais detalhes, *vide* o nosso Licitações de Tecnologia da Informação. Ed. JHMizuno, 2014.

ARTIGO 16

Art. 16. Na definição do serviço a ser contratado, são vedadas as especificações que:
I - sejam restritivas, limitando a competitividade do certame, exceto quando necessárias e justificadas pelo órgão contratante;
II - direcionem ou favoreçam a contratação de um prestador específico;
III - não representem a real demanda de desempenho do órgão ou entidade, não se admitindo especificações que não agreguem valor ao resultado da contratação ou que sejam superiores às necessidades do órgão; e
IV - estejam defasadas tecnológica e/ou metodologicamente ou com preços superiores aos de serviços com melhor desempenho.

1. Vedações nas especificações dos serviços a serem contratados

O art. 16 enumera óbvias vedações quando da elaboração das especificações dos serviços a serem contratados pela Administração.

Os incs. I e II reafirmam o Princípio da Competitividade, primordial nas competições públicas, que é correlato ao Princípio da Igualdade, uma vez que todos os interessados em contratar com a Administração devem competir em igualdade de condições.

Vide que, como já esposado, a Lei nº 8.666/93, no § 1º, I, do art. 3º, veda aos agentes públicos admitir, prever, incluir ou tolerar, nos atos de convocação, cláusulas ou condições que comprometam, restrinjam ou frustrem o seu caráter competitivo.[164, 165] Também já expusemos que a competição apartada deve ser a regra para licitar serviços diferenciados, procedimento que, além de lógico, privilegia o princípio da competitividade.

Nesse sentido, sumulou o TCU:

> Súmula 247 - É obrigatória a admissão da adjudicação por item e não por preço global, nos editais das licitações para a contratação de obras, serviços, compras e alienações, cujo objeto seja divisível, desde que não haja prejuízo para o conjunto ou complexo ou perda de economia de escala, tendo em vista o objetivo de propiciar a ampla participação de licitantes que, embora não dispondo de capacidade para a execução, fornecimento ou aquisição da totalidade do

---
166 TCU. Acórdão 2579/2009. Plenário – É vedado aos agentes públicos incluir nos atos de convocação condições que comprometam, restrinjam ou frustrem o caráter competitivo e estabeleçam preferências ou distinções impertinentes em relação aos interessados.
165 TCU. Acórdão 1227/2009. Plenário – Abstenha de incluir cláusulas em edital que venham a impor ônus desnecessários aos licitantes, [...] por implicar restrição ao caráter competitivo do certame, em violação ao art. 3º, caput, da Lei nº 8.666/1993.

objeto, possam fazê-lo com relação a itens ou unidades autônomas, devendo as exigências de habilitação adequar-se a essa divisibilidade.

Nesse mesmo diapasão, o § 1º do art. 23 da Lei nº 8.666/93 preconiza a divisão dos serviços, obras e compras da Administração em tantas parcelas quantas se comprovarem técnica e economicamente viáveis, procedendo-se à licitação com vistas ao melhor aproveitamento dos recursos disponíveis no mercado e à ampliação da competitividade, sem perda da economia de escala.

O inc. III do art. 16 em comento prioriza a objetividade, não permitindo que a Administração contrate além de sua real demanda, inadmitindo a indicação de especificações que não agreguem valor ao resultado da contratação ou que sejam superiores às necessidades do ente público.

Por fim, o inc. IV, que se bifurca em duas situações distintas que se complementam. A primeira veda a contratação defasada em termos tecnológicos ou de método, porquanto, é claro, não se justifica uma Administração atrasada tecnologicamente, apesar de, na prática, o Poder Público nacional constituir-se de ilhas de excelência cercadas por oceanos de mediocridades. A segunda proíbe contratações com preços superiores aos de serviços com melhor desempenho, ou seja, não é permitido que a Administração estabeleça especificações atinentes ao objeto da licitação que apresentem um desempenho inferior, mas com valor superior ao de especificação eficiente. Nas suas contratações, deve o Poder Público buscar não só a melhor proposta no mercado, mas a que possua a melhor relação custo-benefício entre o capital empregado e serviço a ser prestado, evitando, dessa forma, um serviço que não guarde equivalência com os recursos públicos despendidos.

ARTIGO 17

Art. 17. Quando for adotado o Acordo de Níveis de Serviços, este deverá ser elaborado com base nas seguintes diretrizes:
I - antes da construção dos indicadores, os serviços e resultados esperados já deverão estar claramente definidos e identificados, diferenciando-se as atividades consideradas críticas das secundárias;
II - os indicadores e metas devem ser construídos de forma sistemática, de modo que possam contribuir cumulativamente para o resultado global do serviço e não interfiram negativamente uns nos outros;
III - os indicadores devem refletir fatores que estão sob o controle do prestador do serviço;
IV - previsão de fatores, fora do controle do prestador, que possam interferir no atendimento das metas;
V - os indicadores deverão ser objetivamente mensuráveis, de preferência facilmente coletáveis, relevantes e adequados à natureza e características do serviço e compreensíveis;
VI - evitar indicadores complexos ou sobrepostos;
VII - as metas devem ser realistas e definidas com base em uma comparação apropriada;
VIII - os pagamentos deverão ser proporcionais ao atendimento das metas estabelecidas no ANS, observando-se o seguinte:
a) as adequações nos pagamentos estarão limitadas a uma faixa específica de tolerância, abaixo da qual o fornecedor se sujeitará às sanções legais; e
b) na determinação da faixa de tolerância de que trata a alínea anterior, considerar-se-á a relevância da atividade, com menor ou nenhuma margem de tolerância para as atividades consideradas críticas.
IX - o não atendimento das metas, por ínfima ou pequena diferença, em indicadores não críticos, poderá ser objeto apenas de notificação nas primeiras ocorrências, de modo a não comprometer a continuidade da contratação.

1. Diretrizes para a elaboração do Acordo de Níveis de Serviços – ANS

O art. 15 informa que o Projeto Básico ou Termo de Referência deve conter, entre outros elementos, a unidade de medida utilizada para o tipo de serviço a ser contratado, incluindo as métricas, metas e formas de mensuração adotadas, dispostas na forma de Acordo de Níveis de Serviços – ANS, sempre que possível.

Sobre o ANS, nos alongamos na apreciação ao citado artigo, ao qual remetemos o leitor.

Pois bem, esse art. 17 prevê as diretrizes para a elaboração do ANS, quando de sua adoção. Já anotamos que, consoante a ciência da Administração, um bom processo de planejamento tem início com a fixação de objetivos, a partir dos quais são estabelecidas políticas, diretrizes e metas. O termo deve ser entendido, portanto, como um conjunto de instruções ou indicações para levar adiante um plano, uma ação etc. Nessa contextura, as diretrizes são princípios estabelecidos que possibilitam o alcance dos objetivos pretendidos, sendo instrumentos utilizáveis para a localização dos meios adequados para seu atingimento.

Nessa passada, são diretrizes para a composição do ANS:

a) antes da construção dos indicadores, os serviços e resultados esperados já deverão estar claramente definidos e identificados, diferenciando-se as atividades consideradas críticas das secundárias;

b) os indicadores e metas deverão ser construídos de forma sistemática, de modo que contribuam cumulativamente para o resultado global do serviço e não interfiram negativamente uns nos outros;

c) os indicadores deverão refletir fatores que estão sob o controle do prestador do serviço;

d) deverá haver previsão de fatores, fora do controle do prestador, que possam interferir no atendimento das metas;

e) os indicadores deverão ser objetivamente mensuráveis, de preferência facilmente coletáveis, relevantes e adequados à natureza e características do serviço e compreensíveis;

f) deverão ser evitados indicadores complexos ou sobrepostos;

g) as metas deverão ser realistas e definidas com base em uma comparação apropriada;

h) os pagamentos deverão ser proporcionais ao atendimento das metas estabelecidas, observando-se que as adequações nos pagamentos estarão limitadas a uma faixa específica de tolerância, abaixo da qual o fornecedor se sujeitará às sanções legais e que, na determinação da faixa de tolerância, será considerada a relevância da atividade, com menor ou nenhuma margem de tolerância para as atividades consideradas críticas;

i) o não atendimento das metas, por ínfima ou pequena diferença, em indicadores não críticos, poderá ser objeto apenas de notificação nas primeiras ocorrências, de modo a não comprometer a continuidade da contratação.

Sobre o tópico, se assente a decisão do TCU decorrente de análise sobre a possibilidade de adoção de novo ANS durante a execução contratual:

Representação formulada ao TCU apontou possíveis irregularidades no Pregão Eletrônico nº 13/2009, promovido pela Coordenação-Geral de Informática do Ministério do Trabalho e do Emprego (MTE), destinado à contratação de serviços especializados na área de Tecnologia da Informação e Comunicação. Ao analisar o edital da licitação, bem como o seu termo de referência, a unidade técnica identificou desconformidades com os termos da IN/SLTI/MP nº 04/2008. Com relação às "inconsistências entre indicadores e acordo de nível de serviço", a unidade instrutiva propôs expedir-se recomendação ao órgão no sentido de que, "apesar de ser possível a inclusão de novos Acordos de Nível de Serviço no termo contratual, desde que tenham sido devidamente motivados e previstos no processo licitatório, é vedada a alteração ou a renegociação, nos contratos públicos, dos níveis de serviços já preestabelecidos nos editais". O relator não anuiu à proposta. Em primeiro lugar, por entender "não caber a ressalva sugerida para a redação da recomendação, no sentido de se considerar possível a inclusão de novos acordos de nível de serviço no termo contratual", tendo em vista que "as instruções normativas da SLTI 02/2008 e 04/2008, que materializam novo modelo de contratação, não contemplam tal possibilidade". Em segundo lugar, "É fato que este Tribunal já se manifestou no sentido de não se admitir a alteração dos acordos de nível de serviço contratados, a exemplo do que foi decidido no Acórdão 1125/2009-TCU - Plenário. Todavia, ao analisar a questão sob a perspectiva da realidade enfrentada pelos gestores de TI dos órgãos e entidades da Administração Pública, é forçoso reconhecer que essa restrição pode configurar um engessamento indevido neste momento. Há que ser considerado que, na prática, isso equivaleria a se exigir do gestor que ele acertasse, sem qualquer margem de erro, o nível de serviço que efetivamente vai atender às necessidades do órgão/entidade no momento da elaboração do edital. Contudo, sabemos que após a implantação das soluções de TI podem surgir fatores não previstos que podem afetar os resultados esperados, obrigando o gestor a se ajustar aos mesmos. Não permitir que os níveis de serviços contratados possam ser revistos poderia então se mostrar antieconômico, caso se viesse a constatar, na prática, que os níveis exigidos em edital estão acima das reais demandas e, portanto, custando mais do que o mínimo necessário. Por outro lado, caso os níveis especificados não sejam suficientes, não permitir a sua elevação poderia comprometer a qualidade dos serviços implantados". Acolhendo a proposição do relator, decidiu o Plenário determinar ao MTE que se abstenha de prever no edital a possibilidade de adoção de novos Acordos de Nível de Serviço durante a execução contratual, sendo possível, entretanto, a alteração ou a renegociação dos níveis de serviços preestabelecidos nos editais, desde que "esteja prevista no edital e no contrato"; "seja tecnicamente justificada"; "não implique acréscimo ou redução do valor contratual do serviço além dos limites de 25% permitidos pelo art. 65, § 1º, da Lei 8.666/1993"; e "não configure descaracterização do objeto licitado". (Acórdão nº 717/2010-Plenário, TC-009.511/2009-6, rel. Min. Subst. Augusto Sherman Cavalcanti, 7.4.2010)

Registre-se também a Súmula do TCU concernente ao tema, versando especificamente sobre serviços de Tecnologia da Informação - TI:

> SÚMULA Nº 269 - Nas contratações para a prestação de serviços de tecnologia da informação, a remuneração deve estar vinculada a resultados ou ao atendimento de níveis de serviço, admitindo-se o pagamento por hora trabalhada ou por posto de serviço somente quando as características do objeto não o permitirem, hipótese em que a excepcionalidade deve estar prévia e adequadamente justificada nos respectivos processos administrativos.

ARTIGOS 18 E 19

DO INSTRUMENTO CONVOCATÓRIO

Art. 18. Os instrumentos convocatórios de licitação e os atos relativos à dispensa ou inexigibilidade de licitação, bem como os contratos deles decorrentes, observarão, além das disposições contidas na Lei nº 8.666/93, na Lei nº 10.520/2002, na Lei Complementar nº 123/2006, no Decreto nº 2.271/97 e no Decreto nº 6.204/2007, o disposto nesta Instrução Normativa e serão adaptados às especificidades de cada caso.

Art. 19. Os instrumentos convocatórios devem conter o disposto no art. 40 da Lei nº 8.666, de 21 de junho de 1993, indicando ainda, quando couber:

I - disposição específica que garanta que as atividades de solicitação, avaliação e atestação dos serviços não sejam realizadas pela mesma empresa contratada para a realização dos serviços, mediante a designação de responsáveis, devidamente qualificados para as atividades e sem vínculo com a empresa, e que deverão ser, preferencialmente, servidores do órgão ou entidade contratante;

II - cláusula específica para vedar a contratação de uma mesma empresa para dois ou mais serviços licitados, quando, por sua natureza, esses serviços exigirem a segregação de funções, tais como a de executor e fiscalizador, assegurando a possibilidade de participação de todos os licitantes em ambos os itens, e estabelecendo a ordem de adjudicação entre eles; (Redação dada pela Instrução Normativa nº 3, de 16 de outubro de 2009)

III - o modelo de Planilha de Custos e Formação de Preços, conforme Anexo III desta Instrução Normativa, o qual constituirá anexo do ato convocatório e deverá ser preenchido pelos proponentes;

IV - a exigência de realização de vistoria pelos licitantes, desde que devidamente justificada no projeto básico, a ser atestada por meio de documento emitido pela Administração;
V - as exigências de apresentação e condições de julgamento das propostas;
VI - requisitos de habilitação dos licitantes;
VII - nas licitações tipo "técnica e preço", os critérios de julgamento para comprovação da capacidade técnica dos licitantes;
VIII - o prazo de vigência contratual, prevendo, inclusive, a possibilidade de prorrogação, quando couber;
IX - a exigência da indicação, quando da apresentação da proposta, dos acordos ou convenções coletivas que regem as categorias profissionais vinculadas à execução do serviço, quando for o caso; (Redação dada pela Instrução Normativa nº 3, de 16 de outubro de 2009)
X - a forma como será contada a periodicidade para a concessão das repactuações, nas contratações de serviços continuados com dedicação exclusiva de mão de obra, conforme definido nos artigos 37 a 41-B desta Instrução Normativa; (Redação dada pela Instrução Normativa nº 6, de 23 de dezembro de 2013)
XI - indicação das sanções cabíveis por eventual descumprimento das obrigações contratuais pactuadas;
XII - a necessidade de adequação dos pagamentos ao atendimento das metas na execução do serviço, com base no Acordo de Níveis de Serviço e nos instrumentos de fiscalização e medição da qualidade definidos no Projeto Básico ou Termo de Referência;
XIII - cláusula, nas contratações de serviços não continuados, prevendo que os pagamentos estarão condicionados à entrega dos produtos atualizados pela contratada, que deverá:
a) manter todas as versões anteriores para permitir o controle das alterações; e
b) garantir a entrega de todos os documentos e produtos gerados na execução, tais como o projeto, relatórios, atas de reuniões, manuais de utilização etc.
XIV - a possibilidade ou não da participação de cooperativas, nos termos desta Instrução Normativa;
XV - as hipóteses de substituição dos profissionais alocados aos serviços contratados, quando for o caso, nos termos do artigo 30, § 10, da Lei nº 8.666/93, exclusivamente em relação aos profissionais integrantes da equipe técnica que será avaliada; e
XVI - regras que prevejam, nas contratações de serviços não continuados, os seguintes direitos à contratante:
a) o direito de propriedade intelectual dos produtos desenvolvidos, inclusive sobre as eventuais adequações e atualizações que vierem a ser realizadas, logo após o recebimento de cada parcela, de forma permanente, permitindo à contratante distribuir, alterar e utilizar os mesmos sem limitações; e
b) os direitos autorais da solução, do projeto, de suas especificações técnicas, da documentação produzida e congêneres, e de todos os demais produtos gerados na

execução do contrato, inclusive aqueles produzidos por terceiros subcontratados, ficando proibida a sua utilização sem que exista autorização expressa da contratante, sob pena de multa, sem prejuízo das sanções civis e penais cabíveis.

XVII - regra estabelecendo que, nas eventuais prorrogações contratuais, os custos não renováveis já pagos ou amortizados no primeiro ano da contratação deverão ser eliminados como condição para a renovação; (Incluído pela Instrução Normativa nº 3, de 16 de outubro de 2009)

XVIII - disposição prevendo que a execução completa do contrato só acontecerá quando o contratado comprovar o pagamento de todas as obrigações trabalhistas referente à mão de obra utilizada, quando da contratação de serviço continuado com dedicação exclusiva de mão de obra; e (Incluído pela Instrução Normativa nº 3, de 16 de outubro de 2009)

XIX - exigência de garantia de execução do contrato, nos moldes do art. 56, da Lei nº 8.666, de 1993, com validade durante a execução do contrato e 3 (três) meses após o término da vigência contratual, devendo ser renovada a cada prorrogação, observados ainda os seguintes requisitos: (Redação dada pela Instrução Normativa nº 6, de 23 de dezembro de 2013)

a) a contratada deverá apresentar, no prazo máximo de 10 (dez) dias úteis, prorrogáveis por igual período, a critério do órgão contratante, contado da assinatura do contrato, comprovante de prestação de garantia, podendo optar por caução em dinheiro ou títulos da dívida pública, seguro-garantia ou fiança bancária, sendo que, nos casos de contratação de serviços continuados de dedicação exclusiva de mão de obra, o valor da garantia deverá corresponder a cinco por cento do valor total do contrato; (Incluído pela Instrução Normativa nº 6, de 23 de dezembro de 2013)

b) a garantia, qualquer que seja a modalidade escolhida, assegurará o pagamento de: (Incluído pela Instrução Normativa nº 6, de 23 de dezembro de 2013)

1. prejuízos advindos do não cumprimento do objeto do contrato e do não adimplemento das demais obrigações nele previstas; (Incluído pela Instrução Normativa nº 6, de 23 de dezembro de 2013)

2. prejuízos causados à Administração ou a terceiros, decorrentes de culpa ou dolo durante a execução do contrato; (Incluído pela Instrução Normativa nº 6, de 23 de dezembro de 2013)

3. multas moratórias e punitivas aplicadas pela Administração à contratada; e (Incluído pela Instrução Normativa nº 6, de 23 de dezembro de 2013)

4. obrigações trabalhistas, fiscais e previdenciárias de qualquer natureza, não adimplidas pela contratada; (Incluído pela Instrução Normativa nº 6, de 23 de dezembro de 2013)

c) a modalidade seguro-garantia somente será aceita se contemplar todos os eventos indicados nos itens da alínea "b"; (Incluído pela Instrução Normativa nº 6, de 23 de dezembro de 2013)

d) a garantia em dinheiro deverá ser efetuada na Caixa Econômica Federal, em conta específica com correção monetária, em favor do contratante; (Incluído pela Instrução Normativa nº 6, de 23 de dezembro de 2013)

e) a inobservância do prazo fixado para apresentação da garantia acarretará a aplicação de multa de 0,07% (sete centésimos por cento) do valor do contrato por dia de atraso, observado o máximo de 2% (dois por cento); (Incluído pela Instrução Normativa nº 6, de 23 de dezembro de 2013)

f) o atraso superior a 25 (vinte e cinco) dias autoriza a Administração a promover a rescisão do contrato por descumprimento ou cumprimento irregular de suas cláusulas, conforme dispõem os incisos I e II, do art. 78, da Lei nº 8.666, de 1993; (Incluído pela Instrução Normativa nº 6, de 23 de dezembro de 2013)

g) o garantidor não é parte interessada para figurar em processo administrativo instaurado pelo contratante com o objetivo de apurar prejuízos e/ou aplicar sanções à contratada; (Incluído pela Instrução Normativa nº 6, de 23 de dezembro de 2013)

h) a garantia será considerada extinta: (Incluído pela Instrução Normativa nº 6, de 23 de dezembro de 2013)

1. com a devolução da apólice, carta fiança ou autorização para o levantamento de importâncias depositadas em dinheiro a título de garantia, acompanhada de declaração da Administração, mediante termo circunstanciado, de que a contratada cumpriu todas as cláusulas do contrato; e (Incluído pela Instrução Normativa nº 6, de 23 de dezembro de 2013)

2. após o término da vigência do contrato, devendo o instrumento convocatório estabelecer o prazo de extinção da garantia, que poderá ser estendido em caso de ocorrência de sinistro. (Incluído pela Instrução Normativa nº 6, de 23 de dezembro de 2013)

i) o contratante não executará a garantia nas seguintes hipóteses: (Incluído pela Instrução Normativa nº 6, de 23 de dezembro de 2013)

1. caso fortuito ou força maior; (Incluído pela Instrução Normativa nº 6, de 23 de dezembro de 2013)

2. alteração, sem prévia anuência da seguradora ou do fiador, das obrigações contratuais; (Incluído pela Instrução Normativa nº 6, de 23 de dezembro de 2013)

3. descumprimento das obrigações pela contratada decorrente de atos ou fatos da Administração; ou (Incluído pela Instrução Normativa nº 6, de 23 de dezembro de 2013)

4. prática de atos ilícitos dolosos por servidores da Administração; (Incluído pela Instrução Normativa nº 6, de 23 de dezembro de 2013)

j) não serão admitidas outras hipóteses de não execução da garantia, que não as previstas na alínea "i"; e (Incluído pela Instrução Normativa nº 6, de 23 de dezembro de 2013)

k) deverá haver previsão expressa no contrato e seus aditivos de que a garantia prevista no inciso XIX deste artigo somente será liberada ante a comprovação de que a empresa pagou todas as verbas rescisórias trabalhistas decorrentes da contratação, e que, caso esse pagamento não ocorra até o fim do segundo mês após o encerramento da vigência contratual, a garantia será utilizada para o pagamento dessas verbas trabalhistas diretamente pela Administração, conforme estabelecido no art. 19-A, inciso IV, desta Instrução Normativa. (Incluído pela Instrução Normativa nº 6, de 23 de dezembro de 2013 e retificado em 9 de janeiro de 2014 –publicado no DOU nº 6, Seção 1, págs. 58/59)

XX - menção expressa aos dispositivos de tratamento diferenciado e favorecido para as microempresas e empresas de pequeno porte que serão observados na licitação, conforme previsto na Lei Complementar nº 123, de 2006, e no Decreto nº 6.204, de 2007; (Incluído pela Instrução Normativa nº 3, de 16 de outubro de 2009)

XXI - a possibilidade de prorrogação contratual para os serviços continuados, respeitado o disposto no art. 57, inciso II, da Lei nº 8.666, de 1993; (Incluído pela Instrução Normativa nº 3, de 16 de outubro de 2009)

XXII - o critério de reajuste de preços, observado o disposto no art. 40, inciso XI, da Lei nº 8.666, de 1993; (Redação dada pela Instrução Normativa nº 6, de 26 de dezembro de 2013)

XXIII - disposição de que a licitante, microempresa ou empresa de pequeno porte, que venha a ser contratada para a prestação de serviços mediante cessão de mão de obra não poderá beneficiar-se da condição de optante pelo Simples Nacional, salvo as exceções previstas no § 5º-C do art. 18 da Lei Complementar nº 123, de 14 de dezembro de 2006; (Incluído pela Instrução Normativa nº 6, de 23 de dezembro de 2013)

XXIV - disposição prevendo condições de habilitação econômico-financeira nos seguintes termos: (Incluído pela Instrução Normativa nº 6, de 23 de dezembro de 2013)

a) balanço patrimonial e demonstrações contábeis referentes ao último exercício social, comprovando índices de Liquidez Geral – LG, Liquidez Corrente – LC, e Solvência Geral – SG superiores a 1 (um); (Incluído pela Instrução Normativa nº 6, de 23 de dezembro de 2013)

b) Capital Circulante Líquido ou Capital de Giro (Ativo Circulante - Passivo Circulante) de, no mínimo, 16,66% (dezesseis inteiros e sessenta e seis centésimos por cento) do valor estimado da contratação, tendo por base o balanço patrimonial e as demonstrações contábeis do último exercício social; (Redação dada pela Instrução Normativa nº 6, de 23 de dezembro de 2013 e retificada redação publicada no DOU nº 252 de 30 de dezembro de 2013, pág. 840)

c) comprovação de patrimônio líquido de 10% (dez por cento) do valor estimado da contratação, por meio da apresentação do balanço patrimonial e demonstrações contábeis do último exercício social, apresentados na forma da lei, vedada a substituição por balancetes ou balanços provisórios, podendo ser atualizados por índices oficiais, quando encerrados há mais de 3 (três) meses da data da apresentação da proposta; (Redação dada pela Instrução Normativa nº 6, de 23 de dezembro de 2013 e retificada redação publicada no DOU nº 252 de 30 de dezembro de 2013, pág. 840)

d) declaração do licitante, acompanhada da relação de compromissos assumidos, conforme modelo constante do Anexo VIII, de que um doze avos dos contratos firmados com a Administração Pública e/ou com a iniciativa privada vigentes na data de apresentação da proposta não é superior ao patrimônio líquido do licitante que poderá ser atualizado na forma descrita na alínea "c", observados os seguintes requisitos: (Redação dada pela Instrução Normativa nº 6, de 23 de dezembro de 2013)

1. a declaração deve ser acompanhada da Demonstração do Resultado do Exercício – DRE, relativa ao último exercício social; e (Incluído pela Instrução Normativa nº 6, de 23 de dezembro de 2013)

2. caso a diferença entre a declaração e a receita bruta discriminada na Demonstração do Resultado do Exercício – DRE apresentada seja superior a 10% (dez por cento), para mais ou para menos, o licitante deverá apresentar justificativas; e (Incluído pela Instrução Normativa nº 6, de 23 de dezembro de 2013)

e) certidão negativa de feitos sobre falência, recuperação judicial ou recuperação extrajudicial, expedida pelo distribuidor da sede do licitante; (Incluído pela Instrução Normativa nº 6, de 23 de dezembro de 2013)

XXV - disposição prevendo condições de habilitação técnica nos seguintes termos: (Incluído pela Instrução Normativa nº 6, de 23 de dezembro de 2013)

a) os atestados ou declarações de capacidade técnica apresentados pelo licitante devem comprovar aptidão para desempenho de atividade pertinente e compatível em características, quantidades e prazos com o objeto de que trata o processo licitatório; e (Incluído pela Instrução Normativa nº 6, de 23 de dezembro de 2013)

b) os atestados de capacidade técnico-operacional deverão referir-se a serviços prestados no âmbito de sua atividade econômica principal ou secundária especificados no contrato social vigente; (Incluído pela Instrução Normativa nº 6, de 23 de dezembro de 2013)

XXVI - disposição que caracterize como falta grave, compreendida como falha na execução do contrato, o não recolhimento do FGTS dos empregados e das contribuições sociais previdenciárias, bem como o não pagamento do salário, do vale-transporte e do auxílio alimentação, que poderá dar ensejo à rescisão do contrato, sem prejuízo da aplicação de sanção pecuniária e da declaração de impedimento para licitar e contratar com a União, nos termos do art. 7º da Lei 10.520, de 17 de julho de 2002. (Incluído pela Instrução Normativa nº 6, de 23 de dezembro de 2013 e retificado em 9 de janeiro de 2014 – publicado no DOU nº 6, Seção 1, págs. 58/59)

§ 1º Nas contratações de serviços continuados, o instrumento convocatório poderá estabelecer, como condição para as eventuais repactuações, que o contratado se comprometerá a aumentar a garantia prestada com os valores providos pela Administração e que não foram utilizados para o pagamento de férias.

§ 2º Na definição dos requisitos de habilitação técnica dos licitantes, conforme determina o artigo 30 da Lei nº 8.666, de 1993, ou na definição dos critérios de julgamento da proposta técnica, no caso de licitações tipo técnica e preço, é vedado:

I - exigir ou atribuir pontuação para mais de um atestado comprobatório da experiência

do licitante no mesmo critério de avaliação;
II - a pontuação de atestados que foram exigidos para fins de habilitação;
III - exigir ou atribuir pontuação para qualificação que seja incompatível ou impertinente com a natureza ou a complexidade do serviço ou da atividade a ser executada; e
IV - exigir ou atribuir pontuação para a alocação de profissionais de nível e qualificação superior ou inferior aos graus de complexidade das atividades a serem executadas, devendo-se exigir a indicação de profissionais de maior qualificação apenas para as tarefas de natureza complexa; e
V - exigir ou atribuir pontuação para experiência em atividades consideradas secundárias ou de menor relevância para a execução do serviço. (Incluído pela Instrução Normativa nº 3, de 16 de outubro de 2009)
§ 3º Sendo permitida a participação de cooperativas, o instrumento convocatório deve exigir, na fase de habilitação:
I - a relação dos cooperados que atendem aos requisitos técnicos exigidos para a contratação e que executarão o contrato, com as respectivas atas de inscrição e a comprovação de que estão domiciliados na localidade da sede da cooperativa, respeitado o disposto nos arts. 4º, inciso XI, 21, inciso I e 42, §§ 2º a 6º da Lei nº 5.764, de 1971; (Redação dada pela Instrução Normativa nº 3, de 16 de outubro de 2009)
II - a declaração de regularidade de situação do contribuinte individual – DRSCI de cada um dos cooperados relacionados;
III - a comprovação do capital social proporcional ao número de cooperados necessários à prestação do serviço;
IV - o registro previsto na Lei nº 5.764, art. 107;
V - a comprovação de integração das respectivas quotas-partes por parte dos cooperados que executarão o contrato; e
VI - os seguintes documentos para a comprovação da regularidade jurídica da cooperativa:
a) ata de fundação;
b) estatuto social com a ata da assembleia que o aprovou;
c) regimento dos fundos instituídos pelos cooperados, com a ata da assembleia que os aprovou;
d) editais de convocação das três últimas assembleias gerais extraordinárias;
e) três registros de presença dos cooperados que executarão o contrato em assembleias gerais ou nas reuniões seccionais; e
f) ata da sessão em que os cooperados autorizaram a cooperativa a contratar o objeto da licitação;
VII - a última auditoria contábil-financeira da cooperativa, conforme dispõe o art. 112 da Lei nº 5.764, de 1971, ou uma declaração, sob as penas da lei, de que tal auditoria não foi exigida pelo órgão fiscalizador. (Incluído pela Instrução Normativa nº 3, de 16 de outubro de 2009)
§ 4º Para efeito de comprovação do disposto no inciso XXIII, a contratada deverá

apresentar cópia do ofício, enviado à Receita Federal do Brasil, com comprovante de entrega e recebimento, comunicando a assinatura do contrato de prestação de serviços mediante cessão de mão de obra, até o último dia útil do mês subsequente ao da ocorrência da situação de vedação. (Incluído pela Instrução Normativa nº 6, de 23 de dezembro de 2013)

§ 5º Na contratação de serviços continuados, a Administração Pública poderá exigir do licitante: (Incluído pela Instrução Normativa nº 6, de 23 de dezembro de 2013)

I - comprovação de que tenha executado serviços de terceirização compatíveis em quantidade com o objeto licitado por período não inferior a 3 (três) anos; e (Incluído pela Instrução Normativa nº 6, de 23 de dezembro de 2013)

II - declaração de que o licitante instalará escritório em local (cidade/município) previamente definido pela Administração, a ser comprovado no prazo máximo de 60 (sessenta) dias, contado a partir da vigência do contrato. (Incluído pela Instrução Normativa nº 6, de 23 de dezembro de 2013)

§ 6º Para a comprovação da experiência mínima de 3 (três) anos prevista no inciso I do § 5º, será aceito o somatório de atestados. (Incluído pela Instrução Normativa nº 6, de 23 de dezembro de 2013)

§ 7º Na contratação de serviços continuados com mais de 40 (quarenta) postos, o licitante deverá comprovar que tenha executado contrato com um mínimo de 50% (cinquenta por cento) do número de postos de trabalho a serem contratados. (Incluído pela Instrução Normativa nº 6, de 23 de dezembro de 2013)

§ 8º Quando o número de postos de trabalho a ser contratado for igual ou inferior a 40 (quarenta), o licitante deverá comprovar que tenha executado contrato com um mínimo de 20 (vinte) postos. (Incluído pela Instrução Normativa nº 6, de 23 de dezembro de 2013)

§ 9º Somente serão aceitos atestados expedidos após a conclusão do contrato ou se decorrido, pelo menos, um ano do início de sua execução, exceto se firmado para ser executado em prazo inferior. (Incluído pela Instrução Normativa nº 6, de 23 de dezembro de 2013)

§ 10 O licitante deve disponibilizar todas as informações necessárias à comprovação da legitimidade dos atestados solicitados, apresentando, dentre outros documentos, cópia do contrato que deu suporte à contratação, endereço atual da contratante e local em que foram prestados os serviços. (Incluído pela Instrução Normativa nº 6, de 23 de dezembro de 2013)

§ 11 Justificadamente, a depender da especificidade do objeto a ser licitado, os requisitos de qualificação técnica e econômico-financeira constantes deste artigo poderão ser adaptados, suprimidos ou acrescidos de outros considerados importantes para a contratação, observado o disposto nos arts. 27 a 3l da Lei nº 8.666, de 1993. (Incluído pela Instrução Normativa nº 6, de 23 de dezembro de 2013)

§ 12 Para comprovação do disposto nos §§ 7º e 8º, será aceito o somatório de atestados que comprovem que o licitante gerencia ou gerenciou serviços de terceirização compatíveis com o objeto licitado por período não inferior a 3 (três) anos. (Incluído pela Instrução Normativa nº 3, de 24 de junho de 2014)

1. A elaboração do edital de licitação

O art. 18 dá início ao capítulo atinente à elaboração do instrumento convocatório da licitação, etapa de fundamental importância, uma vez que é por intermédio dele que a Administração leva ao conhecimento público o objeto pretendido e as condições de sua realização, convocando os interessados para a apresentação de propostas. Na clássica lição de Hely Lopes Meirelles, nada se pode exigir ou decidir além ou aquém do edital, porque ele constitui a lei interna da licitação.

Obviamente, o instrumento convocatório da licitação não pode deixar de atender às regras legais e regulamentares estabelecidas.

Nesse panorama, o dispositivo consigna que os editais que objetivem a execução de serviços e os atos relativos à dispensa ou inexigibilidade de licitação para objetos dessa natureza, bem como os contratos deles decorrentes, deverão observar as disposições contidas na Lei nº 8.666/93, na Lei nº 10.520/02, na Lei Complementar nº 123/06, no Decreto nº 2.271/97 e no Decreto nº 6.204/07[166], devendo também considerar o estipulado na IN em análise, com as adaptações devidas a cada caso.

Ressalva-se, entretanto, que, mesmo sendo a matriz da licitação e do contrato, o edital não é exaustivo, uma vez que outras normas poderão complementá-lo, apesar de não reproduzidas no seu texto.

Sobre o edital, os vetustos ensinamentos de Hely Lopes Meirelles continuam pontificando:

> As indicações do edital e seus anexos (projetos, plantas, desenhos, especificações técnicas, planilhas, organogramas) consubstanciam a vontade da Administração sobre a obra, a compra, a alienação ou o serviço desejado pelo Poder Público e orientam os interessados no preparo das propostas. Por isso mesmo, não podem ser alteradas em pontos essenciais no curso do prazo estabelecido, salvo se reabrir esse prazo e der a mesma divulgação do texto anterior, para propiciar iguais oportunidades aos candidatos. As cláusulas do edital é que indicarão os requisitos para a habilitação dos licitantes, os documentos a apresentar, a forma e bases das propostas, o critério de julgamento, os fatores a considerar e as condições do futuro contrato a ser firmado com o melhor proponente. De observar é que a Administração não pode levar em consideração vantagem ou desvantagem não prevista no edital, como não poderão os licitantes suprir omissões ou corrigir dados técnicos ou econômicos após a entrega das propostas, salvo erro de conta ou equívocos evidentes e irrelevantes para o julgamento. Nulo é o edital omisso ou errôneo em pontos essenciais, ou que contenha condições discriminatórias ou preferenciais, que afastem determinados interessados e favoreçam outros[167].

---

[166] Evidentemente, o rol de normas previsto no artigo não é exaustivo. Relembra-se, apenas a título de exemplo, os decretos regulamentares referentes ao pregão (eletrônico e presencial).
[167] MEIRELLES, Hely Lopes. Licitação e Contrato Administrativo. 11. ed. (atualizada por Eurico de Andrade Azevedo e Célia Marisa Prendes), Malheiros, 1996.

2. Elementos de composição do edital

As preocupações dos elaboradores do edital devem convergir, principalmente, para o art. 40 da Lei nº 8.666/93, pois nele constam as exigências mínimas desse instrumento[168].

Além de realçar essa necessidade, o art. 19 da IN elenca outros elementos de composição dos editais específicos para a contratação de serviços, quando, evidentemente, forem cabíveis. Não obstante, verifica-se que muitos dos itens listados são repetições dos enumerados no citado art. 40.

Destarte, consoante o pormenorizado dispositivo, constituem os editais os seguintes itens, quando se adaptarem aos objetos pretendidos:

a) disposição específica que garanta que as atividades de solicitação, avaliação e atestação dos serviços não sejam realizadas pela mesma empresa contratada para a realização dos serviços, mediante a designação de responsáveis, devidamente qualificados para as atividades e sem vínculo com a empresa, e que deverão ser, preferencialmente, servidores do órgão ou entidade contratante;

b) cláusula específica que vede a contratação de uma mesma empresa para dois ou mais serviços licitados, quando, por sua natureza, esses serviços exigirem a segregação de funções, tais como a de executor e fiscalizador, assegurando a possibilidade de participação de todos os licitantes em ambos os itens, e estabelecendo a ordem de adjudicação entre eles;

---

[168] Art. 40. O edital conterá no preâmbulo o número de ordem em série anual, o nome da repartição interessada e de seu setor, a modalidade, o regime de execução e o tipo da licitação, a menção de que será regida por esta Lei, o local, dia e hora para recebimento da documentação e proposta, bem como para início da abertura dos envelopes, e indicará, obrigatoriamente, o seguinte:
I - objeto da licitação, em descrição sucinta e clara;
II - prazo e condições para assinatura do contrato ou retirada dos instrumentos, como previsto no art. 64 desta Lei, para execução do contrato e para entrega do objeto da licitação;
III - sanções para o caso de inadimplemento;
IV - local onde poderá ser examinado e adquirido o projeto básico;
V - se há projeto executivo disponível na data da publicação do edital de licitação e o local onde possa ser examinado e adquirido;
VI - condições para participação na licitação, em conformidade com os arts. 27 a 31 desta Lei, e forma de apresentação das propostas;
VII - critério para julgamento, com disposições claras e parâmetros objetivos;
VIII - locais, horários e códigos de acesso dos meios de comunicação, a distância em que serão fornecidos elementos, informações e esclarecimentos relativos à licitação e às condições para atendimento das obrigações necessárias ao cumprimento de seu objeto;
IX - condições equivalentes de pagamento entre empresas brasileiras e estrangeiras, no caso de licitações internacionais;
X - o critério de aceitabilidade dos preços unitário e global, conforme o caso, permitida a fixação de preços máximos e vedados à fixação de preços mínimos, critérios estatísticos ou faixas de variação em relação a preços de referência, ressalvado o disposto nos parágrafos 1º e 2º do art. 48;
XI - critério de reajuste, que deverá retratar a variação efetiva do custo de produção, admitida a adoção de índices específicos ou setoriais, desde a data prevista para apresentação da proposta, ou do orçamento a que essa proposta se referir, até a data do adimplemento de cada parcela;
XII - (Vetado).

c) o modelo de Planilha de Custos e Formação de Preços, conforme Anexo III da IN em análise, o qual constituirá anexo do ato convocatório e deverá ser preenchido pelos proponentes;

d) a exigência de realização de vistoria pelos licitantes, desde que devidamente justificada no Projeto Básico, a ser atestada por meio de documento emitido pela Administração[169];

e) as exigências de apresentação e condições de julgamento das propostas;

f) requisitos de habilitação dos licitantes;

g) os critérios de julgamento para comprovação da capacidade técnica dos licitantes, nas licitações tipo técnica e preço;

XIII - limites para pagamento de instalação e mobilização para execução de obras ou serviços que serão obrigatoriamente previstos em separado das demais parcelas, etapas ou tarefas;
XIV - condições de pagamento, prevendo:
a) prazo de pagamento não superior a trinta dias, contado a partir da data final do período de adimplemento de cada parcela;
b) cronograma de desembolso máximo por período, em conformidade com a disponibilidade de recursos financeiros;
c) critério de atualização financeira dos valores a serem pagos, desde a data final do período de adimplemento de cada parcela até a data do efetivo pagamento;
d) compensações financeiras e penalizações por eventuais atrasos, e descontos por eventuais antecipações de pagamentos;
e) exigência de seguros, quando for o caso;
XV - instruções e normas para os recursos previstos nesta Lei;
XVI - condições de recebimento do objeto da licitação;
XVII - outras indicações específicas ou peculiares da licitação.
§ 1o O original do edital deverá ser datado, rubricado em todas as folhas e assinado pela autoridade que o expedir, permanecendo no processo de licitação, e dele extraindo-se cópias integrais ou resumidas, para sua divulgação e fornecimento aos interessados. § 2o Constituem anexos do edital, dele fazendo parte integrante:
I - o projeto básico e/ou executivo, com todas as suas partes, desenhos, especificações e outros complementos;
II - orçamento estimado em planilhas de quantitativos e preços unitários;
III - a minuta do contrato a ser firmado entre a Administração e o licitante vencedor;
IV - as especificações complementares e as normas de execução pertinentes à licitação.
§ 3º Para efeito do disposto nesta Lei, considera-se como adimplemento da obrigação contratual a prestação do serviço, a realização da obra, a entrega do bem ou de parcela destes, bem como qualquer outro evento contratual a cuja ocorrência esteja vinculada a emissão de documento de cobrança.
§ 4º Nas compras para entrega imediata, assim entendidas aquelas com prazo de entrega até trinta dias da data prevista para apresentação da proposta, poderão ser dispensadas:
I - o disposto no inciso XI deste artigo;
II - a atualização financeira a que se refere a alínea "c" do inciso XIV deste artigo, correspondente ao período compreendido entre as datas do adimplemento e a prevista para o pagamento, desde que não superior a quinze dias.

169 Como anota Kelly de Arruda, em percuciente análise, a exigência de visita técnica deve ser entendida como um mecanismo de cautela que busca evitar que haja para as partes prejuízos de natureza econômica ou técnica, durante a execução do contrato. Ademais, a possibilidade de proceder com a referida exigência no edital deve ser ponderada à luz do art. 37, inc. XXI, da CF e do art. 3º, § 1º, inc. I, da Lei nº 8.666/93. Em face desses dispositivos, a exigência somente será legítima quando essencial para o cumprimento adequado das obrigações contratuais, sendo pertinente a criteriosa avaliação dos moldes em que a vistoria será realizada, de modo a evitar a restrição indevida ao caráter competitivo do certame (Visita técnica - Aspectos gerais e ponderações feitas pelo TCU. Revista Zênite - Informativo de Licitações e Contratos - ILC. Curitiba: Zênite, n. 241, p. 238-244, mar. 2014).

h) o prazo de vigência contratual, prevendo inclusive a possibilidade de prorrogação, quando for o caso;

i) a exigência da indicação, quando da apresentação da proposta, dos acordos ou convenções coletivas regedores das categorias profissionais vinculadas à execução do serviço, quando for o caso;

j) a forma como será contada a periodicidade para a concessão das repactuações, nas contratações de serviços continuados com dedicação exclusiva de mão de obra, conforme definido nos artigos 37 a 41-B da IN em comento;

k) indicação das sanções cabíveis por eventual descumprimento das obrigações contratuais pactuadas;

l) a necessidade de adequação dos pagamentos ao atendimento das metas na execução do serviço, com base no Acordo de Níveis de Serviço - ANS e nos instrumentos de fiscalização e medição da qualidade definidos no Projeto Básico ou Termo de Referência;

m) cláusula, nas contratações de serviços não continuados, prevendo que os pagamentos estarão condicionados à entrega dos produtos atualizados pela contratada, que deverá manter todas as versões anteriores para permitir o controle das alterações e garantir a entrega de todos os documentos e produtos gerados na execução, tais como projeto, relatórios, atas de reuniões, manuais de utilização etc.;

n) a possibilidade de participação de cooperativas;

o) as hipóteses de substituição dos profissionais alocados aos serviços contratados, quando for o caso, nos termos do artigo 30, § 10, da Lei nº 8.666/93[170], exclusivamente em relação aos profissionais integrantes da equipe técnica que será avaliada; e

p) regras que prevejam, nas contratações de serviços não continuados, os seguintes direitos à contratante:

> (I) o direito de propriedade intelectual dos produtos desenvolvidos, inclusive sobre as eventuais adequações e atualizações que vierem a ser realizadas, logo após o recebimento de cada parcela, de forma permanente, permitindo à contratante distribuir, alterar e utilizar os mesmos sem limitações; e
>
> (II) os direitos autorais da solução, do projeto, de suas especificações técnicas, da documentação produzida e congêneres, e de todos os demais produtos gerados na execução do contrato, inclusive aqueles produzidos por terceiros subcontratados, ficando proibida a sua utilização sem que exista autorização expressa da contratante, sob pena de multa, sem prejuízo das sanções civis e penais cabíveis;

---

[170] Art. 30. A documentação relativa à qualificação técnica limitar-se-á a: (...) § 10. Os profissionais indicados pelo licitante para fins de comprovação da capacitação técnico-profissional de que trata o inciso I do § 1º deste artigo deverão participar da obra ou serviço objeto da licitação, admitindo-se a substituição por profissionais de experiência equivalente ou superior, desde que aprovada pela Administração.

q) disposição estabelecendo que, nas eventuais prorrogações contratuais, os custos não renováveis já pagos ou amortizados no primeiro ano da contratação deverão ser eliminados como condição para a renovação;

r) disposição prevendo que a execução completa do contrato só acontecerá quando o contratado comprovar o pagamento de todas as obrigações trabalhistas referente à mão de obra utilizada, quando da contratação de serviço continuado com dedicação exclusiva de mão de obra;

s) exigência de garantia de execução do contrato, nos moldes do art. 56 da Lei nº 8.666/9[171], com validade durante a execução do contrato e 3 (três) meses após o término da vigência contratual;

t) menção expressa aos dispositivos de tratamento diferenciado e favorecido para as microempresas e empresas de pequeno porte que serão observados, conforme previsto na LC nº v123/06 [172] e no Decreto nº 6.204/07;

---

[173] Art. 56. A critério da autoridade competente, em cada caso, e desde que prevista no instrumento convocatório, poderá ser exigida prestação de garantia nas contratações de obras, serviços e compras.
§ 1º Caberá ao contratado optar por uma das seguintes modalidades de garantia:
I - caução em dinheiro ou em títulos da dívida pública, devendo estes terem sido emitidos sob a forma escritural, mediante registro em sistema centralizado de liquidação e de custódia autorizado pelo Banco Central do Brasil e avaliados pelos seus valores econômicos, conforme definido pelo Ministério da Fazenda;
II - seguro-garantia;
III - fiança bancária.
§ 2º A garantia a que se refere o caput deste artigo não excederá a cinco por cento do valor do contrato e terá seu valor atualizado nas mesmas condições daquele, ressalvado o previsto no parágrafo 3o deste artigo.
§ 3º Para obras, serviços e fornecimentos de grande vulto envolvendo alta complexidade técnica e riscos financeiros consideráveis, demonstrados através de parecer tecnicamente aprovado pela autoridade competente, o limite de garantia previsto no parágrafo anterior poderá ser elevado para até dez por cento do valor do contrato.
§ 4º A garantia prestada pelo contratado será liberada ou restituída após a execução do contrato e, quando em dinheiro, atualizada monetariamente.
§ 5º Nos casos de contratos que importem na entrega de bens pela Administração, dos quais o contratado ficará depositário, ao valor da garantia deverá ser acrescido o valor desses bens.
[172] Art. 42. Nas licitações públicas, a comprovação de regularidade fiscal das microempresas e empresas de pequeno porte somente será exigida para efeito de assinatura do contrato.
§Art. 43. As microempresas e empresas de pequeno porte, por ocasião da participação em certames licitatórios, deverão apresentar toda a documentação exigida para efeito de comprovação de regularidade fiscal, mesmo que esta apresente alguma restrição.
§ 1º Havendo alguma restrição na comprovação da regularidade fiscal, será assegurado o prazo de 2 (dois) dias úteis, cujo termo inicial corresponderá ao momento em que o proponente for declarado o vencedor do certame, prorrogáveis por igual período, a critério da Administração Pública, para a regularização da documentação, pagamento ou parcelamento do débito, e emissão de eventuais certidões negativas ou positivas com efeito de certidão negativa.
§ 2º A não regularização da documentação, no prazo previsto no § 1o deste artigo, implicará decadência do direito à contratação, sem prejuízo das sanções previstas no art. 81 da Lei no 8.666, de 21 de junho de 1993, sendo facultado à Administração convocar os licitantes remanescentes, na ordem de classificação, para a assinatura do contrato, ou revogar a licitação.
Art. 44. Nas licitações será assegurada, como critério de desempate, preferência de contratação para as microempresas e empresas de pequeno porte. § 1o Entende-se por empate aquelas situações em que as propostas apresentadas pelas microempresas e empresas de pequeno porte sejam iguais ou até 10% (dez por cento) superiores à proposta mais bem classificada.

§ 2º Na modalidade de pregão, o intervalo percentual estabelecido no § 1o deste artigo será de até 5% (cinco por cento) superior ao melhor preço.
Art. 45. Para efeito do disposto no art. 44 desta Lei Complementar, ocorrendo o empate, proceder-se-á da seguinte forma:
I - a microempresa ou empresa de pequeno porte mais bem classificada poderá apresentar proposta de preço inferior àquela considerada vencedora do certame, situação em que será adjudicado em seu favor o objeto licitado;
II - não ocorrendo a contratação da microempresa ou empresa de pequeno porte, na forma do inciso I do caput deste artigo, serão convocadas as remanescentes que porventura se enquadrem na hipótese dos §§ 1º e 2º do art. 44 desta Lei Complementar, na ordem classificatória, para o exercício do mesmo direito;
III - no caso de equivalência dos valores apresentados pelas microempresas e empresas de pequeno porte que se encontrem nos intervalos estabelecidos nos §§ 1o e 2o do art. 44 desta Lei Complementar, será realizado sorteio entre elas para que se identifique aquela que primeiro poderá apresentar melhor oferta.
§ 1º Na hipótese da não contratação nos termos previstos no caput deste artigo, o objeto licitado será adjudicado em favor da proposta originalmente vencedora do certame.
§ 2º O disposto neste artigo somente se aplicará quando a melhor oferta inicial não tiver sido apresentada por microempresa ou empresa de pequeno porte.
§ 3º No caso de pregão, a microempresa ou empresa de pequeno porte mais bem classificada será convocada para apresentar nova proposta no prazo máximo de 5 (cinco) minutos após o encerramento dos lances, sob pena de preclusão.
Art. 46. A microempresa e a empresa de pequeno porte titular de direitos creditórios decorrentes de empenhos liquidados por órgãos e entidades da União, Estados, Distrito Federal e Município não pagos em até 30 (trinta) dias, contados da data de liquidação, poderão emitir cédula de crédito microempresarial.
Parágrafo único. A cédula de crédito microempresarial é título de crédito regido, subsidiariamente, pela legislação prevista para as cédulas de crédito comercial, tendo como lastro o empenho do poder público, cabendo ao Poder Executivo sua regulamentação no prazo de 180 (cento e oitenta) dias, a contar da publicação desta Lei Complementar.
Art. 47. Nas contratações públicas da União, dos Estados e dos Municípios, poderá ser concedido tratamento diferenciado e simplificado para as microempresas e empresas de pequeno porte objetivando a promoção do desenvolvimento econômico e social no âmbito municipal e regional, a ampliação da eficiência das políticas públicas e o incentivo à inovação tecnológica, desde que previsto e regulamentado na legislação do respectivo ente.
Art. 48. Para o cumprimento do disposto no art. 47 desta Lei Complementar, a administração pública poderá realizar processo licitatório:
I - destinado exclusivamente à participação de microempresas e empresas de pequeno porte nas contratações cujo valor seja de até R$ 80.000,00 (oitenta mil reais);
II - em que seja exigida dos licitantes a subcontratação de microempresa ou de empresa de pequeno porte, desde que o percentual máximo do objeto a ser subcontratado não exceda a 30% (trinta por cento) do total licitado;
III - em que se estabeleça cota de até 25% (vinte e cinco por cento) do objeto para a contratação de microempresas e empresas de pequeno porte, em certames para a aquisição de bens e serviços de natureza divisível.
§ 1º O valor licitado por meio do disposto neste artigo não poderá exceder a 25% (vinte e cinco por cento) do total licitado em cada ano civil.
§ 2º Na hipótese do inciso II do caput deste artigo, os empenhos e pagamentos do órgão ou entidade da administração pública poderão ser destinados diretamente às microempresas e empresas de pequeno porte subcontratadas.
Art. 49. Não se aplica o disposto nos arts. 47 e 48 desta Lei Complementar quando:
I - os critérios de tratamento diferenciado e simplificado para as microempresas e empresas de pequeno porte não forem expressamente previstos no instrumento convocatório;
II - não houver um mínimo de 3 (três) fornecedores competitivos enquadrados como microempresas ou empresas de pequeno porte sediados no local ou regionalmente e capazes de cumprir as exigências estabelecidas no instrumento convocatório;
III - o tratamento diferenciado e simplificado para as microempresas e empresas de pequeno porte não for vantajoso para a administração pública ou representar prejuízo ao conjunto ou complexo do objeto a ser contratado;
IV - a licitação for dispensável ou inexigível, nos termos dos arts. 24 e 25 da Lei nº 8.666, de 21 de junho de 1993.

u) a possibilidade de prorrogação contratual para os serviços continuados, respeitado o disposto no art. 57, inc. II da Lei nº 8.666/93[173];

v) o critério de reajuste de preços, observado o disposto no art. 40, inc. XI, da Lei nº 8.666/93[174];

w) disposição de que o licitante, microempresa ou empresa de pequeno porte, que venha a ser contratado para a prestação de serviços mediante cessão de mão de obra, não poderá se beneficiar da condição de optante pelo Simples Nacional, salvo as exceções previstas no § 5º-C do art. 18 da LC nº 123/06;[175] [176]

x) disposição prevendo condições de habilitação econômico-financeira;

y) disposição prevendo condições de habilitação técnica;

z) disposição que caracterize como falta grave, compreendida como falha na execução do contrato, o não recolhimento do FGTS dos empregados e das contribuições sociais previdenciárias, bem como o não pagamento do salário, do vale-transporte e do auxílio alimentação, que poderá dar ensejo à rescisão do contrato,

---

[175] Art. 57. A duração dos contratos regidos por esta Lei ficará adstrita à vigência dos respectivos créditos orçamentários, exceto quanto aos relativos: (...) II - à prestação de serviços a serem executados de forma contínua, que poderão ter a sua duração prorrogada por iguais e sucessivos períodos com vistas à obtenção de preços e condições mais vantajosas para a administração, limitada a sessenta meses;

[176] Art. 40. O edital conterá no preâmbulo o número de ordem em série anual, o nome da repartição interessada e de seu setor, a modalidade, o regime de execução e o tipo da licitação, a menção de que será regida por esta Lei, o local, dia e hora para recebimento da documentação e proposta, bem como para início da abertura dos envelopes, e indicará, obrigatoriamente, o seguinte: (...) XI - critério de reajuste, que deverá retratar a variação efetiva do custo de produção, admitida a adoção de índices específicos ou setoriais, desde a data prevista para apresentação da proposta, ou do orçamento a que essa proposta se referir, até a data do adimplemento de cada parcela;

[177] Art. 18. O valor devido mensalmente pela microempresa e empresa de pequeno porte comercial, optante pelo Simples Nacional, será determinado mediante aplicação da tabela do Anexo I desta Lei Complementar.

§ 5º C Sem prejuízo do disposto no § 1º do art. 17 desta Lei Complementar, as atividades de prestação de serviços seguintes serão tributadas na forma do Anexo IV desta Lei Complementar, hipótese em que não estará incluída no Simples Nacional a contribuição prevista no inciso VI do caput do art. 13 desta Lei Complementar, devendo ser recolhida segundo a legislação prevista para os demais contribuintes ou responsáveis: I - construção de imóveis e obras de engenharia em geral, inclusive sob a forma de subempreitada, execução de projetos e serviços de paisagismo, bem como decoração de interiores; ii - (revogado); iii - (revogado); iv - (revogado); v - (revogado); e VI - serviço de vigilância, limpeza ou conservação.

[178] O § 4º do dispositivo estabelece que, para efeito de comprovação do disposto neste inciso, a contratada deverá apresentar cópia do ofício, enviado à Receita Federal do Brasil, com comprovante de entrega e recebimento, comunicando a assinatura do contrato de prestação de serviços mediante cessão de mão de obra, até o último dia útil do mês subsequente ao da ocorrência da situação de vedação.de modo inidôneo ou cometer fraude fiscal, ficará impedido de licitar e contratar com a União, Estados, Distrito Federal ou Municípios, e será descredenciado no Sicaf, ou nos sistemas de cadastramento de fornecedores a que se refere o inciso XIV do art. 4º desta Lei, pelo prazo de até 5 (cinco) anos, sem prejuízo das multas previstas em edital e no contrato e das demais cominações legais.

sem prejuízo da aplicação de sanção pecuniária e da declaração de impedimento para licitar e contratar com a União, nos termos do art. 7º da Lei 10.520/02[177].

Verifica-se, da extensa listagem, que o elaborador do texto buscou compilar as prescrições sobre o tema ditadas exaustivamente pela doutrina administrativista.

Alguns itens relacionados neste art. 19 são autoexplicativos. Outros, entrementes, merecem análise mais apurada.

2.1 Critérios de julgamento para comprovação da capacidade técnica dos licitantes nas licitações tipo técnica e preço[178]

Como já mencionado, no julgamento das licitações do tipo técnica e preço há de se realizar uma ponderação entre a técnica e o preço. Nessa tarefa, é de fundamental importância uma avaliação preliminar que determine o quanto o quesito técnica é preponderante no objeto da licitação, dado que, quanto maior o peso arbitrado a esse fator, mais ele será determinante no resultado final do certame.

Na avaliação técnica os julgadores da licitação estarão obrigatoriamente atrelados a apreciar fatores, tais como o prazo de entrega, o suporte de serviços, a qualidade, a padronização, a compatibilidade, o desempenho e a garantia técnica.

A determinação da pontuação deverá levar em conta a importância desses fatores relativa à finalidade do objeto pretendido.

Ressalta-se que, sobre o tema, o § 2º do dispositivo informa que, na definição dos critérios de julgamento da proposta técnica, no caso de licitações tipo técnica e preço, é vedado: (a) exigir ou atribuir pontuação para mais de um atestado comprobatório da experiência do licitante no mesmo critério de avaliação; (b) a pontuação de atestados que foram exigidos para fins de habilitação; (c) exigir ou atribuir pontuação para qualificação que seja incompatível ou impertinente com a natureza ou a complexidade do serviço ou da atividade a ser executada; (d) exigir ou atribuir pontuação para a alocação de profissionais de nível e qualificação superior ou inferior aos graus de complexidade das atividades a serem executadas, devendo-se exigir a indicação de profissionais de maior qualificação apenas para as tarefas de natureza complexa; e (e) exigir ou atribuir pontuação para experiência em atividades consideradas secundárias ou de menor relevância para a execução do serviço.

---

[177]Art. 7º. Quem, convocado dentro do prazo de validade da sua proposta, não celebrar o contrato, deixar de entregar ou apresentar documentação falsa exigida para o certame, ensejar o retardamento da execução de seu objeto, não mantiver a proposta, falhar ou fraudar na execução do contrato, comportar-se de modo inidôneo ou cometer fraude fiscal, ficará impedido de licitar e contratar com a União, Estados, Distrito Federal ou Municípios, e será descredenciado no Sicaf, ou nos sistemas de cadastramento de fornecedores a que se refere o inciso XIV do art. 4º desta Lei, pelo prazo de até 5 (cinco) anos, sem prejuízo das multas previstas em edital e no contrato e das demais cominações legais.

[178] O texto desse subitem está baseado no regramento sobre licitação do tipo técnica e preço disposto no Decreto nº 7.174/10, que regulamenta a contratação de bens e serviços de informática e automação pela

Nesse curso, deverão ser atribuídos pesos para cada um dos fatores mencionados no edital que, de regra, serão no mínimo três, de acordo com as expectativas e necessidades da Administração.

Conforme anteriormente mencionado, os fatores poderão ser, a título de exemplo, os seguintes: (a) prazo de entrega: o tempo necessário para a instalação e funcionamento dos serviços ou sistemas a serem contratados; (b) suporte de serviços: a assistência técnica necessária; (c) qualidade: aptidão para execução do objeto pretendido decorrente da capacidade que o licitante efetivamente possua de realizá-lo. Normalmente, afere-se o fator qualidade através das certificações apresentados pelo licitante; (d) padronização: o atendimento às normas nacionais ou internacionais de padronização no que se refere às especificações; (e) compatibilidade: o grau desejado para que equipamentos e sistemas tenham compatibilidade entre si e com os demais equipamentos preexistentes; (f) desempenho: a *performance* desejada, seja em agilidade, velocidade, precisão etc.; e (g) garantia técnica: oferecida pelo *fornecedor original*.

Em função do envolvimento de questões eminentemente técnicas, é de suma importância, no estabelecimento de critérios, os fatores de julgamento e pontuação, que a Administração seja assessorada por especialistas.

> Acórdão TCU nº 2253/2014 - Plenário – (...) determinar ao Sebrae que, em caso de realização de nova licitação tipo técnica e preço visando a contratação do objeto do certame ora questionado, faça constar do edital os critérios objetivos a serem utilizados para a gradação da pontuação dos quesitos pontuáveis no caso de atendimento parcial.

Da mesma forma, também no momento de avaliação das propostas, deverão os julgadores valer-se desse assessoramento, fazendo integrar ao processo todos os laudos, pareceres, perícias, opiniões técnicas e outros documentos produzidos.

A pontuação técnica de cada proposta dar-se-á em conformidade com os critérios e parâmetros estabelecidos no edital, através do somatório das multiplicações das notas dadas aos fatores elencados pelos pesos atribuídos a cada um deles. Assim, cada proposta técnica, após a avaliação devida, deverá receber uma pontuação técnica final, calculada com fulcro nos pesos e notas resultantes do julgamento dos fatores indicados no edital.

---

administração pública federal, direta ou indireta, pelas fundações instituídas ou mantidas pelo Poder Público e pelas demais organizações sob o controle direto ou indireto da União, e na Instrução Normativa MPOG/SLTI nº 04, de 12 de novembro de 2010, que dispõe sobre o processo de contratação de Soluções de Tecnologia da Informação.

Para se ter uma ideia prática, hipoteticamente imaginemos uma licitação com três licitantes, **X, Y e Z**, com adoção de seis dos fatores para avaliação técnica. No edital estabeleceram-se os pesos para os fatores: prazo de entrega (peso 6); suporte de serviços (peso 5); qualidade (peso 6); padronização (peso 5); compatibilidade (peso 7) e desempenho (peso 6).

Respectivamente, **X, Y e Z** receberam as seguintes notas, após apreciação das propostas técnicas, considerando, da forma mais objetiva possível, os critérios definidos no instrumento convocatório:

X: 6, 8, 4, 7, 5 e 8;
Y: 8, 8, 5, 7, 7 e 8;
Z: 7, 8, 7, 8, 5 e 7.

O quadro abaixo espelha a situação e, com base no regramento estabelecido, define esta parte do cotejo:

Fatores	Peso	Licitante X		Licitante Y		Licitante Z	
		Nota	Total	Nota	Total	Nota	Total
Prazo de entrega	6	6	36	8	48	7	42
Suporte de serviços	5	8	40	8	40	8	40
Qualidade	6	4	24	5	30	7	42
Padronização	5	7	35	7	35	8	40
Compatibilidade	7	5	35	7	49	5	35
Desempenho	6	8	48	8	48	7	42
Somatório	X	X	218	X	250	X	241

O índice técnico será obtido mediante a divisão da pontuação técnica da proposta que está sendo apreciada pela de maior pontuação técnica. Assim, dentro da situação hipotética, verifica-se que a maior pontuação técnica foi a proposta apresentada pelo licitante **Y** (250).

Associando-se cada proposta, vislumbrar-se-á:

Licitante **X** = $\dfrac{218}{250}$ = 0,87

Licitante **Y** = $\dfrac{250}{250}$ = 1,00

Licitante **Z** = $\dfrac{241}{250}$ = 0,96

O índice de preço, por sua vez, será determinado mediante a divisão do menor preço proposto pelo preço da proposta em exame. Imaginemos os seguintes preços propostos pelos licitantes:

Licitante X: R$ 46.000,00
Licitante Y: R$ 50.000,00
Licitante Z: R$ 45.000,00

Assim, dentro da regra imposta para determinação do índice de preço (divisão do menor preço proposto pelo da proposta em exame), teremos:

Licitante X: $\dfrac{45.000,00}{46.000,00} = 0,97$

Licitante Y: $\dfrac{45.000,00}{50.000,00} = 0,90$

Licitante Z: $\dfrac{45.000,00}{45.000,00} = 1,00$

Posteriormente, far-se-á a multiplicação do índice técnico de cada proposta pelo fator de ponderação, conforme fixado previamente no edital. Depois, proceder-se-á a multiplicação do índice de preço de cada proposta pelo complemento, em relação a dez, do valor do fator de ponderação adotado.

Imaginemos que o índice técnico estabelecido no edital seja 7 (sete). Como o índice de preço é o valor do complemento em relação a 10 (dez) do valor estabelecido para ponderação técnica, no nosso caso hipotético ele será 3 (três).

Segue-se a multiplicação do índice técnico de cada proposta pelo fator de ponderação (no caso, 7) e, posteriormente, a multiplicação do índice de preço de cada proposta pelo complemento em relação a 10 (no caso, 3).

Ponderação Técnica:
Licitante **X** = 0,87 x 7 = 6,09
Licitante **Y** = 1,00 x 7 = 7,00
Licitante **Z** = 0,96 x 7 = 6,72

Ponderação de Preço:
Licitante **X** = 0,97 x 3 = 2,91
Licitante Y = 0,90 x 3 = 2,70
Licitante **Z** = 1,00 x 3 = 3,00

O valor de avaliação (**A**) de cada proposta será obtido através do somatório dos valores obtidos nos procedimentos estabelecidos nos incisos V e VI.

Assim, os valores de avaliação (**A**) dos licitantes serão:
Licitante **X** = 6,09 + 2,91 = 9,00
Licitante **Y** = 7,00 + 2,70 = 9,70
Licitante **Z** = 6,72 + 3,00 = 9,72

Posteriormente, com a obtenção dos valores de avaliação e classificação das propostas válidas, deverá ser concedido o direito de preferência.

Consigne-se que, consoante o previsto no § 2º, na definição dos critérios de julgamento da proposta técnica é vedado à Administração: (a) exigir ou atribuir pontuação para mais de um atestado comprobatório da experiência do licitante no mesmo critério de avaliação; (b) a pontuação de atestados que foram exigidos para fins de habilitação; (c) exigir ou atribuir pontuação para qualificação que seja incompatível ou impertinente com a natureza ou a complexidade do serviço ou da atividade a ser executada; (d) exigir ou atribuir pontuação para a alocação de profissionais de nível e qualificação superior ou inferior aos graus de complexidade das atividades a serem executadas, devendo-se exigir a indicação de profissionais de maior qualificação apenas para as tarefas de natureza complexa; e (f) exigir ou atribuir pontuação para experiência em atividades consideradas secundárias ou de menor relevância para a execução do serviço.

2.2 A repactuação dos preços

O preceptivo indica, quando da elaboração de editais que objetivem a contratação de serviços continuados com dedicação exclusiva de mão de obra, a exigência da forma de contagem da periodicidade para a concessão das repactuações, fazendo remissão aos arts. 37 a 41-B da IN, que compõem o capítulo atinente à repactuação de preços contratuais.

Como já explanado, os serviços continuados com dedicação exclusiva de mão de obra são aqueles nos quais os empregados da contratada são alocados para trabalhar continuamente nas dependências do ente público. São os contratos típicos de terceirização (limpeza, vigilância, recepção, portaria etc.). Logicamente, os serviços continuados *sem dedicação exclusiva de mão de obra* são aqueles em que não há alocação contínua de empregados da contratada nas dependências do órgão, nem dedicação exclusiva. São exemplos comuns os serviços de lavanderia, manutenção preventiva ou corretiva de equipamentos, locação de máquinas etc. A distinção entre as duas modalidades é de vital importância. Nos serviços com dedicação exclusiva de mão de obra, a Administração poderá ser responsabilizada pelo descumprimento de obrigações trabalhistas e previdenciárias relativas aos empregados alocados à execução contratual. Essa possibilidade determina que a Administração estabeleça severos mecanismos de fiscalização.

A repactuação consigna um relativamente novo instituto de recomposição de preços contratuais no âmbito da Administração federal, advindo do nº 2.271/97. Segundo o art. 5º do decreto, que dispõe sobre a contratação de serviços pela Administração Pública Federal direta, autárquica e fundacional, os contratos de que trata (que envolverem atividades materiais acessórias, instrumentais ou complementares aos assuntos que constituem área de competência legal do órgão ou entidade, notadamente as de conservação, limpeza, segurança, vigilância, transportes, informática, copeiragem, recepção, reprografia, telecomunicações e manutenção de prédios), que tenham por objeto a prestação de serviços executados de forma contínua, poderão, desde que previsto no edital, admitir repactuação visando a adequação aos novos preços de mercado, observados o interregno mínimo de um ano e a demonstração analítica da variação dos componentes dos custos do contrato, devidamente justificada.

Contrariando a Lei nº 8.666/93, o inc. I do art. 4º do Decreto nº 2.271/97 veda a inclusão de disposições nos instrumentos contratuais que permitam indexação de preços por índices gerais, setoriais ou que reflitam a variação de custos, ou seja, veda a inserção de cláusula de reajustamento.

Depois de uma sucessiva oscilação de ideias, posições e entendimentos, passou-se a entender, para que a tal *repactuação* não fosse considerada ilegal – consoante parecer da AGU[179] –, que o instituto configura uma forma atípica de reajuste[180].

Sobre a matéria, observamos[181]:

> Surpreendeu a edição do Decreto nº 2.271/97, dispondo sobre a contratação de serviços pela Administração Pública Federal direta, autárquica e fundacional, que, de forma inusitada, vedou a inclusão de disposições nos instrumentos contratuais sobre a indexação de preços, permitindo, "para a adequação aos novos preços de mercado", um instrumento até então nunca adotado para esse fim nos contratos administrativos: a repactuação.
> Essa inovação causou estranheza, pois proibia o que a Lei nº 8.666 prevê, qual seja, o reajuste, com a aplicação de índices gerais, setoriais ou que reflitam a variação de custos.

---

[179] Orientação Normativa/AGU nº 23, de 1.4.2009 (DOU, 7 de abr. 2009, S. 1, p. 15) – O edital e o contrato de serviço continuado deverão indicar o critério de reajustamento de preços, que deverá ser sob a forma de reajuste em sentido estrito, com previsão de índice setorial, ou por repactuação, pela demonstração analítica da variação dos componentes dos custos.
[180] O TCU adotou a ideia, classificando a repactuação como uma forma específica de reajuste (Acórdão nº 1.828/2008-Plenário).
[181] BITTENCOURT, Sidney. Licitação Passo a Passo. 7. ed., Fórum.

O ato regulamentar ignorou uma faculdade conferida pela lei do Plano Real: a adoção de cláusula de reajuste nos contratos com periodicidade superior a um ano. A perplexidade era tamanha, dado que a impossibilidade de um decreto contrariar uma lei reside justamente no fato de que essa ferramenta existe com o fim único de aclarar seus termos, jamais alterar seu conteúdo[182]. Após idas e vindas no âmbito doutrinário, buscando-se aclarar a situação e uniformizar o entendimento sobre a questão no âmbito federal, o presidente da República aprovou parecer sobre a matéria emitido pela Advocacia-Geral da União (despacho publicado no *DOU*, set. 2003).

Considerando que os pareceres aprovados e publicados juntamente com despacho presidencial vinculam a Administração Federal, consoante o preconizado no §1º, do art. 40, da Lei Complementar nº 73/93, os procedimentos para repactuação nos contratos de serviços contínuos, cujo regramento regulamentar específico consta no art. 5º do Decreto nº 2.271/97, passaram a ater-se ao a seguir especificado:

a) A repactuação deverá estar prevista no contrato, constituindo-se numa espécie de reajustamento de preços, não se confundindo com as hipóteses de reequilíbrio econômico-financeiro, sendo demonstrável pelo contratado por intermédio da indicação analítica dos componentes dos custos que integram o objeto do contrato;

b) Somente será admissível a repactuação após o interregno de 1 (um) ano, cuja contagem terá como referência a data da proposta ou a do orçamento a que a proposta se referir;

c) Considerar-se-á como "data do orçamento" a data do acordo, convenção, dissídio coletivo de trabalho ou equivalentes que estipulem o salário vigente à época da apresentação da proposta;

d) No caso da primeira repactuação do contrato, portanto, o prazo de um ano para se requerer a repactuação contar-se-á da data da proposta da empresa ou da data do orçamento a que a proposta se referir[183];

e) O efeito financeiro da repactuação, motivado pela majoração salarial, incidirá a partir da data em que passou a vigorar efetivamente a majoração salarial da categoria profissional;

f) No caso das repactuações subsequentes à primeira, o prazo de um ano

---

[182] Na verdade, a repactuação foi um mecanismo encontrado pelo governo federal, na vigência do chamado Plano Real, quando a estabilidade da economia nacional começou a tomar corpo, visando dissociar a correção de preços dos contratos de serviços de natureza continuada de um reajuste automático.
[183] Decidiu o TCU no Acórdão nº 1563/2004-Plenário: "[...] no caso da primeira repactuação dos contratos de prestação de serviços de natureza contínua, o prazo mínimo de um ano a que se refere o item 8.1 da Decisão 457/1995-Plenário conta-se a partir da apresentação da proposta ou da data do orçamento a que a proposta se referir, sendo que, nessa última hipótese, considera-se como data do orçamento a data do acordo, convenção, dissídio coletivo de trabalho ou equivalente que estipular o salário vigente à época da apresentação da proposta, vedada a inclusão, por ocasião da repactuação, de antecipações e de benefícios não previstos originariamente [...]".

deverá ser contado a partir da data da última repactuação; e [184,185]

g) A repactuação deverá ser pleiteada até a data da prorrogação contratual subsequente. A inexistência de pleito até essa data demandará a perda do direito do contratado (preclusão), em face da não solicitação tempestiva[186].

Destarte, prescreve o art. 37 da IN em análise que a repactuação é uma espécie de reajuste contratual utilizado nas contratações de serviços continuados, executados de forma contínua, desde que seja observado o interregno mínimo de um ano das datas dos orçamentos aos quais a proposta se referir, conforme estabelece o supracitado art. 5º do Decreto nº 2.271/97.

Os parágrafos do art. 37 dão curso à prática da repactuação, assim como os arts. 38 a 41-B da IN, a cujos comentários remetemos o leitor.

---

[184] Orientação Normativa AGU nº 25, de 1º de abril de 2009 – No contrato de serviço continuado com dedicação exclusiva de mão de obra, o interregno de um ano para que se autorize a repactuação deverá ser contado da data do orçamento a que a proposta se referir, assim entendido o acordo, convenção ou dissídio coletivo de trabalho, para os custos decorrentes de mão de obra, e da data limite para a apresentação da proposta em relação aos demais insumos.

[185] Orientação Normativa AGU nº 26, de 1º de abril de 2009 – No caso das repactuações subsequentes à primeira, o interregno de um ano deve ser contado da última repactuação correspondente à mesma parcela objeto da nova solicitação. Entende-se como última repactuação a data em que iniciados seus efeitos financeiros, independentemente daquela em que celebrada ou apostilada.

[186] A conclusão quanto ao instituto da preclusão se deu em face da AGU ter entendido como plenamente pertinente a limitação do exercício do direito de repactuação nos termos propostos, consoante dispôs o Acórdão nº 1828/2008-TCU- Plenário. Nele, discorreu em seu voto o Ministro Benjamin Zymler: [...] quando da assinatura do terceiro termo aditivo caberia à contratada, caso ainda não tivesse postulado, suscitar seu direito à repactuação, cujos efeitos retroagiriam a 1.5.2005, data-base que ensejou a celebração de novo acordo coletivo que alterou o salário da categoria profissional. Contudo, o que aconteceu foi tão somente a alteração do prazo contratual, ratificando-se todas as demais cláusulas e condições estabelecidas no contrato original. Ao aceitar as condições estabelecidas no termo aditivo sem suscitar os novos valores pactuados no acordo coletivo, a empresa [...] deixou de exercer o seu direito à repactuação pretérita. Em outros termos, a despeito do prévio conhecimento da majoração salarial decorrente do acordo coletivo ocorrido em maio de 2005, a empresa agiu de forma oposta e firmou novo contrato com a Administração por meio do qual ratificou os preços até então acordados e comprometeu-se a dar continuidade à execução dos serviços por mais 12 meses. Por conseguinte, considero que a solicitação de repactuação contratual feita pela empresa [...] em 6.2.2007, com efeitos retroativos a 1.5.2005, encontra óbice no instituto da preclusão lógica. Com efeito, há a preclusão lógica quando se pretende praticar ato incompatível com outro anteriormente praticado. In casu, a incompatibilidade residiria no pedido de repactuação de preços que, em momento anterior, receberam a anuência da contratada. A aceitação dos preços quando da assinatura da prorrogação contratual envolve uma preclusão lógica de não mais questioná-los, com base na majoração salarial decorrente do acordo coletivo ocorrido em maio de 2005, a empresa agiu de forma oposta e firmou novo contrato com a Administração por meio do qual ratificou os preços até então acordados e comprometeu-se a dar continuidade à execução dos serviços por mais 12 meses. Por conseguinte, considero que a solicitação de repactuação contratual feita pela empresa [...] em 6.2.2007, com efeitos retroativos a 1.5.2005, encontra óbice no instituto da preclusão lógica. Com efeito, há a preclusão lógica quando se pretende praticar ato incompatível com outro anteriormente praticado. In casu, a incompatibilidade residiria no pedido de repactuação de preços que, em momento anterior, receberam a anuência da contratada. A aceitação dos preços quando da assinatura da prorrogação contratual envolve uma preclusão lógica de não mais questioná-los, com base na majoração salarial decorrente do acordo coletivo ocorrido em maio de 2005..

2.3 A possibilidade de prorrogação contratual para os serviços continuados

O art. 57 da Lei nº 8.666/93 prevê como regra geral que a duração dos contratos administrativos está adstrita à vigência dos respectivos créditos orçamentários. Inobstante, prescreve, nos seus incisos, algumas exceções a essa regra.

Uma delas, prevista no inc. II, é a que admite que o contrato de prestação de serviços executados de forma contínua poderá ter a sua duração prorrogada por iguais e sucessivos períodos com vistas à obtenção de preços e condições mais vantajosas para a Administração, limitada a sessenta meses.

Essa exceção diz respeito aos contratos de serviços continuados, ou seja, os voltados para serviços que, devido ao interesse público, devam ser prestados sem nenhum tipo de interrupção, ou seja, sem solução de continuidade.

Esse dispositivo, em face da dificuldade de aplicação devido ao texto dúbio, vem, ao longo do tempo, sofrendo um grande número de alterações, com mudanças que determinaram interpretações diversas.

Ao tratar da hipótese de exceção, o dispositivo informa que os contratos a serem executados de forma contínua poderão ter a sua duração prorrogada por iguais e sucessivos períodos com vistas à obtenção de preços e condições mais vantajosas para a administração, limitada a 60 meses. Nesse viés, debate-se se esses contratos poderiam ter sua duração fixada por prazo superior ao respectivo exercício financeiro, como ocorre nos contratos atrelados a projetos cujos produtos estejam contemplados nas metas estabelecidas no Plano Plurianual, ou seja, se poderiam ser já firmados com a duração de até 60 meses. A nosso ver, tal prática é vedada pela CF, que proíbe a assunção de obrigações que excedam os créditos orçamentários, exceto no caso do Plano Plurianual. *Vide* que, no art. 167, que trata da matéria, a Carta Maior não excepcionou o serviço contínuo.

Conforme já expusemos, ao tratarmos das diversas alterações sofridas pelo dispositivo, culminando com o texto ora vigente, concluímos, considerando que, com a "balbúrdia interpretativa" causada – com reflexos no dia a dia da Administração que, sem saber ao certo o caminho a seguir, tratou de adotar o sentido literal do texto e inúmeras vezes celebrou "contratos iniciais" com 60 meses de duração – teve o Poder Executivo a sensibilidade de utilizar uma Medida Provisória para correção da falha. Em consequência, por intermédio da MP nº 1.500/96, foi revista a redação desse inc. II, culminando com o texto trazido à luz pela Lei nº 9.648/98. Destarte, mantivemos o nosso entendimento no sentido de que, além da regra do caput do art. 57 (duração adstrita à vigência do crédito orçamentário), poderiam os contratos de serviços continuados (ou seja, que, por interesse público, não podem ser interrompidos, sob pena de sério dano à coletividade) se manterem vigentes através de prorrogações sucessivas, até o limite de 60 meses.

No mesmo curso, é a orientação da AGU, conforme já explicitado:

> Orientação Normativa AGU nº 38, de 13 de dezembro de 2011 – Nos contratos de prestação de serviços de natureza continuada deve-se observar que: a) o prazo de vigência originário, de regra, é de até 12 meses; b) excepcionalmente, este prazo poderá ser fixado por período superior a 12 meses nos casos em que, diante da peculiaridade e/ou complexidade do objeto, fique tecnicamente demonstrado o benefício advindo para a administração; e c) é juridicamente possível a prorrogação do contrato por prazo diverso do contratado originariamente.

3. Documentos habilitatórios a serem exigidos de cooperativas

Sobre a matéria, já nos referimos quando dos comentários ao art. 4º da IN, aos quais remetemos o leitor.

O § 3º deste art. 19 elenca os documentos habilitatórios a serem exigidos de sociedades cooperativas, a saber:

a) relação dos cooperados que atendem aos requisitos técnicos exigidos para a contratação e que executarão o contrato, com as respectivas atas de inscrição e a comprovação de que estão domiciliados na localidade da sede da cooperativa, respeitado o disposto nos arts. 4º, inc. XI, 21, inc. I e 42, §§ 2º a 6º da Lei nº 5.764/71;

> Art. 4º. As cooperativas são sociedades de pessoas, com forma e natureza jurídica próprias, de natureza civil, não sujeitas a falência, constituídas para prestar serviços aos associados, distinguindo-se das demais sociedades pelas seguintes características: (...) XI - área de admissão de associados limitada às possibilidades de reunião, controle, operações e prestação de serviços.
> Art. 21. O estatuto da cooperativa, além de atender ao disposto no artigo 4º, deverá indicar:
> I - a denominação, sede, prazo de duração, área de ação, objeto da sociedade, fixação do exercício social e da data do levantamento do balanço geral;
> Art. 42. Nas cooperativas singulares, cada associado presente não terá direito a mais de 1 (um) voto, qualquer que seja o número de suas quotas-partes.
> § 1º Não será permitida a representação por meio de mandatário.
> § 2º Quando o número de associados, nas cooperativas singulares, exceder a 3.000 (três mil), pode o estatuto estabelecer que os mesmos sejam representados nas Assembleias-Gerais por delegados que tenham a qualidade de associados no gozo de seus direitos sociais e não exerçam cargos eletivos na sociedade.

§ 3º O estatuto determinará o número de delegados, a época e forma de sua escolha por grupos seccionais de associados de igual número e o tempo de duração da delegação.

§ 4º Admitir-se-á, também, a delegação definida no parágrafo anterior nas cooperativas singulares cujo número de associados seja inferior a 3.000 (três mil), desde que haja filiados residindo a mais de 50 km (cinquenta quilômetros) da sede.

§ 5º Os associados, integrantes de grupos seccionais, que não sejam delegados, poderão comparecer às Assembleias-Gerais, privados, contudo, de voz e voto.

§ 6º As Assembleias-Gerais compostas por delegados decidem sobre todas as matérias que, nos termos da lei ou dos estatutos, constituem objeto de decisão da Assembleia-Geral dos associados.

b) declaração de regularidade de situação do contribuinte individual – DRSCI de cada um dos cooperados relacionados;

c) comprovação do capital social proporcional ao número de cooperados necessários à prestação do serviço;

d) registro previsto no art. 107 da Lei 5.764/71;

> Art. 107. As cooperativas são obrigadas, para seu funcionamento, a registrar-se na Organização das Cooperativas Brasileiras ou na entidade estadual, se houver, mediante apresentação dos estatutos sociais e suas alterações posteriores.

e) comprovação de integração das respectivas quotas-partes por parte dos cooperados que executarão o contrato; e

f) os seguintes documentos para comprovação da regularidade jurídica da cooperativa: ata de fundação; estatuto social com a ata da assembleia que o aprovou; regimento dos fundos instituídos pelos cooperados, com a ata da assembleia que os aprovou; d) editais de convocação das três últimas assembleias-gerais extraordinárias; três registros de presença dos cooperados que executarão o contrato em assembleias-gerais ou nas reuniões seccionais; e ata da sessão em que os cooperados autorizaram a cooperativa a contratar o objeto da licitação;

g) última auditoria contábil da cooperativa, conforme dispõe o art. 112 da Lei nº 5.764/71, ou uma declaração, sob as penas da lei, de que tal auditoria não foi exigida pelo órgão fiscalizador.

> Art. 112. O Balanço Geral e o Relatório do exercício social que as cooperativas deverão encaminhar anualmente aos órgãos de controle serão acompanhados, a juízo destes, de parecer emitido por um serviço independente de auditoria

credenciado pela Organização das Cooperativas Brasileiras.
Parágrafo único. Em casos especiais, tendo em vista a sede da Cooperativa, o volume de suas operações e outras circunstâncias dignas de consideração, a exigência da apresentação do parecer pode ser dispensada.

4. Outras inovações promovidas pela IN n° 06/13

O inc. I do § 5° prevê que, na contratação de serviços continuados, a Administração Pública poderá exigir do licitante a comprovação de que tenha executado serviços de terceirização compatíveis em quantidade com o objeto licitado por período não inferior a 3 (três) anos, sendo admitido, no entanto, o somatório de atestados para comprovação dessa experiência (§ 6°).

Segundo o § 7°, na contratação de serviços continuados com mais de 40 (quarenta) postos, o licitante deverá comprovar que já executou contrato com um mínimo de 50% (cinquenta por cento) do número de postos de trabalho a serem contratados. Quando o número de postos de trabalho a ser contratado for igual ou inferior a 40 (quarenta), o licitante deverá comprovar execução anterior de contrato com um mínimo de 20 (vinte) postos (§ 8°).

Sobre a matéria, registre-se representação no TCU relativa a pregão eletrônico conduzido pelo TRT – 6ª Região para a contratação de serviços de vigilância armada apontara possível restrição à competitividade do certame, em face de exigência de comprovação de que a empresa tivesse prestado os serviços licitados em quantitativo mínimo de oito postos de trabalho por pelo menos um ano. Em juízo de mérito, o relator concluiu pela regularidade da exigência, destacando, em seu fundamento, o recente Acórdão 1214/2013 - Plenário - que apreciou o trabalho realizado por grupo de estudos formado pela Corte de Contas para apresentar propostas com o objetivo de minimizar os problemas enfrentados pela Administração Pública na contratação da prestação de serviços de natureza contínua. Relembrou o relator que naquela oportunidade ficou assente, em princípio, ser factível a fixação em edital, como exigência de qualificação técnico- operacional, dos seguintes requisitos: (i) "para a contratação de até 40 postos de trabalho, atestado comprovando que a contratada tenha executado contrato com um mínimo de 20 postos e, para contratos de mais de 40 postos, seja exigido um mínimo de 50%", e (ii) "a obrigatoriedade de apresentação de atestado comprovando que a contratada tenha executado serviços de terceirização compatíveis em quantidade com o objeto licitado por período não inferior a 3 anos". Em epílogo, anotou que exigências similares foram consideradas válidas em dois julgados do Tribunal e que, no caso concreto, em que se requeria a contratação de 24 postos de trabalho, "as exigências foram até menos rigorosas do que aquelas delineadas nas deliberações mencionadas". Nesses termos, acolheu o Plenário a proposição do relator, para considerar improcedente a representação (Acórdão 2434/2013 - Plenário).

O § 9º inova, permitindo a apresentação de atestados expedidos após a conclusão do contrato a que tenha conexão ou mesmo de contratos ainda em andamento, se decorrido pelo menos um ano do início de sua execução. Autoriza, ainda, atestados referentes a contratos com prazos inferiores, caso o contrato a ser firmado seja para prazo abaixo de um ano.

O § 10, buscando proteger a Administração de fraudes, dispõe que o licitante deverá disponibilizar todas as informações necessárias à comprovação da legitimidade dos atestados solicitados, apresentando, dentre outros documentos, cópia do contrato que deu suporte à contratação, endereço atual da contratante e local em que foram prestados os serviços.

Por fim, o § 11, flexibilizando a matéria, prevê que, a depender da especificidade do objeto a ser licitado, os requisitos de qualificação técnica e econômico-financeira poderão ser adaptados, suprimidos ou acrescidos de outros considerados importantes para a contratação, observado o disposto nos arts. 27 a 31 da Lei nº 8.666/93 [187], desde que haja justificação plausível.

---

[187] Art. 27. Para a habilitação nas licitações exigir-se-á dos interessados, exclusivamente, documentação relativa a:
I - habilitação jurídica;
II - qualificação técnica;
III - qualificação econômico-financeira;
IV - regularidade fiscal e trabalhista;
V - cumprimento do disposto no inciso XXXIII do art. 7o da Constituição Federal. (Incluído pela Lei nº 9.854, de 1999)
Art. 28. A documentação relativa à habilitação jurídica, conforme o caso, consistirá em:
I - cédula de identidade;
II - registro comercial, no caso de empresa individual;
III - ato constitutivo, estatuto ou contrato social em vigor, devidamente registrado, em se tratando de sociedades comerciais, e, no caso de sociedades por ações, acompanhado de documentos de eleição de seus administradores;
IV - inscrição do ato constitutivo, no caso de sociedades civis, acompanhada de prova de diretoria em exercício;
V - decreto de autorização, em se tratando de empresa ou sociedade estrangeira em funcionamento no país, e ato de registro ou autorização para funcionamento expedido pelo órgão competente, quando a atividade assim o exigir.
Art. 29. A documentação relativa à regularidade fiscal e trabalhista, conforme o caso, consistirá em:
I - prova de inscrição no Cadastro de Pessoas Físicas (CPF) ou no Cadastro Geral de Contribuintes (CGC);
II - prova de inscrição no cadastro de contribuintes estadual ou municipal, se houver, relativo ao domicílio ou sede do licitante, pertinente ao seu ramo de atividade e compatível com o objeto contratual;
III - prova de regularidade para com a Fazenda Federal, Estadual e Municipal do domicílio ou sede do licitante, ou outra equivalente, na forma da lei;

IV - prova de regularidade relativa à Seguridade Social e ao Fundo de Garantia por Tempo de Serviço (FGTS), demonstrando situação regular no cumprimento dos encargos sociais instituídos por lei.
V - prova de inexistência de débitos inadimplidos perante a Justiça do Trabalho, mediante a apresentação de certidão negativa, nos termos do Título VII-A da Consolidação das Leis do Trabalho, aprovada pelo Decreto-Lei no 5.452, de 1o de maio de 1943.
Art. 30. A documentação relativa à qualificação técnica limitar-se-á a:
I - registro ou inscrição na entidade profissional competente;
II - comprovação de aptidão para desempenho de atividade pertinente e compatível em características, quantidades e prazos com o objeto da licitação, e indicação das instalações e do aparelhamento e do pessoal técnico adequados e disponíveis para a realização do objeto da licitação, bem como da qualificação de cada um dos membros da equipe técnica que se responsabilizará pelos trabalhos;
III - comprovação, fornecida pelo órgão licitante, de que recebeu os documentos, e, quando exigido, de que tomou conhecimento de todas as informações e das condições locais para o cumprimento das obrigações objeto da licitação;
IV - prova de atendimento de requisitos previstos em lei especial, quando for o caso.
§ 1o A comprovação de aptidão referida no inciso II do caput deste artigo, no caso das licitações pertinentes a obras e serviços, será feita por atestados fornecidos por pessoas jurídicas de direito público ou privado devidamente registradas nas entidades profissionais competentes, limitadas as exigências a:
I - capacitação técnico-profissional: comprovação do licitante de possuir em seu quadro permanente, na data prevista para entrega da proposta, profissional de nível superior ou outro devidamente reconhecido pela entidade competente, detentor de atestado de responsabilidade técnica por execução de obra ou serviço de características semelhantes, limitadas estas exclusivamente às parcelas de maior relevância e valor significativo do objeto da licitação, vedadas as exigências de quantidades mínimas ou prazos máximos;
II - (Vetado). a) (Vetado). b) (Vetado).
§ 2o As parcelas de maior relevância técnica e de valor significativo, mencionadas no parágrafo anterior, serão definidas no instrumento convocatório.
§ 3o Será sempre admitida a comprovação de aptidão através de certidões ou atestados de obras ou serviços similares de complexidade tecnológica e operacional equivalente ou superior.
§ 4o Nas licitações para fornecimento de bens, a comprovação de aptidão, quando for o caso, será feita através de atestados fornecidos por pessoa jurídica de direito público ou privado.
§ 5o É vedada a exigência de comprovação de atividade ou de aptidão com limitações de tempo ou de época ou ainda em locais específicos, ou quaisquer outras não previstas nesta Lei, que inibam a participação na licitação.
§ 6o As exigências mínimas relativas a instalações de canteiros, máquinas, equipamentos e pessoal técnico especializado, considerados essenciais para o cumprimento do objeto da licitação, serão atendidas mediante a apresentação de relação explícita e da declaração formal da sua disponibilidade, sob as penas cabíveis, vedadas as exigências de propriedade e de localização prévia.
§ 7º (Vetado). I - (Vetado). II - (Vetado).
§ 8o No caso de obras, serviços e compras de grande vulto, de alta complexidade técnica, poderá a Administração exigir dos licitantes a metodologia de execução, cuja avaliação, para efeito de sua aceitação ou não, antecederá sempre a análise dos preços e será efetuada exclusivamente por critérios objetivos.
§ 9o Entende-se por licitação de alta complexidade técnica aquela que envolve alta especialização, como fator de extrema relevância para garantir a execução do objeto a ser contratado, ou que possa comprometer a continuidade da prestação de serviços públicos essenciais.
§ 10. Os profissionais indicados pelo licitante para fins de comprovação da capacitação técnico-profissional de que trata o inciso I do § 1o deste artigo deverão participar da obra ou serviço objeto da licitação, admitindo-se a substituição por profissionais de experiência equivalente ou superior, desde que aprovada pela administração.
§ 11. (Vetado). § 12. (Vetado).
Art. 31. A documentação relativa à qualificação econômico-financeira limitar-se-á a:
I - balanço patrimonial e demonstrações contábeis do último exercício social, já exigíveis e apresentados na forma da lei, que comprovem a boa situação financeira da empresa, vedada a sua substituição por balancetes ou balanços provisórios, podendo ser atualizados por índices oficiais

ARTIGO 19-A

Art. 19-A. O edital deverá conter ainda as seguintes regras para a garantia do cumprimento das obrigações trabalhistas nas contratações de serviços continuados com dedicação exclusiva de mão de obra: (Redação dada pela Instrução Normativa nº 6, de 23 de dezembro de 2013)

I - previsão de provisionamento de valores para o pagamento das férias, 13º (décimo terceiro) salário e verbas rescisórias aos trabalhadores da contratada, que serão depositados pela Administração em conta vinculada específica, conforme o disposto no Anexo VII desta Instrução Normativa; (Redação dada pela Instrução Normativa nº 6, de 23 de dezembro de 2013)

a) - (Revogado pela IN nº 3, de 24 de junho de 2014)
b) - (Revogado pela IN nº 3, de 24 de junho de 2014)
c) - (Revogado pela IN nº 3, de 24 de junho de 2014)
d) - ao final da vigência do contrato, para o pagamento das verbas rescisórias; e (Incluído pela Instrução Normativa nº 3, de 16 de outubro de 2009)
e) - (Revogado pela IN nº 06, de 23 de dezembro de 2013)

II - (Revogado pela IN nº 06, de 23 de dezembro de 2013)

III - previsão de que o pagamento dos salários dos empregados pela empresa contratada deverá ser feito por depósito bancário, na conta dos empregados, em agências situadas na localidade ou região metropolitana em que ocorre a prestação dos serviços; (Redação dada pela Instrução Normativa nº 6, de 23 de dezembro de 2013)

---

quando encerrado há mais de 3 (três) meses da data de apresentação da proposta;
II - certidão negativa de falência ou concordata expedida pelo distribuidor da sede da pessoa jurídica, ou de execução patrimonial, expedida no domicílio da pessoa física;
III - garantia, nas mesmas modalidades e critérios previstos no caput e § 1o do art. 56 desta Lei, limitada a 1% (um por cento) do valor estimado do objeto da contratação.
§ 1o A exigência de índices limitar-se-á à demonstração da capacidade financeira do licitante com vistas aos compromissos que terá que assumir caso lhe seja adjudicado o contrato, vedada a exigência de valores mínimos de faturamento anterior, índices de rentabilidade ou lucratividade.
§ 2º A Administração, nas compras para entrega futura e na execução de obras e serviços, poderá estabelecer, no instrumento convocatório da licitação, a exigência de capital mínimo ou de patrimônio líquido mínimo, ou ainda as garantias previstas no § 1o do art. 56 desta Lei, como dado objetivo de comprovação da qualificação econômico-financeira dos licitantes e para efeito de garantia ao adimplemento do contrato a ser ulteriormente celebrado.
§ 3º O capital mínimo ou o valor do patrimônio líquido a que se refere o parágrafo anterior não poderá exceder a 10% (dez por cento) do valor estimado da contratação, devendo a comprovação ser feita relativamente à data da apresentação da proposta, na forma da lei, admitida a atualização para esta data através de índices oficiais.
§ 4º Poderá ser exigida, ainda, a relação dos compromissos assumidos pelo licitante que importem diminuição da capacidade operativa ou absorção de disponibilidade financeira, calculada esta em função do patrimônio líquido atualizado e sua capacidade de rotação.
§ 5º A comprovação de boa situação financeira da empresa será feita de forma objetiva, através do cálculo de índices contábeis previstos no edital e devidamente justificados no processo administrativo da licitação que tenha dado início ao certame licitatório, vedada a exigência de índices e valores não usualmente adotados para correta avaliação de situação financeira suficiente ao cumprimento das obrigações decorrentes da licitação

IV - a obrigação da contratada de, no momento da assinatura do contrato, autorizar a Administração contratante a reter, a qualquer tempo, a garantia na forma prevista na alínea "k" do inciso XIX do art. 19 desta Instrução Normativa; (Redação dada pela Instrução Normativa nº 6, de 23 de dezembro de 2013)

V - a obrigação da contratada de, no momento da assinatura do contrato, autorizar a Administração contratante a fazer o desconto nas faturas e realizar os pagamentos dos salários e demais verbas trabalhistas diretamente aos trabalhadores, bem como das contribuições previdenciárias e do FGTS, quando estes não forem adimplidos; (Incluído pela Instrução Normativa nº 6, de 23 de dezembro de 2013)

VI - disposição prevendo que a contratada deverá viabilizar, no prazo de 60 (sessenta) dias, contados do início da prestação dos serviços, a emissão do Cartão Cidadão expedido pela Caixa Econômica Federal para todos os empregados; (Incluído pela Instrução Normativa nº 6, de 23 de dezembro de 2013)

VII - disposição prevendo que a contratada deverá viabilizar, no prazo de 60 (sessenta) dias, contados do início da prestação dos serviços, o acesso de seus empregados, via internet, por meio de senha própria, aos sistemas da Previdência Social e da Receita do Brasil, com o objetivo de verificar se as suas contribuições previdenciárias foram recolhidas; (Incluído pela Instrução Normativa nº 6, de 23 de dezembro de 2013)

VIII - disposição prevendo que a contratada deverá oferecer todos os meios necessários aos seus empregados para obtenção de extrato de recolhimento sempre que solicitado pela fiscalização. (Incluído pela Instrução Normativa nº 6, de 23 de dezembro de 2013)

§ 1º Os valores provisionados na forma do inciso I somente serão liberados para o pagamento das verbas de que trata e nas seguintes condições: (Incluído pela Instrução Normativa nº 6, de 23 de dezembro de 2013)

I - parcial e anualmente, pelo valor correspondente ao 13º (décimo terceiro) salário dos empregados vinculados ao contrato, quando devido; (Incluído pela Instrução Normativa nº 6, de 23 de dezembro de 2013)

II - parcialmente, pelo valor correspondente às férias e a um terço de férias previsto na Constituição, quando do gozo de férias pelos empregados vinculados ao contrato; (Incluído pela Instrução Normativa nº 6, de 23 de dezembro de 2013)

III - parcialmente, pelo valor correspondente ao 13º (décimo terceiro) salário proporcional, férias proporcionais e à indenização compensatória porventura devida sobre o FGTS, quando da dispensa de empregado vinculado ao contrato; e (Incluído pela Instrução Normativa nº 6, de 23 de dezembro de 2013)

IV - ao final da vigência do contrato, para o pagamento das verbas rescisórias. (Incluído pela Instrução Normativa nº 6, de 23 de dezembro de 2013)

§ 2º Os casos de comprovada inviabilidade de utilização da conta vinculada deverão ser justificados pela autoridade competente. (Incluído pela Instrução Normativa nº 6, de 23 de dezembro de 2013)

§ 3º Em caso de impossibilidade de cumprimento do disposto no inciso III do *caput* deste artigo, a contratada deverá apresentar justificativa, a fim de que a Administração possa verificar a realização do pagamento. (Incluído pela Instrução Normativa nº 6, de 23 de dezembro de 2013)

§ 4º O saldo existente na conta vinculada apenas será liberado com a execução completa do contrato, após a comprovação, por parte da empresa, da quitação de todos os encargos trabalhistas e previdenciários relativos ao serviço contratado. (Incluído pela Instrução Normativa nº 6, de 23 de dezembro de 2013)

§ 5º Quando não for possível a realização dos pagamentos a que se refere o inciso V do *caput* deste artigo pela própria administração, esses valores retidos cautelarmente serão depositados junto à Justiça do Trabalho, com o objetivo de serem utilizados exclusivamente no pagamento de salários e das demais verbas trabalhistas, bem como das contribuições sociais e FGTS. (Incluído pela Instrução Normativa nº 6, de 23 de dezembro de 2013)

1. Garantia do cumprimento das obrigações trabalhistas

Em virtude do contido na Súmula nº 331 do TST, a IN SLTI nº 03/09 incluiu o art. 19-A na IN nº 02/08, para possibilitar que os editais contenham regras que garantam o cumprimento das obrigações trabalhistas nas contratações de serviços continuados com dedicação exclusiva de mão de obra.

Posteriormente, o texto foi alterado pela IN SLTI nº 06/13, em função das determinações do Acórdão nº 1.214/13 do TCU, que se manifestou sobre as propostas de um Grupo de Trabalho capitaneado pelo Ministério do Planejamento, no qual recomendou a incorporação de alguns aspectos à IN 02/08.

Assim, segundo o art. 19-A, o edital licitatório deverá conter as seguintes regras para a garantia do cumprimento das obrigações trabalhistas nas contratações de serviços continuados com dedicação exclusiva de mão de obra:

a) previsão de provisionamento de valores para o pagamento das férias, 13º (décimo terceiro) salário e verbas rescisórias aos trabalhadores da contratada, que serão depositados pela Administração em conta vinculada específica, conforme o disposto no Anexo VII da IN em análise;

b) previsão de que o pagamento dos salários dos empregados pela empresa contratada deverá ser feito por depósito bancário, na conta dos empregados, em agências situadas na localidade ou região metropolitana em que ocorre a prestação dos serviços;

c) a obrigação da contratada de, no momento da assinatura do contrato, autorizar a Administração contratante a reter, a qualquer tempo, a garantia na forma prevista na alínea "k" do inciso XIX do art. 19 desta Instrução Normativa;

d) a obrigação da contratada de, no momento da assinatura do contrato, autorizar a Administração contratante a fazer o desconto nas faturas e realizar os pagamentos dos salários e demais verbas trabalhistas diretamente aos trabalhadores, bem como das contribuições previdenciárias e do FGTS, quando estes não forem adimplidos;

e) disposição prevendo que a contratada deverá viabilizar, no prazo de 60 (sessenta) dias, contados do início da prestação dos serviços, a emissão do Cartão Cidadão expedido pela Caixa Econômica Federal para todos os empregados;

f) disposição prevendo que a contratada deverá viabilizar, no prazo de 60 (sessenta) dias, contados do início da prestação dos serviços, o acesso de seus empregados, via internet, por meio de senha própria, aos sistemas da Previdência Social e da Receita do Brasil, com o objetivo de verificar se as suas contribuições previdenciárias foram recolhidas; e

g) disposição prevendo que a contratada deverá oferecer todos os meios necessários aos seus empregados para obtenção de extrato de recolhimento sempre que solicitado pela fiscalização.

1.1 A conta vinculada

Prescreve o §1º do art. 71 da Lei nº 8.666/93 que a inadimplência do contratado com referência aos encargos trabalhistas, fiscais e comerciais não transfere à Administração Pública a responsabilidade por seu pagamento[188].

Registre-se que, em 24 de novembro de 2010, o Plenário STF declarou a constitucionalidade desse dispositivo. A decisão foi tomada no julgamento da Ação Declaratória de Constitucionalidade (ADC) 16, ajuizada pelo governador do Distrito Federal, em face do então texto da Súmula 331 do TST, que, não obstante o disposto no citado § 1º, responsabilizava subsidiariamente a Administração Pública em relação aos débitos trabalhistas quando atuava como contratante de qualquer serviço de terceiro especializado.

Importa ressaltar que, conforme inclusive se pronunciou o então presidente do STF, tal decisão não impedirá que o TST reconheça a responsabilidade, com base nos fatos de cada causa. Conforme explicitou o Ministro, o que o TST tem reconhecido é que a omissão culposa da Administração em relação à fiscalização (se a empresa contratada é ou não idônea, se paga ou não encargos sociais etc.) gera responsabilidade da União. Em síntese, a deliberação do STF pela constitucionalidade do § 1º, do art. 71 da Lei nº 8.666/1993 implica na não generalização da responsabilidade subsidiária por parte da Administração Pública, quando da contratação de serviços, mas não afasta de vez a responsabilização, uma vez que ela poderá existir caso ocorra omissão da Administração em relação

---

[188] Como já informado, a constitucionalidade do dispositivo foi reconhecida pelo STF através da Ação Direta de Constitucionalidade nº 16.

à fiscalização. Destarte, com a intenção de garantir a reserva financeira para cobertura de obrigações trabalhistas nos contratos de serviços terceirizados, a Administração passou a prever nos instrumentos convocatórios de licitação a exigência de criação de uma conta bancária vinculada, para fins de depósito das provisões para pagamento das verbas trabalhistas, que, aberta em nome da empresa, só pode ser movimentada com autorização do órgão público contratante.

A conta vinculada para quitação de obrigações trabalhistas foi implantada de forma pioneira pelo Conselho Nacional de Justiça – CNJ, objetivando resguardar os órgãos do Poder Judiciário de eventuais demandas judiciais de natureza trabalhista movida por funcionários de empresas terceirizadas, prestadoras de serviços continuados com dedicação exclusiva de mão de obra.

Davi Beltrão Corrêa explicita o histórico dessa criação:

> O motivo apresentado pelo CNJ para a edição de tal ato normativo foi que o TST tem reiteradamente decidido que o inadimplemento das obrigações trabalhistas pela empresa terceirizante contratada implica na responsabilização do órgão contratante, conforme inciso IV, da Súmula nº 331, da Corte Superior Trabalhista. Por meio da Instrução Normativa nº 01 de agosto de 2008, o CNJ determinou que as provisões de encargos trabalhistas pagos às empresas contratadas para prestarem serviços de forma contínua, por meio de locação de mão de obra, fossem glosadas do valor mensal do contrato e depositadas em conta-corrente vinculada, aberta em nome da empresa e com movimentação somente por ordem da secretaria competente do referido órgão [189].

Impende ressaltar que, com a alteração imposta pela IN nº 06/2013, a regra normativa, diversamente do que antes dispunha, determina a abertura da conta vinculada.

Relembra-se que o texto anterior, estabelecido pela IN nº 3/09, apresentava a abertura como facultativa, porquanto previa que os órgãos e entidades da Administração Pública Federal poderiam prever em seus editais a adoção de conta vinculada específica destinada ao depósito de valores provisionados para o pagamento de férias, 13º salário e rescisão contratual dos empregados de suas futuras prestadoras de serviços[190]. Ou seja, consignava ato discricionário do Administrador Público.

---

[189] CORRÊA, Davi Beltrão de Rossiter. Conta vinculada para a quitação de obrigações trabalhistas. Disponível em: <http://jus.com.br/artigos/18712>.
[190] Texto anterior: "Art. 19-A. Em razão da súmula nº 331 do Tribunal Superior do Trabalho, o edital poderá conter ainda as seguintes regras para a garantia do cumprimento das obrigações trabalhistas nas contratações de serviços continuados com dedicação exclusiva da mão de obra: (Incluído pela IN Nº 3, de 15/11/2009)".

Em princípio, consideramos que a obrigação imposta pela IN em análise não era nada razoável, pois, como asseveramos em artigo específico, a adoção da medida deveria continuar no campo da discricionariedade, só sendo adotada quando se mostrar conveniente e oportuna. Cremos, todavia, que a mudança de regra se impôs em face da transfiguração da possibilidade em liberalidade – o que fazia com que diversos agentes públicos não a adotasse, ainda que a situação impusesse –, uma vez que a previsão acabava por resumir aquela que, não raro, seria a solução a ser adotada para a redução do risco da responsabilização subsidiária por débitos trabalhistas.

Foi o que Pedro Henrique Braz de Vita bem resumiu, ao explicitar que "se ela é a solução ótima, então a Administração, tendo por norte o princípio da eficiência, deve aplicá-la, a não ser que exista uma justificativa plausível para não fazê-lo"[191].

E mais, como também ponderou o analista:

> A não adoção da conta vinculada em situação na qual tal medida se mostre comprovadamente conveniente e oportuna pode, numa eventual ação trabalhista, reforçar a culpa in vigilando da Administração Pública, elemento que, nos termos da Súmula nº 331 do TST, gera para o Poder Público o dever de responder subsidiariamente por débitos trabalhistas vencidos e não pagos pelos seus prestadores de serviços. Nessa seara, é de todo recomendável que a Administração adote tal medida sempre que for possível ou, ainda, que tome providências destinadas a torná-la viável num futuro próximo, como, por exemplo, a criação de procedimentos operacionais aptos a viabilizar a criação e o gerenciamento de contas vinculadas junto a instituição financeira oficial [192].

Anote-se que o Anexo VII da IN em comento trata especificamente da matéria e que o Portal de Compras Governamentais disponibiliza, conforme o disposto nesse Anexo, modelo de Planilha de Provisões de Valores relativos à Conta Vinculada, em formato Excel[193], com o objetivo de facilitar ao gestor do contrato e à sua equipe a operacionalização desse tipo de conta.

Registre-se que o § 2º preconiza que os casos de comprovada inviabilidade de utilização da conta vinculada deverão ser justificados pela autoridade competente.

---

[191] VITA, Pedro Henrique Braz de. A disciplina da Conta Vinculada na IN nº 02/2008. Disponível em: <http://www.zenite.blog.br/a-disciplina-da-conta-vinculada-na-in-n%C2%BA-022008/#.U7_0YfldXwg>.
[192] VITA, Pedro Henrique Braz de. A disciplina da Conta Vinculada na IN nº 02/2008. Disponível em: <http://www.zenite.blog.br/a-disciplina-da-conta-vinculada-na-in-n%C2%BA-022008/#.U7_0YfldXwg>.
[193] Disponível em: <https://www.comprasgovernamentais.gov.br/governo/publicacoes/terceirizacao>.

1.2 A previsão de provisionamento

Provisionar valores constitui o ato de separar recursos para assegurar o pagamento de algo. Assim, o edital licitatório deverá conter, para a garantia do cumprimento das obrigações trabalhistas nas contratações de serviços continuados com dedicação exclusiva de mão de obra, a previsão dessa separação de recursos que objetivará a garantia do pagamento das férias, 13º salário e verbas rescisórias aos trabalhadores da contratada, que serão depositados em conta vinculada específica, conforme o disposto no Anexo VII desta Instrução Normativa, caso haja necessidade.

1.3 A retenção da garantia

O inc. IV indica que o edital licitatório deverá prever a obrigação de a contratada autorizar, no momento da assinatura do contrato, a retenção, a qualquer tempo, da garantia, na forma prevista na alínea "k" do inc. XIX, do art. 19 da IN em análise, que informa que deverá haver previsão expressa no contrato e seus aditivos de que a garantia prevista no preceptivo somente será liberada ante a comprovação de que a empresa pagou todas as verbas rescisórias trabalhistas decorrentes da contratação, e que, caso esse pagamento não ocorra até o fim do segundo mês após o encerramento da vigência contratual, a garantia será utilizada para o pagamento dessas verbas trabalhistas diretamente pela Administração.

1.4 O pagamento dos salários dos empregados por intermédio de depósito bancário

Também para precaução da Administração na esfera trabalhista, o inc. III determina que o edital deverá conter previsão de que o pagamento dos salários dos empregados pela empresa contratada deverá ser feito por depósito bancário, na conta dos empregados, em agências situadas na localidade ou região metropolitana em que ocorre a prestação dos serviços. No caso de impossibilidade de cumprimento dessa determinação, a contratada deverá apresentar justificativa, a fim de que a Administração possa verificar a realização do pagamento (§ 3º).

1.5 A autorização para desconto nas faturas e pagamento dos salários e verbas trabalhistas

Ainda como proteção da Administração, o inc. V prevê que no edital deverá conter a obrigação da contratada autorizar a Administração a fazer o desconto nas faturas e realizar os pagamentos dos salários e demais verbas trabalhistas diretamente aos trabalhadores, bem como das contribuições previdenciárias e do FGTS, quando estes não forem adimplidos. Quando, entretanto, não for possível a realização desses pagamentos, prevê o § 5º que esses valores, retidos cautelarmente, sejam depositados junto à Justiça do Trabalho com os mesmos objetivos.

ARTIGO 20

Art. 20. É vedado à Administração fixar nos instrumentos convocatórios:
I - o quantitativo de mão de obra a ser utilizado na prestação do serviço, devendo sempre adotar a unidade de medida que permita a quantificação da mão de obra que será necessária à execução do serviço; (Redação dada pela Instrução Normativa nº 3, de 16 de outubro de 2009)
II - (revogado); (Revogado pela Instrução Normativa nº 3, de 16 de outubro de 2009)
III - os benefícios, ou seus valores, a serem concedidos pela contratada aos seus empregados, devendo adotar os benefícios e valores previstos em acordo, dissídio ou convenção coletiva, como mínimo obrigatório, quando houver; (Redação dada pela Instrução Normativa nº 3, de 16 de outubro de 2009)
IV - exigências de fornecimento de bens ou serviços não pertinentes ao objeto a ser contratado sem que exista uma justificativa técnica que comprove a vantagem para a Administração; (Redação dada pela Instrução Normativa nº 3, de 16 de outubro de 2009)
V - exigência de qualquer documento que configure compromisso de terceiro alheio à disputa;
VI - exigência de comprovação de filiação a Sindicato ou a Associação de Classe, como condição de participação na licitação, exceto quando a lei exigir a filiação a uma Associação de Classe como condição para o exercício da atividade, como nos casos das profissões regulamentadas em Lei, tais como advocacia, engenharia, medicina e contabilidade; (Redação dada pela Instrução Normativa nº 3, de 16 de outubro de 2009)
VII - exigência de comprovação de quitação de anuidade junto a entidades de classe como condição de participação;
VIII - exigência de certidão negativa de protesto como documento habilitatório;
IX - a obrigação de o contratante ressarcir as despesas de hospedagem e transporte dos trabalhadores da contratada designados para realizar serviços em unidades fora da localidade habitual de prestação dos serviços que não estejam previstos nem orçados no contrato; e (Redação dada pela Instrução Normativa nº 3, de 16 de outubro de 2009)
X - quantitativos ou valores mínimos para custos variáveis decorrentes de eventos futuros e imprevisíveis, tais como o quantitativo de vale-transporte a ser fornecido pela eventual contratada aos seus trabalhadores, ficando a contratada com a responsabilidade de prover o quantitativo que for necessário, conforme dispõe o art. 23 dessa Instrução Normativa. (Incluído pela Instrução Normativa nº 3, de 16 de outubro de 2009)
§ 1º Exigências de comprovação de propriedade, apresentação de laudos e licenças de qualquer espécie só serão devidas pelo vencedor da licitação; dos proponentes poder-se-á requisitar tão somente declaração de disponibilidade ou de que a empresa reúne condições de apresentá-los no momento oportuno.

> § 2º O disposto no inciso IX não impede a exigência no instrumento convocatório que os proponentes ofertem preços para as necessidades de deslocamento na prestação do serviço, conforme previsto no inciso XIII do art. 15 desta Instrução Normativa. (Redação dada pela Instrução Normativa nº 3, de 16 de outubro de 2009)

1. Vedações ao edital

Sempre com didatismo, a IN, neste art. 20, procura elencar exigências que não poderão constar nos instrumentos convocatórios das licitações. O dispositivo tem raízes na prática. Há, no dia a dia da Administração, uma profusão de impertinentes exigências nos editais licitatórios. A preocupação com o alcance subsidiário faz com que cobranças desnecessárias ou mesmo sem sentido ocorram diuturnamente.

Nesse contexto, o elaborador da IN fez constar aquelas situações que não devem existir nas licitações, mas que, infelizmente, pululam os editais.

Assim, a Administração não poderá exigir:

a) o quantitativo de mão de obra a ser utilizado na prestação do serviço, devendo sempre adotar unidade de medida que permita a quantificação do que será necessário à execução do serviço[194];

b) os benefícios, ou seus valores, a serem concedidos pela contratada aos seus empregados, devendo adotar os benefícios e valores previstos em acordo, dissídio ou convenção coletiva, como mínimo obrigatório, quando houver;

c) fornecimento de bens ou serviços não pertinentes ao objeto a ser contratado sem que exista uma justificativa técnica que comprove a vantagem para a Administração;

d) qualquer documento que configure compromisso de terceiro alheio à disputa;

e) comprovação de filiação a Sindicato ou a Associação de Classe como condição de participação na licitação, exceto quando a lei exigir a filiação a uma Associação de Classe como condição para o exercício da atividade, como nos casos das profissões regulamentadas em lei, tais como advocacia, engenharia, medicina e contabilidade;

f) comprovação de quitação de anuidade junto a entidades de classe como condição de participação;

g) certidão negativa de protesto como documento habilitatório;

---

[194] *Vide* que o inc. II do art. 4º do Decreto nº 2.271/97 proíbe a inclusão de disposições nos instrumentos contratuais que permitam a caracterização exclusiva do objeto como fornecimento de mão de obra.

h) a obrigação de o contratante ressarcir as despesas de hospedagem e transporte dos trabalhadores da contratada designados para realizar serviços em unidades fora da localidade habitual de prestação dos serviços que não estejam previstos nem orçados no contrato, o que não impede a exigência de que os proponentes ofereçam preços para as necessidades de deslocamento na prestação do serviço, conforme previsto no inciso XIII do art. 15 da IN em análise; e

i) quantitativos ou valores mínimos para custos variáveis decorrentes de eventos futuros e imprevisíveis, tais como o quantitativo de vale-transporte a ser fornecido pela contratada aos seus trabalhadores, ficando a contratada com a responsabilidade de prover o quantitativo que for necessário, conforme dispõe o art. 23 da IN em análise, que dispõe que é ela que deverá arcar com o ônus decorrente de eventual equívoco no dimensionamento dos quantitativos de sua proposta, devendo complementá-los, caso o previsto inicialmente em sua proposta não seja satisfatório para o atendimento ao objeto da licitação exceto quando ocorrer algum dos eventos arrolados nos incisos do § 1º do art. 57 da Lei nº 8.666/93, a saber:

> § 1º Os prazos de início de etapas de execução, de conclusão e de entrega admitem prorrogação, mantidas as demais cláusulas do contrato e assegurada a manutenção de seu equilíbrio econômico-financeiro, desde que ocorra algum dos seguintes motivos, devidamente autuados em processo:
> I - alteração do projeto ou especificações pela Administração;
> II - superveniência de fato excepcional ou imprevisível, estranho à vontade das partes, que altere fundamentalmente as condições de execução do contrato;
> III - interrupção da execução do contrato ou diminuição do ritmo de trabalho por ordem e no interesse da Administração;
> IV - aumento das quantidades inicialmente previstas no contrato, nos limites permitidos por esta lei;
> V - impedimento de execução do contrato por fato ou ato de terceiro reconhecido pela Administração em documento contemporâneo à sua ocorrência;
> VI - omissão ou atraso de providências a cargo da Administração, inclusive quanto aos pagamentos previstos de que resulte, diretamente, impedimento ou retardamento na execução do contrato, sem prejuízo das sanções legais aplicáveis aos responsáveis.

Insta sublinhar, conforme prescrito no § 1º, que as exigências de comprovação de propriedade, apresentação de laudos e licenças de qualquer espécie só serão devidas pelo vencedor da licitação, pois não haveria qualquer sentido exigir tais documentos, bastante trabalhosos e custosos, de todos os licitantes.

Registre-se, no entanto, uma falha no texto da IN, dado que a exigência de propriedade é proibida pelo § 6º do art. 30 da Lei nº 8.666/93, que, ao dispor sobre as exigências mínimas relativas a instalações de canteiros, máquinas, equipamentos e pessoal técnico especializado, considerados essenciais para o cumprimento do objeto da licitação, informa que esse atendimento deverá ocorrer mediante a apresentação de relação explícita e da declaração formal da sua disponibilidade, sob as penas cabíveis, vedada as exigências de propriedade e de localização prévia.

Ressalta-se, todavia, que, apesar de constituir uma solução pacífica, diante do expresso texto legal e manifestações tanto de Tribunais de Contas como de órgãos jurisdicionais, tem sido admitidas, em situações excepcionalíssimas, tendo por base a natureza da atividade e dos serviços a serem prestados, exigências de propriedade de bens, equipamentos e equipe já constituída.

Nesse sentido, obtempera Reinaldo Moreira Bruno[195]:

> Em esclarecedora decisão proferida pelo Tribunal de Justiça do Estado de São Paulo, cuja reprodução parcial faz-se a seguir, é possível observar que há hipóteses onde o interesse público prepondera, recebendo um tratamento diferenciado, autorizando exigências de propriedade e demonstração de possibilidade de assunção imediata da atividade pelo contratado:
> "As exigências motivadoras da inabilitação da recorrente não são ilegais e nem abusivas. A Administração tem o dever de se assegurar da capacidade operacional das pessoas jurídicas candidatas a contratar, podendo estipular exigências que visem a comprovar essas condições, o que se situa dentro da margem de discricionariedade deferida ao agente do Poder Público. Como bem afirmado na decisão recorrida, 'a atividade licitada é perigosa, significa colocar na rua pessoas armadas, que por isso demandam treinamento específico (além de treinamento técnico na atividade: técnicas de defesa, de direção, de controle de pessoas etc.), o que demanda tempo e investimento'. Em que pese a insistência da recorrente ao interpretar os dispositivos legais elencados, no sentido de ser inválida a exigência de três atestados de capacidade técnica, fornecidas por pessoas jurídicas de direito público ou privado, comprovando a aptidão para o desempenho de atividade pertinente e compatível em características com o objeto da licitação, declaração do número de armas registradas, número de vigilantes bancários com vínculo empregatício, tais exigências não restringem e nem comprometem o caráter competitivo do certame e não ferem o princípio da isonomia garantido pela Constituição Federal. Bem precisas a respeito da questão as palavras da douta Procuradora de Justiça, Dra. Maria do Carmo Ponchon da Silva

---

[195] BRUNO, Reinaldo Moreira. Habilitação preliminar nas licitações. Disponível em: <http://www.amdjus.com.br/doutrina/administrativo/106.htm>.

Purcini, 'no tocante à apresentação de três atestados, a exigência se justifica, na medida em que dispõe de um para cada núcleo do contrato. Assim, dada a natureza segmentada do serviço a ser contratado, impõe-se a apresentação de atestados específicos de cada núcleo, não se mostrando, portanto, abusiva a exigência, em número de três. De outro lado, ainda, a declaração do número de armas, devidamente registradas, e do número de vigilantes bancários com vínculo empregatício, trata-se de exigências que vão garantir a execução do contrato. Obviamente que os serviços devem ser prestados tão logo adjudicada e homologada a licitação, não podendo o impetrado ficar aguardando a compra e registro de armas, a contratação de pessoal, vigilante bancário e o seu respectivo treinamento. São providências que demandam tempo, afora os entraves burocráticos. Por isso que o impetrado exige dos licitantes uma estrutura pronta e capaz de assumir a execução do contrato." (Apelação nº 90.930-5/6 - Rel. Des. Scarance Fernandes - Tribunal de Justiça do Estado de São Paulo).

2. A revogação do dispositivo que vedava à Administração fixar os salários das categorias ou dos profissionais

O inc. II do art. 20, que vedava a fixação nos instrumentos convocatórios dos salários das categorias ou dos profissionais a serem disponibilizados para a execução do serviço pela contratada, foi revogado pela IN SLT nº 3/2009. Tal ato fez com que muitos entendessem que a Administração poderia então fixar os salários de mão de obra nas licitações.

A revogação de um dispositivo não implica, por si só, que o que nele constava passa a ser automaticamente autorizado.

No caso, o piso salarial a ser considerado nas licitações, em regra, será aquele correspondente ao local da sede da empresa licitante, sendo poder-dever da Administração, na fase interna da licitação, diligenciar perante os sindicatos visando a definição de quais associações serão competentes para representar as categorias envolvidas na atividade que objetiva contratar, e, nesse contexto, o piso salarial e benefícios correspondentes. Constatada a existência de salários normativos diferenciados, poderá prefixar o salário normativo da categoria a ser observado.

Sobre a questão, pronunciou-se com exatidão a Consultoria NDJ:

> Os valores a serem pagos aos terceirizados deverão simplesmente estar em conformidade com os salários normativos das respectivas categorias profissionais. Nesse escopo, o contratado necessariamente deverá pagar aos seus funcionários, no mínimo, o piso salarial da respectiva categoria, conforme acordo ou convenção coletiva do trabalho a eles aplicável, não sendo possível pagar valores inferiores a esse piso, ainda que o mercado

correlato indevidamente proceda dessa maneira. Por outro lado, inexistindo convenção coletiva de trabalho que fixe os parâmetros mínimos do piso salarial de determinada categoria profissional, deverá a Administração atentar para a prática do mercado correlato, desde que se respeite o salário mínimo vigente no país[196].

ARTIGOS 21 A 24

DAS PROPOSTAS

Art. 21. As propostas deverão ser apresentadas de forma clara e objetiva, em conformidade com o instrumento convocatório, devendo conter todos os elementos que influenciam no valor final da contratação, detalhando, quando for o caso:

I - os preços unitários, o valor mensal e o valor global da proposta, conforme o disposto no instrumento convocatório;

II - os custos decorrentes da execução contratual, mediante o preenchimento do modelo de planilha de custos e formação de preços estabelecidos no instrumento convocatório;

III - a indicação dos sindicatos, acordos coletivos, convenções coletivas ou sentenças normativas que regem as categorias profissionais que executarão o serviço e as respectivas datas-bases e vigências, com base no Código Brasileiro de Ocupações – CBO;

IV - produtividade adotada, e se esta for diferente daquela utilizada pela Administração como referência, mas admitida pelo instrumento convocatório a respectiva comprovação de exequibilidade;

V - a quantidade de pessoal que será alocado na execução contratual; e

VI - a relação dos materiais e equipamentos que serão utilizados na execução dos serviços, indicando o quantitativo e sua especificação.

Art. 22. Quando permitido no edital, e de acordo com as regras previstas nesta Instrução Normativa, os licitantes poderão apresentar produtividades diferenciadas daquela estabelecida no ato convocatório como referência, desde que não alterem o objeto da contratação, não contrariem dispositivos legais vigentes e apresentem justificativa, devendo comprová-la por meio de provas objetivas, tais como:

---

[196] BLC - Boletim de Licitações e Contratos, Ed. NJD, abril 2010.

I - relatórios técnicos elaborados por profissional devidamente registrado nas entidades profissionais competentes compatíveis com o objeto da contratação;

II - manual de fabricante que evidencie, de forma inequívoca, a capacidade operacional e produtividade dos equipamentos utilizados;

III - atestado do fabricante ou de qualquer órgão técnico que evidencie o rendimento e a produtividade de produtos ou serviços; e

IV - atestados detalhados fornecidos por pessoa jurídica de direito público ou privado que venham a comprovar e exequibilidade da produtividade apresentada.

Parágrafo único. A apresentação das propostas implica obrigatoriedade do cumprimento das disposições nelas contidas, assumindo o proponente o compromisso de executar os serviços nos seus termos, bem como fornecer todos os materiais, equipamentos, ferramentas e utensílios necessários, em quantidades e qualidades adequadas à perfeita execução contratual, promovendo, quando requerido, sua substituição.

Art. 23. A contratada deverá arcar com o ônus decorrente de eventual equívoco no dimensionamento dos quantitativos de sua proposta, devendo complementá-los, caso o previsto inicialmente em sua proposta não seja satisfatório para o atendimento ao objeto da licitação, exceto quando ocorrer algum dos eventos arrolados nos incisos do § 1º do art. 57 da Lei nº 8.666, de 1993.

§ 1º O disposto no caput deve ser observado ainda para os custos variáveis decorrentes de fatores futuros e incertos, tais como os valores providos com o quantitativo de vale-transporte. (Redação dada pela Instrução Normativa 04, de 11 de novembro de 2009)

§ 2º Caso a proposta apresente eventual equívoco no dimensionamento dos quantitativos que favoreça a contratada, este será revertido como lucro durante a vigência da contratação, mas poderá ser objeto de negociação para a eventual prorrogação contratual. (Incluído pela Instrução Normativa nº 3, de 16 de outubro de 2009)

Art. 24. Quando a modalidade de licitação for pregão, a planilha de custos e formação de preços deverá ser entregue e analisada no momento da aceitação do lance vencedor, em que poderá ser ajustada, se possível, para refletir corretamente os custos envolvidos na contratação, desde que não haja majoração do preço proposto. (Redação dada pela Instrução Normativa nº 3, de 16 de outubro de 2009)

1. As propostas dos licitantes

O art. 21 trata do conteúdo das propostas a serem apresentadas pela empresa contratada. Compõe o dispositivo um elenco de informações que nela devem constar.

No que concerne ao tema, a Lei nº 8.666/93 prevê, no art. 44, que, no julgamento das propostas, a comissão de licitação deverá levar em consideração os critérios objetivos definidos no edital, os quais não deverão contrariar as normas e princípios estabelecidos.

Nessa linha, sempre com extremado didatismo, o artigo da IN anuncia que as propostas deverão ser apresentadas de forma clara e objetiva, em conformidade com o instrumento convocatório, devendo conter todos os elementos que influenciam no valor final da contratação, detalhando, quando for o caso:

a) os preços unitários, o valor mensal e o valor global da proposta;

b) os custos decorrentes da execução contratual, mediante o preenchimento do modelo de planilha de custos e formação de preços indicado no edital;

c) a indicação dos sindicatos, acordos coletivos, convenções coletivas ou sentenças normativas que regem as categorias profissionais que executarão o serviço e as respectivas datas-bases e vigências, com base no Código Brasileiro de Ocupações – CBO[197];

d) a produtividade adotada, e se esta for diferente daquela utilizada pela Administração como referência, mas admitida pelo edital, a respectiva comprovação de exequibilidade[198];

e) a quantidade de pessoal que será alocado na execução contratual; e

f) a relação dos materiais e equipamentos que serão utilizados na execução dos serviços, indicando o quantitativo e sua especificação.

Como é admitida a adoção de produtividade diferenciada daquela estabelecida pela Administração, o art. 22 complementa a matéria informando que, na existência dessa permissão no instrumento convocatório da licitação, os licitantes poderão apresentá-la, desde que não alterem o objeto da contratação, não contrariem dispositivos legais vigentes e justifiquem formalmente, devendo comprová-las por meio de provas objetivas. Sempre com o intuito da facilitação,

---

[197] Sobre o tema, *vide* o item 3 dos comentários ao art. 7º.
[198] Os arts. 45 e 47 prescrevem:
Art. 45. Nos casos em que a área física a ser contratada for menor que a estabelecida para a produtividade mínima de referência estabelecida nesta IN, esta poderá ser considerada para efeito de contratação.
Art. 47. O órgão contratante poderá adotar Produtividades diferenciadas das estabelecidas nesta Instrução Normativa, desde que devidamente justificadas, representem alteração da metodologia de referência prevista no anexo V e sejam aprovadas pela autoridade competente.

o dispositivo exibe um rol não exaustivo de documentos comprovadores: (a) relatórios técnicos elaborados por profissional devidamente registrado nas entidades profissionais competentes compatíveis com o objeto da contratação; (b) manual de fabricante que evidencie, de forma inequívoca, capacidade operacional e produtividade dos equipamentos utilizados; (c) atestado do fabricante ou de qualquer órgão técnico que evidencie o rendimento e a produtividade de produtos ou serviços, evidenciando a busca de serviços mais eficientes; e (d) atestados detalhados fornecidos por pessoa jurídica de direito público ou privado que venham a comprovar e exequibilidade da produtividade apresentada.

Obviamente, conforme preconiza o parágrafo único, a apresentação das propostas implica na obrigatoriedade do cumprimento das disposições nelas contidas, assumindo o licitante proponente o compromisso de executar os serviços nos seus termos, bem como fornecer todos os materiais, equipamentos, ferramentas e utensílios necessários, em quantidades e qualidades adequadas à perfeita execução contratual, promovendo, quando requerido, sua substituição.

Os equívocos nos dimensionamentos dos quantitativos das propostas são, é claro, salvo exceções justificadas, de responsabilidade do proponente. Nesse curso, o art. 23 prevê que a contratada deverá arcar com o ônus decorrente de eventuais enganos, devendo complementá-los, caso o previsto inicialmente em sua proposta não seja satisfatório para o atendimento ao objeto da licitação, exceto quando ocorrer algum dos eventos arrolados nos incisos do § 1º do art. 57 da Lei nº 8.666/93, a saber: (a) alteração do projeto ou especificações por parte da Administração; (b) superveniência de fato excepcional ou imprevisível, estranho à vontade das partes, que altere fundamentalmente as condições de execução do contrato; (c) interrupção da execução do contrato ou diminuição do ritmo de trabalho por ordem e no interesse da Administração; (d) aumento das quantidades inicialmente previstas no contrato, nos limites legais permitidos; (e) impedimento de execução do contrato por fato ou ato de terceiro reconhecido pela Administração em documento contemporâneo à sua ocorrência; ou (e) omissão ou atraso de providências a cargo da Administração, inclusive quanto aos pagamentos previstos de que resulte, diretamente, impedimento ou retardamento na execução do contrato.

A assunção desse compromisso deverá ser observada ainda para os custos variáveis decorrentes de fatores futuros e incertos, tais como os valores providos com o quantitativo de vale-transporte.

Anote-se que o que motivou o elaborador das normas foi, incontestavelmente, estabelecer regras que impossibilitem futuros pleitos de reequilíbrio econômico-financeiro.

O § 2º apresenta regra interessante: na hipótese da proposta apresentar eventual equívoco no dimensionamento dos quantitativos favorecendo a contratada, e descoberto pela Administração, este deverá ser revertido como lucro durante a vigência da contratação, mas poderá ser objeto de negociação para a eventual prorrogação contratual.

2. Planilhas de custos quando a modalidade licitatória for o pregão

O art. 4º da Lei nº 10.520/02, que versa sobre a licitação na modalidade pregão, disciplina que a fase externa do pregão será iniciada com a convocação dos interessados e observará, entre outras regras, o exame da proposta classificada em primeiro lugar, quanto ao objeto e valor, cabendo ao pregoeiro decidir motivadamente a respeito da sua aceitabilidade.

Destarte, em consequência da adoção do critério menor preço no pregão, após a avaliação do valor proposto e do atendimento ao especificado no edital, dar-se-á a classificação final dessa etapa, pelo que, havendo um natural primeiro colocado, caberá ao pregoeiro decidir, motivada e justificadamente, a respeito da sua aceitabilidade, isto é, informando que a proposta que alcançou o primeiro lugar foi aceita.

É cediço, portanto, que o legislador se preocupou em ressaltar que o pregoeiro não deve aceitar propostas com valores inexequíveis ou superfaturados, atribuindo a ele um ato que a Lei nº 8.666/93 já preconiza: o juízo de admissibilidade (que denominou "aceitabilidade").

Ao tratar do encerramento da etapa de lances no pregão eletrônico, o art. 25 do Decreto regulamentar nº 5.450/05 indica que caberá ao pregoeiro examinar a proposta classificada em primeiro lugar quanto à compatibilidade do preço em relação ao estimado para contratação, e verificar a habilitação do licitante conforme disposições do edital.

Consoante o § 6º do artigo, na hipótese de contratação de serviços em que o edital exija apresentação de planilha de composição de preços, esta deverá ser encaminhada de imediato por meio eletrônico, com os respectivos valores readequados ao lance vencedor.

Sobre o assunto, comentamos:
> Considerando que a licitação desenvolve-se com o oferecimento de lances, quando o preço proposto inicialmente sofrerá lógica redução, faz-se necessária a adequação da planilha de custos, obrigando-se o vencedor a encaminhá-la de imediato eletronicamente. Ressalta-se que esse procedimento ocorrerá por meio de envio eletrônico, devendo ocorrer assim que termine a disputa. O não encaminhamento no prazo estabelecido no edital determinará a desclassificação, já que se trata de requisito de complemento da proposta (lance). É de se relembrar, consoante o disposto no §3º, que o original da planilha deverá ser enviado oportunamente ao órgão licitador[199].

Coerentemente com as determinações legal e regulamentar, que pressupõem uma apresentação de planilha inicial, que posteriormente deverá ser readequada, o art. 24 da IN dispõe que, na hipótese da modalidade de licitação pregão, a planilha de custos e formação de preços deverá ser entregue e analisada no momento da aceitação do lance vencedor, em que poderá ser ajustada, se possível, para refletir corretamente os custos envolvidos na contratação, desde que não haja majoração do preço proposto.

No mesmo diapasão, os comentários de Jair Santana:

> Ainda há de se afastar para análise o comando do art. 24 (IN 02), que vem materializar uma dentre outras possibilidades hermenêuticas (de interpretação) do assento "verificação de conformidade e aceitabilidade de propostas no pregão". Temos divulgado que o melhor momento para análise de uma planilha de custos e formação de preços é mesmo "após finda a disputa" (art. 4º, XI, da Lei do Pregão). Tal análise, em verdade, antecede lógica e cronologicamente a aceitação enquanto juízo crítico e de valor, motivado, a ser exercido pelo pregoeiro. Vale ainda dizer (...) que pensamos oportunas no tocante a tal matéria: (...) Antes do juízo de aceitação da oferta, principalmente durante a análise da planilha, pode (e deve) o pregoeiro diligenciar para se certificar da exequibilidade da proposta. No caso, suspende-se o certame (veja-se, aliás, o art. 2º, § 3º da IN 02)[200].

---

[199] BITTENCOURT, Sidney. Pregão Eletrônico. 3. ed., Fórum, p. 201.
[200] SANTANA, Jair Eduardo. Licitação e Contratação de Serviços Continuados ou Não - A Instrução Normativa 02/2008 – SLTI/MPOG. Disponível em: <tp://transparencia.pi.gov.br/phocadownload/Legislacao_Controle_Interno/Instrucoes_Normativas/in02_np.pd>.

ARTIGOS 25 A 29-B

DO JULGAMENTO DAS PROPOSTAS

Art. 25. Para a contratação de serviços deverão ser adotados, preferencialmente, os tipos de licitação "menor preço" ou "técnica e preço", ressalvadas as hipóteses de dispensa ou inexigibilidade previstas na legislação.

Art. 26. A licitação do tipo "menor preço" para contratação de serviços considerados comuns deverá ser realizada na modalidade Pregão, conforme dispõe o Decreto nº 5.450, de 2005, preferencialmente na forma eletrônica.

Parágrafo único. Em consequência da padronização existente no mercado de TI, a maioria dos bens e serviços de tecnologia da informação está aderente a protocolos, métodos e técnicas pre-estabelecidos e conhecidos, sendo, portanto, via de regra, considerados comuns para fins de utilização da modalidade Pregão. (Incluído pela Instrução Normativa nº 3, de 16 de outubro de 2009)

Art. 27. A licitação tipo "técnica e preço" deverá ser excepcional, somente admitida para serviços que tenham as seguintes características:

I - natureza predominantemente intelectual;

II - grande complexidade ou inovação tecnológica ou técnica; ou

III - possam ser executados com diferentes metodologias, tecnologias, alocação de recursos humanos e materiais e:

a) não se conheça previamente à licitação qual das diferentes possibilidades é a que melhor atenderá aos interesses do órgão ou entidade;

b) nenhuma das soluções disponíveis no mercado atenda completamente à necessidade da Administração e não exista consenso entre os especialistas na área sobre qual seja a melhor solução, sendo preciso avaliar as vantagens e desvantagens de cada uma para verificar qual a que mais se aproxima da demanda; ou

c) exista o interesse de ampliar a competição na licitação, adotando-se exigências menos restritivas e pontuando as vantagens que eventualmente forem oferecidas.

§ 1º A licitação tipo "técnica e preço" não deverá ser utilizada quando existir recomendação contrária por parte da Secretaria de Logística e Tecnologia da Informação do Ministério do Planejamento, Orçamento e Gestão para o serviço a ser contratado.

§ 2º A adoção do tipo de licitação descrito no caput deverá ser feita mediante justificativa, consoante o disposto neste artigo.

§ 3º É vedada a atribuição de fatores de ponderação distintos para os índices técnica e preço sem que haja justificativa para essa opção.

Art. 28. As propostas apresentadas deverão ser analisadas e julgadas de acordo com o disposto nas normas legais vigentes, e ainda em consonância com o estabelecido no instrumento convocatório, conforme previsto nos artigos 43, 44, 45, 46 e 48 da Lei nº 8.666, de 1993, e na Lei nº 10.520, de 2002.

Parágrafo único. Nas licitações tipo "técnica e preço", o julgamento das propostas deverá observar os seguintes procedimentos:

I - o fator qualidade será aferido mediante critérios objetivos, não se admitindo a indicação da entidade certificadora específica, devendo o órgão assegurar-se de que o certificado se refira à área compatível com os serviços licitados;

II - a atribuição de pontuação ao fator desempenho não poderá ser feita com base na apresentação de atestados relativos à duração de trabalhos realizados pelo licitante;

III - é vedada a atribuição de pontuação progressiva a um número crescente de atestados comprobatórios de experiência de idêntico teor;

IV - poderá ser apresenta do mais de um atestado relativamente ao mesmo quesito de capacidade técnica, quando estes forem necessários para a efetiva
comprovação da aptidão solicitada; e

V - na análise da qualificação do corpo técnico que executará o serviço deve haver proporcionalidade entre a equipe técnica pontuável com a quantidade de técnicos que serão efetivamente alocados na execução do futuro contrato.

Art. 29. Serão desclassificadas as propostas que:

I - contenham vícios ou ilegalidades;

II - não apresentem as especificações técnicas exigidas pelo Projeto Básico ou Termo de Referência;

III - apresentarem preços finais superiores ao valor máximo mensal estabelecido pelo órgão ou entidade contratante no instrumento convocatório;

IV - apresentarem preços que sejam manifestamente inexequíveis; e

V - não vierem a comprovar sua exequibilidade, em especial em relação ao preço e à produtividade apresentada.

§ 1º Consideram-se preços manifestamente inexequíveis aqueles que, comprovadamente, forem insuficientes para a cobertura dos custos decorrentes da contratação pretendida.

§ 2º A inexequibilidade dos valores referentes a itens isolados da planilha de custos, desde que não contrariem instrumentos legais, não caracteriza motivo suficiente para a desclassificação da proposta.

§ 3º Se houver indícios de inexequibilidade da proposta de preço, ou em caso de necessidade de esclarecimentos complementares, poderá ser efetuada diligência, na forma do § 3º do art. 43 da Lei nº 8.666/93, para efeito de comprovação de sua exequibilidade, podendo adotar, dentre outros, os seguintes procedimentos:

I - questionamentos junto à proponente para a apresentação de justificativas e comprovações em relação aos custos com indícios de inexequibilidade;

II - verificação de acordos coletivos, convenções coletivas ou sentenças normativas em dissídios coletivos de trabalho;

III - levantamento de informações junto ao Ministério do Trabalho e Emprego, e junto ao Ministério da Previdência Social;

IV - consultas a entidades ou conselhos de classe, sindicatos ou similares;

V - pesquisas em órgãos públicos ou empresas privadas;

VI - verificação de outros contratos que o proponente mantenha com a Administração ou com a iniciativa privada;

VII - pesquisa de preço com fornecedores dos insumos utilizados, tais como: atacadistas, lojas de suprimentos, supermercados e fabricantes;
VIII - verificação de notas fiscais dos produtos adquiridos pelo proponente;
IX - levantamento de indicadores salariais ou trabalhistas publicados por órgãos de pesquisa;
X - estudos setoriais;
XI - consultas às Secretarias de Fazenda Federal, Distrital, Estadual ou Municipal;
XII - análise de soluções técnicas escolhidas e/ou condições excepcionalmente favoráveis que o proponente disponha para a prestação dos serviços; e
XIII - demais verificações que porventura se fizerem necessárias.
§ 4º Qualquer interessado poderá requerer que se realizem diligências para aferir a exequibilidade e a legalidade das propostas, devendo apresentar as provas ou os indícios que fundamentam a suspeita.
§ 5º Quando o licitante apresentar preço final inferior a 30% da média dos preços ofertados para o mesmo item, e a inexequibilidade da proposta não for flagrante e evidente pela análise da planilha de custos, não sendo possível a sua imediata desclassificação, será obrigatória a realização de diligências para aferir a legalidade e exequibilidade da proposta.
Art. 29-A. A análise da exequibilidade de preços nos serviços continuados com dedicação exclusiva da mão de obra do prestador deverá ser realizada com o auxílio da planilha de custos e formação de preços, a ser preenchida pelo licitante em relação à sua proposta final de preço. (Incluído pela Instrução Normativa nº 3, de 16 de outubro de 2009)
§ 1º O modelo de planilha de custos e formação de preços previsto no anexo III desta Instrução Normativa deverá ser adaptado às especificidades do serviço e às necessidades do órgão ou entidade contratante, de modo a permitir a identificação de todos os custos envolvidos na execução do serviço. (Incluído pela Instrução Normativa nº 3, de 16 de outubro de 2009)
§ 2º Erros no preenchimento da Planilha não são motivo suficiente para a desclassificação da proposta, quando a Planilha puder ser ajustada sem a necessidade de majoração do preço ofertado, e desde que se comprove que este é suficiente para arcar com todos os custos da contratação. (Incluído pela Instrução Normativa nº 3, de 16 de outubro de 2009)
§ 3º É vedado ao órgão ou entidade contratante fazer ingerências na formação de preços privados por meio da proibição de inserção de custos ou exigência de custos mínimos que não estejam diretamente relacionados à exequibilidade dos serviços e materiais ou decorram de encargos legais. (Redação dada pela Instrução Normativa nº 6, de 23 de dezembro de 2013 [201])
Art. 29-B. (Revogado pela Instrução Normativa nº 04, de 11 de novembro de 2009)

---

[201] A IN nº 03/2014 prevê, no inc. II do art. 4º, a revogação dos incs. I, II, III e IV do § 3º deste art. 29-A. Ocorre que a IN nº 06/2013 já havia dado nova redação ao § 3º sem os referidos incisos. Avaliando o fato, Ricardo Alexandre Sampaio supõe que "havia muita gente com dúvida se, com a nova redação que eliminou os incisos, estes teriam efetivamente sido revogados. Assim, para afastá-la, a IN nº 03/14 trouxe essa disposição".

1. Tipos licitatórios para a contratação de serviços

Os arts. 25 a 29-A da IN dão vazão a importante fase da licitação: a do julgamento das propostas. Atendendo a posicionamento doutrinário, o dispositivo que inicia o bloco informa que, na contratação de serviços, a Administração deverá adotar, preferencialmente, os tipos de licitação *menor preço* ou *técnica e preço*, ressalvadas, obviamente, as hipóteses afastamentos licitatórios por dispensa ou inexigibilidade. A licitação do tipo *menor preço*, para adoção nos casos de contratação de serviços considerados comuns, quando deverá ser aplicada a modalidade *pregão*, preferencialmente na forma eletrônica. A do tipo *técnica e preço*, para as contratações de serviços que tenham características especiais, notadamente de natureza intelectual e de grande complexidade.

Essas determinações advêm de regras legais ou regulamentares.

1.1 O uso da licitação do tipo menor preço para a contratação de serviços comuns e a adoção da modalidade pregão

O art. 25 aponta para o uso preferencial dos tipos de licitação *menor preço* e *técnica e preço* quando a intenção da Administração for contratar um serviço. O texto normativo não poderia ser taxativo, pois a lei permite o uso de outros tipos. Já o art. 26, ao versar sobre serviços comuns, registra que, no uso do tipo *menor preço*, a modalidade deverá ser o pregão, preferencialmente na forma eletrônica.

A regra no pregão é o uso do tipo *menor preço*, consoante o previsto no art. 4º, inc. X, da Lei nº 10.520/02 (instituidora, nos termos do art. 37, inc. XXI, da CF, da modalidade de licitação pregão), que, ao tratar da fase externa da modalidade, prevê, para julgamento e classificação das propostas, a adoção desse critério, observados os prazos máximos para fornecimento, as especificações técnicas e parâmetros mínimos de desempenho e qualidade definidos no edital.

1.1.1 O uso do pregão nos casos de contratação de serviços comuns

A Lei nº 10.520/02 prescreve, em seu art. 1º, que, para a aquisição de bens e serviços comuns, poderá ser adotado o pregão. O parágrafo único do mesmo dispositivo informa que devem ser considerados bens e serviços comuns aqueles cujos padrões de desempenho e qualidade possam ser objetivamente definidos pelo edital, por meio de especificações usuais no mercado. Sobre o tema já esposamos que, dessa forma, a modalidade pregão se juntou às demais modalidades disciplinadas pelo art. 22 da Lei nº 8.666/93.

Para se ter exata compreensão da finalidade do pregão, é necessário atentar para os objetivos das modalidades preexistentes (na Lei nº 8.666/93), de modo que seja possível, no momento da necessidade da aquisição ou da contratação, discernir qual a modalidade correta a ser adotada.

Em princípio, antes do surgimento do pregão, a escolha da modalidade de licitação estava intimamente ligada ao valor estimado do objeto, como se observa no art. 23 da Lei nº 8.666/93, que estabelece limites por modalidade, baseados no valor estimado da contratação, sendo fundamentais, neste contexto, a pesquisa de mercado e a estimativa de preços.

Nesse contexto, entendemos ser esse o ponto divisor de águas para a precisa escolha entre uma das modalidades tradicionais e o pregão. Nas modalidades da Lei nº 8.666/93, não obstante os valores, a habilitação ocorre a priori. No pregão, como se verifica no inciso XII do art. 4º da Lei nº 10.520/02, a habilitação se dá a posteriori. Tal divisor, entretanto, é bastante tênue, porquanto, apesar de definir procedimento diferenciado, o pregão possibilita a contratação de um objeto que poderia ser adquirido por qualquer um dos três modos preexistentes para aquisição ou contratação de serviços.

Para a contratação de bens e serviços, de qualquer espécie, deve o agente público adotar a modalidade que a lei o obriga. Como o pregão abrange bens e serviços comuns de qualquer valor (conforme se verifica no art. 2º da Lei nº 10.520/02), a princípio estaria o administrador público diante de um impasse: instaurar a modalidade de licitação determinada pela Lei nº 8.666/93 ou realizar o pregão. Esse nó se desata na forma facultativa – poderá – e não a mandatória – deverá – que inteligentemente o legislador fez constar na redação do art. 1º da Lei nº 10.520/02. Em consequência, a adoção da modalidade pregão se entrincheira claramente no elenco de decisões discricionárias cabíveis ao administrador, devendo o agente público avaliar a situação, sopesar e decidir se deve ou não adotá-lo.

Como a intenção é o ganho de agilidade e a redução dos gastos públicos, concluímos, à época da edição da lei, que dificilmente o agente público responsável deixaria de optar pelo pregão[202].

Por conseguinte, conclui-se que, pela regra legal, duas condicionantes conduzem os passos do agente público: (1ª) o pregão só pode ser adotado para a aquisição de bens comuns ou a contratação de serviços comuns, o que exclui, de plano, o uso para ajustes de obras e serviços de engenharia; e (2ª) a utilização do pregão, em detrimento do uso de outra modalidade indicada na Lei nº 8.666/93, enquadra-se no rol de atos que permitem ao agente decidir em função da conveniência e interesse da Administração.

---

202 Desde a 1ª edição do livro Pregão Passo a Passo.

Ao regulamentar a matéria na esfera federal, o art. 3º do regulamento da licitação na modalidade pregão presencial (aprovado pelo Decreto nº 3.555/00) dispôs pela opção preferencial da modalidade nas contratações de bens e serviços comuns.

Posteriormente, quando da edição do ato regulamentar federal referente ao pregão eletrônico (Decreto nº 5.450/05), o art. 4º do diploma impôs a obrigatoriedade da modalidade pregão, com preferência para o eletrônico, dispondo, no § 1º, que "o pregão deve ser utilizado na forma eletrônica, salvo nos casos de comprovada inviabilidade, a ser justificada pela autoridade competente", o que, em resumo, obriga o uso de pregão eletrônico no âmbito federal.

Conforme já mencionado, com relação ao conceito de bens ou serviços comuns, o parágrafo único do art. 1º da Lei nº 10.520/02 define que seriam aqueles cujos padrões de desempenho e qualidade possam ser definidos objetivamente no edital, por meio de especificações usuais no mercado. Nesse diapasão, inicialmente buscou-se prescrever um elenco exaustivo de bens e serviços (por intermédio de um anexo ao regulamento do pregão presencial). Com o passar do tempo, entretanto, a questão foi reavaliada, culminando com uma alteração de entendimento por parte preponderante da doutrina, que concluiu que o rol mencionado seria apenas exemplificativo.

1.2 As contratações de serviços de Tecnologia da Informação – TI

Segundo a Lei nº 8.666/93, na contratação de serviços de informática, a Administração deve adotar obrigatoriamente o tipo de licitação *técnica e preço*, sendo permitido o emprego de outro tipo de licitação nos casos indicados em decreto. Entretanto, tal regra – que veio à tona em 1994, em face de alteração legal ditada pela Lei nº 8.883 – restou defasada devido à evolução tecnológica. Assim, o dispositivo perdeu sua razão de ser, pois os bens e serviços de informática passaram a se inserir, salvo exceções, na pauta de produção comum.

Nesse curso, a grande maioria deixou de necessitar a instauração de licitação de *técnica e preço* para a contratação. Inclusive, depois de idas e vindas, o TCU admitiu o uso do pregão para contratações dessa natureza como a doutrina majoritária já sinalizava, pois a modalidade, como já mencionado, se presta exclusivamente para bens ou serviços comuns.

Sobre a matéria, escrevemos:

> Esse regramento, na prática, ocasionou certos transtornos, notadamente nas situações em que o bem ou serviço a ser licitado não continha complexidade técnica que justificasse a adoção do tipo técnica e preço. Com a instituição do pregão o assunto tomou novo rumo, uma vez que a adoção

da modalidade não está condicionada a valores. De acordo com o art. 1º da Lei nº 10.520/02, a aquisição de bens e serviços comuns poderá ser realizada através dessa modalidade licitatória, sendo considerados nessa categoria, consoante o disposto no parágrafo único do art. 1º, aqueles cujos padrões de desempenho e qualidade possam ser objetivamente definidos pelo edital por meio de especificações usuais no mercado.

Dessa forma, alterou-se o panorama, pois a legislação passou a permitir a licitação dos bens e serviços de informática considerados comuns por intermédio do tipo menor preço.

Nesse passo, entendemos que a Administração deve avaliar a natureza e as características do objeto pretendido, de modo a identificar seus níveis de especificidade e complexidade, visando ter consciência se se trata ou não de um bem ou serviço de informática comum.

É importante ressaltar que, diferentemente do que apressadamente entenderam alguns analistas, a Lei nº 10.520/02 não revogou o § 4º do art. 45, da Lei nº 8.666/93, porquanto, além de não dispor dessa maneira, não está incompatível e não tratou a matéria inteiramente. É isso, inclusive, o que se extrai da posição do TCU sobre a questão:

Acórdão nº 237/2009 - TCU - Plenário: Voto - 14. (...). Refiro-me à possibilidade e aos limites da utilização do pregão para contratar serviços de Tecnologia da Informação. Essa questão tem despertado debates tanto na jurisprudência quanto na doutrina. (...) pode-se dizer, em conformidade com o disposto no art. 1º da Lei nº 10.520/2002, que a utilização do pregão será cabível quando o objeto licitado for um serviço comum. Assim sendo, o fulcro da questão ora posta reside na possibilidade de se caracterizar um serviço de TI como comum. 15. No âmbito desta Corte de Contas, cabe destacar o entendimento exarado no Acórdão nº 2.658/2007 - Plenário, segundo o qual, um objeto complexo pode, em determinadas circunstâncias, ser considerado um serviço comum. Por via de consequência, a caracterização de um serviço complexo de TI como comum não estaria, em princípio, vedada. 16. Por outro lado, entendo que serviços de natureza predominantemente intelectual devem ser licitados com a adoção dos tipos de licitação 'melhor técnica' ou 'técnica e preço'. Logo, quando se tratar de serviços de informática com essa característica, deve ser utilizada uma licitação do tipo técnica e preço. Tal conclusão decorre dos preceitos contidos nos arts. 45, §4º, e 46 da Lei nº 8.666/1993 (...) 17. (...) a característica decisiva para inviabilizar a adoção do pregão é a eventual conceituação de um serviço de TI como sendo de natureza predominantemente intelectual. (...) tal natureza é típica daqueles serviços em que a arte e a racionalidade humana são essenciais para sua execução satisfatória. Não se trata, pois, de tarefas que possam ser executadas mecanicamente ou segundo protocolos, métodos e técnicas preestabelecidos e conhecidos. 18. (...) concluo que a adoção do pregão visando à contratação de serviços de TI será legítima quando esses serviços não tiverem natureza

predominantemente intelectual. (...) BENJAMIN ZYMLER - Relator - Acórdão (...) 9.3 determinar (...) que, em futuras licitações de bens e serviços de tecnologia da informação, observe as orientações contidas nos itens 9.1 e 9.2, do Acórdão 2.471/2008, no que se refere ao uso da modalidade pregão para contratação de serviços comuns de TI; (...) Declaração de Voto - 8. No entanto, por ocasião da prolação do recente Acórdão 2.471/2008 - Plenário (...) a questão foi finalmente pacificada, e esta Corte adotou posicionamento pela obrigatoriedade de utilização da modalidade pregão para contratação de bens e serviços de informática considerados comuns, salvo se forem de natureza predominantemente intelectual, vez que, para estes, o art. 46 da Lei 8.666/93 exige licitação do tipo 'melhor técnica' ou 'técnica e preço' (incompatível com o pregão). 11. Parece-me inequívoco que o Acórdão 2.471/2008 - Plenário pôs fim à controvérsia, resultando dele o entendimento no sentido da obrigatoriedade da utilização da modalidade pregão para contratação de bens e serviços de informática considerados comuns, salvo se forem de natureza predominantemente intelectual.
Também no âmbito do Poder Judiciário, a jurisprudência perfila nesse sentido:
TRF 1ª R. - RN 2006.34.00.011440-8/DF - 6ª T. - Rel. Souza Prudente - DJe 26.1.2009 - p. 160 - Para a contratação de empresa especializada na prestação de serviços de informática, visando à gestão e manutenção dos sistemas de informação, administração e operação de rede e banco de dados e suporte técnico aos usuários da rede corporativa do DNPM, não se afigura cabível a licitação na modalidade do pregão, por tratarem-se de serviços que não se caracterizam, notoriamente, como serviços comuns, na forma da legislação de regência.
TRF 1ª R. - AC 2006.34.00.030602-5/DF - 5ª T. - Rel. Fagundes de Deus - DJe 30.1.2009 - 1. Nos termos da estipulação inscrita no Decreto nº 3.555/2000, apenas a prestação de serviços de digitação e a manutenção de equipamentos foram indicados como serviços comuns na área de informática. 2. O objetivo da modalidade pregão é permitir a contratação mais rápida e acessível à Administração de bens e serviços que são licitados pela modalidade menor preço. 3. Não é cabível a utilização do pregão para a contratação de serviços de informática que demandem conhecimentos técnicos mais especializados, sendo necessária a realização de licitação pela modalidade técnica e preço, pois o interesse da Administração é o melhor serviço pelo preço mais adequado.
TJDF - Rec. 2006.01.1.049997-4 - (350.027) - 4ª T. Cív. - Rel. Des. Sérgio Bittencourt - DJe 22.4.2009 - A aquisição de bens e a contratação de serviços de informática, considerados como bens e serviços comuns, nos termos do parágrafo único do art. 1º da Lei nº 10.520, *de 17 de julho de 2002, pode ser realizada na modalidade pregão.*

TRF 1ª R. - AMS 200534000144277/DF - 6ª T. - Rel. Des. Souza Prudente - DJ 23.4.2007 - A aquisição de bens e serviços de informática não incluídos no critério de serviços comuns (digitação e manutenção - Decreto 3.555/2000 e Lei 10.520/2002) (...) sujeita-se ao critério de melhor técnica e preço, nos termos do art. 45, §4º, da Lei 8.666/1993, afigurando-se nulo o Edital nº 09/2005, tendo em vista que o objeto é a contratação de empresa especializada para o desenvolvimento do Portal do Ministério Público do Trabalho na Internet, conforme especificações ali contidas, não podendo, pois, ser licitada na modalidade pregão - menor preço.

Anote-se que, na esfera federal, hão de ser seguidos os procedimentos do Decreto nº 7.174/10, o qual, atendendo à evolução mencionada, prevê, no art. 9º, que, para a contratação de bens e serviços de informática e automação, adotar-se-ão os tipos de licitação *menor preço* ou *técnica e preço*, ressalvadas as hipóteses de dispensa ou inexigibilidade previstas na legislação.

Essa ferramenta regulamentar ainda dispõe, no § 3º do art. 8º, que, mesmo nas aquisições de bens e serviços que não sejam comuns, cujo valor global estimado seja igual ou inferior ao da modalidade convite, não será obrigatória a utilização da licitação do tipo *técnica e preço*. Por outro lado, preconiza, no § 5º, que, na hipótese de adoção desse critério, é vedada a utilização da modalidade convite, independentemente do valor. E mais: o § 4º do mesmo art. 8º reafirma que a licitação do tipo *técnica e preço* deverá ser utilizada exclusivamente para bens e serviços de informática e automação de natureza predominantemente intelectual, assim considerados quando a especificação do objeto evidenciar que os bens ou serviços demandados requerem individualização ou inovação tecnológica, e possam apresentar diferentes metodologias, tecnologias e níveis de qualidade e desempenho, sendo necessário avaliar as vantagens e desvantagens de cada solução.

Coerentemente, o parágrafo único do art. 26 da IN em análise prevê, em consequência da padronização existente no mercado de TI, que a maioria dos bens e serviços dessa categoria se adere a protocolos, métodos e técnicas preestabelecidos e conhecidos, sendo, portanto, via de regra, considerados comuns para fins de utilização da modalidade pregão[203].

1.3 A adoção excepcional da licitação do tipo técnica e preço para a contratação de serviços

---

[209] Sobre licitações de TI, *vide* o nosso Licitação de Tecnologia da Informação – TI (Contratação de bens e serviços de informática e automação). Ed. JHMizuno.

Diante de tudo que foi exposto no item anterior, evidencia-se que a licitação do tipo *técnica e preço* seja de uso excepcional.

Nesse curso, o art. 27 da IN adverte que somente será admitida a sua utilização para serviços que tenham as seguintes características: natureza predominantemente intelectual; grande complexidade ou inovação tecnológica ou técnica; ou possam ser executados com diferentes metodologias, tecnologias, alocação de recursos humanos e materiais.

Além disso, para a adoção de tipo licitatório, faz-se necessário que: (a) não se conheça, previamente à licitação, qual das diferentes possibilidades é a que melhor atenderá aos interesses da Administração; (b) nenhuma das soluções disponíveis no mercado atenda completamente à necessidade da Administração e não exista consenso entre os especialistas na área sobre qual seja a melhor solução, sendo preciso avaliar as vantagens e desvantagens de cada uma para verificar qual a que mais se aproxima da demanda; (c) exista o interesse de ampliar a competição na licitação, adotando-se exigências menos restritivas e pontuando as vantagens que eventualmente forem oferecidas.

A IN, em função dos vários requisitos, determina a necessidade de justificativa para a adoção do tipo licitatório.

Tratando dos elementos de ponderação, a IN veda o uso de fatores distintos para os índices técnica e preço, sem que haja justificativa para essa opção (sobre o tema, remete-se o leitor ao subitem 2.1 dos comentários aos arts. 18 e 19).

Nesse contexto, o parágrafo único do art. 28 prescreve alguns procedimentos, já consagrados na doutrina, referentes ao julgamento das propostas nas licitações do tipo *técnica e preço*:

a) o fator qualidade será aferido mediante critérios objetivos, não sendo admitida a indicação da entidade certificadora específica, devendo o certificado se referir à área compatível com os serviços licitados;

b) a atribuição de pontuação ao fator desempenho não poderá ser feita com base na apresentação de atestados relativos à duração de trabalhos realizados pelo licitante;

c) é proibida a atribuição de pontuação progressiva a um número crescente de atestados comprobatórios de experiência de idêntico teor;

d) poderá ser apresentado mais de um atestado relativamente ao mesmo quesito de capacidade técnica, quando estes forem necessários para a efetiva comprovação da aptidão solicitada; e

e) na análise da qualificação do corpo técnico que executará os serviços deverá haver proporcionalidade entre a equipe técnica pontuável com a quantidade de técnicos que serão efetivamente alocados na execução do futuro contrato.

Anote-se, ainda com relação ao certame do tipo *técnica e preço*, que o § 1º do art. 27 inviabiliza a sua adoção quando existir recomendação contrária por parte da Secretaria de Logística e Tecnologia da Informação (SLTI) para o serviço a ser contratado.

2. A análise e o julgamento das propostas

Tratando do julgamento das propostas, o art. 28 indica o óbvio, reafirmando a necessidade de o ato configurar-se de acordo com o disposto nas normas legais vigentes, e, em consonância com os dispositivos da Lei nº 8.666/93 que tratam da matéria (arts. 43, 44, 45, 46 e 48), no caso de adoção de uma das modalidades licitatórias regidas pelo diploma, ou de preceptivos voltados para a questão da Lei nº 10.520/02, na hipótese do certame ser o pregão.

Lei nº 8.666/93:

Art. 43. A licitação será processada e julgada com observância dos seguintes procedimentos:

I - abertura dos envelopes contendo a documentação relativa à habilitação dos concorrentes e sua apreciação;

II - devolução dos envelopes fechados aos concorrentes inabilitados contendo as respectivas propostas, desde que não tenha havido recurso ou após sua denegação;

III - abertura dos envelopes contendo as propostas dos concorrentes habilitados, desde que transcorrido o prazo sem interposição de recurso, ou tenha havido desistência expressa, ou após o julgamento dos recursos interpostos;

IV - verificação da conformidade de cada proposta com os requisitos do edital e, conforme o caso, com os preços correntes no mercado ou fixados por órgão oficial competente, ou ainda com os constantes do sistema de registro de preços, os quais deverão ser devidamente registrados na ata de julgamento, promovendo-se a desclassificação das propostas desconformes ou incompatíveis;

V - julgamento e classificação das propostas de acordo com os critérios de avaliação constantes do edital;

VI - deliberação da autoridade competente quanto à homologação e adjudicação do objeto da licitação.

§ 1º A abertura dos envelopes contendo a documentação para habilitação e as propostas será realizada sempre em ato público previamente designado, do qual se lavrará ata circunstanciada, assinada pelos licitantes presentes e pela Comissão.

§ 2º Todos os documentos e propostas serão rubricados pelos licitantes presentes e pela Comissão.

§ 3º É facultada à Comissão ou autoridade superior, em qualquer fase da licitação, a promoção de diligência destinada a esclarecer ou a complementar a instrução do processo, vedada a inclusão posterior de documento ou informação que deveria constar originariamente da proposta.

§ 4º O disposto neste artigo aplica-se à concorrência e, no que couber, ao concurso, ao leilão, à tomada de preços e ao convite.

§ 5º Ultrapassada a fase de habilitação dos concorrentes (incisos I e II) e abertas as propostas (inciso III), não cabe desclassificá-los por motivo relacionado com a habilitação, salvo em razão de fatos supervenientes ou só conhecidos após o julgamento.

§ 6º Após a fase de habilitação, não cabe desistência de proposta, salvo por motivo justo decorrente de fato superveniente e aceito pela Comissão.

Art. 44. No julgamento das propostas, a Comissão levará em consideração os critérios objetivos definidos no edital ou convite, os quais não devem contrariar as normas e princípios estabelecidos por esta Lei.

§ 1º É vedada a utilização de qualquer elemento, critério ou fator sigiloso, secreto, subjetivo ou reservado que possa ainda que indiretamente elidir o princípio da igualdade entre os licitantes.

§ 2º Não se considerará qualquer oferta de vantagem não prevista no edital ou no convite, inclusive financiamentos subsidiados ou a fundo perdido, nem preço ou vantagem baseada nas ofertas dos demais licitantes.

§ 3º Não se admitirá proposta que apresente preços globais ou unitários simbólicos, irrisórios ou de valor zero, incompatíveis com os preços dos insumos e salários de mercado, acrescidos dos respectivos encargos, ainda que o ato convocatório da licitação não tenha estabelecido limites mínimos, exceto quando se referirem a materiais e instalações de propriedade do próprio licitante, para os quais ele renuncie à parcela ou à totalidade da remuneração.

§ 4º O disposto no parágrafo anterior aplica-se também às propostas que incluam mão de obra estrangeira ou importações de qualquer natureza.

Art. 45. O julgamento das propostas será objetivo, devendo a Comissão de licitação ou o responsável pelo convite realizá-lo em conformidade com os tipos de licitação, os critérios previamente estabelecidos no ato convocatório e de acordo com os fatores exclusivamente nele referidos, de maneira a possibilitar sua aferição pelos licitantes e pelos órgãos de controle.

§ 1º Para os efeitos deste artigo, constituem tipos de licitação, exceto na modalidade concurso:

I - a de menor preço - quando o critério de seleção da proposta mais vantajosa para a Administração determinar que será vencedor o licitante que apresentar a proposta de acordo com as especificações do edital ou convite e ofertar o menor preço;

II - a de melhor técnica;

III - a de técnica e preço;

IV - a de maior lance ou oferta - nos casos de alienação de bens ou concessão de direito real de uso.

§ 2º No caso de empate entre duas ou mais propostas, e após obedecido o disposto no § 2º do art. 3º desta Lei, a classificação se fará, obrigatoriamente, por sorteio, em ato público, para o qual todos os licitantes serão convocados, vedado qualquer outro processo.

§ 3º No caso da licitação do tipo "menor preço", entre os licitantes considerados qualificados, a classificação se dará pela ordem crescente dos preços propostos, prevalecendo, no caso de empate, exclusivamente o critério previsto no parágrafo anterior.

§ 4º Para contratação de bens e serviços de informática, a Administração observará o disposto no art. 3º da Lei nº 8.248, de 23 de outubro de 1991, levando em conta os fatores especificados em seu parágrafo 2º e adotando obrigatoriamente o tipo de licitação "técnica e preço", permitido o emprego de outro tipo de licitação nos casos indicados em decreto do Poder Executivo.

§ 5º É vedada a utilização de outros tipos de licitação não previstos neste artigo.

§ 6º Na hipótese prevista no art. 23, § 7º, serão selecionadas tantas propostas quantas necessárias até que se atinja a quantidade demandada na licitação.

Art. 46. Os tipos de licitação "melhor técnica" ou "técnica e preço" serão utilizados exclusivamente para serviços de natureza predominantemente intelectual, em especial na elaboração de projetos, cálculos, fiscalização, supervisão e gerenciamento e de engenharia consultiva em geral e, em particular, para a elaboração de estudos técnicos preliminares e projetos básicos e executivos, ressalvado o disposto no § 4º do artigo anterior.

§ 1º Nas licitações do tipo "melhor técnica" será adotado o seguinte procedimento claramente explicitado no instrumento convocatório, o qual fixará o preço máximo que a Administração se propõe a pagar:

I - serão abertos os envelopes contendo as propostas técnicas exclusivamente dos licitantes previamente qualificados e feita então a avaliação e classificação dessas propostas de acordo com os critérios pertinentes e adequados ao objeto licitado, definidos com clareza e objetividade no instrumento convocatório e que considerem a capacitação e a experiência do proponente, a qualidade técnica da proposta, compreendendo metodologia, organização, tecnologias e recursos materiais a serem utilizados nos trabalhos, e a qualificação das equipes técnicas a serem mobilizadas para a sua execução;

II - uma vez classificadas as propostas técnicas, proceder-se-á à abertura das propostas de preço dos licitantes que tenham atingido a valorização mínima estabelecida no instrumento convocatório e à negociação das condições propostas, com a proponente melhor classificada, com base nos orçamentos detalhados apresentados e respectivos preços unitários e tendo como referência o limite representado pela proposta de menor preço entre os licitantes que obtiveram a valorização mínima;

III - no caso de impasse na negociação anterior, procedimento idêntico será adotado, sucessivamente, com os demais proponentes, pela ordem de

classificação, até a consecução de acordo para a contratação;
IV - as propostas de preços serão devolvidas intactas aos licitantes que não forem preliminarmente habilitados ou que não obtiverem a valorização mínima estabelecida para a proposta técnica.

§ 2º Nas licitações do tipo "técnica e preço", será adotado, adicionalmente ao inciso I do parágrafo anterior, o seguinte procedimento claramente explicitado no instrumento convocatório:
I - será feita a avaliação e a valorização das propostas de preços, de acordo com critérios objetivos preestabelecidos no instrumento convocatório;
II - a classificação dos proponentes far-se-á de acordo com a média ponderada das valorizações das propostas técnicas e de preço, de acordo com os pesos preestabelecidos no instrumento convocatório.

§ 3º Excepcionalmente, os tipos de licitação previstos neste artigo poderão ser adotados, por autorização expressa e mediante justificativa circunstanciada da maior autoridade da Administração promotora constante do ato convocatório, para fornecimento de bens e execução de obras ou prestação de serviços de grande vulto majoritariamente dependentes de tecnologia nitidamente sofisticada e de domínio restrito, atestado por autoridades técnicas de reconhecida qualificação, nos casos em que o objeto pretendido admitir soluções alternativas e variações de execução, com repercussões significativas sobre sua qualidade, produtividade, rendimento e durabilidade concretamente mensuráveis, e estas puderem ser adotadas à livre escolha dos licitantes, na conformidade dos critérios objetivamente fixados no ato convocatório.

Art. 47. Nas licitações para a execução de obras e serviços, quando for adotada a modalidade de execução de empreitada por preço global, a Administração deverá fornecer obrigatoriamente, junto com o edital, todos os elementos e informações necessários para que os licitantes possam elaborar suas propostas de preços com total e completo conhecimento do objeto da licitação.

Art. 48. Serão desclassificadas:
I - as propostas que não atendam às exigências do ato convocatório da licitação;
II - propostas com valor global superior ao limite estabelecido ou com preços manifestamente inexequíveis, assim considerados aqueles que não venham a ter demonstrada sua viabilidade através de documentação que comprove que os custos dos insumos são coerentes com os de mercado e que os coeficientes de produtividade são compatíveis com a execução do objeto do contrato, condições estas necessariamente especificadas no ato convocatório da licitação.

§ 1º Para os efeitos do disposto no inciso II deste artigo consideram-se manifestamente inexequíveis, no caso de licitações de menor preço para obras e serviços de engenharia, as propostas cujos valores sejam inferiores a 70% (setenta por cento) do menor dos seguintes valores:

a) média aritmética dos valores das propostas superiores a 50% (cinquenta por cento) do valor orçado pela administração, ou

b) valor orçado pela administração.

§ 2º Dos licitantes classificados na forma do parágrafo anterior cujo valor global da proposta for inferior a 80% (oitenta por cento) do menor valor a que se referem as alíneas "a" e "b", será exigida, para a assinatura do contrato, prestação de garantia adicional, dentre as modalidades previstas no § 1º do art. 56, igual à diferença entre o valor resultante do parágrafo anterior e o valor da correspondente proposta.

§ 3º Quando todos os licitantes forem inabilitados ou todas as propostas forem desclassificadas, a administração poderá fixar aos licitantes o prazo de oito dias úteis para a apresentação de nova documentação ou de outras propostas escoimadas das causas referidas neste artigo, facultada, no caso de convite, a redução deste prazo para três dias úteis.

2.1 A fase externa da licitação (art. 43 da Lei nº 8.666/93)

Como já exposto, a licitação configura um procedimento, isto é, um conjunto de atos vinculados objetivando a seleção da proposta mais vantajosa para a Administração, percorrendo caminhos delineados no instrumento convocatório, segundo a modalidade e o tipo de licitação adotados.

O art. 43 constitui o ápice da matéria procedimental, pois delineia os passos obrigatórios da Administração para processamento e julgamento do certame público, definindo o roteiro a ser seguido pela comissão de licitação na modalidade concorrência e, no que for cabível, nas demais modalidades licitatórias, como informa o § 4º. O dispositivo descreve a fase externa da licitação.

Consoante o já anotado, o procedimento licitatório tem início na autuação (abertura do processo – art. 38 da Lei nº 8.666/93), seguindo-se diversos atos, desembocando na fase externa da licitação, quando se dá o primeiro contato do particular com os interesses da Administração, através da publicação do instrumento convocatório.

Tem-se daí em diante o início da relação da Administração com os interessados, que, entregando seus envelopes de documentação e proposta, passam a ostentar o status de licitantes.

A habilitação é fase típica da concorrência (art. 22, § 1º), sendo adotada, em situações especiais, também no convite, mas nunca em tomada de preços, cujo procedimento habilitatório é obrigatoriamente anterior, por ocasião do cadastramento.

Impende destacar que o preceptivo estabelece o procedimento licitatório pleno, que é o da concorrência, com estrutura prevista para a competição do tipo menor preço.

2.1.2 Alterações no rito procedimental em face da LC nº 123/06

É de capital importância alertar que a Lei Complementar nº 123/06 [204] – que instituiu o Estatuto Nacional da Microempresa e da Empresa de Pequeno Porte, com prescrição de normas específicas sobre licitações públicas nos arts. 42 a 49 – afetou sensivelmente o rito procedimental licitatório da licitação do tipo menor preço, impondo alterações importantes [205], determinando tratamento diferenciado para microempresas e empresas de pequeno porte nas licitações.

O art. 42 diz respeito à fase de habilitação nos certames, mais precisamente à regularidade fiscal, dispondo: (a) que a comprovação de regularidade fiscal das microempresas e empresas de pequeno porte somente será exigida para efeito de assinatura do contrato; e (b) que, por ocasião da participação em certames licitatórios, deverão apresentar toda a documentação exigida para efeito de comprovação de regularidade fiscal, mesmo que esta apresente alguma restrição.

O art. 43 trata da preferência para contratar em favor das empresas qualificadas como microempresas ou empresas de pequeno porte nas situações de empate real e de empate presumido (o chamado "empate ficto").

Os artigos 44 e 45 estabelecem que será assegurada, como critério de desempate, a preferência de contratação para as microempresas e empresas de pequeno porte, entendendo por empate aquelas situações em que as propostas apresentadas por essas empresas sejam iguais ou até 10% superiores à proposta mais bem classificada (sendo o percentual de até 5% nas licitações na modalidade pregão), e definindo que, ocorrendo esse empate, a pequena empresa mais bem classificada poderá apresentar proposta de preço inferior àquela considerada vencedora do certame, situação em que será adjudicado em seu favor o objeto licitado [206].

Impende registrar que a Lei nº 11.488/07 estendeu o benefício para as sociedades cooperativas.

2.1.3 Roteiro de atos da fase externa da licitação (incs. I a VI e §§ 1º e 2º do art. 43 da Lei nº 8.666/93)

Os caminhos obrigatórios ditados por esses dispositivos merecem atenção especial, pelo que roteirizamos a seguir, para depois comentar os atos do administrador, dos quais não poderá se afastar:

a) Recebimento dos envelopes;

---

204 Alterada pela Lei Complementar nº 147, de 7 de agosto de 2014.
205 Regulamentados, no âmbito federal, pelo Decreto nº 6.204/07.
206 Para aprofundamento, vide o nosso As licitações públicas e o Estatuto Nacional das Microempresas: comentários aos artigos específicos sobre licitação pública contemplados pela Lei Complementar nº 123, de 14.12.2006 – considerando o disposto no Decreto nº 6.204, de 5.9.2007.

b) Direito de manifestação dos participantes;
c) Abertura dos envelopes de habilitação;
d) Análise e julgamento da documentação;
e) Divulgação da decisão sobre a habilitação;
f) Interposição de recursos contra a decisão sobre a habilitação;
g) Devolução de envelopes-propostas aos inabilitados;
h) Abertura dos envelopes-propostas;
i) Julgamento e classificação das propostas;
j) Divulgação da decisão referente ao julgamento e classificação das propostas;
k) Recursos contra a decisão referente ao julgamento e classificação das propostas; e
l) Limite das atribuições da comissão de licitação.

2.1.3.1 Recebimento dos envelopes

De relevância é o *modus faciendi* da recepção dos envelopes numa licitação. O art. 40 da Lei nº 8.666/93 disciplina que o instrumento convocatório deverá indicar o local, data e horário de recebimento dos envelopes. No entanto, a lei não alude à necessidade de que a entrega se faça em solenidade pública, na presença de quaisquer interessados.

O § 1º, que versa sobre o procedimento referente à abertura de envelopes, dispõe que a ata circunstanciada a ser lavrada deverá ser assinada pelos licitantes presentes e pela comissão de licitação. Verifica-se, daí, que a presença do licitante é opcional, não havendo como se exigir tal participação, sendo ilegal qualquer tentativa nesse sentido. Como a presença dos licitantes é facultativa, infere-se a possibilidade de envio prévio dos envelopes.

Ressalta-se que o texto do art. 40 dá margem à discussão, possibilitando que alguns intérpretes sustentem a obrigatoriedade de entrega dos envelopes na data aprazada, ainda que não se submetam os licitantes à exigência de presença na sessão de abertura deles.

Como a Lei nº 8.666 prescreve a necessidade de indicação precisa no edital de local, dia e hora para recebimento da documentação e proposta (*caput* do art. 40), torna-se necessário que se remeta a "entrega" a uma solenidade pública. Os envelopes encaminhados anteriormente (inclusive pelo correio) deverão ser levados pela comissão de licitação ao local da solenidade e apresentados aos assistentes (futuros licitantes ou quaisquer outros que ali estejam para assistir aos trabalhos). A sessão pública de "recebimento" é, portanto, um ato obrigatório, não se elencando entre aqueles que permitem ao administrador público avaliar sua oportunidade (discricionariedade).

Inexplicavelmente, a lei não alude à rubrica nos envelopes. Reputamos que tal determinação persiste, dada a necessidade de abertura em data futura. É praxe na Administração a abertura dos envelopes de habilitação na mesma data de sua entrega, pelo que, evidentemente, não haveria a rubrica. Já nos envelopes-propostas, quase sempre abertos em data posterior (a não ser, como comentaremos adiante, na ocorrência de expressa desistência de interposição de recursos por parte de todos os licitantes), obrigar-se-á a rubrica, assegurando-se a incolumidade dos mesmos.

A Administração dispõe de discricionariedade para alterar as condições estabelecidas no edital, desde que conclua por essa necessidade em função de diversas situações. Todavia, mantido o instrumento convocatório, a comissão de licitação não detém poderes para postergar a entrega dos envelopes, adiando a sua entrega, sob a alegação de que, assim agindo, estaria ampliando a competitividade [207].

Os trabalhos de recebimento dos envelopes deverão ser documentados através da lavratura de ata.

2.1.3.2 Direito de manifestação dos participantes

Havendo, como de praxe, o ato público de recebimento de envelopes, deve ser permitida a manifestação dos interessados.

2.1.3.3 Abertura dos envelopes de habilitação

O art. 40 obriga a indicação no edital do local, dia e hora para a abertura dos envelopes de documentação. Não há, todavia, nenhum preceito legal que imponha a abertura dos envelopes de documentação na mesma data prevista para sua apresentação. Do mesmo modo, a lei não exige a apreciação da documentação na data de abertura dos envelopes.

Caso o edital disponha pela abertura em data posterior à sua apresentação, faz-se necessário que todos os envelopes sejam rubricados pelos membros da comissão de licitação e pelos licitantes presentes.

Contudo, objetivando a redução de riscos, normalmente os editais preconizam que a abertura efetuar-se-á logo após o encerramento da entrega dos envelopes.

A abertura deverá acontecer em ato público, devendo os trabalhos ser documentados através de lavratura da ata.

---

[207] Temos defendido essa tese, considerando que o procedimento da licitação é vinculado (à lei e ao edital); todavia, em função de aspectos operacionais, admitimos – e até sugerimos – a inclusão de um prazo de tolerância no instrumento convocatório, de modo a afastar a possibilidade de alegação de rigorismos formais exagerados e exigências que supostamente conduziriam a interpretação contrária à finalidade da regra legal, principalmente nas competições de menor preço, nas quais a existência de mais interessados é benéfica para a Administração. É certo, entretanto, como assevera Adílson Dallari, que a preocupação com a ampliação do universo de proponentes, apesar de bastante louvável, não pode chegar ao ponto de comprometer a garantia de boa execução do futuro contrato (Aspectos jurídicos da licitação. 7. ed., p. 141).

2.1.3.4 Análise e julgamento da documentação

Como dito, não é exigível que a apreciação dos documentos ocorra no momento da abertura dos envelopes, e muito menos que tal trabalho se faça publicamente.

Essa análise, evidentemente minuciosa, poderá ocorrer com o auxílio de técnicos que não façam parte da comissão de licitação, sendo possível, inclusive, a investigação de autenticidade de documentos considerados suspeitos.

Realizada a apreciação, a comissão deliberará. Caso existam opiniões divergentes entre os membros, a apuração far-se-á por voto da maioria.

A comissão não detém poderes que possibilitem o saneamento de defeitos imputáveis aos licitantes. Por outro lado, reputamos como plenamente admissível a juntada de posterior documentação que tenha como objetivo esclarecer dúvidas sobre documento constante do envelope. Sobre a matéria, o STJ decidiu por essa possibilidade, concluindo, entre outros aspectos, que "no procedimento é juridicamente possível a juntada de documento meramente explicativo e complementar de outro preexistente ou para efeito de produzir contraprova e demonstração do equívoco do que foi decidido pela Administração, sem a quebra de princípios legais e constitucionais" (MS nº 5.418/DF, 1ª S., Rel. Min. Demócrito Reinaldo, DJU, 1º jun. 1998).

2.1.3.5 Divulgação da decisão sobre a habilitação

De regra, a divulgação do resultado do julgamento dos documentos far-se-á através da publicação na imprensa oficial (art. 109, § 1º, Lei nº 8.666). Entrementes, se faz mister, como se deduz da ressalva do § 1º do art. 109, a divulgação através de sessão pública, pois somente assim, se presentes todos os prepostos dos licitantes, é que afastar-se-á a necessidade de publicação, com a consequente e oportuna redução de gastos, procedendo-se a comunicação de forma direta aos interessados, com a lavratura da respectiva ata.

2.1.3.6 Interposição de recursos contra a decisão sobre a habilitação

Após a divulgação da decisão sobre a habilitação, será aberto o prazo de cinco dias úteis para a interposição de recurso (com exceção das licitações na modalidade convite, cujo prazo recursal é de dois dias úteis, conforme § 6º do art. 109), contados a partir do dia posterior à data da sessão de divulgação (caso todos os prepostos dos licitantes estejam presentes na divulgação) ou do dia posterior da intimação do ato, configurada na publicação na imprensa oficial.

É cabível recurso administrativo tanto contra decisão que inabilite o licitante como a que o habilite, podendo um licitante interpor recurso contra a habilitação de outro.

O recurso interposto contra a decisão é dotado de efeito suspensivo, o que importa dizer que paralisa o procedimento licitatório, cujo prosseguimento só ocorrerá após a resposta devida.

Sobre o recurso interposto podem manifestar-se os demais licitantes, devendo a autoridade, após seu recebimento, comunicar a todos que terão cinco dias para impugná-lo.

2.1.3.7 Devolução de envelopes-propostas aos inabilitados

A devolução dos envelopes-propostas aos licitantes inabilitados só pode ser realizada com o esgotamento do período recursal ou, caso o recurso tenha sido interposto, depois de proferida a decisão.

Vale lembrar que não existe regramento quanto a tal devolução, não havendo impedimento da Administração em manter os envelopes até que sejam reclamados por quem de direito.

2.1.3.8 Abertura dos envelopes-propostas

A abertura dos envelopes-propostas ocorre em sessão pública, atendidos todos os aspectos formais já realizados na abertura dos envelopes de documentação.

Os envelopes devem ser verificados pelos licitantes presentes, objetivando a demonstração de incolumidade. Constatada qualquer irregularidade, deverá o licitante manifestar-se, protestando contra o fato.

Abertos os envelopes, os documentos deles constantes deverão ser rubricados pelos membros da comissão de licitação e pelos licitantes presentes, documentando-se os trabalhos através de lavratura de ata.

2.1.3.9 Julgamento e classificação das propostas

Abertos os envelopes-propostas, faculta-se à Comissão de Licitação dar prosseguimento imediato aos trabalhos de julgamento e classificação das propostas ou realizá-lo em separado, porquanto, do mesmo modo que se age no julgamento dos documentos de habilitação, não exige o Estatuto que essa avaliação se faça publicamente.

O julgamento e a classificação far-se-ão levando-se em consideração o tipo de licitação adotado.

2.1.3.10 Divulgação da decisão referente ao julgamento e classificação das propostas

De forma idêntica à divulgação do veredicto sobre a habilitação, a decisão referente ao julgamento e classificação das propostas far-se-á, de regra, através da publicação na imprensa oficial (art. 109, § 1º), sendo também necessária a divulgação em ato público, diante da possibilidade de divulgação de forma direta aos interessados, caso estejam presentes todos os representantes dos licitantes, lavrando-se, então, a ata respectiva.

2.1.3.11 Recursos contra a decisão referente ao julgamento e classificação das propostas

Divulgada a decisão referente ao julgamento das propostas, abrir-se-á o prazo recursal de cinco dias úteis (exceto para os convites, cujo prazo recursal é de dois dias úteis), contados de forma idêntica à estabelecida para os recursos referentes à habilitação.

Existindo mais de um envelope (como é usual em licitações do tipo técnica e preço), caberá recurso contra decisão referente a cada envelope.

2.1.3.12 Limite das atribuições da comissão de licitação

A lei pretérita atribuía à comissão a competência de adjudicar o objeto da licitação ao vencedor da licitação. A Lei nº 8.666/93 alterou substancialmente esse procedimento, determinando como último ato da comissão a classificação das propostas, com o consequente encaminhamento desse resultado à deliberação da autoridade competente, que, concordando com todo o procedimento, homologará e adjudicará.

2.2 Motivos que justificam a desclassificação das propostas

O art. 29 reúne todas as situações que justificam a desclassificação de uma proposta: (a) com vícios ou ilegalidades; (b) sem as especificações técnicas exigidas pelo Projeto Básico ou Termo de Referência; (c) com valores finais superiores ao valor máximo mensal estabelecido pelo órgão ou entidade contratante no instrumento convocatório; (d) com valores manifestamente inexequíveis; e (e) com valores que as proponentes não consigam comprovar exequibilidade, em especial em relação à produtividade apresentada.

3. Propostas com preços inexequíveis

Os §§ 1º a 5º do dispositivo lidam com a questão da exequibilidade das propostas.

Consoante expõe o art. 48, inc. II, da Lei nº 8.666/93, deverão ser desclassificadas as propostas com preços manifestamente inexequíveis, assim considerados aqueles que não venham a ter demonstrada sua viabilidade através de documentação que comprove que os custos dos insumos são coerentes com os de mercado e que os coeficientes de produtividade são compatíveis com a execução do objeto do contrato, condições estas necessariamente especificadas no ato convocatório da licitação.

Nesse passo, o § 1º informa que se consideram preços manifestamente inexequíveis aqueles que, comprovadamente, forem insuficientes para a cobertura dos custos decorrentes da contratação pretendida.

Já esposamos que, nessa hipótese, o Poder Público parte da premissa de que o valor a ser pago pela Administração não será suficiente para que o contratado execute a contento o objeto pretendido.

A inexequibilidade deverá, evidentemente, ser justificada pela Administração. Nesse sentido, o TCU já decidiu que, na hipótese de desclassificação nesse contexto, a justificativa deverá constar da ata de julgamento, com clara definição do critério adotado. E mais: indo além, a Corte de Contas Federal concluiu que não cabe à comissão de licitação ou ao pregoeiro declarar a inexequibilidade da proposta da licitante, mas facultar aos participantes do certame a possibilidade de comprovarem a exequibilidade das suas propostas:

> Acórdão nº 559/2009 – 1ª Câmara, rel. Min. Augusto Nardes – [...] Nos termos da jurisprudência do TCU, não cabe ao pregoeiro ou à comissão de licitação declarar a inexequibilidade da proposta da licitante, mas facultar aos participantes do certame a possibilidade de comprovarem a exequibilidade das suas propostas.
> Acórdão nº 294/2008 - Plenário, rel. Min. Raimundo Carreiro – [...] desclassificação indevida da proposta de menor preço, considerada inexequível em decorrência da aplicação equivocada das regras insculpidas no art. 48, da Lei nº 8.666/93, justifica a anulação do ato irregular praticado, bem como dos demais atos que dele tenham decorrido.
> Acórdão nº 287/2008 - Plenário, rel. Min. Ubiratan Aguiar – [...] 20. No que se refere à inexequibilidade, entendo que a compreensão deve ser sempre no sentido de que a busca é pela satisfação do interesse público em condições que, além de vantajosas para a Administração, contentam preços que possam ser suportados pelo contratado sem o comprometimento da regular prestação contratada. Não é objetivo do Estado espoliar o particular, tampouco imiscuir-se em decisões de ordem estratégica ou econômica das empresas. Por outro lado, cabe ao próprio interessado a decisão acerca do preço mínimo que ele pode suportar. 21. Assim, o procedimento para a aferição de inexequibilidade de preço definido no art. 48, II, §1º, alíneas "a" e "b" da Lei nº 8.666/93 conduz a uma presunção relativa de inexequibilidade de preços. Isso porque, além de o procedimento encerrar fragilidades, dado que estabelece dependência em relação a preços definidos pelos participantes, sempre haverá possibilidade de o licitante comprovar sua capacidade de bem executar os preços propostos, atendendo satisfatoriamente o interesse da Administração.

Nessa toada, o § 2º dispõe que a inexequibilidade dos valores referentes a itens isolados da planilha de custos, desde que não contrariem instrumentos legais, não caracteriza motivo suficiente para a desclassificação da proposta.

É de se relembrar que essa planilha nem sempre é necessária, podendo ser motivadamente dispensada nas contratações em que a natureza do seu objeto torne inviável ou desnecessário o detalhamento dos custos para aferição da exequibilidade dos preços praticados (art. 15, XII, "a" da IN em apreciação).

Todavia, havendo indícios de inexequibilidade da proposta de preço, ou em caso de necessidade de esclarecimentos complementares, o § 3º prevê a evidente possibilidade de efetuação de diligência, na forma do § 3º do art. 43 da Lei nº 8.666/93, para efeito de comprovação de sua exequibilidade, sugerindo, inclusive, alguns possíveis procedimentos nessa faina: (a) questionamentos junto à proponente para a apresentação de justificativas e comprovações em relação aos custos com indícios de inexequibilidade; (b) verificação de acordos coletivos, convenções coletivas ou sentenças normativas em dissídios coletivos de trabalho; (c) levantamento de informações junto ao Ministério do Trabalho e Emprego, e junto ao Ministério da Previdência Social; (d) consultas a entidades ou conselhos de classe, sindicatos ou similares; (e) pesquisas em órgãos públicos ou empresas privadas; (f) verificação de outros contratos que o proponente mantenha com a Administração ou com a iniciativa privada; (g) pesquisa de preço com fornecedores dos insumos utilizados, tais como: atacadistas, lojas de suprimentos, supermercados e fabricantes; (h) verificação de notas fiscais dos produtos adquiridos pelo proponente; (i) levantamento de indicadores salariais ou trabalhistas publicados por órgãos de pesquisa; (j) estudos setoriais; (k) consultas às Secretarias de Fazenda Federal, Distrital, Estadual ou Municipal; e (l) análise de soluções técnicas escolhidas e/ou condições excepcionalmente favoráveis que o proponente disponha para a prestação dos serviços[208].

No que se refere aos diligenciamentos, o § 5º estabelece um procedimento interessante: quando o preço final proposto for inferior a 30% da média dos preços ofertados para o mesmo item, e a inexequibilidade da proposta não for flagrante e evidente através da análise da planilha de custos, não sendo possível a sua imediata desclassificação, será obrigatória a realização de diligências para aferir a legalidade e exequibilidade da proposta.

Buscando atender aos princípios licitatórios, notadamente os da igualdade e competitividade, o § 4º prescreve que qualquer interessado poderá requerer que se realizem diligências para aferir a exequibilidade e a legalidade das propostas, devendo apresentar as provas ou os indícios que fundamentam a suspeita.

---

[208] Sobre o tema, sugere-se a leitura do excelente *Diligências nas licitações públicas*, de autoria do prof. Ivo Ferreira de Oliveira (Editora JM).

3.1 Preços inexequíveis nas licitações de menor preço para obras e serviços de engenharia

O § 1º do art. 48 da Lei nº 8.666/93 preconiza que deverão ser considerados manifestamente inexequíveis, no caso de licitações de menor preço para serviços de engenharia (e para obras), as propostas cujos valores sejam inferiores a 70% (setenta por cento) do menor dos seguintes valores: (a) média aritmética dos valores das propostas superiores a 50% (cinquenta por cento) do valor orçado pela Administração, ou (b) valor orçado pela Administração.

Assim, consoante o padrão aritmético previsto, deverá ser considerada manifestamente inexequível e, dessa forma, desclassificada, a proposta cujo valor seja inferior a 70% (setenta por cento) do menor valor alcançado nas seguintes hipóteses: média aritmética dos valores das propostas superiores a 50% (cinquenta por cento) do valor orçado pela Administração (alínea a); ou valor orçado pela Administração (alínea b), valor este previamente conhecido pela Administração, antes mesmo da abertura da licitação, conforme disposto no art. 7º, II c/c art. 40, § 2º, II da Lei ora analisada[209].

Releva frisar que a regra legal não impõe a aplicação consecutiva das alíneas, mas sim o de apenas considerar o menor desses dois valores, concluindo como sem exequibilidade a proposta que lhe seja inferior. São, por conseguinte, alternativas, das quais prevalecerá tão somente a de menor valor.

A aplicação prática do regramento legal demanda certa cautela.

Vejamos, numa suposição, em que o valor orçado pela Administração para uma obra de engenharia seja de R$ 100,00 e que, no certame, tenham sido propostos:

Empresa A – R$ 90,00
Empresa B – R$ 95,00
Empresa C – R$ 85,00
Empresa D – R$ 55,00
Empresa E – R$ 40,00
Empresa F – R$ 35,00
Empresa G – R$ 30,00

---

[209] É de vital importância alertar que o valor orçado pela Administração para obras e/ou serviços de engenharia não representa um limite fechado, mas apenas uma base de cálculo. É o que também entende Carlos Pinto Coelho Motta, asseverando, inclusive, que o simples cotejamento entre os valores das alíneas "a" e "b" do § 1º do art. 48 comprova essa afirmativa. Referindo-se ao assunto, leciona o administrativista mineiro: "Caso o orçamento da Administração significasse realmente o limite máximo de preço, o valor 'a' seria sempre e necessariamente menor que o 'b', e a comparação entre ambos não teria sentido. Portanto, nessa hipótese de obras, a Administração obriga-se a divulgar o valor do preço orçado (art. 40, §2º, II); e lhe é facultado divulgar também o preço máximo (art. 40, X). Observe-se, de passagem, que na hipótese de serviços e compras o valor orçado em planilhas identifica-se, com certeza, ao limite superior fechado. Destarte, e em resumo, o novo critério do art. 48 e seus parágrafos almeja aferir concretude, seriedade e firmeza da proposta. A consecução desse objetivo depende certamente da fidedignidade do valor orçado pela Administração, base de todo o cálculo" (MOTTA. Eficácia nas licitações e contratos: comentários à Lei nº 8.666/93, alterada pela Lei nº 8.883/94. 10. ed., p. 416).

O § 1º dispõe que serão consideradas manifestamente inexequíveis as propostas cujos valores sejam inferiores a 70% (setenta por cento) do menor dos seguintes valores: média aritmética dos valores das propostas superiores a 50% (cinquenta por cento) do valor orçado pela Administração; ou valor orçado pela Administração.

Passo nº 1: identificação da média aritmética dos valores das propostas superiores a 50% (cinquenta por cento) do valor orçado pela Administração.

Sendo R$ 100,00 o valor orçado pela Administração: 50% desse valor = R$ 50,00.

Valores superiores a R$ 50,00:

Empresa A – R$ 90,00
Empresa B – R$ 95,00
Empresa C – R$ 85,00
Empresa D – R$ 55,00

Média aritmética das propostas superiores a R$ 50,00: R$ 90,00 + R$ 95,00 + R$ 85,00 + R$ 55,00 dividido por 4 = R$ 81,25

Como o valor orçado pela Administração foi de R$ 100,00, o menor dos dois valores alcançados (alíneas "a" ou "b") é de R$ 81,25.

Passo nº 2: identificação das propostas que sejam inferiores a 70% (setenta por cento) do menor dos valores. Como o menor valor alcançado foi de R$ 81,25, teremos 70% de R$ 81,25, que dará R$ 56,87.

Passo nº 3: aplicação da presunção mencionada no § 1º do art. 48.[210]
Assim, serão consideradas manifestamente inexequíveis as propostas cujos preços sejam inferiores a R$ 56,87.

---

[210] Essa presunção não pode ser encarada como absoluta. Nessa linha, o voto do ministro relator do TCU no Acórdão nº 287/2008 - Plenário: "Assim, o procedimento para aferição de inexequibilidade de preço definido no art. 48, inciso II, § 1º, alíneas 'a' e 'b' da Lei nº 8.666/93 conduz a uma presunção relativa de inexequibilidade de preços. Isso porque, além de o procedimento encerrar fragilidades, dado que estabelece dependência em relação a preços definidos pelos participantes, sempre haverá a possibilidade de o licitante comprovar sua capacidade de bem executar os preços propostos, atendendo satisfatoriamente o interesse da Administração. Nessas circunstâncias, caberá à Administração examinar a viabilidade dos preços propostos, tão somente como forma de assegurar a satisfação do interesse público, que é o bem tutelado pelo procedimento licitatório. Por essas razões, tivesse o certame chegado a termo distinto, caberia ao licitante vencedor demonstrar a exequibilidade de seu preço, na eventualidade de a Administração vislumbrar a possibilidade de estar comprometida com a regular prestação do serviço contratado". Por outro lado, ainda no âmbito do TCU, é o do voto do ministro relator, no Acórdão 697/2006 - Plenário: "A desclassificação de propostas em razão de preço tem por objetivo evitar que a Administração contrate bens ou serviços por preços excessivos, desvantajosos em relação à contratação direta no mercado, ou inexequíveis/irrisórios, que comprometam a satisfação do objeto almejado com consequências danosas. No que se refere à inexequibilidade, entendo que a compreensão deve ser sempre no sentido de que a busca pela satisfação do interesse público em condições que, além de vantajosas, contemplem preços que possam ser suportados pelo contratado sem o comprometimento da regular prestação contratada.

Propostas inexequíveis:
Empresa D – R$ 55,00
Empresa E – R$ 40,00
Empresa F – R$ 35,00
Empresa G – R$ 30,00

Passo nº 4: identificação do licitante vencedor, a partir das propostas exequíveis.
Propostas classificadas:
Empresa A – R$ 90,00
Empresa B – R$ 95,00
Empresa C – R$ 85,00
Licitante vencedor: Empresa C – R$ 85,00.

Para a assinatura do contrato, caso a proposta do licitante vencedor tenha sido inferior a 80% (oitenta por cento) do menor valor a que se referem as alíneas "a" e "b", o §2º exige a prestação de garantia adicional igual à diferença entre o valor resultante do parágrafo anterior e o valor da correspondente proposta.

Passo nº 5: identificar se o licitante vencedor necessitará prestar a garantia adicional.

Para tal é necessário verificar se a proposta vencedora é inferior a 80% do menor dos valores das alíneas "a" e "b", ou seja, 80% de R$ 81,25 = R$ 65,00.

Nessa suposição, o valor da proposta vencedora (R$ 85,00) é superior ao valor apurado (R$ 65,00). Assim, não seria necessário que o licitante vencedor prestasse garantia adicional.

4. Análise da exequibilidade de preço proposto nos serviços continuados com dedicação exclusiva de mão de obra

Como anteriormente mencionado, uma das principais finalidades da planilha de custos e formação de preços é retratar a efetiva composição dos custos decorrentes da execução do contrato, permitindo que a Administração avalie se o preço proposto é suficiente para fazer frente ao encargo pretendido.

Não é objetivo do Estado espoliar o particular. Por outro lado, cabe ao próprio particular a decisão acerca do preço mínimo que ele pode suportar. Assim, no contexto da definição de critério para aferir inexequibilidade de preço, julgo que não há prejuízo à transparência e à lisura do certame valer-se dessa fórmula definida no art. 48, inciso II, §1º, da Lei nº 8.666/93, ainda que para outras contratações de menor preço que não as relativas a serviços e obras de engenharia, uma vez que constitui mais um instrumento para verificação da exequibilidade do preço. Na verdade, esse dispositivo conduz a uma presunção relativa de inexequibilidade de preços. Isso porque sempre haverá a possibilidade de o licitante comprovar sua capacidade de bem executar os preços propostos, atendendo satisfatoriamente o interesse da Administração".

Certamente, nos contratos de prestação de serviços com dedicação exclusiva de mão de obra é possível demonstrar a formação do preço a partir de detalhamento preciso dos custos que incidem sobre a execução do acordo, pois inexiste compartilhamento da estrutura de pessoal com outros ajustes.

Nessa hipótese é pertinente o preconizado na alínea "a", do inc. XII, do art. 15, da IN em comento, que determina que o projeto básico ou o termo de referência contenha o custo estimado da contratação, o valor máximo global e mensal estabelecido em decorrência da identificação dos elementos que compõem o preço dos serviços, definido por meio do preenchimento da planilha de custos e formação de preços.

Nesse contexto, o art. 29-A coerentemente define que a análise da exequibilidade de preços nos serviços continuados com dedicação exclusiva da mão de obra do prestador deve ser realizada com o auxílio da planilha de custos e formação de preços, a ser preenchida pelo licitante em relação à sua proposta final de preço.

No mesmo caminho, o § 1º determina a adaptação do modelo de planilha de custos e formação de preços constante no Anexo III da IN às especificidades do serviço e às necessidades do órgão ou entidade contratante, de modo a permitir a identificação de todos os custos envolvidos na execução do serviço.

Obviamente, erros no preenchimento da planilha não motivarão de imediato a desclassificação da proposta, desde que sejam possíveis ajustes sem a necessidade de majoração do preço ofertado e, ainda, que fique comprovada a suficiência para arcar com todos os custos da contratação. Assim, com coerência, o § 2º admite o saneamento da planilha.

Nesse sentido, a orientação do TCU, conforme entendimento esposado em voto no Acórdão nº 4.621/2009 - 2ª Câmara:

> Releva ainda saber o procedimento a ser adotado quando a Administração constata que há evidente equívoco em um ou mais itens indicados pelas licitantes. Não penso que o procedimento seja simplesmente desclassificar o licitante. Penso sim que deva ser avaliado o impacto financeiro da ocorrência e verificar se a proposta, mesmo com a falha, continuaria a preencher os requisitos da legislação que rege as licitações públicas – preços exequíveis e compatíveis com os de mercado.
>
> Exemplifico. Digamos que no quesito férias legais, em evidente desacerto com as normas trabalhistas, uma licitante aponha o porcentual de zero por cento. Entretanto, avaliando-se a margem de lucro da empresa, verifica-se que poderia haver uma diminuição dessa margem para cobrir os custos de férias e ainda garantir-se a exequibilidade da proposta.
>
> Tendo apresentado essa licitante o menor preço, parece-me que ofenderia os princípios da razoabilidade e da economicidade desclassificar a proposta mais vantajosa e exequível por um erro que, além de poder ser caracterizado como

formal, também não prejudicou a análise do preço global de acordo com as normas pertinentes.

Afirmo que a falha pode ser considerada um erro formal porque a sua ocorrência não teria trazido nenhuma consequência prática sobre o andamento da licitação. Primeiro, porque não se pode falar em qualquer benefício para a licitante, pois o que interessa tanto para ela quanto para a Administração é o preço global contratado. Nesse sentido, bastaria observar que a licitante poderia ter preenchido corretamente o campo férias e de forma correspondente ter ajustado o lucro proposto de forma a se obter o mesmo valor global da proposta. Segundo, porque o caráter instrumental da planilha de custos não foi prejudicado, pois a Administração pôde dela se utilizar para avaliar o preço proposto sob os vários aspectos legais.

Em suma, penso que seria um formalismo exacerbado desclassificar uma empresa em tal situação, além de caracterizar a prática de ato antieconômico. Rememoro ainda que a obrigação da contratada pagar os devidos encargos trabalhistas advém da norma legal (art. 71 da Lei 8.666/93), pouco importando para tanto o indicado na planilha de custos anexa aos editais de licitação.

Raciocínio idêntico aplica-se quando a cotação de item da planilha apresenta valor maior do que o esperado. Ora, o efeito prático de tal erro, mantendo-se o mesmo preço global, seria que o lucro indicado na proposta deveria ser acrescido do equivalente financeiro à redução de valor do referido item da planilha.

Da mesma forma, na linha do antes exposto, sendo essa proposta a mais vantajosa economicamente para a Administração e ainda compatível com os preços de mercado, não vislumbro motivos para desclassificá-la.

No que diz respeito aos custos variáveis, futuros e incertos, não há dúvida, diante dessas especificidades, que a empresa licitante deverá ter total liberdade para estimá-los. Por isso, com propriedade, o § 3º veda ingerências da Administração na formação de preços privados por intermédio da proibição de inserção de custos, ou de exigência de custos mínimos que não estejam diretamente relacionados à exequibilidade dos serviços e materiais ou decorram de encargos legais.

ARTIGO 30

DA VIGÊNCIA DOS CONTRATOS

Art. 30. A duração dos contratos ficará adstrita à vigência dos respectivos créditos orçamentários, podendo, quando for o caso, ser prorrogada até o limite previsto no ato convocatório, observado o disposto no art. 57 da Lei 8.666/93.

§ 1º O prazo mínimo previsto para início da prestação de serviço continuado com dedicação exclusiva dos trabalhadores da contratada deverá ser o suficiente, de modo a possibilitar a preparação do prestador para o fiel cumprimento do contrato.

§ 2º Toda prorrogação de contrato será precedida de realização de pesquisa de preços de mercado ou de preços contratados por outros órgãos e entidades da Administração Pública, visando assegurar a manutenção da contratação mais vantajosa para a Administração.

§ 3º A prorrogação de contrato, quando vantajosa para a Administração, deverá ser promovida mediante celebração de termo aditivo, o qual deverá ser submetido à aprovação da consultoria jurídica do órgão ou entidade contratante.

§ 4º Nos contratos cuja duração ou previsão de duração ultrapasse um exercício financeiro, indicar-se-á o crédito e respectivo empenho para atender à despesa no exercício em curso, bem como de cada parcela da despesa relativa à parte a ser executada em exercício futuro, com a declaração de que, em termos aditivos ou apostilamentos, indicar-se-ão os créditos e empenhos para sua cobertura.

1. A duração do contrato administrativo

A polêmica sobre a duração contratual é uma constante no meio jurídico-administrativo. Há os que sustentam que a duração não pode ser confundida com a prorrogação, sendo a "duração" atinente à elaboração do ato convocatório e a "prorrogação", à execução contratual.

A nosso ver, a questão da prorrogação tem plena conexão com a duração contratual.

Para tanto, basta a simples leitura do art. 57 da Lei nº 8.666/93, a seguir transcrito:

> Art. 57. A duração dos contratos regidos por esta Lei ficará adstrita à vigência dos respectivos créditos orçamentários, exceto quanto aos relativos:
> I - aos projetos cujos produtos estejam contemplados nas metas estabelecidas no Plano Plurianual, os quais poderão ser prorrogados se houver interesse da Administração e desde que isso tenha sido previsto no ato convocatório;
> II - à prestação de serviços a serem executados de forma contínua, que

poderão ter a sua duração prorrogada por iguais e sucessivos períodos com vistas à obtenção de preços e condições mais vantajosas para a administração, limitada a sessenta meses;
III - (Vetado);
IV - ao aluguel de equipamentos e à utilização de programas de informática, podendo a duração estender-se pelo prazo de até 48 (quarenta e oito) meses após o início da vigência do contrato;
V - às hipóteses previstas nos incisos IX, XIX, XXVIII e XXXI do art. 24, cujos contratos poderão ter vigência por até 120 (cento e vinte) meses, caso haja interesse da Administração.

Observa-se, nos incisos, que as exceções à regra geral de duração explicitada no *caput* se perfazem, a princípio, por intermédio de prorrogações, o que afasta o entendimento de que alguns acordos poderiam ser celebrados inicialmente por prazos mais largos, ultrapassando a vigência do crédito.

Na verdade, apenas uma situação autoriza a contratação com prazo de duração superior: a dos acordos atrelados ao plano plurianual, em face do preceito contido no §1º do art. 167 da CF, que expressamente informa que os investimentos, em face de características especiais, que necessitem de prazo de duração que ultrapasse um exercício financeiro, deverão ser incluídos nessa categoria, ou seja, com recursos garantidos para os anos seguintes.

> CF - Art. 167 [...] §1º – Nenhum investimento cuja execução ultrapasse um exercício financeiro poderá ser iniciado sem prévia inclusão no plano plurianual, ou sem lei que autorize a inclusão, sob pena de crime de responsabilidade.

O art. 57 supramencionado informa a regra geral concernente aos contratos por ele regidos, qual seja, duração adstrita à vigência do respectivo crédito orçamentário. Isso equivale a dizer que os contratos celebrados pela Administração estão limitados, de regra, a duração anual, apesar da possibilidade do "respectivo crédito" ser estendido ao exercício seguinte, adotando-se a providencial ferramenta dos "restos a pagar", conforme permissivo legal disposto na Lei nº 4.320, de 17 de março de 1964[211].

Nesse sentido, as orientações da AGU:

---

[211] Sobre o assunto, sugerimos a leitura de Subsistência dos contratos administrativos de execução continuada. In: BITTENCOURT. Questões polêmicas sobre licitações e contratos administrativos. 2. ed., atual. e ampl. com novos artigos.

Orientação Normativa AGU nº 39, de 13 de dezembro de 2011 – A vigência dos contratos regidos pelo art. 57, *caput*, da Lei nº 8.666, de 1993, pode ultrapassar o exercício financeiro em que celebrados, desde que as despesas a eles referentes sejam integralmente empenhadas até 31 de dezembro, permitindo-se, assim, sua inscrição em restos a pagar.

Orientação Normativa AGU nº 35, de 13 de dezembro de 2011 – Nos contratos cuja duração ultrapasse o exercício financeiro, a indicação do crédito orçamentário e do respectivo empenho para atender a despesa relativa ao exercício futuro poderá ser formalizada por apostilamento.

Em função de todo esse contexto, o art. 30 da IN em análise prevê que a duração dos contratos ficará adstrita à vigência dos respectivos créditos orçamentários, podendo, quando for o caso, ser prorrogada até o limite previsto no ato convocatório, observado o disposto no art. 57 mencionado.

2. A exceção para os casos de serviços executados de forma contínua (inc. II do art. 57 da Lei nº 8.666/93)

Dentre as exceções, a mais preocupante – em função do texto do inciso carregar enorme dificuldade interpretativa – diz respeito aos contratos de serviços continuados.

Para rememorar, os acordos dessa natureza são aqueles voltados para serviços que, devido ao interesse público, devam ser prestados sem nenhum tipo de interrupção, ou seja, sem solução de continuidade.

O inc. II do art. 57 da Lei nº 8.666/93, em face da dificuldade de aplicação devido ao texto dúbio, vem sofrendo, ao longo do tempo, um grande número de alterações, com mudanças que determinaram interpretações diversas.

> Art. 57. A duração dos contratos regidos por esta Lei ficará adstrita à vigência dos respectivos créditos orçamentários, exceto quanto aos relativos:
> II - à prestação de serviços a serem executados de forma contínua, que poderão ter a sua duração prorrogada por iguais e sucessivos períodos com vistas à obtenção de preços e condições mais vantajosas para a administração, limitada a sessenta meses.

2.1 A questão da prorrogação do prazo de duração contratual

Ao tratar da hipótese de exceção, o inciso informa que os contratos a serem executados de forma continuada poderão ter a sua duração prorrogada por iguais e sucessivos períodos, com vistas à obtenção de preços e condições mais vantajosas para a administração, limitada a sessenta meses. Nesse viés, debate-se se esses ajustes poderiam ter a duração fixada por prazo superior ao respectivo exercício financeiro, como ocorre nos contratos atrelados a projetos cujos produtos estejam contemplados nas metas estabelecidas no Plano Plurianual, ou seja, se poderiam ser já firmados com a duração de até 60 meses.

A nosso ver, tal prática é vedada pela CF, que, como já anotado, proíbe a assunção de obrigações que excedam os créditos orçamentários, exceto no caso do Plano Plurianual. *Vide* que no art. 167, que trata da matéria, a Carta Magna não excepcionou o serviço contínuo.

2.1.1 A questão de se prorrogar somente por iguais e sucessivos períodos

A regra preconizada no inciso determina que os serviços a serem executados de forma contínua poderão ter a sua duração prorrogada "por iguais e sucessivos períodos". Impõe-se, nesse diapasão, buscar-se o real significado da expressão "igual período". Procurando avaliar seu contexto, levando em consideração o sistema, e adotando o sentido teleológico necessário, fugindo do rigor literal das palavras, Leon Szklarowsky concluiu que a lei faculta a prorrogação não apenas ao período inicialmente proposto, mas pelo período relativo ao exercício do crédito orçamentário, sob pena de quebra de todo o sistema construído.

Em sentido diferente, Antônio Carlos Cintra do Amaral:

> Houve quem entendesse que se o contrato de prestação de serviços contínuos fosse celebrado em 1º de outubro de um ano, deveria ter o prazo máximo de três meses, prorrogável por igual período, ou seja, até 31 de março do ano seguinte. Sempre sustentei que tal entendimento, além de não refletir a adequada interpretação da norma legal, conduzia a um desatino administrativo. Entendi que o inc. II do art. 57 era exceção, ampliativa, da regra contida no *caput*. Assim, os contratos de prestação de serviços contínuos não tinham prazo máximo. Se, porém, contivessem cláusula de prorrogação, o período da prorrogação deveria ser igual ao do prazo original[212].

---

212 CINTRA DO AMARAL. Duração dos contratos administrativos. In: CINTRA DO AMARAL. Ato administrativo, licitações e contratos administrativos. p. 120.

Baseando-se na literalidade do texto, Toshio Mukai entende que a extensão estava atrelada ao prazo previsto no contrato inicial[213].

Em nossa ótica, os termos controversos deveriam ser avaliados sob dois focos. O primeiro, mais importante, voltado para a finalidade da regra. O regramento, antes de tudo, tem por obrigação atender ao interesse coletivo e, obviamente, retratar uma realidade fática, além de coadunar-se, sem ressalvas, com todos os princípios e dispositivos que regulam o assunto, mantendo-se, assim, coerente com o ordenamento jurídico. A regra não pode discrepar desse ordenamento, sob pena de falecer. O segundo diz respeito ao ensinamento de Carlos Maximiliano, qual seja, a presunção de inexistência de palavras inúteis nas leis e, principalmente, de incompatibilidades presumidas entre textos de um mesmo diploma.

No caso, infere-se, sem titubeios, que o primeiro ponto enfocado sobrepõe-se ao segundo – mesmo porque, como é notório, o legislador pátrio não vem, já há algum tempo, acatando a velha máxima da interpretação jurídica, porquanto, não raro, necessita atender a vários *lobbies* na perseguição sempre intensa de recursos para campanhas de reeleição, entre outros fatores.

Em face do exposto, sendo certo que o legislador não poderia pretender manietar a Administração, reduzindo a amplitude de uma exceção talvez mais importante que a própria regra – mesmo porque, ao reescrever o dispositivo, demonstrou, com clareza, a intenção de alargar as facilidades, haja vista que inseriu mais uma alínea facilitadora –, nos posicionamos no sentido de que a expressão "igual período" deva ser entendida como uma faculdade de prorrogação por período idêntico ao referente ao exercício do crédito do contrato e não por período idêntico ao estabelecido no acordo inicial.

2.2 Regras específicas para os contratos de serviço continuado

Os parágrafos do art. 30 reúnem regras que a doutrina e a jurisprudência têm ditado para esses tipos de acordos, quais sejam:

a) o prazo mínimo para início da prestação de serviço continuado com dedicação exclusiva dos trabalhadores da contratada deverá ser estabelecido de modo a possibilitar a preparação do prestador para o fiel cumprimento do contrato (§ 1º);

b) toda prorrogação de contratos deverá ser precedida de realização de pesquisas de preços, visando assegurar a manutenção da contratação mais vantajosa para a Administração.

Segundo o previsto no § 2º, essa pesquisa deverá ser realizada no âmbito do mercado ou entre os preços contratados por outros órgãos e entidades

---

[213] MUKAI. O novo estatuto jurídico das licitações e contratos públicos: comentários à Lei nº 8.666, de 21.6.1993, p. 64.

da Administração Pública. Não obstante, a recente IN SLTI nº 5/2014, que dispõe sobre diretrizes referentes ao processo administrativo de realização de pesquisas de preços nas aquisições de bens e contratações de serviços, consigna outros parâmetros para a efetivação dessa tarefa, determinando, inclusive, uma ordem de preferência.

Consoante a IN nº 5, far-se-á inicialmente a pesquisa no Portal de Compras Governamentais (www.comprasgovernamentais.gov.br); depois, na mídia especializada, sítios eletrônicos especializados ou de domínio amplo, desde que contenham a data e hora de acesso; a seguir, nas contratações similares de outros entes públicos, em execução ou concluídos nos 180 (cento e oitenta) dias anteriores à data da pesquisa; e, por fim, entre os fornecedores.

Ainda conforme a IN supracitada, em observância à ordem paramétrica de preferência estabelecida para a pesquisa, o uso do parâmetro seguinte dependerá da impossibilidade, devidamente justificada, da utilização do que o precede. No âmbito de cada um, o resultado da pesquisa deverá considerar a média dos preços obtidos.

O normativo consigna, por fim, que a utilização de outro método deverá ser devidamente justificada pela autoridade competente e, na hipótese de adoção da pesquisa de fornecedores, a só admissão de preços cujas datas não se diferenciem em mais de 180 (cento e oitenta) dias. Também nesse caso deverá ser conferido aos fornecedores um prazo de resposta compatível com a complexidade do objeto a ser licitado, o qual não será inferior a 5 (cinco) dias úteis. Pesquisa com menos de três preços ou fornecedores deverá ser justificada, para que seja admitida. Para obtenção do resultado da pesquisa de preços não poderão ser considerados os preços inexequíveis ou os excessivamente elevados. Não serão admitidas estimativas de preços obtidas em sítios de leilão ou de intermediação de vendas;

c) a prorrogação de contrato, quando vantajosa para a Administração, deverá ocorrer, como consagrado na doutrina e, de certa forma, indicado na Lei nº 8.666/93, mediante a celebração de termo aditivo, o qual deverá ser submetido à aprovação da consultoria jurídica do órgão ou entidade contratante[214];

d) nos contratos com previsão de duração que ultrapasse um exercício financeiro, indicar-se-á o crédito e respectivo empenho para atender a despesa no exercício em curso, bem como de cada parcela da despesa relativa à parte a ser executada em exercício futuro, com a declaração de que, em termos aditivos ou apostilamentos, indicar-se-ão os créditos e empenhos para sua cobertura.

---

[214] Lei nº 8.666/93 - Art. 38 (...) Parágrafo único. As minutas de editais de licitação, bem como as dos contratos, acordos, convênios ou ajustes devem ser previamente examinadas e aprovadas por assessoria jurídica da Administração.

O regramento é exagerado quando sugere o uso de termos aditivos para o fim determinado, uma vez que constitui opção mais custosa e demorada. Incontestavelmente, a alternativa correta é o apostilamento.

ARTIGO 30-A

Art. 30-A. Nas contratações de serviço continuado, o contratado não tem direito subjetivo à prorrogação contratual, que objetiva a obtenção de preços e condições mais vantajosas para a Administração, conforme estabelece o art. 57, inciso II da Lei nº 8.666, de 1993. **(Incluído pela Instrução Normativa nº 3, de 16 de outubro de 2009)**

§ 1º Os contratos de serviços de natureza continuada poderão ser prorrogados a cada 12 (doze) meses, até o limite de 60 (sessenta) meses, quando comprovadamente vantajosos para a Administração, desde que haja autorização formal da autoridade competente e observados os seguintes requisitos: **(Redação dada pela Instrução Normativa nº 6, de 23 de dezembro de 2013)**

I - os serviços tenham sido prestados regularmente; **(Redação dada pela Instrução Normativa nº 6, de 23 de dezembro de 2013)**

II - a Administração mantenha interesse na realização do serviço; **(Redação dada pela Instrução Normativa nº 6, de 23 de dezembro de 2013)**

III - o valor do contrato permaneça economicamente vantajoso para a Administração; e **(Incluído pela Instrução Normativa nº 6, de 23 de dezembro de 2013)**

IV - a contratada manifeste expressamente interesse na prorrogação. **(Incluído pela Instrução Normativa nº 6, de 23 de dezembro de 2013)**

§ 2º A vantajosidade econômica para prorrogação dos contratos de serviços continuados estará assegurada, sendo dispensada a realização de pesquisa de mercado, quando o contrato contiver previsões de que: **(Redação dada pela Instrução Normativa nº 6, de 23 de dezembro de 2013)**

I - os reajustes dos itens envolvendo a folha de salários serão efetuados com base em convenção, acordo coletivo ou em decorrência de lei; **(Redação dada pela Instrução Normativa nº 6, de 23 de dezembro de 2013)**

II - os reajustes dos itens envolvendo insumos (exceto quanto a obrigações decorrentes de acordo ou convenção coletiva de trabalho e de Lei) e materiais serão efetuados com base em índices oficiais, previamente definidos no contrato, que guardem a maior correlação possível com o segmento econômico em que estejam inseridos tais insumos ou materiais ou, na falta de qualquer índice setorial, o Índice Nacional de Preços ao Consumidor Amplo - IPCA/IBGE; e **(Redação dada pela Instrução Normativa nº 6, de 23 de dezembro de 2013)**

III - no caso de serviços continuados de limpeza, conservação, higienização e de vigilância, os valores de contratação ao longo do tempo e a cada prorrogação serão iguais ou inferiores aos limites estabelecidos em ato normativo da Secretaria de

> Logística e Tecnologia da Informação do Ministério do Planejamento, Orçamento e Gestão – SLTI/MP. **(Incluído pela Instrução Normativa nº 6, de 23 de dezembro de 2013)**
> § 3º No caso do inciso III do § 2º, se os valores forem superiores aos fixados pela SLTI/MP, caberá negociação objetivando a redução de preços de modo a viabilizar economicamente as prorrogações de contrato. **(Incluído pela Instrução Normativa nº 6, de 23 de dezembro de 2013)**
> § 4º A Administração deverá realizar negociação contratual para a redução e/ou eliminação dos custos fixos ou variáveis não renováveis que já tenham sido amortizados ou pagos no primeiro ano da contratação. **(Incluído pela Instrução Normativa nº 6, de 23 de dezembro de 2013)**
> § 5º A Administração não poderá prorrogar o contrato quando: **(Redação dada pela Instrução Normativa nº 6, de 23 de dezembro de 2013)**
> I - os preços estiverem superiores aos estabelecidos como limites pelas Portarias do Ministério do Planejamento, Orçamento e Gestão, admitindo-se a negociação para redução de preços; ou **(Incluído pela Instrução Normativa nº 6, de 23 de dezembro de 2013)**
> II – a contratada tiver sido declarada inidônea ou suspensa no âmbito da União ou do próprio órgão contratante, enquanto perdurarem os efeitos. **(Incluído pela Instrução Normativa nº 6, de 23 de dezembro de 2013)**

1. Inexistência de direito subjetivo à prorrogação

Reza o inc. II do art. 57 da Lei nº 8.666/93 que as prorrogações dos contratos de serviços continuados estarão condicionadas a execução com preços e condições mais vantajosos para a Administração. Assim, caso o contratado esteja executando os serviços com preços de mercado e em condições eficientes, a(s) prorrogação(ões) estará(ão) autorizada(s). E mais: por se tratar de serviços imprescindíveis, as prorrogações são efetivamente obrigatórias, uma vez que os fins previstos na norma estão sendo efetivamente alcançados.

É impensável, no entanto, em abertura de nova licitação, posto que a finalidade da norma é a obtenção das vantagens elencadas por intermédio da prorrogação. Somente se essas vantagens deixarem de estar presentes (ou seja, o preço demasiadamente alto e condições de execução do serviço insatisfatórias) é que a Administração poderá deixar de efetuar a prorrogação e partir para a abertura de nova licitação.

Nesse contexto, a expressão "poderão" não oferece discricionariedade à Administração. Como obtempera Toshio Mukai, "a expressão apenas tem o sentido de permitir à Administração, caso o contratado não mais esteja oferecendo aquelas vantagens, deixar de prorrogar o contrato e abrir nova licitação, no intuito de obter mais vantagens"[215].

Nesse curso, o art. 30-A da IN em análise estabelece que, nas contratações de serviço continuado, o contratado não tem direito subjetivo à prorrogação contratual, porquanto, como preconiza o inc. II do art. 57 da Lei nº 8.666/93, a finalidade da prorrogação é a obtenção de preços e condições mais vantajosos. Logicamente, *a contrario sensu*, caso estejam presentes esses fatores, esse direito existirá.

No mesmo disciplinamento, esmiuçando a matéria, o § 1º do preceptivo consubstancia que os contratos de serviços continuados poderão ser prorrogados a cada 12 (doze) meses, até o limite de 60 (sessenta) meses – como determina o supracitado inc. II do art. 57, da Lei nº 8.666/93 –, quando ficar patente a vantagem para a Administração, desde que haja autorização formal da autoridade competente e observados os seguintes requisitos: (a) os serviços tenham sido prestados regularmente; (b) a Administração mantenha interesse na realização do serviço, ou seja, que mantenha a característica de essencialidade; (c) a contratada manifeste expressamente interesse na prorrogação; e (d) o valor do contrato permaneça vantajoso.

Assegurar-se-á o requisito "vantajosidade", sendo dispensada a realização de pesquisa de mercado, quando o contrato contiver previsões de que:

a) os reajustes dos itens envolvendo a folha de salários serão efetuados com base em convenção, acordo coletivo ou em decorrência de lei.

Sobre o tema, sublinhando que é cediço que nos contratos em que praticamente a única ferramenta de execução do ajustado é a ferramenta humana, a fixação dos salários é a forma adequada de a Administração contratante garantir o nível de qualidade e desempenho aceitáveis (cf. TCU, Ac. 614/2008-Plenário; Ac. 1024/2008-Plenário; Ac. 421/2007-Plenário), Luiz Cláudio de Azevedo Chaves conclui com precisão:

> Revisitar o mercado de trabalho para fins de prorrogação significaria, em última medida, admitir dois possíveis resultados, ambos absurdos: a) redução dos salários pagos aos empregados terceirizados (o que é vedado por garantia constitucional) ou b) redução do nível de qualidade e desempenho dos serviços. Quanto ao primeiro resultado, penso ser absolutamente dispensável discorrer, dada sua obviedade. Quanto ao segundo, reputando ainda haver, aqui e ali, algum desencontro de desentendimento, cabem alguns apontamentos. Ora, é igualmente sabido que proposta mais vantajosa não é a proposta "mais baratinha", mas sim aquela que corresponde à expectativa

---

215 MUKAI, Toshio. As prorrogações nos serviços contínuos são facultativas? Disponível em: <http://novo.licitacao.uol.com.br/apoio-juridico/artigos/17-as-prorrogacoes-nos-servicos-continuos-sao-facultativas.html?showall=&start>.

da Administração em grau de desempenho e qualidade e, dentre estas, nas licitações de menor preço, como é a hipótese, a de menor valor.

Reduzir custos, admitindo pagar salários mais baixos, seria o mesmo que, *mutatis mutandis*, trocar um equipamento de excelente desempenho e durabilidade por um cuja qualidade seja risível e obrigue a Administração a todo o momento submetê-lo à manutenção. Se essa é a ideia, não posso concordar que há verdadeira vantagem na nova licitação.

Diante do exposto, (...) a pesquisa de preços para fins de justificativa da prorrogação do ajuste é dispensável nos contratos de prestação de serviços continuados com emprego de mão de obra em regime de dedicação exclusiva, sempre que os salários das categorias utilizadas no referido ajuste estiverem vinculados a pactos laborais, independentemente de estarem os mesmos fixados com base nos pisos mínimos das categorias[216].

Aliás, como assenta o jurista, sob esse conceito aplicado aos contratos de terceirização de serviços, é esclarecedor o voto no Acórdão TCU 1.584/2010:

(...) 16. Não acredito que o princípio da vantajosidade deva prevalecer a qualquer custo. A terceirização de mão de obra no setor público, quando legalmente permitida, não pode ser motivo de aviltamento do trabalhador, com o pagamento de salários indignos. A utilização indireta da máquina pública para a exploração do trabalhador promete apenas ineficiência dos serviços prestados ou a contratação de pessoas sem a qualificação necessária. (...) 30. No mesmo sentido, seguiu-se o Acórdão nº 290/2006-TCU - Plenário, cujo voto condutor do Ministro Augusto Nardes foi assentado em argumentos que merecem alusão: "13. Há, contudo, outros pontos que devem ser considerados no presente julgamento, como aduzido pelo recorrente. Trata-se da questão da proposta mais vantajosa e a satisfação do interesse público. Reconheço que existe, sim, a possibilidade de aviltamento dos salários dos terceirizados e consequente perda de qualidade dos serviços, o que estaria em choque com satisfação do interesse público. Nesse aspecto, no caso de uma contratação tipo menor preço, em que as empresas mantivessem os profissionais pagando-lhes apenas o piso da categoria, entendo que não seria razoável considerar, apenas como vantagem a ser obtida pela Administração, o menor preço. Livres de patamares salariais, os empregadores, de forma a maximizar seus lucros, ofertariam mão de obra com preços de serviços compostos por salários iguais ou muito próximos do piso das categorias profissionais, o que, *per se*, não garantiria o fornecimento de mão de obra com a qualificação pretendida pela Administração. Sob esse prisma, entendo que a qualidade e a eficiência dos serviços postos à

---

[216] CHAVES, Luiz Cláudio de Azevedo. Contratos de terceirização. Fixação dos salários das categorias acima do piso mínimo fixado na convenção ou acordo coletivo de trabalho. Prorrogação. Pesquisa de preços. Desnecessidade. Aplicação da in 06/2013. Revista JML - Licitações e Contratos - n. 32, jul./set. 2014.

disposição de órgãos públicos não podem ficar à mercê da política salarial das empresas contratadas. 14. Assim, proposta mais vantajosa não significa apenas preço mais baixo. Há que se considerar a tutela de outros valores jurídicos além do menor preço, como, por exemplo, o atendimento ao princípio da eficiência." (Voto do Ministro Revisor Valmir Campelo. Relator Min. Raimundo Carreiro)

b) os reajustes dos itens envolvendo insumos (exceto quanto a obrigações decorrentes de acordo ou convenção coletiva de trabalho e de lei) e materiais serão efetuados com base em índices oficiais, previamente definidos no contrato, que guardem a maior correlação possível com o segmento econômico em que estejam inseridos tais insumos ou materiais ou, na falta de qualquer índice setorial, o Índice Nacional de Preços ao Consumidor Amplo – IPCA/IBGE.

Esse segundo requisito segue a tradicional regra prevista para o reajustamento de preços contida no vetusto Decreto nº 1.054/94, que regulamenta o reajuste de preços nos contratos da Administração Federal direta e indireta, que prevê, no § 1º do art. 2º, que o reajuste deverá basear-se em índices que reflitam a variação efetiva do custo de produção ou do preço dos insumos utilizados, admitida a adoção de índices setoriais ou específicos regionais, ou, na falta destes, índices gerais de preços.

Anote-se que, conforme prevê o inc. III, também será dispensada a pesquisa de mercado quando, no caso de serviço continuado de limpeza, conservação, higienização e de vigilância, os valores de contratação ao longo do tempo e a cada prorrogação forem iguais ou inferiores aos limites estabelecidos em ato normativo da SLTI. Nessa hipótese, se os valores forem superiores aos fixados, caberá negociação objetivando a redução de preços de modo a viabilizar economicamente as prorrogações de contrato.

A possibilidade de realização de prorrogação sem a pesquisa de preços possui, inclusive, o importante aval do TCU:

> Acórdão 1214/2013 - Plenário, relator Aroldo Cedraz - (...) Ainda na representação que analisou aspectos relacionados aos contratos de prestação de serviços de natureza contínua, o Tribunal cuidou da questão da baixa eficiência e efetividade das pesquisas de mercado atualmente para subsidiarem as prorrogações contratuais. O grupo de estudos multi-institucional argumentou que os itens que compõem o custo dos serviços de natureza continuada – remuneração, encargos sociais, insumos e LDI – variam, em grande medida, segundo parâmetros bem definidos, de forma que a realização de nova pesquisa de mercado, no caso de eventual

prorrogação contratual, seria medida custosa e burocrática, não retratando, verdadeiramente, o mercado, uma vez que ela tem normalmente levado a preços superiores aos obtidos na licitação. Em seu voto, o relator, diante das informações apresentadas, sugeriu que se entendesse desnecessária a realização de pesquisa junto ao mercado e a outros órgãos/entidades da Administração Pública para a prorrogação de contratos de natureza continuada, desde que as seguintes condições contratuais estejam presentes, assegurando a vantajosidade da prorrogação: a) previsão de que as repactuações de preços envolvendo a folha de salários serão efetuadas somente com base em convenção, acordo coletivo de trabalho ou em decorrência de lei; b) previsão de que as repactuações de preços envolvendo materiais e insumos (exceto, para estes últimos, quanto a obrigações decorrentes de acordo ou convenção coletiva de trabalho e de lei), serão efetuadas com base em índices setoriais oficiais, previamente definidos no contrato, a eles correlacionados, ou, na falta de índice setorial oficial específico, por outro índice oficial que guarde maior correlação com o segmento econômico em que estejam inseridos ou adotando, na ausência de índice setorial, o Índice Nacional de Preços ao Consumidor Amplo - IPCA/IBGE. Para o caso particular dos serviços continuados de limpeza, conservação, higienização e de vigilância, o relator adicionou ainda a aderência de valores a limites fixados em ato da SLTI/MP. Nos termos do voto do relator, o Plenário manifestou sua anuência.

Anote-se, como bem observado pela Consultoria Zênite, que, ainda que de forma indireta – pois a alteração promovida na IN nº 02/08 trata da comprovação da "vantajosidade" para a prorrogação da vigência contratual, e não de reajuste ou repactuação, propriamente –, a IN passou a admitir a correção dos efeitos inflacionários em contratos de prestação de serviço com dedicação exclusiva de mão de obra por meio da repactuação, para a parcela de custos com mão de obra, e reajuste por índice oficial, capaz de espelhar a variação dos preços de mercado dos insumos e materiais:

> Essa alteração foi recomendada pelo Plenário do Tribunal de Contas da União, no Acórdão nº 1.214/2013, e baseia-se no fato de que, nesses contratos, a demonstração analítica da variação dos componentes dos custos para a mão de obra, regra geral, é feita com base na nova Convenção Coletiva de Trabalho aplicada aos profissionais envolvidos na execução do ajuste, o que torna rápida a sua aplicação. Se fosse feita a repactuação da parcela de custos com materiais e equipamentos, isso exigiria a juntada de diversos documentos, a fim de demonstrar a variação dos preços de mercado desses insumos. Esse procedimento, além de moroso, nem sempre permite tal demonstração de modo

preciso, determinando inúmeros conflitos entre as partes contratantes.

Em vista dos apontamentos feitos, verifica-se que, a partir da alteração promovida pela IN nº 06/13, a IN nº 02/08 passou a admitir, nos contratos de prestação de serviços com dedicação exclusiva de mão de obra, a previsão de repactuação, com base na CCT, como critério para repactuação da parcela de custos com mão de obra, e de reajuste por índice oficial, para a parcela de custos com materiais e insumos[217].

2. Amortização de custos não renováveis

Os valores pactuados nos contratos de serviços continuados amortizam determinados custos necessários à execução da prestação, sendo que, dentre eles, há alguns não renováveis. É lógico, portanto, que esses custos, uma vez amortizados, não necessitam ser novamente compensados. Assim, o inc. XVII do art. 19 da IN prevê que o instrumento convocatório da licitação conterá, como condição para a prorrogação, que os custos não renováveis já pagos ou amortizados no primeiro ano da contratação deverão ser eliminados.

Nesse viés, o § 4º prescreve que a Administração deverá realizar negociação para a redução e/ou eliminação dos custos fixos ou variáveis não renováveis que já tenham sido amortizados ou pagos no primeiro ano da contratação.

Sobre a matéria, *vide* decisão do TCU:

> Acórdão 3006/2010 – Plenário (...) 9.2.2 supressão do percentual de 1,94% da Planilha de Custos dos Serviços Contratados, referente ao Aviso Prévio Trabalhado, tendo em vista que os referidos custos consideram-se integralmente pagos no primeiro ano do contrato, devendo ser zerado nos anos subsequentes, nos termos do cálculo demonstrado quando da apreciação do Acórdão TCU nº 1904/2007 - Plenário.

3. Vedação à prorrogação contratual

Em função de todo o exposto, o § 5º prevê as situações que impedem a prorrogação dos contratos continuados, sendo elas: (a) preços superiores aos estabelecidos como limites pelas Portarias do Ministério do Planejamento, admitindo-se a negociação para redução de preços; ou (b) existência de declaração de inidoneidade ou de suspensão no âmbito da União ou do próprio órgão contratante, enquanto perdurarem os efeitos dessas punições.

Essa segunda condição advém do poder de punir as empresas contratadas que a Administração detém, em face da inexecução total ou parcial de contratos

---

217 Reajuste - Índices oficiais - Contratos de prestação de serviços com dedicação exclusiva de mão de obra - Alterações promovidas pela IN nº 06/13 na IN nº 02/08 - Possibilidade. Revista Zênite - Informativo de Licitações e Contratos (ILC). Curitiba: Zênite, n. 242, p. 402, abr. 2014.

administrativos, a saber: suspensão temporária de participação em licitação e impedimento de contratar com a Administração, por prazo não superior a dois anos; e declaração de inidoneidade para licitar ou contratar com a Administração Pública enquanto perdurarem os motivos determinantes da punição ou até que seja promovida a reabilitação perante a própria autoridade que aplicou a penalidade, que será concedida sempre que o contratado ressarcir a Administração pelos prejuízos resultantes e após decorrido o prazo da sanção aplicada com base no inciso anterior.

ARTIGOS 31 A 35

DO ACOMPANHAMENTO E FISCALIZAÇÃO DA EXECUÇÃO DOS CONTRATOS

Art. 31. O acompanhamento e a fiscalização da execução do contrato consistem na verificação da conformidade da prestação dos serviços e da alocação dos recursos necessários, de forma a assegurar o perfeito cumprimento do contrato, devendo ser exercido pelo gestor do contrato, que poderá ser auxiliado pelo fiscal técnico e fiscal administrativo do contrato. (Redação dada pela Instrução Normativa nº 6, de 23 de dezembro de 2013)
§ 1º Além das disposições previstas neste capítulo, a fiscalização contratual dos serviços continuados deverá seguir o disposto no Anexo IV desta Instrução Normativa. (Incluído pela Instrução Normativa nº 6, de 23 de dezembro de 2013)
§ 2º Para efeito desta Instrução Normativa, considera-se: (Incluído pela Instrução Normativa nº 6, de 23 de dezembro de 2013)
I - gestor do contrato: servidor designado para coordenar e comandar o processo de fiscalização da execução contratual; (Incluído pela Instrução Normativa nº 6, de 23 de dezembro de 2013)
II - fiscal técnico do contrato: servidor designado para auxiliar o gestor do contrato quanto à fiscalização do objeto do contrato; e (Incluído pela Instrução Normativa nº 6, de 23 de dezembro de 2013)
III - fiscal administrativo do contrato: servidor designado para auxiliar o gestor do contrato quanto à fiscalização dos aspectos administrativos do contrato. (Incluído pela Instrução Normativa nº 6, de 23 de dezembro de 2013)
§ 3º A fiscalização dos contratos, no que se refere ao cumprimento das obrigações trabalhistas, deve ser realizada com base em critérios estatísticos, levando-se em consideração falhas que impactem o contrato como um todo e não apenas erros e falhas eventuais no pagamento de alguma vantagem a um determinado empregado. (Incluído pela Instrução Normativa nº 6, de 23 de dezembro de 2013)
Art. 32. Em serviços de natureza intelectual, após a assinatura do contrato, o órgão ou entidade contratante deve promover reunião inicial, devidamente registrada em Ata, para dar início à execução do serviço, com o esclarecimento das obrigações contratuais,

em que estejam presentes os técnicos responsáveis pela elaboração do termo de referência ou projeto básico, o gestor do contrato, o fiscal técnico do contrato, o fiscal administrativo do contrato, os técnicos da área requisitante, o preposto da empresa e os gerentes das áreas que executarão os serviços contratados. (Redação dada pela Instrução Normativa nº 6, de 23 de dezembro de 2013)

Parágrafo único. O órgão ou entidade contratante deverá estabelecer ainda reuniões periódicas, de modo a garantir a qualidade da execução e o domínio dos resultados e processos já desenvolvidos por parte do corpo técnico do órgão contratante.

Art. 33. A verificação da adequação da prestação do serviço deverá ser realizada com base no Acordo de Níveis de Serviço, quando houver, previamente definido no ato convocatório e pactuado pelas partes.

§ 1º O prestador do serviço poderá apresentar justificativa para a prestação do serviço com menor nível de conformidade, que poderá ser aceita pelo órgão ou entidade, desde que comprovada a excepcionalidade da ocorrência, resultante exclusivamente de fatores imprevisíveis e alheios ao controle do prestador.

§ 2º O órgão contratante deverá monitorar constantemente o nível de qualidade dos serviços para evitar a sua degeneração, devendo intervir para corrigir ou aplicar sanções quando verificar um viés contínuo de desconformidade da prestação do serviço à qualidade exigida.

Art. 34. A execução dos contratos deverá ser acompanhada e fiscalizada por meio de instrumentos de controle, que compreendam a mensuração dos seguintes aspectos, quando for o caso:

I - os resultados alcançados em relação ao contratado, com a verificação dos prazos de execução e da qualidade demandada;

II - os recursos humanos empregados, em função da quantidade e da formação profissional exigidas;

III - a qualidade e quantidade dos recursos materiais utilizados;

IV - a adequação dos serviços prestados à rotina de execução estabelecida;

V - o cumprimento das demais obrigações decorrentes do contrato; e

VI - a satisfação do público usuário.

§ 1º O fiscal ou gestor do contrato, ao verificar que houve subdimensionamento da produtividade pactuada, sem perda da qualidade na execução do serviço, deverá comunicar à autoridade responsável para que esta promova a adequação contratual à produtividade efetivamente realizada, respeitando-se os limites de alteração dos valores contratuais previstos no § 1º do artigo 65 da Lei nº 8.666, de 1993.

§ 2º A conformidade do material a ser utilizado na execução dos serviços deverá ser verificada juntamente com o documento da contratada que contenha a relação detalhada dos mesmos, de acordo com o estabelecido no contrato, informando as respectivas quantidades e especificações técnicas, tais como marca, qualidade e forma de uso.

§ 3º O representante da Administração deverá promover o registro das ocorrências verificadas, adotando as providências necessárias ao fiel cumprimento das cláusulas contratuais, conforme o disposto nos §§ 1º e 2º do art. 67 da Lei nº 8.666, de 1993.

§ 4º O descumprimento total ou parcial das responsabilidades assumidas pela contratada, sobretudo quanto às obrigações e encargos sociais e trabalhistas, ensejará a aplicação de sanções administrativas, previstas no instrumento convocatório e na legislação vigente, podendo culminar em rescisão contratual, conforme disposto nos artigos 77 e 87 da Lei nº 8.666, de 1993.

§ 5º Na fiscalização do cumprimento das obrigações trabalhistas e sociais nas contratações continuadas, com dedicação exclusiva dos trabalhadores da contratada, exigir-se-á, dentre outras, as seguintes comprovações:

I - no caso de empresas regidas pela Consolidação das Leis do Trabalho - CLT: (Redação dada pela Instrução Normativa nº 6, de 23 de dezembro de 2013)

a) no primeiro mês da prestação dos serviços, a contratada deverá apresentar a seguinte documentação: (Redação dada pela Instrução Normativa nº 6, de 23 de dezembro de 2013)

1. relação dos empregados contendo nome completo, cargo ou função, horário do posto de trabalho, números da carteira de identidade (RG) e da inscrição no Cadastro de Pessoas Físicas (CPF), com indicação dos responsáveis técnicos pela execução dos serviços, quando for o caso; (Incluído pela Instrução Normativa nº 6, de 23 de dezembro de 2013)

2. Carteira de Trabalho e Previdência Social (CTPS) dos empregados admitidos e dos responsáveis técnicos pela execução dos serviços, quando for o caso, devidamente assinada pela contratada; e (Incluído pela Instrução Normativa nº 6, de 23 de dezembro de 2013)

3. exames médicos admissionais dos empregados da contratada que prestarão os serviços; (Incluído pela Instrução Normativa nº 6, de 23 de dezembro de 2013)

b) entrega até o dia trinta do mês seguinte ao da prestação dos serviços ao setor responsável pela fiscalização do contrato dos seguintes documentos, quando não for possível a verificação da regularidade dos mesmos no Sistema de Cadastro de Fornecedores - SICAF: (Redação dada pela Instrução Normativa nº 6, de 23 de dezembro de 2013)

1. prova de regularidade relativa à Seguridade Social; (Incluído pela Instrução Normativa nº 6, de 23 de dezembro de 2013)

2. certidão conjunta relativa aos tributos federais e à Dívida Ativa da União; (Incluído pela Instrução Normativa nº 6, de 23 de dezembro de 2013)

3. certidões que comprovem a regularidade perante as Fazendas Estadual, Distrital e Municipal do domicílio ou sede do contratado; (Incluído pela Instrução Normativa nº 6, de 23 de dezembro de 2013)

4. Certidão de Regularidade do FGTS - CRF; e (Incluído pela Instrução Normativa nº 6, de 23 de dezembro de 2013)

5. Certidão Negativa de Débitos Trabalhistas - CNDT; (Incluído pela Instrução Normativa nº 6, de 23 de dezembro de 2013)

c) entrega, quando solicitado pela Administração, de quaisquer dos seguintes documentos: (Redação dada pela Instrução Normativa nº 6, de 23 de dezembro de 2013)

1. extrato da conta do INSS e do FGTS de qualquer empregado, a critério da Administração contratante; (Incluído pela Instrução Normativa nº 6, de 23 de dezembro de 2013)

2. cópia da folha de pagamento analítica de qualquer mês da prestação dos serviços, em que conste como tomador o órgão ou entidade contratante; (Incluído pela Instrução Normativa nº 6, de 23 de dezembro de 2013)

3. cópia dos contracheques dos empregados relativos a qualquer mês da prestação dos serviços ou, ainda, quando necessário, cópia de recibos de depósitos bancários; (Incluído pela Instrução Normativa nº 6, de 23 de dezembro de 2013)

4. comprovantes de entrega de benefícios suplementares (vale-transporte, vale-alimentação, entre outros), a que estiver obrigada por força de lei ou de convenção ou acordo coletivo de trabalho, relativos a qualquer mês da prestação dos serviços e de qualquer empregado; e (Incluído pela Instrução Normativa nº 6, de 23 de dezembro de 2013)

5. comprovantes de realização de eventuais cursos de treinamento e reciclagem que forem exigidos por lei ou por contrato; (Incluído pela Instrução Normativa nº 6, de 23 de dezembro de 2013)

d) entrega da documentação abaixo relacionada, quando da extinção ou rescisão do contrato, após o último mês de prestação dos serviços, no prazo definido no contrato: (Redação dada pela Instrução Normativa nº 6, de 23 de dezembro de 2013)

1. termos de rescisão dos contratos de trabalho dos empregados prestadores de serviço, devidamente homologados, quando exigível pelo sindicato da categoria; (Incluído pela Instrução Normativa nº 6, de 23 de dezembro de 2013)

2. guias de recolhimento da contribuição previdenciária e do FGTS, referentes às rescisões contratuais; (Incluído pela Instrução Normativa nº 6, de 23 de dezembro de 2013)

3. extratos dos depósitos efetuados nas contas vinculadas individuais do FGTS de cada empregado dispensado; e (Incluído pela Instrução Normativa nº 6, de 23 de dezembro de 2013)

4. exames médicos demissionais dos empregados dispensados. (Incluído pela Instrução Normativa nº 6, de 23 de dezembro de 2013)

II - No caso de cooperativas:

a) recolhimento da contribuição previdenciária do INSS em relação à parcela de responsabilidade do cooperado;

b) recolhimento da contribuição previdenciária em relação à parcela de responsabilidade da cooperativa;

c) comprovante de distribuição de sobras e produção;

d) comprovante de aplicação do FATES - Fundo de Assistência Técnica Educacional e Social;

e) comprovante de aplicação em Fundo de Reserva;
f) comprovação de criação de fundo para pagamento do 13º salário e férias; e
g) eventuais obrigações decorrentes da legislação que rege as sociedades cooperativas.

III - No caso de sociedades diversas, tais como as Organizações Sociais Civis de Interesse Público – OSCIPs e as Organizações Sociais, será exigida a comprovação de atendimento a eventuais obrigações decorrentes da legislação que rege as respectivas organizações.

§ 6º Sempre que houver admissão de novos empregados pela contratada, os documentos elencados na alínea "a" do inciso I do § 5º deverão ser apresentados. (Incluído pela Instrução Normativa nº 6, de 23 de dezembro de 2013)

§ 7º Os documentos necessários à comprovação do cumprimento das obrigações sociais trabalhistas elencados nos incisos I, II e III do § 5º poderão ser apresentados em original ou por qualquer processo de cópia autenticada por cartório competente ou por servidor da Administração. (Incluído pela Instrução Normativa nº 6, de 23 de dezembro de 2013)

§ 8º A Administração deverá analisar a documentação solicitada na alínea "d" do inciso I do § 5º no prazo de 30 (trinta) dias após o recebimento dos documentos, prorrogáveis por mais 30 (trinta) dias, justificadamente. (Incluído pela Instrução Normativa nº 6, de 23 de dezembro de 2013)

§ 9º Em caso de indício de irregularidade no recolhimento das contribuições previdenciárias, os fiscais ou gestores de contratos de serviços com dedicação exclusiva de mão de obra deverão oficiar ao Ministério da Previdência Social e à Receita Federal do Brasil – RFB. (Incluído pela Instrução Normativa nº 6, de 23 de dezembro de 2013)

§ 10 Em caso de indício de irregularidade no recolhimento da contribuição para o FGTS, os fiscais ou gestores de contratos de serviços com dedicação exclusiva de mão de obra deverão oficiar ao Ministério do Trabalho e Emprego. (Incluído pela Instrução Normativa nº 6, de 23 de dezembro de 2013)

Art. 34-A. O descumprimento das obrigações trabalhistas ou a não manutenção das condições de habilitação pelo contratado poderá dar ensejo à rescisão contratual, sem prejuízo das demais sanções. (Redação dada pela Instrução Normativa nº 6, de 23 de dezembro de 2013)

Parágrafo único. A Administração poderá conceder um prazo para que a contratada regularize suas obrigações trabalhistas ou suas condições de habilitação, sob pena de rescisão contratual, quando não identificar má-fé ou incapacidade de a empresa corrigir a situação. (Incluído pela Instrução Normativa nº 3, de 16 de outubro de 2009)

Art. 35. Quando da rescisão contratual, o fiscal deve verificar o pagamento pela contratada das verbas rescisórias ou a comprovação de que os empregados serão realocados em outra atividade de prestação de serviços, sem que ocorra a interrupção do contrato de trabalho. (Redação dada pela Instrução Normativa nº 3, de 16 de outubro de 2009)

Parágrafo único. Até que a contratada comprove o disposto no caput, o órgão ou entidade

> contratante deverá reter a garantia prestada e os valores das faturas correspondentes a 1 (um) mês de serviços, podendo utilizá-los para o pagamento direto aos trabalhadores no caso de a empresa não efetuar os pagamentos em até 2 (dois) meses do encerramento da vigência contratual, conforme previsto no instrumento convocatório e nos incisos IV e V do art. 19-A dessa Instrução Normativa. (Redação dada pela Instrução Normativa nº 6, de 23 de dezembro de 2013)

1. Acompanhamento e fiscalização da execução dos contratos

O art. 31 inicia o bloco de mandamentos que dão vazão à importante e tão negligenciada ação referente aos contratos administrativos: a fiscalização de sua execução.

A Lei nº 8.666/93 trata da questão em vários dispositivos. No art. 58, ao definir as prerrogativas conferidas à Administração nos contratos administrativos, aponta, entre outras, a de poder fiscalizar-lhes a execução. Versando sobre a execução contratual, o art. 67 determina a realização de acompanhamento e fiscalização por um representante da Administração especialmente designado, permitindo até mesmo a contratação de terceiros para assisti-lo e subsidiá-lo. Consoante os parágrafos do preceptivo, no exercício dessa tarefa deverá anotar em registro próprio todas as ocorrências relacionadas com a execução do contrato, determinando o que for necessário à regularização das faltas ou defeitos observados. O art. 73 prevê que, executado o contrato, em se tratando de serviços ou obras, o recebimento provisório pelo responsável por seu acompanhamento e fiscalização, mediante termo circunstanciado, assinado pelas partes em até 15 dias da comunicação escrita do contratado. Por fim, o art. 78 dispõe que o desatendimento das determinações regulares do fiscal circunscreverá, motivo suficiente para a rescisão contratual.

Sobre a matéria, observamos em outro trabalho[218]:

> O inc. III do art. 58 da Lei nº 8.666/93 atribui à Administração a prerrogativa de fiscalizar a execução dos contratos celebrados. Para consecução desse poder-dever, o Poder Público deverá designar um fiscal, a quem caberá acompanhar a execução contratual. Pelos termos do dispositivo, o fiscal deverá fazer parte dos quadros de funcionários da Administração Pública. Ele, todavia, poderá ser assistido ou subsidiado por terceiros estranhos aos quadros, o que, é claro, demandará nova contratação. Essa permissão justifica-se para certos objetos especialíssimos, para os quais a

---

[218] BITTENCOURT, Sidney. Licitação de tecnologia da informação – TI (Contratações de bens e serviços de informática e automação). Ed. JHMizuno.

Administração pode não possuir no seu elenco de agentes um especialista que detenha conhecimentos para acompanhar razoavelmente a execução.
TCU - Acórdão nº 2204/2010 - [...] 9.8.3. em cumprimento ao disposto no art. 67, caput e seus parágrafos, da Lei 8.666/93, designe formalmente, para acompanhar e fiscalizar a execução de todo e qualquer contrato firmado, representante da Administração, o qual deverá anotar em registro próprio todas as ocorrências relativas ao contrato, bem como adotar medidas com vistas à regularização das falhas ou defeitos observados durante a execução [...].
Para pôr em prática a fiscalização da execução contratual, o fiscal deverá verificar a fiel correspondência entre o previsto no contrato e o efetivamente executado. Detectando disparidades, deverá, na sua órbita de ação, determinar a regularização dos defeitos, e, ao mesmo tempo, registrar em livro próprio todas as ocorrências e discrepâncias observadas.
Anote-se que o TCU, por intermédio do Acórdão nº 380/2008, posicionou-se no sentido de que o fiscal do contrato possui responsabilidade solidária com a empresa por possíveis danos causados pela execução irregular do contrato, conforme art. 16, §2º, da Lei nº 8.443/92[219].
Art. 16. As contas serão julgadas:
I - regulares, quando expressarem, de forma clara e objetiva, a exatidão dos demonstrativos contábeis, a legalidade, a legitimidade e a economicidade dos atos de gestão do responsável;
II - regulares com ressalva, quando evidenciarem impropriedade ou qualquer outra falta de natureza formal de que não resulte dano ao Erário;
III - irregulares, quando comprovada qualquer das seguintes ocorrências:
a) omissão no dever de prestar contas;
b) prática de ato de gestão ilegal, ilegítimo, antieconômico, ou infração à norma legal ou regulamentar de natureza contábil, financeira, orçamentária, operacional ou patrimonial;
c) dano ao Erário decorrente de ato de gestão ilegítimo ou antieconômico;
d) desfalque ou desvio de dinheiro, bens ou valores públicos.
(...)
§ 2º Nas hipóteses do inciso III, alíneas c e d deste artigo, o Tribunal, ao julgar irregulares as contas, fixará a responsabilidade solidária:
a) do agente público que praticou o ato irregular, e
b) do terceiro que, como contratante ou parte interessada na prática do mesmo ato, de qualquer modo haja concorrido para o cometimento do dano apurado.
Impende esclarecer que a responsabilidade do fiscal não afasta a de outros agentes que atuem no processamento dos contratos da Administração. Não resta dúvida, todavia, que o fiscal é parte preponderante nessa tarefa de controle. Nesse mesmo diapasão, Jessé Torres e Marinês Dotti:
(...) é induvidoso que o fiscal da execução é um dos principais personagens

---

[219] Lei Orgânica do TCU.

do sistema de controle da eficiência (relação custo-benefício) e da eficácia da contratação (consecução dos resultados planejados), na medida em que a finalidade primacial de sua atuação é a de garantir a fiel execução do quanto se contratou (Lei nº 8.666/1993, art. 66)[220].

Atendendo aos imperativos legais, o supracitado art. 31 da IN dá início ao capítulo definindo que o acompanhamento e a fiscalização da execução do contrato consistem na verificação da conformidade da prestação dos serviços e da alocação dos recursos necessários, de forma a assegurar o perfeito cumprimento do contrato, impondo que se trata de tarefa do "gestor do contrato", que poderá ser auxiliado pelos fiscais técnico e administrativo.

Verifica-se, por conseguinte, que o preceptivo dá a importância merecida ao trabalho de fiscalização, fazendo menção a três integrantes da Administração para executá-lo.

O § 2º do art. 31 define os encargos dos fiscais:

a) gestor do contrato – servidor designado para coordenar e comandar o processo de fiscalização da execução contratual;

b) fiscal técnico do contrato – servidor com a incumbência de auxiliar o gestor do contrato quanto à fiscalização do objeto do contrato; e

c) fiscal administrativo do contrato – servidor indicado para auxiliar o gestor do contrato quanto à fiscalização dos aspectos administrativos do contrato.

2. Fiscalização de obrigações trabalhistas

Numa clara preocupação com a fiscalização das obrigações trabalhistas – reflexo das recentes mudanças ocorridas nessa seara e incorporação das recomendações do TCU no Acórdão nº 1.214/2013 - Plenário –, o § 3º do dispositivo, objetivando oferecer à Administração elementos necessários para minimizar o risco e instrumentos para a redução de eventual prejuízo decorrente da responsabilidade subsidiária trabalhista que lhe possa ser atribuída, assenta que a fiscalização dos aspectos que envolvam a questão deverá ser realizada com base em critérios estatísticos, levando em consideração lapsos que impactem o contrato como um todo e não apenas erros e falhas eventuais no pagamento de alguma vantagem a um determinado empregado.

A nosso ver o regramento é satisfatório, restando aguardar se a Justiça do Trabalho entenderá que são suficientes para elidir a responsabilidade subsidiária trabalhista da Administração Pública decorrente de eventual culpa *in vigilando*.

---

220 PEREIRA JUNIOR, Jessé Torres; DOTTI, Marinês Restelatto. A responsabilidade dos fiscais da execução do contrato administrativo. *Fórum de Contratação e Gestão Pública* – FCGP. Belo Horizonte, ano 10, n. 120, p. 9-26, dez. 2011.

Quanto à fiscalização do cumprimento das obrigações trabalhistas e fiscais nos contratos continuados com dedicação exclusiva dos trabalhadores da contratada, o § 5º do art. 34 minudencia as exigências, determinando, dentre outras possíveis, as seguintes comprovações:

a) no caso de empresas regidas pela Consolidação das Leis do Trabalho - CLT:

a.1) no primeiro mês da prestação dos serviços, a contratada deverá apresentar a seguinte documentação:

1. relação dos empregados contendo nome completo, cargo ou função, horário do posto de trabalho, números da carteira de identidade (RG) e da inscrição no Cadastro de Pessoas Físicas (CPF), com indicação dos responsáveis técnicos pela execução dos serviços, quando for o caso;

2. Carteira de Trabalho e Previdência Social (CTPS) dos empregados admitidos e dos responsáveis técnicos pela execução dos serviços, quando for o caso, devidamente assinada pela contratada; e

3. exames médicos admissionais dos empregados da contratada que prestarão os serviços.

Acertadamente, o § 6º determina que, sempre que houver admissão de novos empregados pela contratada, os mesmos documentos deverão ser solicitados.

a.2) entrega até o dia trinta do mês seguinte ao da prestação dos serviços ao setor responsável pela fiscalização do contrato dos seguintes documentos, quando não for possível a verificação da regularidade dos mesmos no Sistema de Cadastro de Fornecedores – SICAF:

1. prova de regularidade relativa à Seguridade Social;

2. certidão conjunta relativa aos tributos federais e à Dívida Ativa da União;

3. certidões que comprovem a regularidade perante as Fazendas Estadual, Distrital e Municipal do domicílio ou sede do contratado;

4. Certidão de Regularidade do FGTS - CRF; e

5. Certidão Negativa de Débitos Trabalhistas – CNDT;

a.3) entrega, quando solicitado pela Administração, de quaisquer dos seguintes documentos:

1. extrato da conta do INSS e do FGTS de qualquer empregado, a critério da Administração contratante;

2. cópia da folha de pagamento analítica de qualquer mês da prestação dos serviços, em que conste como tomador o órgão ou entidade contratante;

3. cópias dos contracheques dos empregados relativos a qualquer mês da prestação dos serviços ou, ainda, quando necessário, cópias de recibos de depósitos bancários;

4. comprovantes de entrega de benefícios suplementares (vale-transporte, vale-alimentação, entre outros), a que estiver obrigada por força de lei ou de convenção ou acordo coletivo de trabalho, relativos a qualquer mês da prestação dos serviços e de qualquer empregado; e

5. comprovantes de realização de eventuais cursos de treinamento e reciclagem que forem exigidos por lei ou por contrato;

a.4) entrega da documentação abaixo relacionada, quando da extinção ou rescisão do contrato, após o último mês de prestação dos serviços, no prazo definido no contrato:

1. termos de rescisão dos contratos de trabalho dos empregados prestadores de serviço, devidamente homologados, quando exigível pelo sindicato da categoria;

2. guias de recolhimento da contribuição previdenciária e do FGTS, referentes às rescisões contratuais;

3. extratos dos depósitos efetuados nas contas vinculadas individuais do FGTS de cada empregado dispensado; e

4. exames médicos demissionais dos empregados dispensados.

Em função da celeridade que o momento impõe, o § 8º dispõe que a Administração deverá analisar essa documentação no prazo de 30 (trinta) dias após o recebimento dos documentos, prorrogável, justificadamente, por mais 30 (trinta) dias.

b) no caso de cooperativas:

b.1) recolhimento da contribuição previdenciária do INSS em relação à parcela de responsabilidade do cooperado;

b.2) recolhimento da contribuição previdenciária em relação à parcela de responsabilidade da cooperativa;

b.3) comprovante de distribuição de sobras e produção;

b.4) comprovante da aplicação do FATES – Fundo de Assistência Técnica Educacional e Social;

b.5) comprovante da aplicação em fundo de reserva;

b.6) comprovação de criação de fundo para pagamento do 13º salário e férias; e

b.7) eventuais obrigações decorrentes da legislação que rege as sociedades cooperativas.

c) no caso de sociedades diversas, tais como as Organizações Sociais Civis de Interesse Público – OSCIPs e as Organizações Sociais – OS, deverá ser exigida a comprovação de atendimento a eventuais obrigações decorrentes da legislação que rege as respectivas organizações.

Consoante o ordenamento jurídico pátrio, os documentos necessários à comprovação do cumprimento das obrigações sociais trabalhistas poderão ser apresentados em original ou por qualquer processo de cópia autenticada por cartório competente ou por servidor da Administração.

Ainda no art. 34, os §§ 9º e 10 discorrem sobre as denúncias obrigatórias cabíveis à Administração – sob a responsabilidade dos fiscais ou gestores de contratos – nas hipóteses de indícios de irregularidades nos recolhimentos referentes aos contratos de serviços com dedicação exclusiva de mão de obra: (a) de contribuições previdenciárias, oficiar ao Ministério da Previdência Social e à Receita Federal do Brasil – RFB; e (b) da contribuição para o FGTS, oficiar ao Ministério do Trabalho e Emprego – MTE.

2.1 Consequências do descumprimento de obrigações trabalhistas

O art. 34-A assinala duas situações que poderão demandar a rescisão do contrato administrativo: o descumprimento das obrigações trabalhistas e a não manutenção das condições de habilitação.

Na verdade, a primeira se insere no contexto da segunda, dado que uma das condições de habilitação licitatória, conforme prescreve o inc. IV do art. 27 da Lei nº 8.666/93, é a demonstração de regularidade fiscal e trabalhista.

A possibilidade de rescisão unilateral que a Lei nº 8.666/93 oferece ao Poder Público contratante (art. 58, II) reflete a característica que individualiza o contrato administrativo, apartando-o dos demais. O regime jurídico dos contratos administrativos confere à Administração certas prerrogativas jamais toleradas nos contratos regidos pelo direito privado, uma vez que desigualam as partes. São as chamadas "cláusulas exorbitantes" dos contratos administrativos, de que já tratamos anteriormente. O termo designa uma exorbitância em relação ao direito comum, proporcionando vantagens para a Administração.

Tais cláusulas não são lícitas no contrato regido pelo direito privado por desigualarem as partes, mas são absolutamente compatíveis com as finalidades dos contratos administrativos, pois visam privilegiar a Administração, conferindo-lhe prerrogativas que permitem a plena defesa do interesse da coletividade.

A rescisão unilateral (também chamada "administrativa") do contrato administrativo deverá ocorrer nos termos do inc. I do art. 79 da mesma Lei nº 8.666, que determina a elaboração de ato unilateral e escrito da Administração, sendo precedida do contraditório e da ampla defesa, do que se extrai que deve obrigatoriamente culminar em processo administrativo.

José Antonio Ferreira Filho e Ademir Aparecido dos Santos chegam a classificar como "terrível armadilha", passível de sérios dissabores, a ocorrência de rescisão unilateral sem o asseguramento da ampla defesa e do contraditório, em face da falsa ideia de que, por se tratar de vontade exclusiva da Administração, independeria dessa garantia:

A garantia constitucional contida no artigo 5º, incisos LIV e LV, da Carta Magna, acrescido com o parágrafo único do artigo 78, da Lei Federal nº 8.666/93, espancam definitivamente qualquer dúvida sobre a necessidade de abertura de processo administrativo visando oportunizar ampla defesa e o contraditório ao contratado, para que somente após possa se operar, de forma motivada e através de ato jurídico próprio, a referida rescisão unilateral do contrato. O ato administrativo que não apresente obediência às normas concretas expostas poderá ser anulado por via judicial, através de Mandado de Segurança contra a autoridade que determinou a rescisão unilateral do contrato[221].

Vide jurisprudência nesse sentido:

> STJ – Acórdão no Recurso Ordinário em Mandado de Segurança nº 5478/RJ – [...] Rescisão administrativa é a efetivada por ato próprio e unilateral da Administração, por inadimplência do contratado ou por interesse do serviço público. No primeiro caso pode ou não haver culpa do contratado, mas no segundo essa é sempre inexistente, como veremos oportunamente, ao tratar dessa espécie.
> Em qualquer caso, porém, a Administração, pela rescisão administrativa, põe termo à execução do ajuste e assume o seu objeto, independentemente de ordem ou decisão judicial, pois essa é uma de suas prerrogativas nos contratos tipicamente administrativos, salvo de empréstimos públicos, dado o seu caráter eminentemente financeiro.
> Por outro lado, em qualquer caso exige-se procedimento regular com oportunidade de defesa e justa causa, pois a rescisão administrativa não é discricionária, mas vinculada aos motivos ensejadores desse excepcional distrato [...]" (Hely Lopes Meirelles – *in* Direito Administrativo Brasileiro – p. 223 – 15. edição RT).
> Nota-se, pois, que a Administração Pública pode rescindir unilateralmente o contrato, contudo sempre oportunizada a ampla defesa.
> Nesse passo, no caso, a Autoridade impetrada efetivamente violou o direito de defesa da Impetrante, ora recorrente, eis que, apenas à vista de notícias veiculadas na imprensa escrita e de generalizada documentação, sem prévio conhecimento do Administrado, imputando-lhe comportamento fraudatório e lesivo ao interesse público, sumária e unilateralmente, rescindiu o contrato firmado com base em antecedente e concluída licitação.
> No entanto, era necessária a formação do contraditório para ser apurada a efetividade das imputações.

---

[221] FERREIRA FILHO; SANTOS. Rescisão contratual e princípio do contraditório nos contratos administrativos.

No diapasão dessas notas, tanto o direito contratual quanto a norma constitucional, que assegura o direito de ampla defesa, seja nos processos judiciais, seja nos administrativos, por decisão abusiva, foram afrontados por ato sumário, com efeitos concretos imediatos.

Para impedir tais comprometimentos, foram erigidas aquelas garantias protegendo contra a ação arbitrária. Asseguram aos envolvidos, em processo judicial ou administrativo, o exercício do contraditório e de ampla defesa, com os meios e recursos a eles inerentes (art. 5º, LV. CF).

Pelo vínculo da exposição, ainda que escusável a forma de motivação do ato impugnado, às claras, demonstrado que foi editado, sumária e unilateralmente, rescindindo o contrato consequente à licitação com evidenciada inobservância do assegurado direito ao exercício da ampla defesa, concretizados a ilegalidade e abuso de poder, voto provendo o recurso, concedida a segurança a fim de que, ficando obstaculizada a rescisão contratual, a moldado "devido processo legal", se assegure ampla defesa à parte recorrente, somente após, advindo a correspondente decisão no âmbito Administração Pública. É o voto.

Fundamentalmente, a regra da IN se baseia na disposição contida no inc. XIII do art. 55 da Lei nº 8.666/93, que determina como cláusula obrigatória dos contratos administrativos a que estabeleça a obrigação do contratado de manter, durante toda a execução do ajuste, em compatibilidade com as obrigações por ele assumidas, todas as condições de habilitação e qualificação exigidas na licitação.

Visando possibilitar a manutenção da execução do objeto diante dos naturais percalços para uma nova contratação, o parágrafo único prevê que a Administração poderá conceder um prazo para a regularização das obrigações trabalhistas ou de outras condições de habilitação quando não identificar má-fé ou incapacidade de a empresa corrigir a situação.

Registre-se que a possível rescisão na falha de atendimento das obrigações trabalhistas se deve também, é claro, ao possível alcance da Administração em face da responsabilidade subsidiária do tomador de serviços por tais encargos, consoante o previsto na Súmula 331 do TST : "IV - O inadimplemento das obrigações trabalhistas, por parte do empregador, implica a responsabilidade subsidiária do tomador dos serviços quanto àquelas obrigações, inclusive quanto aos órgãos da administração direta, das autarquias, das fundações públicas, das empresas públicas e das sociedades de economia mista, desde que hajam participado da relação processual e constem também do título executivo judicial (art. 71 da Lei nº 8.666, de 21.6.1993)".

Sobre a matéria, a precisa dicção de Julieta Vareschini:

> Partindo-se do pressuposto de que o contratado tem o dever de manter, durante toda a execução do ajuste, as condições de habilitação, o descumprimento dessa exigência caracteriza o inadimplemento das obrigações contratuais a que fazem alusão os arts. 77 e 78 da Lei. É possível, por conseguinte, em caso de comprovada ausência de regularidade, constatada pela entidade por ocasião da fiscalização, que se promova a rescisão unilateral do contrato, com observância do devido processo legal, assegurando, previamente, prazo para o contraditório e a ampla defesa, bem como para recurso, depois de proferida a decisão. Infere-se, portanto, que o meio legal para afastar uma empresa regularmente contratada, que não está cumprindo com os encargos incidentes sobre a execução do ajuste, é a rescisão contratual, cabendo, ainda, a notificação do fato à entidade responsável pelo recolhimento dos referidos encargos. Ademais, outras penalidades previstas no edital e respectivo instrumento de contrato devem ser aplicadas, sempre com a observância do contraditório e da ampla defesa[222].

A preocupação com a questão trabalhista é tamanha que a IN exacerba, prevendo, no art. 35, que, na ocorrência de rescisão contratual, deverá o fiscal do contrato verificar a realização do pagamento pela contratada das verbas rescisórias ou a comprovação de que os empregados serão realocados em outra atividade de prestação de serviços, sem que ocorra a interrupção do contrato de trabalho.

Nesse curso, buscando não só proteger o trabalhador da empresa contratada, como o próprio Poder Público, diante do risco de incorrer em responsabilidade subsidiária, o parágrafo único estabelece que, até que a contratada comprove o cumprimento de uma dessas duas condutas, a Administração deverá reter a garantia prestada e os valores das faturas correspondentes a um mês de serviços, podendo utilizá-los para o pagamento direto aos trabalhadores, no caso de a contratada não efetuar os pagamentos em até dois meses do encerramento da vigência contratual – conforme previsto no instrumento convocatório e nos incisos IV e V do art. 19-A da IN, que dispõem sobre itens obrigatórios do edital de licitação, que visam a garantia do cumprimento das obrigações trabalhistas nas contratações de serviços continuados com dedicação exclusiva de mão de obra, impondo como obrigação da contratada a autorização, no momento da assinatura do ajuste: (a) de retenção da garantia pela Administração contratante, a qualquer tempo, na forma prevista na

---

[222] VARESCHINI, Julieta Mendes Lopes. Gestão de contratos: inadimplência da contratada dos encargos trabalhistas e a retenção do pagamento à luz do novo entendimento do TCU. Disponível em: <http://www.jmleventos.com.br/images/artigos/JML_EVENTOS_ARTIGO_GESTAO_DE_CONTRATOS.pdf>.

alínea k do inciso XIX do art. 19²²³; e (b) da Administração realizar o desconto nas faturas e realizar os pagamentos dos salários e demais verbas trabalhistas diretamente aos trabalhadores, bem como das contribuições previdenciárias e do FGTS, quando estes não forem adimplidos (sobre o assunto, confiram-se os comentários aos artigos citados).

Com relação às retenções, anote-se que, em que pese a regra geral que delineia que qualquer tipo de retenção de pagamentos concernentes a serviços efetivamente efetuados pelo particular contratado carece de supedâneo legal (exceto na hipótese do art. 80, inc. IV, da Lei nº 8.666/93 ²²⁴), parece-nos que, nas hipóteses aventadas, sejam possíveis, já que não configuram retenções que aviltam o direito da contratada, mas sim medidas que objetivam, como frisado, a garantia do cumprimento das obrigações trabalhistas nas contratações e o resguardo da Administração de eventual solidariedade na responsabilidade das obrigações trabalhistas, não caracterizando, nesse contexto, locupletamento indevido da Administração Pública à custa do particular contratado, ainda mais porque os pagamentos serão realizados, mas diretamente aos trabalhadores da empresa contratada²²⁵.

---

223 Art. 19. Os instrumentos convocatórios devem conter o disposto no art. 40 da Lei nº 8.666, de 21 de junho de 1993, indicando ainda, quando couber: (...) XIX - exigência de garantia de execução do contrato, nos moldes do art. 56 da Lei nº 8.666, de 1993, com validade durante a execução do contrato e 3 (três) meses após o término da vigência contratual, devendo ser renovada a cada prorrogação, observados ainda os seguintes requisitos: (...) k) deverá haver previsão expressa no contrato e seus aditivos de que a garantia prevista no inciso XIX deste artigo somente será liberada ante a comprovação de que a empresa pagou todas as verbas rescisórias trabalhistas decorrentes da contratação, e que, caso esse pagamento não ocorra até o fim do segundo mês após o encerramento da vigência contratual, a garantia será utilizada para o pagamento dessas verbas trabalhistas diretamente pela Administração, conforme estabelecido no art. 19-A, inciso IV, desta Instrução Normativa.
224 Art. 80. A rescisão de que trata o inciso I do artigo anterior acarreta as seguintes consequências, sem prejuízo das sanções previstas nesta Lei: (...) IV - retenção dos créditos decorrentes do contrato até o limite dos prejuízos causados à Administração.
225 Registre-se que, nos contratos de execução continuada ou parcelada, o inadimplemento das obrigações fiscais da contratada, incluindo a seguridade social, enseja tão somente, além das penalidades legais, a rescisão do contrato e a execução das garantias para ressarcimento de valores e indenizações devidos à Administração, sendo vedada a retenção de pagamento por serviço já executado, ou fornecimento já entregue, sob pena de enriquecimento sem causa da Administração. Essa também é a posição do TCU sobre a questão: Acórdão 2079/2014 – Plenário – (...) a jurisprudência dessa Corte é no sentido da obrigatoriedade da exigência da documentação relativa à regularidade para com o FGTS, a Fazenda Federal e a Seguridade Social". Anote-se que relembrou o relator que o Plenário da Corte de Contas federal, em resposta a consulta formulada pelo Ministério da Saúde (Acórdão 964/2012), reafirmou a obrigatoriedade de que a Administração Pública Federal exija, nos editais e contratos de execução continuada ou parcelada, durante toda a vigência contratual, a comprovação da regularidade fiscal e social, sob pena de rescisão do contrato e execução de garantias, além das penalidades já previstas em lei. Entendeu, contudo, que "verificada a irregular situação fiscal da contratada, incluindo a seguridade social, é vedada a retenção de pagamento por serviço já executado, ou fornecimento já entregue, sob pena de enriquecimento sem causa da Administração". Assim, consignou o relator que, embora obrigatória a exigência da documentação indicada, "tal obrigatoriedade não fundamenta a retenção de pagamento, mas sim a rescisão contratual e eventual execução de garantia".

3. Procedimentos na contratação de serviços de natureza intelectual

Na sempre irretocável dicção de Ivan Barbosa Rigolin, serviço intelectual, para efeitos jurídicos, é aquele de natureza humanística e para cuja execução há a necessidade de requisitos particularmente especializados do prestador, que exigem uma capacidade reconhecida e inconteste na área respectiva, sendo trabalhos detentores de cunho cultural preponderantemente sobre qualquer outro aspecto:

> Serviços intelectuais são, em exemplificativo resumo e juridicamente pensando, trabalhos mentalmente refinados, ou tecnicamente especializados em área humanística – seja qual for –, ou voltados à arte, à ciência ou à tecnologia, ou ainda ao humanismo considerado em qualquer sentido e dentro de qualquer matéria ou especialidade, o seu conjunto final resultando virtualmente infinito. (...) O serviço intelectual é aquele referido na lei nacional de licitações, pouco mais ou menos, como o de natureza singular, e desde logo bem se compreendem as limitações e o descabimento da lei para deitar literatura sobre um tão elevado tema, que de resto é tão escassamente objetivo como o conteúdo que convém a leis[226].

Tendo em vista as características diferenciadas desses serviços, o art. 32 da IN alinhava condutas específicas nessas contratações, a ocorrerem após a assinatura do contrato: a Administração contratante deverá promover reunião inicial, devidamente registrada em ata, para dar início à execução do serviço, onde ficarão esclarecidas as obrigações contratuais. Nessa reunião deverão estar presentes todos os envolvidos com o objeto pretendido, quais sejam, os técnicos responsáveis pela elaboração do termo de referência ou projeto básico, o gestor do contrato, o fiscal técnico do contrato, o fiscal administrativo do contrato, os técnicos da área requisitante, o preposto da empresa e os gerentes das áreas que executarão os serviços contratados. E mais: consoante o previsto no parágrafo único, com o propósito de garantir a qualidade da execução dos serviços e o domínio dos resultados e processos desenvolvidos, deverão ocorrer reuniões periódicas posteriormente.

4. O uso dos Acordos de Níveis de Serviços – ANS

O art. 33 faz menção ao Acordo de Níveis de Serviço (ANS) – já tratados nos §§ 3º e 4º do art. 11 –, dispondo que a verificação da adequação da prestação do serviço deverá ser realizada com base nessa ferramenta, quando tiver sido previamente definido no ato convocatório e pactuado pelas partes.

---

[226] RIGOLIN, Ivan Barbosa. Serviço intelectual se licita por pregão. Revista Zênite - Informativo de Licitações e Contratos - ILC. n. 239, jan. 2014.

Como comentado anteriormente, o § 3º do art. 11 estabelece que os critérios de aferição de resultados preferencialmente deverão ser dispostos na forma de ANS, que, como conceituado no Anexo I, é um ajuste celebrado entre o provedor de serviços e o órgão contratante que define, em bases compreensíveis, tangíveis, objetivamente observáveis e comprováveis, os níveis esperados de qualidade da prestação do serviço e respectivas adequações de pagamento. (Remetemos o leitor aos comentários aos dispositivos citados)

Segundo o § 1º, o prestador do serviço poderá apresentar justificativa para a prestação do serviço com menor nível de conformidade, que poderá ser aceita pela Administração desde que comprovada a excepcionalidade da ocorrência, resultante exclusivamente de fatores imprevisíveis e alheios ao controle do prestador.

Visando o máximo controle e evitando-se a degeneração, o § 2º informa o óbvio: a Administração contratante deverá monitorar constantemente o nível de qualidade dos serviços, devendo intervir para corrigir ou aplicar sanções quando verificar contínua desconformidade entre a prestação do serviço e a qualidade exigida.

5. Outras regras para a fiscalização de serviços continuados

Além das diversas disposições sobre a fiscalização contratual estabelecidas no capítulo, a IN ainda prevê, no § 1º do art. 31, que essa tarefa deverá seguir o disposto no seu Anexo IV, conforme a seguir:

ANEXO IV

GUIA DE FISCALIZAÇÃO DOS CONTRATOS DE PRESTAÇÃO DE SERVIÇOS COM DEDICAÇÃO EXCLUSIVA DE MÃO DE OBRA

1. Fiscalização inicial (no momento em que a prestação de serviços é iniciada)

1.1. Deve ser elaborada planilha-resumo de todo o contrato administrativo. Ela conterá informações sobre todos os empregados terceirizados que prestam serviços no órgão ou entidade, divididos por contrato, com os seguintes dados: nome completo, número de inscrição no CPF, função exercida, salário, adicionais, gratificações, benefícios recebidos, sua especificação e quantidade (vale-transporte, auxílio-alimentação), horário de trabalho, férias, licenças, faltas, ocorrências e horas extras trabalhadas.

1.2. A fiscalização das Carteiras de Trabalho e Previdência Social – CTPS será feita por amostragem. Todas as anotações contidas na CTPS dos empregados devem ser conferidas, a fim de que se possa verificar se as informações nelas inseridas coincidem com as informações fornecidas pela empresa e pelo empregado. Devem ser observados com especial atenção a data de início do contrato de trabalho, a função exercida, a remuneração (corretamente discriminada em salário-base, adicionais e gratificações), além de demais eventuais alterações dos contratos de trabalho.

1.3. O número de terceirizados por função deve coincidir com o previsto no contrato administrativo.

1.4. O salário não pode ser inferior ao previsto no contrato administrativo e na Convenção Coletiva de Trabalho da Categoria – CCT.

1.5. Devem ser consultadas eventuais obrigações adicionais constantes na CCT para as empresas terceirizadas (por exemplo, se os empregados têm direito a auxílio-alimentação gratuito).

1.6. Deve ser verificada a existência de condições insalubres ou de periculosidade no local de trabalho, cuja presença levará ao pagamento dos respectivos adicionais aos empregados. Tais condições obrigam a empresa a fornecer determinados Equipamentos de Proteção Individual –EPI.

1.7. No primeiro mês da prestação de serviços, a contratada deverá apresentar a seguinte documentação, devidamente autenticada:

a) relação dos empregados, com nome completo, cargo ou função, horário do posto de trabalho, números da carteira de identidade (RG) e inscrição no Cadastro de Pessoas Físicas (CPF), e indicação dos responsáveis técnicos pela execução dos serviços, quando for o caso;

b) CTPS dos empregados admitidos e dos responsáveis técnicos pela execução dos serviços, quando for o caso, devidamente assinada pela contratada; e

c) exames médicos admissionais dos empregados da contratada que prestarão os serviços.

2. Fiscalização mensal (a ser feita antes do pagamento da fatura)

2.1 Deve ser feita a retenção da contribuição previdenciária no valor de onze por cento sobre o valor da fatura e dos impostos incidentes sobre a prestação do serviço.

2.2 Deve ser consultada a situação da empresa junto ao SICAF.

2.3 Serão exigidos a Certidão Negativa de Débito - CND, junto ao INSS, a Certidão Negativa de Débitos de Tributos e Contribuições Federais, o Certificado de Regularidade do FGTS - CRF, e a Certidão Negativa de Débitos Trabalhistas -CNDT, caso esses documentos não estejam regularizados no SICAF.

3. Fiscalização diária

3.1 Devem ser evitadas ordens diretas da Administração dirigidas aos terceirizados. As solicitações de serviços devem ser dirigidas ao preposto da empresa. Da mesma forma, eventuais reclamações ou cobranças relacionadas aos empregados terceirizados devem ser dirigidas ao preposto.

3.2 Toda e qualquer alteração na forma de prestação do serviço, como a negociação de folgas ou a compensação de jornada, deve ser evitada, uma vez que essa conduta é exclusiva do empregador.

3.3 Conferir por amostragem, diariamente, os empregados terceirizados que estão prestando serviços e em quais funções, e se estão cumprindo a jornada de trabalho.

4. Fiscalização especial

4.1 É necessário observar a data-base da categoria prevista na CCT. Os reajustes dos empregados devem ser obrigatoriamente concedidos pela empresa no dia e percentual previstos, devendo ser verificada pelo gestor do contrato a necessidade de se proceder a repactuação do contrato, observado o disposto no art. 40 desta Instrução Normativa, inclusive quanto à necessidade de solicitação da contratada.

4.2 A Administração precisa se certificar de que a empresa observa a legislação relativa à concessão de férias e licenças aos empregados.

4.3 A Administração precisa se certificar de que a empresa respeita a estabilidade provisória de seus empregados (cipeiro, gestante e estabilidade acidentária).

5. Fiscalização por amostragem

5.1 A Administração deverá solicitar, por amostragem, aos empregados, que verifiquem se as contribuições previdenciárias e do FGTS estão ou não sendo recolhidas em seus nomes.

5.2 A Administração deverá solicitar, por amostragem, aos empregados terceirizados, os extratos da conta do FGTS, devendo os mesmos ser entregues à Administração.

5.3 O objetivo é que todos os empregados tenham tido seus extratos avaliados ao final de um ano (sem que isso signifique que a análise não possa ser realizada mais de uma vez em um mesmo empregado), garantindo assim o "efeito surpresa" e o benefício da expectativa do controle.

5.4 A contratada deverá entregar, no prazo de 15 (quinze) dias, quando solicitado pela Administração, por amostragem, quaisquer dos seguintes documentos:

5.4.1 Extrato da conta do INSS e do FGTS de qualquer empregado, a critério da Administração contratante, cópia da folha de pagamento analítica de qualquer mês da prestação dos serviços, em que conste como tomador o órgão ou entidade contratante, cópia(s) do(s) contracheque(s) assinado(s) pelo(s) empregado(s) relativo(s) a qualquer mês da prestação dos serviços ou, ainda, quando necessário, cópia(s) de recibo(s) de depósito(s) bancário(s);

5.4.2 Comprovantes de entrega de benefícios suplementares (vale-transporte, vale-alimentação, entre outros) a que estiver obrigada por força de lei ou de convenção ou acordo coletivo de trabalho, relativos a qualquer mês da prestação dos serviços e de qualquer empregado.

6. Fiscalização quando da extinção ou rescisão dos contratos

6.1 A contratada deverá entregar, até 10 (dez) dias após o último mês de prestação dos serviços (extinção ou rescisão do contrato), cópias autenticadas dos documentos abaixo relacionados:

6.1.1 termos de rescisão dos contratos de trabalho dos empregados prestadores de serviço, devidamente homologados, quando exigível pelo sindicato da categoria;

6.1.2 guias de recolhimento da contribuição previdenciária e do FGTS, referentes às rescisões contratuais;

6.1.3 extratos dos depósitos efetuados nas contas vinculadas individuais do FGTS de cada empregado dispensado; e

6.1.4 exames médicos demissionais dos empregados dispensados.

6.2 A contratada poderá optar pela entrega de cópias não autenticadas, desde que acompanhadas de originais para conferência no local de recebimento.

7. Providências em caso de indícios de irregularidade

7.1 Em caso de indício de irregularidade no recolhimento das contribuições previdenciárias, os fiscais ou gestores de contratos de serviços com dedicação exclusiva de mão de obra deverão oficiar ao Ministério da Previdência Social e à Receita Federal do Brasil - RFB.

7.2 Em caso de indício de irregularidade no recolhimento do FGTS, os fiscais ou gestores de contratos de serviços com dedicação exclusiva de mão de obra deverão oficiar ao Ministério do Trabalho e Emprego.

ARTIGO 36

DO PAGAMENTO

Art. 36. O pagamento deverá ser efetuado mediante a apresentação de Nota Fiscal ou da Fatura pela contratada, que deverá conter o detalhamento dos serviços executados, conforme disposto no art. 73 da Lei nº 8.666, de 1993, observado o disposto no art. 35 desta Instrução Normativa e os seguintes procedimentos: **(Redação dada pela Instrução Normativa nº 3, de 16 de outubro de 2009)**
§ 1º A Nota Fiscal ou Fatura deverá ser obrigatoriamente acompanhada das seguintes comprovações:
I - **(revogado pela IN 06, de 23 de dezembro de 2013)**
II - da regularidade fiscal, constatada através de consulta on-line ao Sistema de Cadastramento Unificado de Fornecedores – SICAF, ou na impossibilidade de acesso ao referido Sistema, mediante consulta aos sítios eletrônicos oficiais ou à documentação mencionada no art. 29 da Lei 8.666/93; e
III - **(revogado pela IN 06, de 23 de dezembro de 2013)**
§ 2º **(revogado pela IN 06, de 23 de dezembro de 2013)**
§ 3º O prazo para pagamento da Nota Fiscal/Fatura, devidamente atestada pela Administração, não deverá ser superior a 5 (cinco) dias úteis, contados da data de sua apresentação, na inexistência de outra regra contratual.
§ 4º Na inexistência de outra regra contratual, quando da ocorrência de eventuais atrasos de pagamento provocados exclusivamente pela Administração, o valor devido deverá ser acrescido de atualização financeira, e sua apuração se fará desde a data de seu vencimento até a data do efetivo pagamento, em que os juros de mora serão calculados à taxa de 0,5% (meio por cento) ao mês, ou 6% (seis por cento) ao ano, mediante aplicação das seguintes fórmulas:

$$I = \frac{(TX/100)}{365}$$

$EM = I \times N \times VP$, onde:
I = Índice de atualização financeira;
TX = Percentual da taxa de juros de mora anual;
EM = Encargos moratórios;
N = Número de dias entre a data prevista para o pagamento e a do efetivo pagamento;
VP = Valor da parcela em atraso.
§ 5º Na hipótese de pagamento de juros de mora e demais encargos por atraso, os autos devem ser instruídos com as justificativas e motivos, e ser submetidos à apreciação da autoridade superior competente, que adotará as providências para verificar se é ou não caso de apuração de responsabilidade, identificação dos

> envolvidos e imputação de ônus a quem deu causa à mora. (Redação dada pela Instrução Normativa nº 6, de 23 de dezembro de 2013)
> § 6º A retenção ou glosa no pagamento, sem prejuízo das sanções cabíveis, só deverá ocorrer quando o contratado: (Incluído pela Instrução Normativa nº 3, de 16 de outubro de 2009)
> I – não produzir os resultados, deixar de executar ou não executar com a qualidade mínima exigida as atividades contratadas; ou (Incluído pela Instrução Normativa nº 3, de 16 de outubro de 2009)
> II – deixar de utilizar materiais e recursos humanos exigidos para a execução do serviço, ou utilizá-los com qualidade ou quantidade inferior à demandada. (Incluído pela Instrução Normativa nº 3, de 16 de outubro de 2009)
> § 7º O pagamento pela Administração das verbas destinadas ao pagamento das férias e 13º (décimo terceiro) dos trabalhadores da contratada deverá ser feito em conta vinculada, conforme previsto no art. 19-A desta Instrução Normativa. (Redação dada pela Instrução Normativa nº 6, de 23 de dezembro de 2013)
> § 8º Os pagamentos a serem efetuados em favor da contratada, quando couber, estarão sujeitos à retenção, na fonte, dos seguintes tributos: (Incluído pela Instrução Normativa nº 6, de 23 de dezembro de 2013)
> I - Imposto de Renda das Pessoas Jurídicas - IRPJ, Contribuição Social sobre o Lucro Líquido -CSLL, Contribuição para o Financiamento da Seguridade Social - COFINS, e Contribuição para os Programas de Integração Social e de Formação do Patrimônio do Servidor Público -PIS/PASEP, na forma da Instrução Normativa RFB nº 1.234, de 11 de janeiro de 2012, conforme determina o art. 64 da Lei nº 9.430, de 27 de dezembro de 1996; (Incluído pela Instrução Normativa nº 6, de 23 de dezembro de 2013)
> II - contribuição previdenciária, correspondente a onze por cento, na forma da Instrução Normativa RFB nº 971, de 13 de novembro de 2009, conforme determina a Lei nº 8.212, de 24 de julho de 1991; e (Incluído pela Instrução Normativa nº 6, de 23 de dezembro de 2013)
> III - Imposto Sobre Serviços de Qualquer Natureza - ISSQN, na forma da Lei Complementar nº 116, de 31 de julho de 2003, combinada com a legislação municipal e/ou distrital sobre o tema. (Incluído pela Instrução Normativa nº 6, de 23 de dezembro de 2013)

1. Do pagamento

Ao tratar do conteúdo do edital licitatório, o art. 40 da Lei nº 8.666/93 estipula condições obrigatórias do contrato administrativo que advirá do certame. Entre as elencadas, o inc. XIX dispõe sobre os requisitos necessários do pagamento a ser realizado à contratada. Segundo o dispositivo, obriga-se a Administração a estabelecer:

a) o prazo de pagamento não superior a trinta dias, contado a partir da data final do período de adimplemento de cada parcela do objeto contratado;

b) o cronograma de desembolso máximo por período, em conformidade com a disponibilidade de recursos financeiros da Administração;

c) o critério de atualização financeira dos valores a serem pagos, desde a data final do período de adimplemento de cada parcela até a data do efetivo pagamento;

d) as compensações financeiras e penalizações por eventuais atrasos, e descontos por eventuais antecipações de pagamentos; e

e) a exigência de seguros, quando for o caso.

Por sua vez, o art. 55 do mesmo diploma, já versando sobre os contratos especificamente, consigna como cláusula necessária em todo contrato administrativo a que estabeleça o preço e as condições de pagamento, os critérios, data-base e periodicidade do reajustamento de preços, os critérios de atualização monetária entre a data do adimplemento das obrigações e a do efetivo pagamento.

O artigo 36 da IN tem natureza altamente prática, oferecendo um verdadeiro *passo a passo* do ato de pagar.

Nesse pé, inicia informando que o pagamento deverá ser efetuado mediante a apresentação de nota fiscal[227] ou da fatura pela contratada, que deverá conter o detalhamento dos serviços executados, conforme disposto no art. 73 da Lei nº 8.666/93, que circunscreve normas sobre o recebimento do objeto do contrato, definindo as regras para as entregas provisória e definitiva, minudenciando a matéria entre obras/serviços e compras/locações de equipamentos.

---

227 A nota fiscal é um documento fiscal que objetiva o registro de uma transferência de propriedade sobre um bem ou uma atividade comercial prestada. A fatura, por sua vez, é um documento comercial que representa a venda para clientes domiciliados em território nacional, usada também como documento fiscal, quando inclui elementos da legislação fiscal, principalmente as do IPI - ICMS - ISSQN. Nesse caso o formulário denomina-se nota fiscal/fatura. Consoante lição de Rubens Requião, o vendedor extrairá a respectiva fatura para a apresentação ao comprador, em todo contrato de compra e venda mercantil que for efetuado entre partes no território nacional, com prazo não inferior a trinta dias, contados da data da entrega ou despacho das mercadorias (in Curso de direito comercial, 25. ed. rev. e atual. por Rubens Edmundo Requião. São Paulo: Saraiva, 2008, v. II, p. 564). Segundo Fábio Ulhoa Coelho, distingue-se da nota fiscal, a qual representa simplesmente a ocorrência de uma venda, salvo no caso de haver a inserção, na mesma, de elementos essenciais de uma fatura, passando-se a ser denominada de nota fiscal-fatura. Na ocorrência de nota fiscal/fatura, é imprescindível a sua emissão em todas as operações realizadas, mesmo nos casos de venda não a prazo. O comerciante que adota este sistema pode emitir uma única relação de mercadorias vendidas, em cada operação que realizar, produzindo, para o direito comercial, os efeitos da fatura mercantil e, para o direito tributário, os da nota fiscal (Manual de Direito Comercial: Direito de Empresa. 18. ed., São Paulo: Saraiva, 2007, p. 286).

Vide decisão sobre o tema:
TJ-PR - Apelação Cível AC 2301128 PR Apelação Cível 0230112-8 (TJ-PR) - A fatura é documento contábil destinado a comprovar a existência de uma operação de compra e venda mercantil ou uma prestação de serviço, enquanto que a nota fiscal é documento essencialmente tributário. Não é ilegal, entretanto, a praxe comercial da nota fiscal representar a fatura espelhando uma determinada operação. (...)

Art. 73. Executado o contrato, o seu objeto será recebido:

I - em se tratando de obras e serviços:

a) provisoriamente, pelo responsável por seu acompanhamento e fiscalização, mediante termo circunstanciado, assinado pelas partes em até 15 (quinze) dias da comunicação escrita do contratado;

b) definitivamente, por servidor ou comissão designada pela autoridade competente, mediante termo circunstanciado, assinado pelas partes, após o decurso do prazo de observação, ou vistoria que comprove a adequação do objeto aos termos contratuais, observado o disposto no art. 69 desta Lei.

II - em se tratando de compras ou de locação de equipamentos:

a) provisoriamente, para efeito de posterior verificação da conformidade do material com a especificação;

b) definitivamente, após a verificação da qualidade e quantidade do material e consequente aceitação.

§ 1º Nos casos de aquisição de equipamentos de grande vulto, o recebimento far-se-á mediante termo circunstanciado e, nos demais, mediante recibo.

§ 2º O recebimento provisório ou definitivo não exclui a responsabilidade civil pela solidez e segurança da obra ou do serviço, nem ético-profissional pela perfeita execução do contrato, dentro dos limites estabelecidos pela lei ou pelo contrato.

§ 3º O prazo a que se refere a alínea "b" do inciso I deste artigo não poderá ser superior a 90 (noventa) dias, salvo em casos excepcionais, devidamente justificados e previstos no edital.

§ 4º Na hipótese de o termo circunstanciado ou a verificação a que se refere este artigo não serem, respectivamente, lavrado ou procedido dentro dos prazos fixados, reputar-se-ão como realizados, desde que comunicados à Administração nos 15 (quinze) dias anteriores à exaustão dos mesmos.

E mais: além de alertar para o cumprimento do preconizado no art. 35 da IN, enumera os seguintes procedimentos:

a) a nota fiscal/fatura deverá ser obrigatoriamente acompanhada da comprovação de regularidade fiscal, constatada através de consulta on-line ao Sistema de Cadastramento Unificado de Fornecedores - SICAF[228] ou, na impossibilidade de acesso ao referido Sistema, mediante consulta aos sítios eletrônicos oficiais ou à documentação mencionada no art. 29 da Lei nº 8.666/93, que elenca a documentação relativa à regularidade fiscal e trabalhista.

---

[228] O Sistema de Cadastramento Unificado de Fornecedores – SICAF constitui o registro cadastral do Poder Executivo Federal e é mantido pelos órgãos e entidades que compõem o Sistema de Serviços Gerais – SISG (Decretos nº 1.094, de 23 de março de 1994 e nº 4.485, de 25 de novembro de 2002).

Art. 29. A documentação relativa à regularidade fiscal e trabalhista, conforme o caso, consistirá em:

I - prova de inscrição no Cadastro de Pessoas Físicas (CPF) ou no Cadastro Geral de Contribuintes (CGC);

II - prova de inscrição no cadastro de contribuintes estadual ou municipal, se houver, relativo ao domicílio ou sede do licitante, pertinente ao seu ramo de atividade e compatível com o objeto contratual;

III - prova de regularidade para com a Fazenda Federal, Estadual e Municipal do domicílio ou sede do licitante, ou outra equivalente, na forma da lei;

IV - prova de regularidade relativa à Seguridade Social e ao Fundo de Garantia por Tempo de Serviço (FGTS), demonstrando situação regular no cumprimento dos encargos sociais instituídos por lei;

V - prova de inexistência de débitos inadimplidos perante a Justiça do Trabalho, mediante a apresentação de certidão negativa, nos termos do Título VII-A da Consolidação das Leis do Trabalho, aprovada pelo Decreto-Lei nº 5.452, de 1º de maio de 1943.

b) o prazo para pagamento da nota fiscal/fatura – devidamente atestada pela Administração – não deverá ser superior a cinco dias úteis, contados da data de sua apresentação, na inexistência de outra regra contratual.

Como já exposto, a lei determina o estabelecimento de prazo de pagamento não superior a trinta dias, contados a partir da data final do período de adimplemento de cada parcela (art. 40, XIV, "a", da Lei nº 8.666/93). Ao mesmo tempo, impõe que os contratos celebrados pela Administração submetam-se às condições de aquisição e pagamento semelhantes às do setor privado (art. 15, III, Lei nº 8.666/93). E, com relação aos pagamentos de pequeno montante, define que os pagamentos decorrentes de despesas cujos valores não ultrapassem o limite de que trata o inciso II do art. 24 (R$ 8.000,00) deverão ser efetuados no prazo de até cinco dias úteis, contados da apresentação da fatura. Na prática, é praxe a adoção do prazo de pagamento de até cinco dias úteis. Destarte, o dispositivo da IN indica esse prazo, permitindo, no entanto, outra regra acordada, uma vez que a lei prevê prazo máximo superior.

c) na inexistência de outra regra contratual, quando da ocorrência de eventuais atrasos de pagamento provocados exclusivamente pela Administração, o valor devido deverá ser acrescido de atualização financeira, e sua apuração se fará desde a data de seu vencimento até a data do efetivo pagamento, em que os juros de mora serão calculados à taxa de 0,5% (meio por cento) ao mês, ou 6% (seis por cento) ao ano, mediante aplicação das seguintes fórmulas:

$$I = \frac{(TX/100)}{365}$$

EM = I x N x VP, onde:
I = Índice de atualização financeira;
TX = Percentual da taxa de juros de mora anual;
EM = Encargos moratórios;
N = Número de dias entre a data prevista para o pagamento e a do efetivo pagamento;
VP = Valor da parcela em atraso.

A atualização financeira de valores pagos com atraso é regra inexorável em regimes que convivem com a inflação.

A Lei nº 8.666/93 é clara nessa matéria, disciplinando que o edital licitatório deverá conter item ou cláusula que estabeleça critério de atualização financeira dos valores a serem pagos, desde a data final do período de adimplemento de cada parcela até a data do efetivo pagamento (at. 40, XIV, "c"), prevendo também a necessidade de estabelecimento de compensações financeiras e penalizações, em face de eventuais atrasos.

Já registramos em outro trabalho[229] que, nessa seara, a lei voltou a bater na tecla da atualização financeira dos pagamentos em atraso ainda com mais veemência, pois já havia disciplinado o assunto do § 1º do art. 5º [230].

A atualização financeira de valores pagos com atraso é salvaguarda importante para aquele que irá propor um preço numa licitação, porquanto objetiva atualizar os créditos adquiridos pelo contratado após o adimplemento, ou seja, após a execução do objeto (parcial ou total). Assim, além da proteção que o reajuste oferece, o legislador também se acautelou quanto à desvalorização da moeda no período compreendido entre a data de conclusão do objeto (ou parte dele, no caso de pagamento por parcelas concluídas) e a data do efetivo pagamento[231].

---

[229] BITTENCOURT, Sidney. Licitação Passo a Passo. 7 ed., Ed. Fórum.
[230] Art. 5o. Todos os valores, preços e custos utilizados nas licitações terão como expressão monetária a moeda corrente nacional, ressalvado o disposto no art. 42 desta Lei, devendo cada unidade da Administração, no pagamento das obrigações relativas ao fornecimento de bens, locações, realização de obras e prestação de serviços, obedecer, para cada fonte diferenciada de recursos, a estrita ordem cronológica das datas de suas exigibilidades, salvo quando presentes relevantes razões de interesse público e mediante prévia justificativa da autoridade competente, devidamente publicada.
§ 1º Os créditos a que se refere este artigo terão seus valores corrigidos por critérios previstos no ato convocatório e que lhes preservem o valor.
[231] Ivan Barbosa Rigolin e Marco Tullio Bottino são de opinião de que, existindo leis e atos locais que estabeleçam prazos em que não se corrige o valor referente ao período estabelecido para o pagamento, não poderia a lei em comento eliminar essa autonomia para disciplinar questão como esta eminentemente local (Manual prático das licitações: Lei nº 8.666/93. 5. ed. rev. e atual., p. 285).

Ocorre que, com a edição da Lei nº 8.880/94, que estabeleceu o início do chamado Programa de Estabilização Econômica, foi suspensa a aplicação dessa atualização pelo prazo de um ano, quando da conversão dos contratos para URV (conversão obrigatória, em face da necessidade de preparação dos contratos para a nova moeda, o Real). Expirado tal prazo (em meados de 1995), não verificamos a possibilidade de manutenção desse procedimento, como, infelizmente, tem sido prática ainda adotada por parte da Administração[232].

Como esposado, a atualização monetária objetiva tão somente manter equilíbrio entre a dívida e o real valor a ser pago ao credor, sendo consequência direta da corrosão da moeda, isto é, o descompasso, ao longo do tempo, entre a expressão nominal e a expressão real do dinheiro, assentando, por tal meio, a correspondência verdadeira entre duas nominações numéricas ao longo da dilatação temporal[233]. Assim, se a Administração atrasar o pagamento, deverá pagar com a devida atualização financeira. Consoante prescreve o inc. III do art. 55 da Lei nº 8.666, essa atualização deverá considerar a data do adimplemento e a do efetivo pagamento[234].

Por outro lado, o instrumento convocatório da licitação não poderá omitir, sob pena de nulidade, as condições e consequências de seu próprio inadimplemento. Também em função dos resultados do Plano Real, com a estabilização da moeda, advieram diversos questionamentos quanto à permanência da compensação financeira (atualização monetária através de cobrança de juros) no regime contratual administrativo, na hipótese de atraso no pagamento. Sobre a matéria, Benedito Chiaradia adverte que "a matéria é tormentosa, e somente com o trato diário e operacional dos dispositivos legais é que as soluções haverão de ser lapidadas"[235].

É cediço, todavia, que as regras legais voltadas para questões econômico-financeiras não podem interferir ou ter ação sobre os efeitos de um inadimplemento. Ao revés, não tendo a Administração cumprido com a sua obrigação no trato (pagamento pelo objeto concluído ou por parte dele), sujeitar-se-á a indenizar o contratado.

---

[232] Do exame da MP nº 1.488/96 (hoje Lei nº 10.192, de 14.2.2001), que complementa o Plano Real, não encontramos disposição que nos permita inferir que a "atualização financeira dos pagamentos" continua suspensa ou mesmo que só possa ocorrer depois de decorrido um ano do fato gerador. O texto dessa MP, deveras confuso e de difícil interpretação, dispõe tão somente sobre a correção a ser computada entre o momento de apresentação da proposta e o adimplemento, ou seja, a recomposição do preço em função do tempo de execução e nunca pelo período compreendido entre o adimplemento e o pagamento.
[233] BANDEIRA DE MELLO. Contrato de obra pública com sociedade mista: atraso no pagamento de faturas. Revista de Direito Público – RDP, p. 114.
[234] Art. 55. São cláusulas necessárias em todo contrato as que estabeleçam: (...) III - o preço e as condições de pagamento, os critérios, data-base e periodicidade do reajustamento de preços, os critérios de atualização monetária entre a data do adimplemento das obrigações e a do efetivo pagamento
[235] CHIARADIA. O novo Código Civil e os contratos administrativos da Lei nº 8.666/93, p. 40.

Tratando da compensação financeira pelo inadimplemento, alicerçado no art. 395 do novo Código Civil[236], Chiaradia assevera que o índice a ser adotado deve ser o oficial, regularmente estabelecido, acrescentando, todavia, que também nessa hipótese grassará enorme turbulência, pois, por ser cumulativa, a taxa Selic, apesar de todos os defeitos, prestar-se-ia para a atualização[237]. Contudo, aduz que não é despropositado considerar-se o Índice Nacional de Preços ao Consumidor (INPC) ou o Índice Nacional de Preços ao Consumidor Amplo (IPCA), já que são índices regularmente divulgados pelo Instituto Brasileiro de Geografia e Estatística (IBGE), órgão oficial do governo federal que detém o Sistema de Índices de Preços ao Consumidor (SNIPC), concluindo que "metodologicamente tornar-se-ia o valor do débito (principal), aplicar-se-ia o índice de correção monetária (ainda o principal), e, sobre o valor assim apurado, aplicar-se-ia a taxa de juros (acessório), sempre sob o critério *pro rata*"[238].

Não obstante, a IN estabeleceu percentuais expressos: juros de mora à taxa de 0,5% (meio por cento) ao mês, ou 6% (seis por cento) ao ano, mediante aplicação da fórmula indicada.

d) na hipótese de pagamento de juros de mora e demais encargos por atraso, os autos devem ser instruídos com as justificativas e motivos, e ser submetidos à apreciação da autoridade superior competente, que adotará as providências para verificar se é ou não caso de apuração de responsabilidade, identificação dos envolvidos e imputação de ônus a quem deu causa à mora.

Como assentado no início dos comentários ao dispositivo, a alínea "d", inc. XIV, do art. 40 da Lei nº 8666/93 prevê, entre as condições de pagamentos realizados pela Administração, a indicação de compensações financeiras e penalizações por eventuais atrasos, e descontos por eventuais antecipações de pagamentos.

Repisa-se o que anotamos quanto ao item anterior: o instrumento convocatório da licitação não poderá omitir as condições e consequências de seu próprio inadimplemento, sob pena de nulidade.

> STJ - REsp I 75.488/PE, rel. Min. Peçanha Martins, 2ª Turma, DJ de 26.6.00 - Administrativo. Contrato de obras públicas. Atraso no pagamento. Correção monetária e juros de mora. Legitimidade da cobrança. Jurisprudência Interativa do STJ. Incidência da Súmula 83/STJ - 1. O atraso no pagamento

---

[236] Código Civil-Art. 395. Responde o devedor pelos prejuízos que sua mora der causa, mais juros, atualização dos valores monetários segundo índices oficiais regularmente estabelecidos, e honorários de advogado. Parágrafo único. Se a prestação devido à mora se tornar inútil ao credor, este poderá enjeitá-la e exigir a satisfação das perdas e danos.

[237] A taxa básica de juros corresponde à menor taxa de juros vigente em uma economia, funcionando como taxa de referência para todos os contratos. No Brasil, a taxa de juros básica é a taxa Selic, que é definida pelo Comitê de Política Monetária (COPOM) do Banco Central, e corresponde à taxa de juros vigente no mercado interbancário.

[238] CHIARADIA. O novo Código Civil e os contratos administrativos da Lei nº 8.666/93, p. 40.

do preço aventado nos contratos de obras públicas constitui ilícito contratual, sendo devidos a correção monetária e juros moratórios. 2. Acórdão recorrido em consonância com a jurisprudência pacífica da Corte, atraindo a aplicação de entendimento sumulado. 3. Recurso especial não conhecido.

Sobre a multa moratória, sumulou o TCU:

> Súmula nº 226 - É indevida a despesa decorrente de multas moratórias aplicadas entre órgãos integrantes da Administração Pública e entidades a ela vinculadas, pertencentes à União, aos Estados, ao Distrito Federal ou aos Municípios, quando inexistir norma legal autorizativa.

e) a retenção ou glosa no pagamento, sem prejuízo das sanções cabíveis, só deverá ocorrer quando o contratado não produzir os resultados, deixar de executar, ou não executar com a qualidade mínima exigida as atividades contratadas; deixar de utilizar materiais e recursos humanos exigidos para a execução do serviço, ou, ainda, utilizá-los com qualidade ou quantidade inferior à demandada.

É evidente que a Administração só deve efetuar pagamentos após o recebimento dos produtos ou a execução dos serviços contratados, desde que devidamente comprovados. Portanto, quando o contratado for inadimplente (parcial ou totalmente), não fará jus aos pagamentos. Faz-se necessária, é claro, a apuração dos motivos que causaram o descumprimento de um contrato.

Registre-se que a Lei nº 8.666/93, no art. 77, dispõe sobre a inexecução total ou parcial do contrato, ensejando sua rescisão, prevendo o seu parágrafo único, que os casos de rescisão contratual serão formalmente motivados nos autos do processo, assegurando o contraditório e a ampla defesa.

f) o pagamento pela Administração das verbas destinadas a remuneração de férias e 13º salário dos empregados da contratada deverá ser feito em conta vinculada, conforme previsto no art. 19-A da IN, que elenca regras que deverão constar no edital licitatório para a garantia do cumprimento das obrigações trabalhistas nas contratações de serviços continuados com dedicação exclusiva de mão de obra (remetemos o leitor aos comentários ao dispositivo).

g) os pagamentos a serem efetuados em favor da contratada, quando couber, estarão sujeitos a retenção, na fonte, dos seguintes tributos:

- Imposto de Renda das Pessoas Jurídicas - IRPJ, Contribuição Social sobre o Lucro Líquido - CSLL, Contribuição para o Financiamento da Seguridade Social - COFINS e Contribuição para os Programas de Integração Social e de Formação do Patrimônio do Servidor Público - PIS/PASEP, na forma da Instrução Normativa RFB nº 1.234/2012 (que dispõe sobre a retenção de tributos nos pagamentos efetuados pelos órgãos da administração pública federal direta, autarquias e fundações federais, empresas públicas, sociedades de economia mista e demais pessoas jurídicas que mencionam outras pessoas jurídicas pelo fornecimento de bens e serviços), conforme preceitua o art. 64 da Lei nº 9.430/96 (que dispõe sobre a legislação tributária federal, as contribuições para a seguridade social e o processo administrativo de consulta);

- Contribuição previdenciária, correspondente a onze por cento, na forma da Instrução Normativa RFB nº 971/2009 (que dispõe sobre normas gerais de tributação previdenciária e de arrecadação das contribuições sociais destinadas à Previdência Social e as destinadas a outras entidades ou fundos, administradas pela Secretaria da Receita Federal do Brasil), conforme determina a Lei nº 8.212/91 (que dispõe sobre a organização da Seguridade Social); e

- Imposto Sobre Serviços de Qualquer Natureza - ISSQN, na forma da Lei Complementar nº 116/2003 (que dispõe sobre o Imposto Sobre Serviços de Qualquer Natureza, de competência dos Municípios e do Distrito Federal), combinada com a legislação municipal e/ou distrital sobre o tema.

ARTIGOS 37 A 41-B

DA REPACTUAÇÃO DE PREÇOS DOS CONTRATOS

Art. 37. A repactuação de preços – como espécie de reajuste contratual – deverá ser utilizada nas contratações de serviços continuados com dedicação exclusiva de mão de obra, desde que seja observado o interregno mínimo de um ano das datas dos orçamentos aos quais a proposta se referir, conforme estabelece o art. 5º do Decreto nº 2.271, de 1997. **(Redação dada pela Instrução Normativa nº 3, de 16 de outubro de 2009)**

§ 1º A repactuação, para fazer face à elevação dos custos da contratação, respeitada a anualidade disposta no *caput*, e que vier a ocorrer durante a vigência do contrato, é direito do contratado e não poderá alterar o equilíbrio econômico e financeiro dos contratos, conforme estabelece o art. 37, inciso XXI da Constituição da República Federativa do Brasil, sendo assegurado ao prestador receber pagamento mantidas as condições efetivas da proposta. **(Incluído pela Instrução Normativa nº 3, de 16 de outubro de 2009)**

§ 2º A repactuação poderá ser dividida em tantas parcelas quanto forem necessárias em respeito ao princípio da anualidade do reajuste dos preços da contratação, podendo ser realizada em momentos distintos para discutir a variação de custos que tenham sua anualidade resultante em datas diferenciadas, tais como os custos decorrentes da mão de obra e os custos decorrentes dos insumos necessários à execução do serviço. **(Incluído pela Instrução Normativa nº 3, de 16 de outubro de 2009)**

§ 3º Quando a contratação envolver mais de uma categoria profissional, com datas-bases diferenciadas, a repactuação deverá ser dividida em tantas parcelas quanto forem os acordos, dissídios ou convenções coletivas das categorias envolvidas na contratação. **(Incluído pela Instrução Normativa nº 3, de 16 de outubro de 2009)**
§ 4º A repactuação para reajuste do contrato em razão de novo acordo, dissídio ou convenção coletiva deve repassar integralmente o aumento de custos da mão de obra decorrente desses instrumentos. **(Incluído pela Instrução Normativa nº 3, de 16 de outubro de 2009)**
Art. 38. O interregno mínimo de 1 (um) ano para a primeira repactuação será contado a partir:
I - da data limite para apresentação das propostas constante do instrumento convocatório, em relação aos custos com a execução do serviço decorrentes do mercado, tais como o custo dos materiais e equipamentos necessários à execução do serviço; ou **(Redação dada pela Instrução Normativa nº 3, de 16 de outubro de 2009)**
II - da data do acordo, convenção ou dissídio coletivo de trabalho ou equivalente, vigente à época da apresentação da proposta, quando a variação dos custos for decorrente da mão de obra e estiver vinculada às datas-bases destes instrumentos. **(Redação dada pela Instrução Normativa nº 3, de 16 de outubro de 2009)**
Parágrafo único. **(Revogado pela Instrução Normativa nº 18, de dezembro de 2009)**
Art. 39. Nas repactuações subsequentes à primeira, a anualidade será contada a partir da data do fato gerador que deu ensejo à última repactuação. **(Redação dada pela Instrução Normativa nº 3, de 16 de outubro de 2009)**
Art. 40. As repactuações serão precedidas de solicitação da contratada, acompanhada de demonstração analítica da alteração dos custos, por meio de apresentação da planilha de custos e formação de preços ou do novo acordo, convenção ou dissídio coletivo que fundamenta a repactuação, conforme for a variação de custos objeto da repactuação. **(Redação dada pela Instrução Normativa nº 3, de 16 de outubro de 2009)**
§ 1º É vedada a inclusão, por ocasião da repactuação, de benefícios não previstos na proposta inicial, exceto quando se tornarem obrigatórios por força de instrumento legal, sentença normativa, acordo coletivo ou convenção coletiva.
§ 2º Quando da solicitação da repactuação, para fazer jus à variação de custos decorrente do mercado, esta somente será concedida mediante a comprovação pelo contratado do aumento dos custos, considerando-se: **(Redação dada pela Instrução Normativa nº 3, de 16 de outubro de 2009)**
I - os preços praticados no mercado ou em outros contratos da Administração; **(Redação dada pela Instrução Normativa nº 3, de 16 de outubro de 2009)**
II - as particularidades do contrato em vigência;
III - **(Revogado pela Instrução Normativa nº 04, de 11 de novembro de 2009)**
IV - a nova planilha com variação dos custos apresentada; **(Redação dada pela Instrução Normativa nº 04, de 11 de novembro de 2009)**

V - indicadores setoriais, tabelas de fabricantes, valores oficiais de referência, tarifas públicas ou outros equivalentes; e **(Redação dada pela Instrução Normativa nº 04, de 11 de novembro de 2009)**
VI - a disponibilidade orçamentária do órgão ou entidade contratante.
§ 3º A decisão sobre o pedido de repactuação deve ser feita no prazo máximo de sessenta dias, contados a partir da solicitação e da entrega dos comprovantes de variação dos custos.
§ 4º - As repactuações, como espécie de reajuste, serão formalizadas por meio de apostilamento e não poderão alterar o equilíbrio econômico e financeiro dos contratos, exceto quando coincidirem com a prorrogação contratual, em que deverão ser formalizadas por aditamento. **(Redação dada pela Instrução Normativa nº 3, de 16 de outubro de 2009)**
§ 5º O prazo referido no § 3º ficará suspenso enquanto a contratada não cumprir os atos ou apresentar a documentação solicitada pela contratante para a comprovação da variação dos custos; **(Redação dada pela Instrução Normativa nº 3, de 16 de outubro de 2009)**
§ 6º O órgão ou entidade contratante poderá realizar diligências para conferir a variação de custos alegada pela contratada.
§ 7º As repactuações a que o contratado fizer jus e não forem solicitadas durante a vigência do contrato serão objeto de preclusão com a assinatura da prorrogação contratual ou com o encerramento do contrato. **(Incluído pela Instrução Normativa nº 3, de 16 de outubro de 2009)**
Art. 41. Os novos valores contratuais decorrentes das repactuações terão suas vigências iniciadas observando-se o seguinte:
I - a partir da ocorrência do fato gerador que deu causa à repactuação; **(Redação dada pela Instrução Normativa nº 3, de 16 de outubro de 2009)**
II - em data futura, desde que acordada entre as partes, sem prejuízo da contagem de periodicidade para concessão das próximas repactuações futuras; ou
III - em data anterior à ocorrência do fato gerador, exclusivamente quando a repactuação envolver revisão do custo de mão de obra em que o próprio fato gerador, na forma de acordo, convenção ou sentença normativa, contemplar data de vigência retroativa, podendo esta ser considerada para efeito de compensação do pagamento devido, assim como para a contagem da anualidade em repactuações futuras; **(Redação dada pela Instrução Normativa nº 3, de 16 de outubro de 2009)**
§ 1º Os efeitos financeiros da repactuação deverão ocorrer exclusivamente para os itens que a motivaram, e apenas em relação à diferença porventura existente. **(Redação dada pela Instrução Normativa nº 3, de 16 de outubro de 2009)**
§ 2º (revogado). **(Revogado pela Instrução Normativa nº 3, de 16 de outubro de 2009)**
§ 3º (revogado). **(Revogado pela Instrução Normativa nº 3, de 16 de outubro de 2009)**
§ 4º (revogado). **(Revogado pela Instrução Normativa nº 3, de 16 de outubro de 2009)**
Art. 41-A. As repactuações não interferem no direito das partes de solicitar, a

> qualquer momento, a manutenção do equilíbrio econômico dos contratos com base no disposto no art. 65 da Lei nº 8.666, de 1993. **(Incluído pela Instrução Normativa nº 3, de 16 de outubro de 2009)**
> Art. 41-B. A empresa contratada para a execução de remanescente de serviço tem direito à repactuação nas mesmas condições e prazos a que fazia jus a empresa anteriormente contratada, devendo os seus preços ser corrigidos antes do início da contratação, conforme determina o art. 24, inciso XI da Lei nº 8.666, de 1993. **(Incluído pela Instrução Normativa nº 3, de 16 de outubro de 2009)**

1. Repactuação de contratações de serviços continuados com dedicação exclusiva de mão de obra

Os arts. 37 a 41-B tratam da repactuação de preços, uma espécie de reajuste contratual.

Com o advento do Plano Real e a então queda da inflação a níveis desprezíveis, a determinação legal de reajuste, disposta no art. 55, inc. III, da Lei nº 8.666/93, perdeu, de certa forma, sua razão de ser, passando a ter contornos facultativos, tendo a Lei nº 9.069/95 (que dispôs sobre o Plano Real), atendendo a essa evolução, determinado a obrigatória periodicidade anual dos reajustes (art. 28, *caput*), preconizando, em seu § 1º, a nulidade de pleno direito, não surtindo assim nenhum efeito de cláusula, cuja periodicidade seja inferior a um ano, sepultando de vez os reajustes obrigatórios em qualquer contrato.

Sobre o assunto, surpreendeu a edição do Decreto nº 2.271/97, que dispôs sobre a contratação de serviços pela Administração Pública Federal direta, autárquica e fundacional, que, de forma inusitada, vedando disposições nos instrumentos contratuais sobre a indexação de preços, permitindo, "para a adequação aos novos preços de mercado", um instrumento até então nunca adotado para esse fim nos contratos administrativos: a repactuação.

Essa inovação causou estranheza, porquanto proibia o que a lei previa em vários momentos: o reajuste com a aplicação de índices gerais, setoriais ou que reflitam a variação de custos. O ato regulamentar ignorou uma faculdade conferida por lei: a adoção de cláusula de reajuste nos contratos com periodicidade superior a um ano. A perplexidade era tamanha, já que a impossibilidade de um decreto contrariar uma lei reside justamente no fato de que essa ferramenta existe com o fim único de aclarar seus termos e nunca, em tempo algum, alterar seu conteúdo[239].

---

[239] Na verdade, a repactuação foi um mecanismo encontrado pelo governo federal, na vigência do chamado Plano Real, quando a estabilidade da economia nacional começou a tomar corpo, visando dissociar a correção de preços dos contratos de serviços de natureza continuada de um reajuste automático.

Depois de idas e vindas no âmbito doutrinário, o presidente da República, buscando aclarar a situação e uniformizar o entendimento sobre a questão no âmbito da Administração Pública Federal, aprovou parecer sobre a matéria emitido pela Advocacia-Geral da União[240].

Considerando que os pareceres aprovados e publicados juntamente com despacho presidencial vinculam a Administração Federal, consoante o preconizado no § 1º, do art. 40, da Lei Complementar nº 73/93, os procedimentos para repactuação nos contratos de serviços contínuos, cujo regramento regulamentar específico consta no art. 5º do Decreto nº 2.271/97, passaram a ater-se ao a seguir especificado:

a) a repactuação deverá estar prevista no contrato, constituindo-se numa espécie de reajustamento de preços, não se confundindo com as hipóteses de reequilíbrio econômico-financeiro, sendo demonstrável pelo contratado por intermédio da indicação analítica dos componentes dos custos que integram o objeto do contrato;

b) somente será admissível a repactuação após o interregno de 1 (um) ano, cuja contagem terá como referência a data da proposta ou a do orçamento a que a proposta se referir;

c) considerar-se-á como "data do orçamento" a data do acordo, convenção, dissídio coletivo de trabalho ou equivalentes que estipulem o salário vigente à época da apresentação da proposta;

d) no caso da primeira repactuação do contrato, portanto, o prazo de um ano para se requerer a repactuação contar-se-á da data da proposta da empresa ou da data do orçamento a que a proposta se referir[241];

e) o efeito financeiro da repactuação, motivado pela majoração salarial, incidirá a partir da data em que passou a vigorar efetivamente a majoração salarial da categoria profissional;

f) no caso das repactuações subsequentes à primeira, o prazo de um ano deverá ser contado a partir da data da última repactuação; e

---

240 Parecer nº JT-02, de 26 de fevereiro de 2009. Aprovo. Em 26-II-2009. Processo nº 00400.010482/2008-69. Assunto: Repactuação como espécie de reajustamento - Termo a quo do prazo de um ano para requerer a repactuação - efeitos financeiros da repactuação - termo final para requerer a repactuação. (DOU 6 de março de 2009). Disponível em: <www.agu.gov.br/page/download/index/id/13841892>.
241 Decidiu o TCU no Acórdão nº 1563/2004 - Plenário: "(...) no caso da primeira repactuação dos contratos de prestação de serviços de natureza contínua, o prazo mínimo de um ano a que se refere o item 8.1 da Decisão 457/1995 - Plenário conta-se a partir da apresentação da proposta ou da data do orçamento a que a proposta se referir, sendo que, nessa última hipótese, considera-se como data do orçamento a data do acordo, convenção, dissídio coletivo de trabalho ou equivalente que estipular o salário vigente à época da apresentação da proposta, vedada a inclusão, por ocasião da repactuação, de antecipações e de benefícios não previstos originariamente (...)"

g) a repactuação deverá ser pleiteada até a data da prorrogação contratual subsequente. A inexistência de pleito até essa data demandará a perda do direito do contratado (preclusão), em face da não solicitação tempestiva[242].

Atendendo ao estabelecido, o art. 37 informa que a repactuação de preços, como espécie de reajuste contratual, deverá ser utilizada nas contratações de serviços continuados com dedicação exclusiva de mão de obra, desde que seja observado o interregno mínimo de um ano das datas dos orçamentos às quais a proposta se referir, conforme estabelece o art. 5º do Decreto nº 2.271/97.

Ocorre, todavia, que o § 1º do art. 3º da Lei nº 10.192/2001, que dispõe sobre medidas complementares ao Plano Real, dispõe que a periodicidade anual para os reajustes será contada a partir da data limite para apresentação da proposta ou do orçamento a que essa se referir. Logo, corrija-se o texto do art. 35 da IN, com a inserção da possibilidade do marco inicial ser também a "data limite da apresentação da proposta", o que dependerá do previsto no edital licitatório e no contrato.

1.1 Regras específicas para a repactuação

Os §§ 1º a 4º do art. 35 minudenciam regras bem específicas sobre a repactuação.

O § 1º dispõe que, para fazer face à elevação dos custos da contratação, respeitada a anualidade prevista, e que vier a ocorrer durante a vigência do contrato, a repactuação consigna direito do contratado, alertando que sua adoção não poderá causar desequilíbrio econômico-financeiro dos contratos, conforme estabelece o art. 37, XXI da CF, sendo assegurado ao contratado receber pagamento nas condições efetivas de sua proposta.

---

[242] A conclusão quanto ao instituto da preclusão se deu em face da AGU ter entendido como plenamente pertinente a limitação do exercício do direito de repactuação nos termos propostos, consoante dispôs o Acórdão nº 1828/2008-TCU-Plenário. Nele, discorreu em seu voto o Ministro Benjamin Zymler: [...] quando da assinatura do terceiro termo aditivo caberia à contratada, caso ainda não tivesse postulado, suscitar seu direito à repactuação, cujos efeitos retroagiriam a 1.5.2005, data-base que ensejou a celebração de novo acordo coletivo que alterou o salário da categoria profissional. Contudo, o que aconteceu foi tão somente a alteração do prazo contratual, ratificando-se todas as demais cláusulas e condições estabelecidas no contrato original. Ao aceitar as condições estabelecidas no termo aditivo sem suscitar os novos valores pactuados no acordo coletivo, a empresa (...) deixou de exercer o seu direito à repactuação pretérita. Em outros termos, a despeito do prévio conhecimento da majoração salarial decorrente do acordo coletivo ocorrido em maio de 2005, a empresa agiu de forma oposta e firmou novo contrato com a Administração por meio do qual ratificou os preços até então acordados e comprometeu-se a dar continuidade à execução dos serviços por mais 12 meses. Por conseguinte, considero que a solicitação de repactuação contratual feita pela empresa (...) em 6.2.2007, com efeitos retroativos a 1.5.2005, encontra óbice no instituto da preclusão lógica. Com efeito, há a preclusão lógica quando se pretende praticar ato incompatível com outro anteriormente praticado. In casu, a incompatibilidade residiria no pedido de repactuação de preços que, em momento anterior, receberam a anuência da contratada. A aceitação dos preços quando da assinatura da prorrogação contratual envolve uma preclusão lógica de não mais questioná-los, com base na majoração salarial decorrente do acordo coletivo ocorrido em maio de 2005.

Com relação à ressalva da mantença do equilíbrio econômico-financeiro do acordo, assente-se que essa equação constitui-se na relação que as partes inicialmente estabeleceram no contrato, visando, obviamente, a justa remuneração de seu objeto. Pontua-se que essa correlação encargo/remuneração deve ser conservada sempre, independentemente de qualquer fator, durante execução do acordo. Assim, atendendo à chamada Teoria da Imprevisão, que deriva da máxima latina rebus sic stantibus (em tradução literal: "as coisas assim permanecem")[243], sempre que comprovadamente ocorrer um desequilíbrio na relação inicialmente estabelecida entre os encargos do contratado e a retribuição financeira para a justa remuneração pela execução contratual, é necessária a devida recomposição.

Há de se ressaltar, entrementes, que não é qualquer desequilíbrio que determinará essa revisão, uma vez que o contratado deverá suportar alguns riscos inerentes à atividade econômica a que se entregou. Somente a denominada "álea econômica extraordinária" (fatos imprevisíveis ou, ainda que previsíveis, de consequências incalculáveis, retardadores ou impeditivos da execução do objeto) autorizará o reequilíbrio – e não a "álea ordinária" (riscos comuns).

Impende sublinhar, como já exposto alhures, que não se deve confundir "reajuste" com "reequilíbrio de preço". No reajuste busca-se, devido à inflação, a revitalização do poder aquisitivo do dinheiro, alterando-se o preço da contraprestação devida pela Administração; no reequilíbrio (recomposição), persegue-se o resgate do equilíbrio contratual, rompido em decorrência de encargos ou desencargos supervenientes, independentemente da natureza, os quais prejudicam uma das partes, criando-lhe uma onerosidade excessiva. Nesse contexto, Antônio Carlos Cintra do Amaral leciona, com propriedade, que a cláusula de reajuste tem caráter prospectivo, pois se insere na etapa de planejamento do contrato, ao passo que a recomposição, por intermédio do reequilíbrio, opera no presente, mas a partir de uma visão retrospectiva, pois surge no momento em que se verifica o desbalanceamento[244].

O § 2º informa que a repactuação poderá ser dividida em tantas parcelas quanto forem necessárias, em respeito ao princípio da anualidade do reajuste dos preços da contratação, podendo ocorrer em momentos distintos para discutir a variação de custos que tenham sua anualidade resultante em datas diferenciadas (como os custos decorrentes da mão de obra e dos insumos necessários à execução do serviço).

---

[243] Ou seja, que as obrigações estão subordinadas à continuação do estado de fato existente na época da celebração do contrato.
[244] AMARAL, Antônio Carlos Cintra do. Os conceitos de reajuste, revisão e correção monetária de preços nos contratos administrativos. Revista Trimestral de Direito Público. São Paulo, v. 15, jul. 1996, p. 164.

Em complemento, o § 3º registra que, no caso da contratação envolver mais de uma categoria profissional, com datas-bases diferenciadas, a repactuação deverá ser dividida em tantas quanto forem os acordos, dissídios ou convenções coletivas das categorias envolvidas na contratação.

Por fim, o § 4º prevê que, em razão de novo acordo, dissídio ou convenção coletiva, a repactuação deverá repassar integralmente o aumento de custos da mão de obra decorrente desses instrumentos, evidenciando que qualquer elevação dos encargos trabalhistas instituída por dissídio coletivo deve ser contemplada e assegurada à contratada pela repactuação. No mesmo sentido, o § 1º do art. 40 da IN em comento, segundo o qual "é vedada a inclusão, por ocasião da repactuação, de benefícios não previstos na proposta inicial, exceto quando se tornarem obrigatórios, por força de instrumento legal, sentença normativa, acordo coletivo ou convenção coletiva".

1.2 Interregno mínimo para a repactuação e marco inicial da contagem

O art. 38 volta-se para a contagem do interregno para a repactuação de custos dos materiais e equipamentos necessários à execução do serviço e para os custos de mão de obra, dispondo aplicar-se o prazo mínimo de 1 (um) ano para a primeira repactuação, contado a partir:

a) da data limite para apresentação das propostas constante do instrumento convocatório, em relação aos custos com a execução do serviço decorrentes do mercado, tais como custo dos materiais e equipamentos necessários à execução do serviço.

Insta relembrar, como registrado anteriormente, que a regra disposta em lei para o marco inicial de contagem pode ser a data limite para a apresentação da proposta ou do orçamento a que essa se referir (§ 1º do art. 3º da Lei nº 10.192/2001), dependendo do que tenha sido estabelecido no edital do certame licitatório e, logicamente, no contrato administrativo celebrado.

b) da data do acordo, convenção ou dissídio coletivo de trabalho ou equivalente, vigente à época da apresentação da proposta, quando a variação dos custos for decorrente da mão de obra e estiver vinculada às datas-bases desses instrumentos.

Tal disposição advém do Parecer da Advocacia-Geral da União, aprovado pelo presidente da República[245], conforme já esposado, que concluiu que deve ser considerada como "data do orçamento" a data do acordo, convenção, dissídio coletivo de trabalho ou equivalentes que estipulem o salário vigente à época da apresentação da proposta.

---

245 Parecer nº JT-02, de 26 de fevereiro de 2009. Aprovo. Em 26-II-2009. Processo nº 00400.010482/2008-69. Assunto: Repactuação como espécie de reajustamento - Termo a quo do prazo de um ano para requerer a repactuação - efeitos financeiros da repactuação - termo final para requerer a repactuação. (DOU 6 de março de 2009). Disponível em: <www.agu.gov.br/page/download/index/id/13841892>.

Como bem observa a Consultoria Zênite, regra geral, a maioria das categorias profissionais tem uma convenção coletiva determinada pelas suas representações sindicais, a qual, nos termos do art. 611 da CLT, "é o acordo de caráter normativo pelo qual dois ou mais sindicatos representativos de categorias econômicas e profissionais estipulam condições de trabalho aplicáveis, no âmbito das respectivas representações, às relações individuais de trabalho". Por se tratar de um direito patrimonial, portanto disponível, cumpre à contratada apresentar pedido de repactuação perante a Administração contratante, como condição para a repactuação do valor ajustado. Logo, a princípio, é com o depósito da convenção coletiva de trabalho no Ministério do Trabalho e Emprego que surge o direito de a contratada solicitar a repactuação contratual[246].

Em sequência, o art. 39, atendendo ao concluído pelo mesmo parecer da AGU, que dispôs as repactuações subsequentes à primeira, o prazo de um ano deverá ser contado a partir da data da última repactuação, repisa o texto informando que, "nas repactuações subsequentes à primeira, a anualidade será contada a partir da data do fato gerador que deu ensejo à última repactuação".

1.3 Regras referentes à repactuação

Também atendendo ao parecer da AGU, o art. 40 assenta que a repactuação deverá ser pleiteada pela contratada, acompanhada de demonstração analítica da alteração dos custos, por meio de apresentação da planilha de custos e formação de preços ou do novo acordo convenção ou dissídio coletivo que fundamenta a repactuação, conforme a variação de custos objeto da repactuação.

Quanto ao prazo para protocolar o pedido de repactuação, temos que esse direito se inicia com a ocorrência do fato gerador (depósito da convenção coletiva), estendendo-se até a data da prorrogação contratual subsequente. Destarte, no que diz respeito à repactuação da parcela mão de obra, faz-se mister projetar o início dos efeitos da repactuação para a data em que passou a viger efetivamente a majoração salarial da categoria profissional, não se devendo confundir a data a partir da qual a contratada pode solicitar a repactuação com a data a partir de quando surtem seus efeitos.

Ricardo Alexandre Sampaio pontua com exatidão a questão:

> Considerando o depósito da convenção coletiva de trabalho no Ministério do Trabalho e Emprego no dia 1º de abril, com efeitos retroativos a 1º de janeiro, data-base da categoria profissional, a contratada poderá solicitar a repactuação a partir de 1º de abril até a prorrogação subsequente e, uma vez

---

[246] Repactuação - Serviços contínuos - Contrato - Parcela de custos com mão de obra - Fato gerador. Revista Zênite - Informativo de Licitações e Contratos (ILC). Curitiba: Zênite, n. 246, p. 808, ago. 2014.

apresentado seu pedido dentro desse prazo, quando definido o novo valor contratual, a Administração deverá reconhecer seu efeito retroativo a partir de 1º de janeiro. Diante dessas considerações, afirma-se que, na contratação de serviços contínuos com alocação exclusiva de mão de obra, os efeitos da repactuação da parcela de custos com mão de obra devem surtir a partir do início dos efeitos do fato gerador que lhe deu causa, o que, a rigor, coincide com a data-base da categoria envolvida na prestação do serviço[247].

O § 2º, tratando da solicitação da repactuação, informa que a contratada, para fazer jus à variação de custos decorrente do mercado, só a conseguirá mediante a comprovação do aumento dos custos, levando-se em consideração:
  a) os preços praticados no mercado ou em outros contratos da Administração;
  b) as particularidades do contrato em vigência;
  c) a nova planilha com variação dos custos apresentada;
  d) indicadores setoriais, tabelas de fabricantes, valores oficiais de referência, tarifas públicas ou outros equivalentes; e
  e) a disponibilidade orçamentária do órgão ou entidade contratante.

O § 1º do preceptivo registra a vedação da inclusão, por ocasião da repactuação, de benefícios não previstos na proposta inicial, exceto quando se tornarem obrigatórios por força de instrumento legal, sentença normativa, acordo coletivo ou convenção coletiva.

Nem a Lei nº 8.666/93, nem o Decreto nº 2.271/97 fazem menção ao prazo para que a Administração avalie o pleito da contratada referente à repactuação. Obviamente, esse veredicto deve acontecer num prazo razoável. O § 3º, nessa linha, dispõe que essa decisão deverá ocorrer no prazo máximo de sessenta dias, contados a partir da solicitação e da entrega dos comprovantes de variação dos custos, período que, obviamente, deverá ficar suspenso enquanto a contratada não cumprir os atos ou apresentar a documentação solicitada pela contratante para a comprovação da variação dos custos (§ 5º).

Tendo em vista que a repactuação consigna uma espécie de reajustamento, o tratamento a ele oferecido deve seguir a rotina legal desse instituto. Como, segundo o § 8º do art. 65 da Lei nº 8.666/93, a variação do valor contratual para fazer face ao reajuste de preços previsto no próprio contrato não caracteriza alteração do mesmo, podendo ser registrada por simples apostila, dispensando a celebração de aditamento, o § 4º, acertadamente, dispõe que a forma de instrumentalização da repactuação é apostilamento e não um termo aditivo.

---

[247] SAMPAIO, Ricardo Alexandre. *Revista Zênite* - Informativo de Licitações e Contratos (ILC). Curitiba: Zênite, n. 246, p. 808, ago. 2014.

Para a formalização, não obstante a aceitação generalizada, inclusive por parte da maioria das Cortes de Contas, de uma simples anotação no verso do contrato, sugere-se a elaboração de termo razoavelmente circunstanciado.

Como previsto em lei, faculta-se à Administração, em qualquer fase na licitação e do contrato, a promoção de diligência destinada a esclarecer ou a complementar a instrução do processo. Logo, obviamente, também na repactuação, o órgão ou entidade contratante poderá realizar diligências para conferir a variação de custos alegada pela contratada (§ 6º).

Como já esposado, uma das conclusões da AGU, em parecer sobre o tema aprovado pelo presidente da República, foi a de que a repactuação deve ser pleiteada até a data da prorrogação contratual subsequente, e que a inexistência desse pleito até essa data demandará a perda do direito do contratado (preclusão), em face da não solicitação tempestiva[248]. Para arrolar em norma essa conclusão,

o § 7º prescreve que as repactuações a que o contratado fizer jus e não forem solicitadas durante a vigência do contrato serão objeto de preclusão com a assinatura da prorrogação contratual ou com o encerramento do contrato.

1.4 Início dos efeitos financeiros da repactuação

O regramento legal não dispõe acerca do momento em que se iniciam os efeitos financeiros da repactuação. A regulamentação também silenciou a respeito.

Certo é que os efeitos jurídicos advindos de um instituto nascem no momento imediatamente posterior ao aperfeiçoamento do direito, salvo se a lei dispuser de modo contrário.

---

[248] A conclusão quanto ao instituto da preclusão se deu em face da AGU ter entendido como plenamente pertinente a limitação do exercício do direito de repactuação nos termos propostos, consoante dispôs o Acórdão nº 1828/2008-TCU- Plenário. Nele, discorreu em seu voto o Ministro Benjamin Zymler: [...] quando da assinatura do terceiro termo aditivo caberia à contratada, caso ainda não tivesse postulado, suscitar seu direito à repactuação, cujos efeitos retroagiriam a 1.5.2005, data-base que ensejou a celebração de novo acordo coletivo que alterou o salário da categoria profissional. Contudo, o que aconteceu foi tão somente a alteração do prazo contratual, ratificando-se todas as demais cláusulas e condições estabelecidas no contrato original. Ao aceitar as condições estabelecidas no termo aditivo sem suscitar os novos valores pactuados no acordo coletivo, a empresa [...] deixou de exercer o seu direito à repactuação pretérita. Em outros termos, a despeito do prévio conhecimento da majoração salarial decorrente do acordo coletivo ocorrido em maio de 2005, a empresa agiu de forma oposta e firmou novo contrato com a Administração por meio do qual ratificou os preços até então acordados e comprometeu-se a dar continuidade à execução dos serviços por mais 12 meses. Por conseguinte, considero que a solicitação de repactuação contratual feita pela empresa [...] em 6.2.2007, com efeitos retroativos a 1.5.2005, encontra óbice no instituto da preclusão lógica. Com efeito, há a preclusão lógica quando se pretende praticar ato incompatível com outro anteriormente praticado. In casu, a incompatibilidade residiria no pedido de repactuação de preços que, em momento anterior, receberam a anuência da contratada. A aceitação dos preços quando da assinatura da prorrogação contratual envolve uma preclusão lógica de não mais questioná-los com base na majoração salarial decorrente do acordo coletivo ocorrido em maio de 2005.

Sobre o assunto, Juliana Helena Takaoka Bernardino bem anotou que:
> A partir do momento em que surge o direito, apenas o decurso do prazo prescricional, em princípio, teria o condão de extinguir a pretensão do contratado. *In casu*, o prazo prescricional seria de 5 (cinco) anos, conforme disposição do art. 1º do Decreto nº 20.910, de 6 de janeiro de 1932[249]. Tendo o contratado experimentado aumento em seu encargo financeiro em razão de causa não imputada a ele, não pode a Administração Pública desrespeitar a equação econômico-financeira dos contratos, obrigando o particular a suportar um ônus que não causou. Ou seja, os efeitos financeiros advindos do direito devem incidir a partir da ocorrência de seu fato gerador, mantendo-se a relação original entre encargos e vantagens[250].

Nesse viés, a analista traz à baila o Voto no Acórdão nº 1.828/2008 - TCU - Plenário, da lavra do Ministro Benjamin Zymler:

> [...] sendo a repactuação contratual um direito que decorre de lei (artigos 40, inciso XI, e 55, inciso II, da Lei nº 8666/93) e, tendo a lei vigência imediata, forçoso reconhecer que não se trata, aqui, de atribuição, ou não, de efeitos retroativos à repactuação de preços. A questão ora posta diz respeito à atribuição de eficácia imediata à lei, que concede ao contratado o direito de adequar os preços do contrato administrativo de serviços contínuos aos novos preços de mercado. Em outras palavras, a alteração dos encargos durante a equação financeira do ajuste. O direito à repactuação decorre de lei, enquanto que apenas o valor dessa repactuação é que dependerá da Administração e da negociação bilateral que se seguirá.

Em arremate, obtempera Juliana Bernardino:

> Além disso, sabe-se que a conferência de efeitos financeiros a partir do surgimento do respectivo encargo, com respeito ao equilíbrio econômico-financeiro do contrato, é medida que não visa beneficiar, tão somente, o contratado, mas também a Administração Pública, nos seguintes aspectos: a) na busca do efetivo menor preço na contratação; b) no resguardo de sua responsabilidade subsidiária na esfera dos direitos trabalhistas e c) na preservação da continuidade do serviço público.
> Explique-se: tendo em conta que o procedimento licitatório tem por escopo a seleção da proposta mais vantajosa à Administração Pública, o que, no mais das vezes, está representada pelo preço mais vantajoso, pode-se concluir que a impossibilidade de reajustamento de preços faria com que os proponentes,

---

[249] Decreto que regula a prescrição quinquenal. Art. 1º As dívidas passivas da União, dos Estados e dos Municípios, bem assim todo e qualquer direito ou ação contra a Fazenda federal, estadual ou municipal, seja qual for a sua natureza, prescrevem em cinco anos contados da data do ato ou fato do qual se originaram.
[250] Disponível em: <http://www.planalto.gov.br/ccivil_03/AGU/PRC-JT-02-2009.htm>.

temerosos da exequibilidade futura do contrato, lançassem para cima os preços a serem contratados a fim de resguardarem-se. Com isso, certamente, a Administração não encontraria os menores preços praticados no mercado, pagando valores muito acima das variações inflacionárias, tendo em vista que os licitantes certamente trabalhariam com margem de segurança para recuperarem-se das perdas inflacionárias.

Nesse contexto, o art. 41 da IN prevê que os novos valores contratuais decorrentes das repactuações terão suas vigências iniciadas observando-se o seguinte:

a) a partir da ocorrência do fato gerador que deu causa à repactuação, tendo, por conseguinte, efeito retroativo. Dá-se no caso de convenção coletiva, dissídio coletivo etc. (*Vide* comentários ao art. 38);

b) em data futura, desde que acordada entre as partes, sem prejuízo da contagem de periodicidade para concessão das próximas repactuações futuras, ou seja, no caso específico de existência de cláusula expressa no contrato fixando determinada data;

c) em data anterior à ocorrência do fato gerador, exclusivamente quando a repactuação envolver revisão do custo de mão de obra em que o próprio fato gerador, na forma de acordo, convenção ou sentença normativa, contemplar data de vigência retroativa, podendo esta ser considerada para efeito de compensação do pagamento devido, assim como para a contagem da anualidade em repactuações futuras. Tal previsão objetiva prevenir prejuízos para o contratado quando houver acréscimos de custos de mão de obra em dissídios, acordos e convenções coletivas de trabalho. Como obtempera Francisco José de Andrade Pereira, "mesmo que seja anterior à data do fato gerador, será devida tal revisão diante dos seus efeitos prospectivos (*ad futurum*), ou seja, atingirá o contratado quando da sua relação com a Administração Pública, quando dos pagamentos dos seus funcionários. Nesse ponto, não há como a contratada ser submetida ao incremento dos seus custos de mão de obra sem que se realize uma revisão dos seus custos junto à Administração"[251].

Acertadamente, o § 1º adverte que os efeitos financeiros da repactuação deverão ocorrer exclusivamente para os itens que a motivaram, e apenas em relação à diferença porventura existente.

Por oportuno, anote-se a nova Orientação Normativa SLTI nº 2, de 22 de agosto de 2014, na qual o Secretário de Logística e Tecnologia da Informação, considerando o disposto no art. 54 da IN nº 2/2008, ora em análise, dispôs que os órgãos e entidades da Administração Pública Federal direta, autárquica e

---

[251] PEREIRA, Francisco José de Andrade. Regras e diretrizes para a contratação de serviços, continuados ou não, na Administração Federal. Ed. Schoba, p. 124.

fundacional deverão observar, nos processos de repactuação referentes a serviços continuados com dedicação exclusiva de mão de obra, quando envolver reajuste do vale-transporte, as seguintes condições, sempre observando as disposições contidas nos arts. 37 a 41 da IN supracitada:

a) a majoração da tarifa de transporte público gera a possibilidade de repactuação do item relativo aos valores pagos a título de vale-transporte;

b) o início da contagem do prazo de um ano para a primeira repactuação deve tomar como referência a data do orçamento a que a proposta se refere, qual seja, a data do último reajuste de tarifa de transporte público; e

c) os efeitos financeiros da repactuação contratual decorrente da majoração de tarifa de transporte público devem viger a partir da efetiva modificação do valor de tarifa de transporte público.

2. Manutenção do equilíbrio econômico-financeiro dos contratos administrativos

A equação econômico-financeira constitui-se na relação que as partes inicialmente estabelecem no contrato, visando, obviamente, a justa remuneração de seu objeto. Essa correlação encargo/remuneração deve ser sempre conservada, independentemente de qualquer fator, durante a execução do acordo.

Assim, como já pontuado neste trabalho, atendendo à chamada "Teoria da Imprevisão", sempre que comprovadamente ocorrer um desequilíbrio na relação inicialmente estabelecida entre os encargos do contratado e a retribuição financeira para a justa remuneração pela execução contratual, é necessária a devida recomposição.

Entrementes, ocorre que não seria qualquer desequilíbrio que determinaria tal revisão, já que o contratado deve suportar alguns riscos inerentes à atividade econômica a que se entregou. Também consoante já exposto, somente a denominada "álea econômica extraordinária" (fatos imprevisíveis ou, ainda que previsíveis, de consequências incalculáveis, retardadores ou impeditivos da execução do objeto) autorizará o reequilíbrio (e não a "álea ordinária" - riscos comuns).

Atendendo a essa máxima, o art. 65 da Lei nº 8.666/93, ao tratar das possibilidades de alteração dos contratos administrativos, prevê a hipótese de acordo entre as partes para restabelecer a relação que as partes pactuaram inicialmente entre os encargos do contratado e a retribuição da Administração para a justa remuneração da obra, serviço ou fornecimento, objetivando a manutenção do equilíbrio econômico-financeiro inicial do contrato – no caso de sobrevirem fatos imprevisíveis ou previsíveis, porém de consequências incalculáveis, retardadores ou impeditivos da execução do ajustado, ou, ainda, em caso de força maior, caso fortuito ou fato do príncipe, configurando álea econômica extraordinária e extracontratual (alínea "d" do inc. II)[252].

Os §§ 5º e 6º do mesmo artigo reafirmam a necessidade do restabelecimento do equilíbrio econômico-financeiro do contrato. O primeiro informa que a ampliação ou a redução dos encargos do contrato que repercutam nos preços propostos demandam, obrigatoriamente, o reequilíbrio. No segundo, com procedimento idêntico, busca a permanência da relação pactuada inicialmente entre encargos e pagamentos, consagrando a necessidade do reequilíbrio através de aditamento, quando ocorrer alteração contratual por determinação da Administração[253].

Alicerçado nessas regras legais, o art. 41-A prescreve que as repactuações não interferem no direito das partes de solicitar, a qualquer momento, a manutenção do equilíbrio econômico dos contratos.

Da mesma forma, o art. 41-B informa que a empresa contratada para a execução de remanescente de serviço – no caso, com dispensa de licitação (art. 24, inc. XI da Lei nº 8.666/93) – terá direito à repactuação nas mesmas condições e prazos a que fazia jus a empresa anteriormente contratada, devendo seus preços ser corrigidos no ato de celebração contratual. É o que prevê o dispositivo de afastamento licitatório supracitado: na contratação de remanescente de obra, serviço ou fornecimento, em consequência de rescisão contratual, desde que atendida a ordem de classificação da licitação anterior e aceitas as mesmas condições oferecidas pelo licitante vencedor, inclusive quanto ao preço, devidamente corrigido.

Sobre a contratação de remanescente de obra, serviço ou fornecimento, escrevemos em outra obra[254]:

> A hipótese do inciso pressupõe a existência de licitação anterior, sendo aplicável quando da execução incompleta de objeto contratado. A previsão legal refere-se à continuidade de remanescente de contrato, aproveitando-se a licitação anterior para o chamamento dos licitantes na ordem de classificação.

---

252 Art. 65. Os contratos regidos por esta Lei poderão ser alterados, com as devidas justificativas, nos seguintes casos: (...) II - por acordo das partes: (...) d) para restabelecer a relação que as partes pactuaram inicialmente entre os encargos do contratado e a retribuição da administração para a justa remuneração da obra, serviço ou fornecimento, objetivando a manutenção do equilíbrio econômico-financeiro inicial do contrato, na hipótese de sobrevirem fatos imprevisíveis ou previsíveis, porém de consequências incalculáveis, retardadores ou impeditivos da execução do ajustado, ou ainda, em caso de força maior, caso fortuito ou fato do príncipe, configurando álea econômica extraordinária e extracontratual.
253 § 5º Quaisquer tributos ou encargos legais criados, alterados ou extintos, bem como a superveniência de disposições legais, quando ocorridas após a data da apresentação da proposta, de comprovada repercussão nos preços contratados, implicarão a revisão destes para mais ou para menos, conforme o caso.
§ 6º Em havendo alteração unilateral do contrato que aumente os encargos do contratado, a Administração deverá restabelecer, por aditamento, o equilíbrio econômico-financeiro inicial.
254 BITTENCOURT, Sidney. Licitação Passo a Passo. 7. ed., Ed. Fórum.

São condições para a contratação direta:
a) licitação anterior, com mais de um classificado;
b) rescisão contratual por inexecução parcial, de onde resultará um remanescente do objeto a ser concluído;
c) convocação dos licitantes classificados na licitação anterior, seguida rigidamente a ordem de classificação; e
d) aceitação das condições de contrato rescindido, inclusive no que diz respeito ao preço, devidamente atualizado para o momento da contratação[255].

Impende ressaltar que a Administração não está obrigada a seguir tal procedimento, podendo optar por nova licitação e que, no caso de chamamento dos classificados, os licitantes convocados não estão obrigados a celebrar o contrato.

ARTIGOS 42 A 48

DOS SERVIÇOS DE LIMPEZA E CONSERVAÇÃO

Art. 42. Deverão constar do Projeto Básico na contratação de serviços de limpeza e conservação, além dos demais requisitos dispostos nesta IN:
I - áreas internas, áreas externas, esquadrias externas e fachadas envidraçadas, classificadas segundo as características dos serviços a serem executados, periodicidade, turnos e jornada de trabalho necessários etc.;
II - produtividade mínima a ser considerada para cada categoria profissional envolvida, expressa em termos de área física por jornada de trabalho ou relação serventes por encarregado; e
III - exigências de sustentabilidade ambiental na execução do serviço, conforme o disposto no anexo V desta Instrução Normativa.
Art. 43. Os serviços serão contratados com base na área física a ser limpa, estabelecendo-se uma estimativa de custo por metro quadrado, observadas a peculiaridade, a produtividade, a periodicidade e a frequência de cada tipo de serviço e das condições do local objeto da contratação.
Parágrafo único. Os órgãos deverão utilizar as experiências e parâmetros aferidos e resultantes de seus contratos anteriores para definir as produtividades da mão de obra, em face das características das áreas a serem limpas, buscando sempre fatores econômicos favoráveis à administração pública.

---

[255] Acórdão TCU nº 744/2005 – Segunda Câmara. Voto do Ministro Relator - Para que não paire nenhuma dúvida sofre os efeitos danosos da aquiescência da empresa (…) em contratar com a Administração Pública, em desacordo com o art. 24, inciso XI, da Lei 8.666/93, trago à baila o seguinte excerto do voto condutor da decisão embargada: "Não obstante os responsáveis aleguem dúvida interpretativa, o art. 24, inciso XI, do Estatuto Federal de Licitações e Contratos, é de clareza meridiana ao exigir que a contratação direta de remanescente de obra, serviço ou fornecimento, oriunda de rescisão contratual, deva obedecer às mesmas condições oferecidas pelo licitante vencedor, inclusive quanto ao preço, devidamente corrigido. Essas condições referem-se aos prazos de execução, aos preços unitários e global e à forma de pagamento, as quais devem ser idênticas às da proponente vencedora do certame licitatório.

Art. 44. Nas condições usuais serão adotados índices de produtividade por servente em jornada de oito horas diárias, não inferiores a:

I - áreas internas: (Redação dada pela Instrução Normativa nº 3, de 16 de outubro de 2009)

a) Pisos acarpetados: 600 m²; (Incluído pela Instrução Normativa nº 3, de 16 de outubro de 2009)

b) Pisos frios: 600 m²; (Incluído pela Instrução Normativa nº 3, de 16 de outubro de 2009)

c) Laboratórios: 330 m²; (Incluído pela Instrução Normativa nº 3, de 16 de outubro de 2009)

d) Almoxarifados/galpões: 1350 m²; (Incluído pela Instrução Normativa nº 3, de 16 de outubro de 2009)

e) Oficinas: 1200 m²; e (Incluído pela Instrução Normativa nº 3, de 16 de outubro de 2009)

f) Áreas com espaços livres - saguão, hall e salão: 800 m². (Incluído pela Instrução Normativa nº 3, de 16 de outubro de 2009)

II - áreas externas: (Redação dada pela Instrução Normativa nº 3, de 16 de outubro de 2009)

a) Pisos pavimentados adjacentes/contíguos às edificações: 1200 m²; (Incluído pela Instrução Normativa nº 3, de 16 de outubro de 2009)

b) Varrição de passeios e arruamentos: 6000 m²; (Incluído pela Instrução Normativa nº 3, de 16 de outubro de 2009)

c) Pátios e áreas verdes com alta frequência: 1200 m²; (Incluído pela Instrução Normativa nº 3, de 16 de outubro de 2009)

d) Pátios e áreas verdes com média frequência: 1200 m²; (Incluído pela Instrução Normativa nº 3, de 16 de outubro de 2009)

e) Pátios e áreas verdes com baixa frequência: 1200 m²; e (Incluído pela Instrução Normativa nº 3, de 16 de outubro de 2009)

f) coleta de detritos em pátios e áreas verdes com frequência diária: 100.000 m². (Incluído pela Instrução Normativa nº 3, de 16 de outubro de 2009)

III - esquadrias externas: (Redação dada pela Instrução Normativa nº 3, de 16 de outubro de 2009)

a) face externa com exposição a situação de risco: 110 m²; (Incluído pela Instrução Normativa nº 3, de 16 de outubro de 2009)

b) face externa sem exposição a situação de risco: 220 m²; e (Incluído pela Instrução Normativa nº 3, de 16 de outubro de 2009)

c) face interna: 220 m². (Incluído pela Instrução Normativa nº 3, de 16 de outubro de 2009)

IV - fachadas envidraçadas: 110 m², observada a periodicidade prevista no Projeto Básico; e (Redação dada pela Instrução Normativa nº 04, de 11 de novembro de 2009)

V - áreas hospitalares e assemelhadas: 330 m². (Redação dada pela Instrução Normativa nº 04, de 11 de novembro de 2009)

§ 1º Nos casos dispostos neste artigo, será adotada a relação de um encarregado para cada trinta serventes, ou fração, podendo ser reduzida a critério da autoridade competente, exceto para o caso previsto no inciso IV deste artigo, onde será adotado um encarregado para cada quatro serventes.

§ 2º Considerar-se-á área externa aquela não edificada, mas integrante do imóvel.

§ 3º Considerar-se-á a limpeza de fachadas envidraçadas, externamente, somente para aquelas cujo acesso para limpeza exija equipamento especial, cabendo ao dirigente do órgão/entidade decidir quanto à oportunidade e conveniência dessa contratação.

§ 4º As áreas hospitalares serão divididas em administrativas e médico-hospitalares, devendo as últimas reportarem-se aos ambientes cirúrgicos, enfermarias, ambulatórios, laboratórios, farmácias e outros que requeiram assepsia similar, para execução dos serviços de limpeza e conservação.

§ 5º As produtividades de referência previstas neste artigo poderão ser alteradas por meio de Portaria da Secretaria de Logística e Tecnologia da Informação.

Art. 45. Nos casos em que a Área Física a ser contratada for menor que a estabelecida para a produtividade mínima de referência estabelecida nesta IN, esta poderá ser considerada para efeito de contratação.

Art. 46. O Anexo V desta IN traz uma metodologia de referência para a contratação de serviços de limpeza e conservação, compatíveis com a produtividade de referência estabelecida nesta IN, podendo ser adaptada às especificidades da demanda de cada órgão ou entidade contratante.

Art. 47. O órgão contratante poderá adotar produtividades diferenciadas das estabelecidas nesta Instrução Normativa, desde que devidamente justificadas, representem alteração da metodologia de referência prevista no anexo V e sejam aprovadas pela autoridade competente.

Art. 48. Para cada tipo de Área Física deverá ser apresentado pelas proponentes o respectivo Preço Mensal Unitário por Metro Quadrado, calculado com base na Planilha de Custos e Formação de Preços, contida no Anexo III desta IN.

Parágrafo único. O preço do Homem-Mês deverá ser calculado para cada categoria profissional, cada jornada de trabalho e nível de remuneração decorrente de adicionais legais.

1. A contratação de serviços de limpeza[256]

O elaborador da IN preocupou-se especialmente com dois serviços constantemente contratados por toda a Administração Pública: conservação/limpeza e vigilância.

---

[256] O Ministério do Planejamento, Orçamento e Gestão, buscando a facilitação, disponibilizou no Portal de Compras Governamentais (https://www.comprasgovernamentais.gov.br/arquivos/caderno/servicos_limpeza.pdf) o Caderno de Logística de Prestação de Serviços de Limpeza, Asseio e Conservação. Trata-se de um Guia de Orientação sobre os aspectos gerais na contratação de serviços de limpeza, asseio e conservação no âmbito da Administração Pública Federal Direta, Autárquica e Fundacional, nos termos da Instrução Normativa nº 02/2008, ora apreciada.

Relembra-se que o elenco não exaustivo de serviços indicados no Decreto nº 2.271/97, que dispõe sobre a contratação de serviços pela Administração Pública federal direta, autárquica e fundacional, é encabeçado pelas atividades de conservação, limpeza, segurança e vigilância.

A forma para a contratação dos serviços de limpeza foi esmiuçada nos arts. 42 a 48, dispositivos que compõem o tópico "Dos Serviços de Limpeza e Conservação".

1.1 Definição de parâmetros

A providência inicial obviamente é a definição de parâmetros regedores do objeto no Projeto Básico (ou no Termo de Referência, se a licitação for o pregão). Destarte, definir-se-á:

a) áreas internas, áreas externas, esquadrias externas e fachadas envidraçadas, classificadas segundo as características dos serviços a serem executados, periodicidade, turnos e jornada de trabalho etc.;

b) produtividade mínima a ser considerada para cada categoria profissional envolvida, expressa em termos de área física por jornada de trabalho ou relação de serventes por encarregado; e

c) exigências de sustentabilidade ambiental na execução do serviço, conforme o disposto no anexo V da IN em análise.[257, 258]

A contratação dos serviços, como não poderia deixar de ser, deverá considerar a área física a ser limpa, com o estabelecimento de uma estimativa de custo por metro quadrado, observadas a peculiaridade, a produtividade, a periodicidade e a frequência de cada tipo de serviço e as condições do local objeto da contratação. Assim, consoante o disposto no art. 48, para cada tipo de área física deverá ser apresentado pelas proponentes um "Preço Mensal Unitário por Metro Quadrado", calculado com base na Planilha de Custos e Formação de Preços, contida no Anexo III da IN.

Para definir as produtividades da mão de obra, a Administração deverá valer-se de experiências e parâmetros aferidos e resultantes de seus contratos anteriores, em face das características das áreas a serem limpas, sempre perseguindo fatores econômicos favoráveis.

A IN busca, visando padronização, estabelecer a adoção de índices de produtividade por servente em jornada de oito horas diárias, ressaltando que os dispõe em função de condições usuais.

---

[257] Sobre a elaboração com as exigências de sustentabilidade ambiental, sugere-se acesso à Oficina de Serviços de Limpeza, de autoria de Tereza Barki, em: <www.agu.gov.br/page/download/index/id/15177172>.
[258] Sobre as licitações levando em consideração a sustentabilidade, vide o nosso Licitações Sustentáveis - O uso do poder de compra do Estado fomentando o desenvolvimento nacional sustentável. Ed. Del Rey, 2014.

Destarte, esses índices, nessas condições usuais, não poderão ser inferiores a:
- Áreas internas – pisos acarpetados: 600 m²; pisos frios: 600 m²; laboratórios: 330 m²; almoxarifados/galpões: 1.350 m²; oficinas: 1.200 m² e áreas com espaços livres - saguão, hall e salão: 800 m².
- Áreas externas – pisos pavimentados adjacentes/contíguos às edificações: 1.200 m²; varrição de passeios e arruamentos: 6.000 m²; pátios e áreas verdes com alta frequência: 1.200 m²; pátios e áreas verdes com média frequência: 1.200 m²; pátios e áreas verdes com baixa frequência: 1.200 m² e coleta de detritos em pátios e áreas verdes com frequência diária: 100.000 m².
- Esquadrias externas – face externa com exposição a situação de risco: 110 m²; face externa sem exposição a situação de risco: 220 m² e face interna: 220 m².
- Fachadas envidraçadas: 110 m², observada a periodicidade prevista no Projeto Básico (ou no Termo de Referência).
- Áreas hospitalares e assemelhadas: 330 m².

Consoante o § 1º, em todas as hipóteses listadas deverá ser adotada a relação de um encarregado para cada trinta serventes, ou fração, podendo ser reduzida a critério da autoridade competente, exceto para o caso de limpeza de fachadas envidraçadas, onde será adotado um encarregado para cada quatro serventes.

Anote-se que, como frisado, como a norma estabelece índices para "condições usuais", oferece, inteligentemente, a alternativa de adoção de produtividades diferenciadas, desde que devidamente justificadas, e que representem alteração da metodologia de referência prevista no anexo V da IN – que traz metodologia de referência para contratações compatíveis com a produtividade de referência nela estabelecida[259] – e sejam aprovadas pela autoridade competente.

Nesse contexto, o TCU vem consolidando o entendimento de que o critério de produtividade da IN não é para ser entendido como rígido:

> [...] O índice de produtividade estabelecido no Anexo IV-B do Edital não é valor fixo imposto aos licitantes (1/600 m² para servente, fl. 61), mas condição mínima de desempenho por profissional a ser observada pelos interessados, conforme item 4.3.1 da Instrução Normativa nº 18/93 - MARE que disciplina o objeto da licitação (fls. 24 e 214). Nada impede, portanto, que os concorrentes ofereçam índices de produtividade superiores àqueles da norma e do Edital, como, de fato, verificou-se nas propostas das empresas abaixo, em relação aos empregados serventes [...]. (Acórdão nº 3.151/2006 – Segunda Câmara)

Outros indicadores são especificados nos §§ 2º a 5º:
a) considerar-se-á área externa aquela não edificada, mas integrante do imóvel;
b) considerar-se-á limpeza de fachadas envidraçadas, externamente,

---
[259] E que poderão ser adaptadas às especificidades da demanda de cada órgão ou entidade contratante.

somente aquelas cujo acesso para limpeza exija equipamento especial, cabendo ao dirigente da Administração contratante decidir quanto à oportunidade e conveniência desta contratação; e

c) as áreas hospitalares deverão ser divididas em administrativas e médico-hospitalares, sendo essas voltadas para os ambientes cirúrgicos, enfermarias, ambulatórios, laboratórios, farmácias e outros que requeiram assepsia similar, para execução de serviços de limpeza e conservação.

Comentando a metodologia adotada, Sergio Iglesias Bittencourt, empresário especialista no ramo, registrou: "em minha opinião, esses parâmetros que são usados nas concorrências públicas são médias estimadas por alguém, mas que na prática não espelham a realidade, pois existem, por exemplo, condições diferentes para cada caso, como ocupação (seja por pessoas, máquinas ou móveis), tipo, tempo de existência, estado de conservação, nível de pisoteio etc. Pessoalmente não me sinto à vontade em precificar assim e não tenho nenhum contrato por m^2".

No mesmo sentido, Laercio Rogerio Friedrich e Israel Oliveira Paes:

> No caso de serviços de limpeza e conservação (...) a complexidade para formação de preços é elevada em virtude de exigências da Instrução Normativa regulamentadora, que determina que a contratação seja efetuada pelo valor de metros quadrados com base na produtividade. (...). Por determinação da mesma Instrução, o lucro é calculado sobre o valor acumulado de custos indiretos, diferentemente da literatura que aborda sobre a precificação, em que o lucro é determinado sobre o preço final. Obedecendo às determinações do TCU - Tribunal de Contas da União, os percentuais de IRPJ e CSLL devem estar inclusos no lucro estimado. Já o PIS, a COFINS e o ISS são calculados utilizando Mark-up divisor sobre o preço final do homem/mês. Formado o preço do homem/mês, parte-se para a formação do valor final, que constitui o valor do metro quadrado de cada área multiplicado pela área total respectiva[260].

Providencialmente, o art. 45 estabelece que, nas hipóteses em que a área física a ser contratada for menor que a estabelecida para a produtividade mínima de referência estabelecida na IN, esta poderá ser considerada para efeito da contratação.

---

[260] FRIEDRICH, Laercio Rogerio; PAES, Israel Oliveira. Precificação de prestadora de serviços para processo licitatório do Governo Federal. Disponível em: <http://online.unisc.br/acadnet/anais/index.php/salao_ensino_extensao/article/view/11123/0>.

Por fim, a norma dispõe que o preço do homem/mês – que envolve o custo unitário total, inclusive encargos, insumos, benefícios e tributos, para cada categoria profissional, jornada de trabalho, tipo de serviço e, para cada caso, incidência de adicionais, utilizados para a formação do preço – deverá ser calculado para cada categoria profissional, cada jornada de trabalho e nível de remuneração decorrente de adicionais legais.

ARTIGOS 49 A 56

DO SERVIÇO DE VIGILÂNCIA

Art. 49. Deverá constar do Projeto Básico ou Termo de Referência para a contratação de serviços de vigilância:
I - a justificativa do número e das características dos Postos de Serviço a serem contratados; e
II - os quantitativos dos diferentes tipos de Postos de Vigilância, que serão contratados por Preço Mensal do Posto.
Art. 50. O Posto de Vigilância adotará preferencialmente uma das seguintes escalas de trabalho:
I - 44 (quarenta e quatro) horas semanais diurnas, de segunda a sexta-feira, envolvendo 1 (um) vigilante;
II - 12 (doze) horas diurnas, de segunda-feira a domingo, envolvendo 2 (dois) vigilantes em turnos de 12 (doze) x 36 (trinta e seis) horas;
III - 12 (doze) horas noturnas, de segunda-feira a domingo, envolvendo 2 (dois) vigilantes em turnos de 12 (doze) x 36 (trinta e seis) horas; (Redação dada pela Instrução Normativa nº 3, de 16 de outubro de 2009)
IV - 12 (doze) horas diurnas, de segunda-feira a sexta-feira, envolvendo 2 (dois) vigilantes em turnos de 12 (doze) x 36 (trinta e seis) horas; (Incluído pela Instrução Normativa nº 3, de 16 de outubro de 2009)
V - 12 (doze) horas noturnas, de segunda-feira a sexta-feira, envolvendo 2 (dois) vigilantes em turnos de 12 (doze) x 36 (trinta e seis) horas; (Incluído pela Instrução Normativa nº 3, de 16 de outubro de 2009)
§ 1º Sempre que possível, o horário de funcionamento dos órgãos e a escala de trabalho dos servidores deverão ser adequados para permitir a contratação de vigilância conforme o disposto neste artigo.
§ 2º Excepcionalmente, desde que devidamente fundamentada e comprovada a vantagem econômica para a Administração, poderão ser caracterizados outros tipos de postos, considerando os acordos, convenções ou dissídios coletivos da categoria.
§ 3º Para cada tipo de Posto de Vigilância, deverá ser apresentado pelas proponentes o respectivo Preço Mensal do Posto, calculado conforme a Planilha de Custos e Formação de Preços, contida no Anexo III desta Instrução Normativa.
§ 4º Os preços dos postos constantes dos incisos IV e V não poderão ser superiores aos preços dos postos equivalentes previstos nos incisos II e III, observado o previsto no

Anexo III desta Instrução Normativa. (Incluído pela Instrução Normativa nº 3, de 16 de outubro de 2009)

Art. 51. O Anexo VI desta IN traz especificações exemplificativas para a contratação de serviços de vigilância, devendo ser adaptadas às especificidades da demanda de cada órgão ou entidade contratante.

Art. 51-A. Os órgãos/entidades da Administração Pública Federal deverão realizar estudos visando otimizar os postos de vigilância, de forma a extinguir aqueles que não forem essenciais, substituir por recepcionistas aqueles que tenham como efetiva atribuição o atendimento ao público e definir diferentes turnos, de acordo com as necessidades do órgão ou entidade, para postos de escala 44h semanais, visando eliminar postos de 12 x 36h que ficam ociosos nos finais de semana. (Incluído pela Instrução Normativa nº 3, de 16 de outubro de 2009)

Art. 51-B. É vedada: (Incluído pela Instrução Normativa nº 3, de 16 de outubro de 2009)

I - a licitação para contratação de serviços de instalação, manutenção ou aluguel de equipamentos de vigilância eletrônica em conjunto com serviços contínuos de vigilância armada/desarmada ou de monitoramento eletrônico; ou (Incluído pela Instrução Normativa nº 3, de 16 de outubro de 2009)

II - a licitação para contratação de serviço de brigada de incêndio em conjunto com serviços de vigilância. (Incluído pela Instrução Normativa nº 3, de 16 de outubro de 2009)

Parágrafo único. Os serviços de instalação e manutenção de circuito fechado de TV ou de quaisquer outros meios de vigilância eletrônica são serviços de engenharia, para os quais devem ser contratadas empresas que estejam registradas no CREA e que possuam profissional qualificado em seu corpo técnico (engenheiro), detentor de atestados técnicos compatíveis com o serviço a ser executado. (Incluído pela Instrução Normativa nº 3, de 16 de outubro de 2009)

DAS DISPOSIÇÕES FINAIS

Art. 52. (revogado pela IN 06, de 23 de dezembro de 2013)
I - (revogado pela IN 06, de 23 de dezembro de 2013)
II - (revogado pela IN 06, de 23 de dezembro de 2013)
III - (revogado pela IN 06, de 23 de dezembro de 2013)
IV - (revogado pela IN 06, de 23 de dezembro de 2013)
V - (revogado pela IN 06, de 23 de dezembro de 2013)
VI - (revogado pela IN 06, de 23 de dezembro de 2013)
VII - (revogado pela IN 06, de 23 de dezembro de 2013)
VIII - (revogado pela IN 06, de 23 de dezembro de 2013)

Art. 53. As licitações em andamento, no que couber, deverão ser adequadas às disposições desta Instrução Normativa.

Art. 54. Os casos omissos serão dirimidos pela Secretaria de Logística e Tecnologia da Informação - SLTI, do Ministério do Planejamento, Orçamento e Gestão - MP, que poderá disponibilizar em meio eletrônico informações adicionais e expedir normas complementares, em especial sobre as sistemáticas de fiscalização contratual e repactuação,

> e os eventuais valores máximos ou de referência nas contratações dos serviços.
> Art. 55. Fica revogada a Instrução Normativa nº 18, de 22 de dezembro de 1997.
> Art. 56. Esta Instrução Normativa entra em vigor no prazo de 60 dias da data de sua publicação.
> ROGÉRIO SANTANNA DOS SANTOS

1. A contratação de serviços de vigilância[261]

Como assentado, o elaborador da IN concebeu dispositivos especialmente dedicados a dois serviços contratados de forma contumaz pela Administração Pública: conservação/ limpeza e vigilância.

O tópico anterior versava sobre vigilância/conservação. Este trata especificamente do serviço de vigilância, espraiando-se por quatro dispositivos (arts. 49 a 51-B).

Como é cediço, os serviços de vigilância objetivam elidir a prática de atos danosos ao patrimônio da Administração Pública, sejam resultantes de ações externas (furtos, roubos etc.) ou de ações internas (como, por exemplo, a subtração de bens de quaisquer espécies).

1.1 Definição de parâmetros

Adotando o mesmo expediente do dispositivo anterior, o artigo 49, como providência preliminar, indica a necessidade de definição dos parâmetros regedores do objeto no Projeto Básico ou no Termo de Referência. À vista disso, informa que deverá constar do Projeto Básico ou Termo de Referência para a contratação de serviços de vigilância:

a) a justificativa do número e das características dos Postos de Serviço a serem contratados; e

b) os quantitativos dos diferentes tipos de Postos de Vigilância, que serão contratados por Preço Mensal do Posto.

Consoante conceituação usual, Postos de Vigilância se caracterizam pela presença ostensiva de pessoa(s) qualificada(s) em vigília, em uma área específica, durante uma determinada quantidade de tempo, visando desmotivar ações lesivas ao patrimônio da Administração, proporcionando segurança aos servidores e aos usuários do serviço público.

---

[261] O Ministério do Planejamento, Orçamento e Gestão, buscando a facilitação, disponibilizou no Portal de Compras Governamentais (https://www.comprasgovernamentais.gov.br/arquivos/caderno/servicos_vigilancia.pdf) o Caderno de Logística de Prestação de Serviços de Vigilância Patrimonial. Trata-se de um Guia de Orientação sobre os aspectos gerais na contratação de Serviços de Vigilância Patrimonial no âmbito da Administração Pública Federal Direta, Autárquica e Fundacional, nos termos da Instrução Normativa nº 02, de 30 de abril de 2008, ora apreciada.

2. Escalas de trabalho

Obviamente, os órgãos e entidades da Administração devem ter liberdade para fixar os postos e escalas de trabalho que melhor se adaptem ao seu funcionamento. Entrementes, não só para facilitar, como para oferecer escalas usuais aos usuários da IN, o art. 50 indica escalas para os postos de vigilância, ressaltando que a adoção é preferencial:

a) 44 horas semanais diurnas, de segunda a sexta-feira, envolvendo 1 vigilante;

b) 12 horas diurnas, de segunda-feira a domingo, envolvendo 2 vigilantes em turnos de 12 x 36 horas;

c) 12 horas noturnas, de segunda-feira a domingo, envolvendo 2 vigilantes em turnos de 12 x 36 horas;

d) 12 horas diurnas, de segunda-feira a sexta feira, envolvendo 2 vigilantes em turnos de 12 x 36 horas; e

e) 12 horas noturnas, de segunda-feira a sexta-feira, envolvendo 2 vigilantes em turnos de 12 x 36 horas.

Segundo prevê o § 4º, os preços das escalas (d) e (e) postos não poderão ser superiores aos preços dos equivalentes previstos nas escalas (b) e (c), observado o previsto no Anexo III da IN em comento, que contém uma Planilha de Custos e Formação de Preços.

A necessidade de atendimento preferencial à escala indicada é reforçada no § 1º, que adverte que, sempre que possível, o horário de funcionamento dos órgãos e a escala de trabalho dos servidores deverão ser adequados para permitir a contratação de vigilância conforme o disposto nesse artigo.

O emprego de outros tipos de postos de vigilância, consoante o assentado no § 2º, é excepcional, devendo a Administração fundamentar e comprovar a vantagem econômica, considerando os acordos, convenções ou dissídios coletivos da categoria.

3. Preços mensais dos postos de vigilância

O Anexo III da IN em apreço apresenta uma Planilha de Custos e Formação de Preços, que deverá ser utilizada para cálculo dos preços mensais dos postos de vigilância. Conforme reza o § 3º, para cada tipo de posto de vigilância deverá ser apresentado pelas proponentes o respectivo preço mensal.

4. Estudos para otimização dos postos de vigilância

Apreciando a questão da terceirização na Administração Pública, o TCU, no que concerne aos serviços de vigilância, sugeriu que a Secretaria de Logística e Tecnologia da Informação do Ministério do Planejamento, Orçamento e Gestão orientasse os órgãos/entidades da Administração Pública Federal no sentido da realização de estudos visando otimizar os postos de vigilância, de forma a extinguir aqueles que não fossem essenciais, substituindo por recepcionistas aqueles que tenham como efetiva atribuição o atendimento ao público e definir diferentes turnos, de acordo com as necessidades dos órgãos/entidades, para postos de escala 44 horas semanais, visando eliminar postos de 12 x 36 horas que ficam ociosos nos finais de semana (Acórdão nº 1753/2008 - Plenário).

Acatando a sugestão *in totum*, foi inserido na IN o art. 51-A, que consigna *ipsis litteris* o comando da Corte de Contas.

5. Das vedações

O art. 51-B elenca vedações voltadas especificamente para a contratação de serviços de vigilância, sendo elas:

a) de licitação conjunta com contratação de serviços de instalação, manutenção ou aluguel de equipamentos de vigilância eletrônica (inc. I); e

b) de licitação conjunta com contratação de serviço de brigada de incêndio (inc. II).

5.1 Vedação de licitação conjunta com serviços de instalação, manutenção ou aluguel de equipamentos de vigilância eletrônica

Em atendimento ao posicionamento do TCU, que reiteradamente vinha determinando aos órgãos e entidades por ele controlados que se abstenham "de licitar serviços de instalação, manutenção ou aluguel de equipamentos de vigilância eletrônica (alarmes, circuito fechado de TV etc.), em conjunto com serviços contínuos de vigilância armada/desarmada ou de monitoramento eletrônico" (Acórdão nº 1.753/2008 - Plenário), sob o fundamento de que "os serviços de instalação e manutenção de circuito fechado de TV ou de quaisquer outros meios de vigilância eletrônica são serviços de engenharia, para os quais devem ser contratadas empresas que estejam registradas no CREA e que possuam profissional qualificado em seu corpo técnico (engenheiro), detentor de atestados técnicos compatíveis com o serviço a ser executado", foi inserido o art. 51-B, inc. I, na IN em comento, proibindo a realização de licitação para contratação de serviços de instalação, manutenção ou aluguel de equipamentos de vigilância eletrônica, em conjunto com serviços contínuos de vigilância armada/desarmada ou de monitoramento eletrônico.

Essa justificativa para a não contratação consta, inclusive, no parágrafo único do dispositivo.

Esse regramento, todavia, merece desaprovação, pois, levando em conta que o uso de elementos tecnológicos vem crescendo exponencialmente em quase todos os segmentos do mercado, não se pode ignorar que as empresas prestadoras de serviços de vigilância vêm agregando às suas atividades recursos eletrônicos, como circuitos fechados de TV.

Nessa linha, Pedro Henrique Braz De Vita[262] tece severas críticas ao dispositivo, com as quais concordamos inteiramente:

> E por que a Administração Pública não poderia contratar, de uma vez só, os serviços de vigilância incrementados com esse "plus"? Essa contratação conjunta poderia facilitar até mesmo a fiscalização da execução do objeto, uma vez que eventual falha – na vigilância propriamente dita ou no funcionamento dos elementos tecnológicos – seria imputável apenas a um indivíduo. A constatação de que a instalação e a manutenção de equipamentos de vigilância eletrônica são serviços de engenharia não parece consistir argumento suficientemente forte para impor as suas contratações de forma separada da prestação do próprio serviço de vigilância, já que a empresa contratada poderia admitir engenheiro devidamente registrado no CREA para gerir e se responsabilizar por aquelas atividades.

Tais facilidades, como anota De Pita, já foram reconhecidas pelo Tribunal de Contas do Distrito Federal (Acórdão nº 333.184 – Sexta Turma Cível), que chegou a afirmar que "A previsão num mesmo objeto licitatório de serviços de vigilância armada e desarmada, além de instalação, manutenção e locação de equipamento de monitoramento, não se mostra desarrazoada...", justificando tal posicionamento sob o argumento de que "... com a evolução tecnológica e o uso crescente de equipamentos eletrônicos no sentido de garantir a segurança das pessoas e de seus patrimônios, configura-se normal que as empresas se especializem no sentido de incorporar recursos de monitoramento eletrônico ao seu pessoal".

6. Das disposições finais

O último bloco da lei é dedicado, obviamente, às disposições finais.

O art. 53 dispôs sob a etapa de transição, prescrevendo que as licitações em andamento, no que couber, deverão ser adequadas às disposições da nova instrução.

O art. 54 define os poderes da SLTI, informando que os casos omissos serão

---

[262] DE VITA, Pedro Henrique Braz. A contratação de serviços de vigilância em conjunto com a instalação e manutenção de equipamentos de vigilância eletrônica. Disponível em: <http://www.zenite.blog.br/a-contratacao-de-servicos-de-vigilancia-em-conjunto-com-a-instalacao-e-manutencao-de-equipamentos-de-vigilancia-eletronica/#.VB3DG_ldXwg>.

dirimidos por ela, que poderá disponibilizar, em meio eletrônico, informações adicionais e expedir normas complementares, em especial sobre as sistemáticas de fiscalização contratual e repactuação, e os eventuais valores máximos ou de referência nas contratações dos serviços. No exercício dessa competência, expede portarias que estabelecem os limites máximos a serem observados por órgãos e entidades integrantes do SISG em cada Unidade da Federação nas contratações de serviços de limpeza, conservação e vigilância. Tais valores, de acordo com a sistemática adotada, deverão ser observados por ocasião da celebração de novos contratos (art. 1º), bem como na prorrogação dos já existentes (art. 4º), mas não limitam as repactuações (art. 3º). Nota-se, entrementes, que os valores limites estabelecidos nas portarias "consideram apenas as condições ordinárias de contratação, não incluindo necessidades excepcionais na execução do serviço que venham a representar custos adicionais para a contratação", inexistindo regra disciplinando quais seriam as "condições ordinárias" ou mesmo o que poderia ser entendido como "necessidades excepcionais" capazes de justificar a extrapolação dos valores limites.

Avaliando a matéria, bem se posicionou Ricardo Alexandre Sampaio, por intermédio da Consultoria Zênite:

> Não se exclui a possibilidade de a contratação direta fundada no art. 24, inc. IV, da Lei nº 8.666/93 determinar o surgimento de situações que efetivamente representem custos adicionais, provocando a superação dos limites fixados. Mas, por outro lado, também não se pode concluir que o simples fato de a contratação ser emergencial, por si só, justifique o afastamento dos limites previstos nas portarias.
>
> Dessa forma, cumpre à Administração, nos autos da contratação direta, demonstrar de modo justificado que aquela contratação específica demanda "necessidades excepcionais", ou seja, requer o atendimento de especificações e condições que não são habitualmente verificadas na ampla maioria das contratações de objeto similar, as quais determinam a geração desses custos adicionais[263].

Nesse sentido, formou-se a manifestação constante do Voto do Ministro Relator no Acórdão TCU nº 651/2011 - Plenário:

> 17. Devo admitir que a falta de diretriz formal por parte da SLTI/MP com relação às necessidades excepcionais que albergariam custos adicionais no

---

[263] SAMPAIO, Ricardo Alexandre. Serviços de limpeza e vigilância - Dispensa - Emergência - Observância dos valores definidos nas portarias do Ministério do Planejamento - Necessidade. Revista Zênite - Informativo de Licitações e Contratos (ILC). Curitiba: Zênite, n. 229, p. 290, mar. 2013, seção Perguntas e Respostas.

objeto do contrato, nos termos do art. 2º da Portaria nº 5/2009, permite ao órgão ou entidade da administração pública, com base no poder discricionário que lhe compete, considerar demandas especiais de serviços de vigilância em contratos que venha a celebrar.

18. Essa margem de liberdade, contudo, conforme assinalei em linhas anteriores, não dispensa, em hipótese alguma, a devida motivação do ato pela Administração, razão pela qual a situação de exceção deve ser formalmente justificada no processo administrativo, sob pena de nulidade do procedimento licitatório e aplicação de sanção aos agentes públicos, com fundamento no art. 58, inciso II, da Lei nº 8.443/1992. (TCU, Acórdão nº 651/2011, Plenário, Rel. Min. Augusto Nardes)

Em síntese, como obtemperou o analista, conclui-se que os valores limites definidos nas portarias supracitadas também devem ser observados nos casos de contratação por dispensa de licitação emergencial.

O mero fato de a contratação ser emergencial não justifica, por si só, essa extrapolação, devendo-se, para tanto, demonstrar a existência de "necessidades excepcionais" na execução do serviço que possam determinar custos adicionais para a contratação.

Por fim, o art. 56 preconizou o período para entrada em vigor da instrução.

ANEXOS

ANEXO I
(Redação dada pela Instrução Normativa nº 6, de 23 de dezembro de 2013)

DEFINIÇÕES DOS TERMOS UTILIZADOS NA INSTRUÇÃO NORMATIVA

I – ACORDO DE NÍVEL DE SERVIÇO - ANS: é o ajuste escrito, anexo ao contrato, entre o provedor de serviços e o órgão contratante, que define, em bases compreensíveis, tangíveis, objetivamente observáveis e comprováveis, os níveis esperados de qualidade da prestação do serviço e respectivas adequações de pagamento.

II – BENEFÍCIOS MENSAIS E DIÁRIOS: benefícios concedidos ao empregado, estabelecidos em legislação, acordo ou convenção coletiva, tais como os relativos a transporte, auxílio alimentação, assistência médica e familiar, seguro de vida, invalidez, funeral, dentre outros.

III – CUSTO DE REPOSIÇÃO DO PROFISSIONAL AUSENTE: custo necessário para substituir, no posto de trabalho, o profissional que está em gozo de férias ou em caso de suas ausências legais, dentre outros.

IV – CUSTOS INDIRETOS: os custos envolvidos na execução contratual decorrentes dos gastos da contratada com sua estrutura administrativa, organizacional e gerenciamento de seus contratos, calculados mediante incidência de um percentual sobre o somatório da remuneração, encargos sociais e trabalhistas, insumos diversos, tais como os dispêndios relativos a:

a) funcionamento e manutenção da sede, aluguel, água, luz, telefone, Imposto Predial Territorial Urbano – IPTU, dentre outros;

b) pessoal administrativo;

c) material e equipamentos de escritório;

d) supervisão de serviços; e

e) seguros.

V – ENCARGOS SOCIAIS E TRABALHISTAS: custos de mão-de-obra decorrentes da legislação trabalhista e previdenciária, estimados em função das ocorrências verificadas na empresa e das peculiaridades da contratação, calculados mediante incidência percentual sobre a remuneração.

VI – FISCAL ADMINISTRATIVO DO CONTRATO: servidor designado para auxiliar o gestor do contrato quanto à fiscalização dos aspectos administrativos do contrato.

VII – FISCAL TÉCNICO DO CONTRATO: servidor designado para auxiliar o gestor do contrato quanto à fiscalização do objeto do contrato.

VIII – GESTOR DO CONTRATO: servidor designado para coordenar e comandar o processo da fiscalização da execução contratual. É o representante da Administração, especialmente designado na forma dos arts. 67 e 73 da Lei nº 8.666, de 1993, e do art. 6º do Decreto nº 2.271, de 1997, para exercer o acompanhamento e a fiscalização da execução contratual, devendo informar a Administração sobre eventuais vícios, irregularidades ou baixa qualidade dos serviços prestados pela contratada, propor soluções para regularização das faltas e problemas observados e sanções que entender cabíveis, de acordo com as disposições contidas nesta Instrução Normativa.

IX – INSUMOS DIVERSOS: uniformes, materiais, utensílios, suprimentos, máquinas, equipamentos, entre outros, utilizados diretamente na execução dos serviços.

X – LUCRO: ganho decorrente da exploração da atividade econômica, calculado mediante incidência percentual sobre a remuneração, benefícios mensais e diários, encargos sociais e trabalhistas, insumos diversos e custos indiretos.

XI – ORDEM DE SERVIÇO: documento utilizado pela Administração para solicitação, acompanhamento e controle de tarefas relativas à execução dos contratos de prestação de serviços, especialmente os de tecnologia de informação, que deverá estabelecer quantidades, estimativas, prazos e custos da atividade a ser executada, e possibilitar a verificação da conformidade do serviço executado com o solicitado.

XII - PLANILHA DE CUSTOS E FORMAÇÃO DE PREÇOS: documento a ser utilizado para detalhar os componentes de custo que incidem na formação do preço dos serviços, podendo ser adequado pela Administração em função das peculiaridades dos serviços a que se destina, no caso de serviços continuados.

XIII – PRODUTIVIDADE: capacidade de realização de determinado volume de tarefas, em função de uma determinada rotina de execução de serviços, considerando-se os recursos humanos, materiais e tecnológicos disponibilizados, o nível de qualidade exigido e as condições do local de prestação do serviço.

XIV – PRODUTOS ou RESULTADOS: bens materiais e imateriais, quantitativamente delimitados, a serem produzidos na execução do serviço contratado.

XV – PROJETO BÁSICO OU TERMO DE REFERÊNCIA: documento que deverá conter os elementos técnicos capazes de propiciar a avaliação do custo, pela Administração, com a contratação e os elementos técnicos necessários e suficientes, com nível de precisão adequado, para caracterizar o serviço a ser contratado e orientar a execução e a fiscalização contratual.

XVI – PRÓ-LABORE: equivalente salarial a ser pago aos cooperados, pela cooperativa, em contrapartida pelos serviços prestados.

XVII – REMUNERAÇÃO: soma do salário base percebido pelo profissional, em contrapartida pelos serviços prestados, com os adicionais cabíveis, tais como hora extra, adicional de insalubridade, adicional de periculosidade, adicional de tempo de serviço, adicional de risco de vida e demais que se fizerem necessários.

XVIII – REPACTUAÇÃO: forma de manutenção do equilíbrio econômico-financeiro do contrato que deve ser utilizada para serviços continuados com dedicação exclusiva da mão de obra, por meio da análise da variação dos custos contratuais, devendo estar prevista no instrumento convocatório com data vinculada à apresentação das propostas, para os custos decorrentes do mercado, e com data vinculada ao acordo ou à convenção coletiva ao qual o orçamento esteja vinculado, para os custos decorrentes da mão de obra.

XIX – ROTINA DE EXECUÇÃO DE SERVIÇOS: detalhamento das tarefas que deverão ser executadas em determinados intervalos de tempo, sua ordem de execução, especificações, duração e frequência.

XX – SALÁRIO: valor a ser efetivamente pago ao profissional envolvido diretamente na execução contratual, não podendo ser inferior ao estabelecido em acordo ou convenção coletiva, sentença normativa ou lei. Quando da inexistência destes, o valor poderá ser aquele praticado no mercado ou apurado em publicações ou pesquisas setoriais para a categoria profissional correspondente.

XXI – SERVIÇOS CONTINUADOS: serviços cuja interrupção possa comprometer a continuidade das atividades da Administração e cuja necessidade de contratação deva estender-se por mais de um exercício financeiro e continuamente.

XXII – SERVIÇOS NÃO-CONTINUADOS: serviços que têm como escopo a obtenção de produtos específicos em um período pré-determinado.

XXIII – UNIDADE DE MEDIDA: parâmetro de medição adotado pela Administração para possibilitar a quantificação dos serviços e a aferição dos resultados.

XVIII – REPACTUAÇÃO: forma de manutenção do equilíbrio econômico-financeiro do contrato que deve ser utilizada para serviços continuados com dedicação exclusiva da mão de obra, por meio da análise da variação dos custos contratuais, devendo estar prevista no instrumento convocatório com data vinculada à apresentação das propostas, para os custos decorrentes do mercado, e com data vinculada ao acordo ou à convenção coletiva ao qual o orçamento esteja vinculado, para os custos decorrentes da mão de obra.

XIX – ROTINA DE EXECUÇÃO DE SERVIÇOS: detalhamento das tarefas que deverão ser executadas em determinados intervalos de tempo, sua ordem de execução, especificações, duração e frequência.

XX – SALÁRIO: valor a ser efetivamente pago ao profissional envolvido diretamente na execução contratual, não podendo ser inferior ao estabelecido em acordo ou convenção coletiva, sentença normativa ou lei. Quando da inexistência destes, o valor poderá ser aquele praticado no mercado ou apurado em publicações ou pesquisas setoriais para a categoria profissional correspondente.

XXI – SERVIÇOS CONTINUADOS: serviços cuja interrupção possa comprometer a continuidade das atividades da Administração e cuja necessidade de contratação deva estender-se por mais de um exercício financeiro e continuamente.

XXII – SERVIÇOS NÃO-CONTINUADOS: serviços que têm como escopo a obtenção de produtos específicos em um período pré-determinado.

XXIII – UNIDADE DE MEDIDA: parâmetro de medição adotado pela Administração para possibilitar a quantificação dos serviços e a aferição dos resultados.

ANEXO II
MODELO DO ACORDO DE NÍVEIS DE SERVIÇOS

Indicador	
Nº + Título do Indicador que será utilizado	
Item	**Descrição**
Finalidade	
Meta a cumprir	
Instrumento de medição	
Forma de acompanhamento	
Periodicidade	
Mecanismo de Cálculo	
Início de Vigência	
Faixas de ajuste no pagamento	
Sanções	
Observações	
Exemplo de Indicador	
Nº 01 Prazo de atendimento de demandas (OS).	
Item	**Descrição**
Finalidade	Garantir um atendimento célere às demandas do órgão.
Meta a cumprir	24h

Instrumento de medição	Sistema informatizado de solicitação de serviços – Ordem de Serviço (OS) eletrônica.
Forma de acompanhamento	Pelo sistema.
Periodicidade	Mensal
Mecanismo de Cálculo	Cada OS será verificada e valorada individualmente. N° de horas no atendimento/24h = X
Início de Vigência	Data da assinatura do contrato.
Faixas de ajuste no pagamento	X até 1 – 100% do valor da OS De 1 a 1,5 – 90% do valor da OS De 1,5 a 2 – 80% do valor da OS
Sanções	20% das OS acima de 2 – multa de XX 30% das OS acima de 2 – multa de XX + rescisão contratual
Observações	

ANEXO III

MODELO DE PLANILHA DE CUSTOS E FORMAÇÃO DE PREÇOS

Nº do Processo	
Licitação Nº	

Dia ___/___/_____ às ___:___ horas

Discriminação dos Serviços (dados referentes à contratação)

A	Data de apresentação da proposta (dia/mês/ano)	
B	Município/UF	
C	Ano do acordo coletivo, convenção coletiva ou sentença normativa em dissídio coletivo	
D	Número de meses de execução contratual	

IDENTIFICAÇÃO DO SERVIÇO

Tipo de serviço	Unidade de medida	Quantidade total a contratar (em função da unidade de medida)

Nota 1: Esta tabela poderá ser adaptada às características do serviço contratado, inclusive no que concerne às rubricas e suas respectivas provisões e/ou estimativas, desde que haja justificativa.

Nota 2: As provisões constantes desta planilha poderão ser desnecessárias quando se tratar de determinados serviços que prescindam da dedicação exclusiva dos trabalhadores da contratada para com a Administração.

ANEXO III-A
(Redação dada pela Instrução Normativa nº 6, de 23 de dezembro de 2013)

Mão de obra
Mão de obra vinculada à execução contratual

	Dados complementares para composição dos custos referente à mão-de-obra	
1	Tipo de serviço (mesmo serviço com características distintas)	
2	Salário Normativo da Categoria Profissional	
3	Categoria profissional (vinculada à execução contratual)	
4	Data base da categoria (dia/mês/ano)	

Nota: Deverá ser elaborado um quadro para cada tipo de serviço.

Módulo 1: Composição da remuneração

1	Composição da remuneração	Valor (R$)
A	Salário base	
B	Adicional de periculosidade	
C	Adicional de insalubridade	
D	Adicional noturno	
E	Hora noturna adicional	
F	Adicional de hora extra	
G	Outros (especificar)	
	Total da Remuneração	

Módulo 2: Benefícios mensais e diários

2	Benefícios mensais e diários	Valor (R$)
A	Transporte	
B	Auxílio alimentação (vales, cesta básica, entre outros)	
C	Assistência médica e familiar	
D	Auxílio creche	
E	Seguro de vida, invalidez e funeral	
F	Outros (especificar)	
	Total de Benefícios mensais e diários	

Nota: o valor informado deverá ser o custo real do insumo (descontado o valor eventualmente pago pelo empregado).

Módulo 3: Insumos diversos

3	Insumos diversos	Valor (R$)
A	Uniformes	
B	Materiais	
C	Equipamentos	
D	Outros (especificar)	
	Total de Insumos diversos	

Nota: Valores mensais por empregado.

Módulo 4: Encargos sociais e trabalhistas
Submódulo 4.1: Encargos previdenciários, FGTS e outras contribuições:

4.1	Encargos previdenciários, FGTS e outras contribuições	Percentual (%)	Valor (R$)
A	INSS		
B	SESI ou SESC		
C	SENAI ou SENAC		
D	INCRA		
E	Salário educação		
F	FGTS		
G	Seguro acidente do trabalho		
H	SEBRAE		
TOTAL			

Nota 1: Os percentuais dos encargos previdenciários, do FGTS e demais contribuições são aqueles estabelecidos pela legislação vigente.
Nota 2: Percentuais incidentes sobre a remuneração.

Submódulo 4.2: 13º (décimo terceiro) salário

4.2	13º (décimo terceiro) salário	Valor (R$)
A	13º (décimo terceiro) salário	
	Subtotal	
B	Incidência dos encargos previstos no Submódulo 4.1 sobre 13º (décimo terceiro) salário	
TOTAL		

Submódulo 4.3: Afastamento Maternidade

4.3	Afastamento Maternidade	Valor (R$)
A	Afastamento Maternidade	
B	Incidência dos encargos do submódulo 4.1 sobre Afastamento Maternidade	
	TOTAL	

Submódulo 4.4: Provisão para rescisão

4.4	Provisão para rescisão	Valor (R$)
A	Aviso prévio indenizado	
B	Incidência do FGTS sobre aviso prévio indenizado	
C	Multa sobre FGTS e contribuições sociais sobre o aviso prévio indenizado	
D	Aviso prévio trabalhado	
E	Incidência dos encargos do submódulo 4.1 sobre o aviso prévio trabalhado	
F	Multa sobre FGTS e contribuições sociais sobre o aviso prévio trabalhado	
TOTAL		

Submódulo 4.5: Custo de reposição do profissional ausente

4.5	Composição do custo de reposição do profissional ausente	Valor (R$)
A	Férias e terço constitucional de férias	
B	Ausência por doença	
C	Licença paternidade	
D	Ausências legais	
E	Ausência por acidente de trabalho	
F	Outros (especificar)	
	Subtotal	
G	Incidência dos encargos do submódulo 4.1 sobre o custo de reposição do profissional ausente	
TOTAL		

Quadro-Resumo do Módulo 4: Encargos sociais e trabalhistas

4	Módulo 4 - Encargos sociais e trabalhistas	Valor (R$)
4.1	Encargos previdenciários, FGTS e outras contribuições	
4.2	13º (décimo-terceiro) salário	
4.3	Afastamento maternidade	
4.4	Custo de rescisão	
4.5	Custo de reposição do profissional ausente	
4.6	Outros (especificar)	
TOTAL		

Módulo 5: Custos indiretos, tributos e lucro

5	Custos indiretos, tributos e lucro	Percentual (%)	Valor (R$)
A	Custos indiretos		
B	Lucro		
C	Tributos		
	B.1. Tributos federais (especificar)		
	B.2 Tributos estaduais (especificar)		

	B.3 Tributos municipais (especificar)		
Total			

Nota 1: Custos indiretos, tributos e lucro por empregado.
Nota 2: O valor referente a tributos é obtido aplicando-se o percentual sobre o valor do faturamento.

Anexo III-B
(Redação dada pela Instrução Normativa nº 6, de 23 de dezembro de 2013)
Quadro-Resumo do custo por empregado

	Mão-de-obra vinculada à execução contratual (valor por empregado)	(R$)
A	Módulo 1 – Composição da remuneração	
B	Módulo 2 – Benefícios mensais e diários	
C	Módulo 3 – Insumos diversos (uniformes, materiais, equipamentos e outros)	
D	Módulo 4 – Encargos sociais e trabalhistas	
	Subtotal (A + B +C+ D)	
E	Módulo 5 – Custos indiretos, tributos e lucro	
Valor total por empregado		

(retificado em 9 de janeiro de 2014 – publicado no DOU nº 6, Seção 1, pg.58/59)

Anexo III-C
(Redação dada pela Instrução Normativa nº 6, de 23 de dezembro de 2013)
Quadro-Resumo do valor mensal dos serviços

Tipo de serviço (A)	Valor proposto por empregado (B)	Qtde de empregados por posto (C)	Valor proposto por posto (D) = (B x C)	Qtde de postos (E)	Valor total do serviço (F) = (D x E)
I Serviço 1 (indicar)	R$		R$		R$
II Serviço 2 (indicar)	R$		R$		R$
... Serviço .. (indicar)	R$		R$		R$
VALOR MENSAL DOS SERVIÇOS (I + II +...)					

Anexo III-D
Quadro demonstrativo do valor global da proposta

	Valor Global da Proposta	
	Descrição	Valor (R$)
A	Valor proposto por unidade de medida *	
B	Valor mensal do serviço	
C	Valor global da proposta (valor mensal do serviço multiplicado pelo número de meses do contrato).	

Nota: Informar o valor da unidade de medida por tipo de serviço.
(retificado em 9 de janeiro de 2014 – publicado no DOU nº 6, Seção 1, pg.58/59).

Anexo III-E
(Redação dada pela Instrução Normativa nº 6, de 23 de dezembro de 2013).
Complemento dos serviços de vigilância

VALOR MENSAL DOS SERVIÇOS

	ESCALA DE TRABALHO	PREÇO MENSAL DO POSTO	NÚMERO DE POSTOS	SUBTOTAL (R$)
I.	44 (quarenta e quatro) horas semanais diurnas, de segunda a sexta-feira, envolvendo 1 (um) vigilante.			
II.	12 (doze) horas diurnas, de segunda-feira a domingo, envolvendo 2 (dois) vigilantes em turnos de 12 (doze) por 36 (trinta e seis) horas.			
III.	12 (doze) horas noturnas, de segunda-feira a domingo, envolvendo 2 (dois) vigilantes em turnos de 12 (doze) por 36 (trinta e seis) horas.			
IV.	12 (doze) horas diurnas, de segunda a sexta-feira, envolvendo 2 (dois) vigilantes em turnos de 12 (doze) por 36 (trinta e seis) horas .			
V.	12 (doze) horas noturnas, de segunda a sexta-feira, envolvendo 2 (dois) vigilantes em turnos de 12 (doze) por 36 (trinta e seis) horas .			
	Outras (especificar)			
TOTAL				

Nota: Nos casos de inclusão de outros tipos de postos, deve ser observado o disposto no § 2º do art. 50 desta Instrução Normativa.
(retificado em 9 de janeiro de 2014 – publicado no DOU nº 6, Seção 1, pg.58/59).

ANEXO III-F
(Redação dada pela Instrução Normativa nº 6, de 23 de dezembro de 2013)
Complemento dos serviços de limpeza e conservação

PREÇO MENSAL UNITÁRIO POR M² (metro quadrado)

ÁREA INTERNA – (Fórmulas exemplificativas de cálculo para área interna - alíneas "a" e "b" do inciso I do artigo 44; para as demais alíneas, deverão ser incluídos novos campos na planilha com a metragem adequada).

MÃO DE OBRA	(1) PRODUTIVIDADE (1/M²)	(2) PREÇO HOMEM-MÊS (R$)	(1x2) SUBTOTAL (R$/M²)
ENCARREGADO	$\dfrac{1}{(30^{**} \times 600^{*})}$		
SERVENTE	$\dfrac{1}{600^{*}}$		
TOTAL			

ÁREA EXTERNA - (Fórmulas exemplificativas de cálculo para área externa - alíneas "a", "c", "d" e "e" do inciso II do artigo 44; para as demais alíneas, deverão ser incluídos novos campos na planilha com a metragem adequada).

MÃO DE OBRA	(1) PRODUTIVIDADE (1/M²)	(2) PREÇO HOMEM-MÊS (R$)	(1x2) SUBTOTAL (R$/M²)
ENCARREGADO	$\dfrac{1}{(30^{**} \times 1200^{*})}$		
SERVENTE	$\dfrac{1}{1200^{*}}$		
TOTAL			

ESQUADRIA EXTERNA (Fórmulas exemplificativas de cálculo para área externa - alíneas "b" e "c" do inciso III do artigo 44; para as demais alíneas, deverão ser incluídos novos campos na planilha com a metragem adequada).

MÃO DE OBRA	(1) PRODUTIVIDADE (1/M²)	(2) FREQÜÊNCIA NO MÊS (HORAS)	(3) JORNADA DE TRABALHO NO MÊS (HORAS)	(4) =(1x2x3) Ki****	(5) PREÇO HOMEM-MÊS (R$)	(4x5) SUB-TOTAL (R$/M²)
ENCARREGADO	$\dfrac{1}{30^{**} \times 220^{*}}$	16***	$\dfrac{1}{191,40}$	0,0000127		
SERVENTE	$\dfrac{1}{220^{*}}$	16***	$\dfrac{1}{191,40}$	0,000380		
TOTAL						

FACHADA ENVIDRAÇADA - FACE EXTERNA

MÃO DE OBRA	(1) PRODUTIVIDADE (1/M²)	(2) FREQÜÊNCIA NO SEMESTRE (HORAS)	(3) JORNADA DE TRABALHO NO SEMESTRE (HORAS)	(4) =(1x2x3) Ke****	(5) PREÇO HOMEM-MÊS (R$)	(4x5) SUB-TOTAL (R$/M²)
ENCARREGADO	$\dfrac{1}{4^{**} \times 110^{*}}$	8***	$\dfrac{1}{1.148,4}$	0,0000158		
SERVENTE	$\dfrac{1}{110^{*}}$	8***	$\dfrac{1}{1.148,4}$	0,0000633		
TOTAL						

ÁREA MÉDICO-HOSPITALAR E ASSEMELHADOS

MÃO DE OBRA	(1) PRODUTIVIDADE (1/M²)	(2) PREÇO HOMEM-MÊS (R$)	(1x2) SUBTOTAL (R$/M²)
ENCARREGADO	$\dfrac{1}{30^{**} \times 330^{*}}$		
SERVENTE	$\dfrac{1}{330^{*}}$		
TOTAL			

* Caso as produtividades mínimas adotadas sejam diferentes, estes valores das planilhas, bem como os coeficientes deles decorrentes (Ki e Ke), deverão ser adequados à nova situação.

** Caso a relação entre serventes e encarregados seja diferente, os valores das planilhas, bem como os coeficientes deles decorrentes (Ki e Ke), deverão ser adequados à nova situação.

*** Frequência sugerida em horas por mês. Caso a frequência adotada, em horas, por mês ou semestre, seja diferente, os valores, bem como os coeficientes deles decorrentes (Ki e Ke), deverão ser adequados à nova situação.

VALOR MENSAL DOS SERVIÇOS

TIPO DE ÁREA	PREÇO MENSAL UNITÁRIO (R$/ M²)	ÁREA (M²)	SUBTOTAL (R$)
I - Área Interna			
II - Área Externa			
III - Esquadria Externa			
IV - Fachada Envidraçada			
V - Área Médico-Hospitalar			
Outras (especificar)			
TOTAL			

ANEXO IV
(Redação dada pela Instrução Normativa nº 6, de 23 de dezembro de 2013)
GUIA DE FISCALIZAÇÃO DOS CONTRATOS DE PRESTAÇÃO DE SERVIÇOS
COM DEDICAÇÃO EXCLUSIVA DE MÃO-DE-OBRA

1. Fiscalização inicial (no momento em que a prestação de serviços é iniciada)

1.1. Deve ser elaborada planilha-resumo de todo o contrato administrativo. Ela conterá informações sobre todos os empregados terceirizados que prestam serviços no órgão ou entidade, divididos por contrato, com os seguintes dados: nome completo, número de inscrição no CPF, função exercida, salário, adicionais, gratificações, benefícios recebidos, sua especificação e quantidade (vale-transporte, auxílio-alimentação), horário de trabalho, férias, licenças, faltas, ocorrências e horas extras trabalhadas.

1.2. A fiscalização das Carteiras de Trabalho e Previdência Social – CTPS, será feita por amostragem. Todas as anotações contidas na CTPS dos empregados devem ser conferidas, a fim de que se possa verificar se as informações nelas inseridas coincidem com as informações fornecidas pela empresa e pelo empregado. Devem ser observadas, com especial atenção, a data de início do contrato de trabalho, a função exercida, a remuneração (corretamente discriminada em salário-base, adicionais e gratificações), além de demais eventuais alterações dos contratos de trabalho.

1.3. O número de terceirizados por função deve coincidir com o previsto no contrato administrativo.

1.4. O salário não pode ser inferior ao previsto no contrato administrativo e na Convenção Coletiva de Trabalho da Categoria - CCT.

1.5. Devem ser consultadas eventuais obrigações adicionais constantes na CCT para as empresas terceirizadas (por exemplo, se os empregados têm direito a auxílio-alimentação gratuito).

1.6. Deve ser verificada a existência de condições insalubres ou de periculosidade no local de trabalho, cuja presença levará ao pagamento dos respectivos adicionais aos empregados. Tais condições obrigam a empresa a fornecer determinados Equipamentos de Proteção Individual - EPI.

1.7. No primeiro mês da prestação dos serviços, a contratada deverá apresentar a seguinte documentação, devidamente autenticada:

a) relação dos empregados, com nome completo, cargo ou função, horário do posto de trabalho, números da carteira de identidade (RG) e inscrição no Cadastro de Pessoas Físicas (CPF), e indicação dos responsáveis técnicos pela execução dos serviços, quando for o caso;

b) CTPS dos empregados admitidos e dos responsáveis técnicos pela execução dos serviços, quando for o caso, devidamente assinadas pela contratada; e

c) exames médicos admissionais dos empregados da contratada que prestarão os serviços.

2. Fiscalização mensal (a ser feita antes do pagamento da fatura)

2.1 Deve ser feita a retenção da contribuição previdenciária no valor de onze por cento sobre o valor da fatura e dos impostos incidentes sobre a prestação do serviço.

2.2. Deve ser consultada a situação da empresa junto ao SICAF.

2.3 Serão exigidos a Certidão Negativa de Débito – CND, junto ao INSS, a Certidão Negativa de Débitos de Tributos e Contribuições Federais, o Certificado de Regularidade do FGTS – CRF, e a Certidão Negativa de Débitos Trabalhistas - CNDT, caso esses documentos não estejam regularizados no SICAF.

3. Fiscalização diária

3.1 Devem ser evitadas ordens diretas da Administração dirigidas aos terceirizados. As solicitações de serviços devem ser dirigidas ao preposto da empresa. Da mesma forma, eventuais reclamações ou cobranças relacionadas aos empregados terceirizados devem ser dirigidas ao preposto.

3.2 Toda e qualquer alteração na forma de prestação do serviço, como a negociação de folgas ou a compensação de jornada, deve ser evitada, uma vez que essa conduta é exclusiva do empregador.

3.3 Conferir por amostragem, diariamente, os empregados terceirizados que estão prestando serviços e em quais funções, e se estão cumprindo a jornada de trabalho.

4. Fiscalização especial

4.1 É necessário observar a data-base da categoria prevista na CCT. Os reajustes dos empregados devem ser obrigatoriamente concedidos pela empresa no dia e percentual previstos, devendo ser verificada pelo gestor do contrato a necessidade de se proceder a repactuação do contrato, observado o disposto no art. 40 desta Instrução Normativa, inclusive quanto à necessidade de solicitação da contratada.

4.2 A Administração precisa se certificar de que a empresa observa a legislação relativa à concessão de férias e licenças aos empregados.

4.3 A Administração precisa se certificar de que a empresa respeita a estabilidade provisória de seus empregados (cipeiro, gestante, e estabilidade acidentária).

5. Fiscalização por amostragem

5.1 A administração deverá solicitar, por amostragem, aos empregados, que verifiquem se as contribuições previdenciárias e do FGTS estão ou não sendo recolhidas em seus nomes.

5.2 A administração deverá solicitar, por amostragem, aos empregados terceirizados os extratos da conta do FGTS, devendo os mesmos ser entregues à Administração.

5.3 O objetivo é que todos os empregados tenham tido seus extratos avaliados ao final de um ano (sem que isso signifique que a análise não possa ser realizada mais de uma vez em um mesmo empregado), garantindo assim o "efeito surpresa" e o benefício da expectativa do controle;

5.4 A contratada deverá entregar, no prazo de 15 (quinze) dias, quando solicitado pela administração, por amostragem, quaisquer dos seguintes documentos:

5.4.1 Extrato da conta do INSS e do FGTS de qualquer empregado, a critério da Administração contratante, cópia da folha de pagamento analítica de qualquer mês da prestação dos serviços, em que conste como tomador o órgão ou entidade contratante, cópia(s) do(s) contracheque(s) assinado(s) pelo(s) empregado(s) relativo(s) a qualquer mês da prestação dos serviços ou, ainda, quando necessário, cópia(s) de recibo(s) de depósito(s) bancário(s);

5.4.2 Comprovantes de entrega de benefícios suplementares (vale-transporte, vale alimentação, entre outros) a que estiver obrigada por força de lei ou de convenção ou acordo coletivo de trabalho, relativos a qualquer mês da prestação dos serviços e de qualquer empregado.

6. Fiscalização quando da extinção ou rescisão dos contratos

6.1 A contratada deverá entregar, até 10 (dez) dias após o último mês de prestação dos serviços (extinção ou rescisão do contrato), cópias autenticadas dos documentos abaixo relacionados:

6.1.1 termos de rescisão dos contratos de trabalho dos empregados prestadores de serviço, devidamente homologados, quando exigível pelo sindicato da categoria;

6.1.2 guias de recolhimento da contribuição previdenciária e do FGTS, referente às rescisões contratuais;

6.1.3 extratos dos depósitos efetuados nas contas vinculadas individuais do FGTS de cada empregado dispensado; e

6.1.4 exames médicos demissionais dos empregados dispensados.

6.2 A contratada poderá optar pela entrega de cópias não autenticadas, desde que acompanhadas de originais para conferência no local de recebimento.

7. Providências em caso de indícios de irregularidade

7.1 Em caso de indício de irregularidade no recolhimento das contribuições previdenciárias, os fiscais ou gestores de contratos de serviços com dedicação exclusiva de mão-de-obra deverão oficiar ao Ministério da Previdência Social e à Receita Federal do Brasil – RFB.

7.2 Em caso de indício de irregularidade no recolhimento do FGTS, os fiscais ou gestores de contratos de serviços com dedicação exclusiva de mão-de-obra deverão oficiar ao Ministério do Trabalho e Emprego.

ANEXO V
(Redação dada pela Instrução Normativa nº 6, de 23 de dezembro de 2013)

METODOLOGIA DE REFERÊNCIA DOS SERVIÇOS DE LIMPEZA E CONSERVAÇÃO

ÁREAS INTERNAS

1. DESCRIÇÃO DOS SERVIÇOS

Os serviços serão executados pelo contratado na seguinte frequência:

1.1 DIARIAMENTE, UMA VEZ, QUANDO NÃO EXPLICITADO:
1.1.1 Remover, com pano úmido, o pó das mesas, armários, arquivos, prateleiras, persianas, peitoris, caixilhos das janelas, bem como dos demais móveis existentes, inclusive aparelhos elétricos, extintores de incêndio, etc.
1.1.2. Lavar os cinzeiros situados nas áreas reservadas para fumantes;
1.1.3 Remover capachos e tapetes, procedendo a sua limpeza e aspirando o pó;
1.1.4 Aspirar o pó em todo o piso acarpetado;
1.1.5 Varrer, remover manchas e lustrar os pisos encerados de madeira;
1.1.6 Varrer, passar pano úmido e polir os balcões e os pisos vinílicos, de mármore, cerâmicos, de marmorite e emborrachados;
1.1.7 Varrer os pisos de cimento;
1.1.8 Abastecer com papel toalha, papel higiênico e sabonete líquido os sanitários, quando necessário;
1.1.9 Retirar o pó dos telefones com flanela e produtos adequados;
1.1.10. Limpar os elevadores com produtos adequados;
1.1.11 Passar pano úmido com álcool nos tampos das mesas e assentos dos refeitórios antes e após as refeições;
1.1.12 Realizar a separação dos resíduos recicláveis na fonte geradora e a sua destinação às associações e cooperativas dos catadores de materiais recicláveis, conforme Decreto nº 5.940, de 25 de outubro de 2006, procedida pela coleta seletiva de papel para reciclagem, quando couber, nos termos da legislação vigente;
1.1.13 Limpar os corrimãos;
1.1.14 Suprir os bebedouros com garrafões de água mineral, adquiridos pela Administração; e
1.1.15 Executar demais serviços considerados necessários à frequência diária.

1.2 DIARIAMENTE, DUAS VEZES, QUANDO NÃO EXPLICITADO:

1.2.1 Efetuar a lavagem de bacias, assentos e pias dos sanitários com saneante domissanitário desinfetante;
1.2.2 Limpar com saneantes domissanitários os pisos dos sanitários, copas e outras áreas molhadas; e
1.2.3 Retirar o lixo, acondicionando-o em sacos plásticos de cem litros, removendo-os para local indicado pela Administração.

1.3 SEMANALMENTE, UMA VEZ, QUANDO NÃO EXPLICITADO:

1.3.1 Limpar atrás dos móveis, armários e arquivos;
1.3.2 Limpar, com produtos adequados, divisórias e portas revestidas de fórmica;
1.3.3 Limpar, com produto neutro, portas, barras e batentes pintados à óleo ou verniz sintético;
1.3.4 Lustrar todo o mobiliário envernizado com produto adequado e passar flanela nos móveis encerados;
1.3.5 Limpar, com produto apropriado, as forrações de couro ou plástico em assentos e poltronas;
1.3.6 Limpar e polir todos os metais, como válvulas, registros, sifões, fechaduras, etc.;
1.3.7 Lavar os balcões e os pisos vinílicos, de mármore, cerâmicos, de marmorite e emborrachados com detergente, encerar e lustrar;
1.3.8 Passar pano úmido com saneantes domissanitários nos telefones;
1.3.9 Retirar o pó e resíduos, com pano úmido, dos quadros em geral; e
1.3.10 Executar demais serviços considerados necessários à frequência semanal.

1.4 SEMANALMENTE, DUAS VEZES, QUANDO NÃO EXPLICITADO:
1.4.1 Limpar os espelhos com pano umedecido em álcool.
1.5 MENSALMENTE, UMA VEZ:
1.5.1 Limpar todas as luminárias por dentro e por fora;
1.5.2 Limpar forros, paredes e rodapés;
1.5.3 Limpar cortinas, com equipamentos e acessórios adequados;
1.5.4 Limpar persianas com produtos adequados;
1.5.5 Remover manchas de paredes;
1.5.6 Limpar, engraxar e lubrificar portas, grades, basculantes, caixilhos, janelas de ferro (de malha, enrolar, pantográfica, correr, etc.); e
1.5.7 Efetuar revisão minuciosa de todos os serviços prestados durante o mês.

1.6 ANUALMENTE, UMA VEZ, QUANDO NÃO EXPLICITADO:

1.6.1 Efetuar lavagem das áreas acarpetadas previstas em contrato;
1.6.2 Aspirar o pó e limpar calhas e luminárias; e

1.7 ANUALMENTE, DUAS VEZES, QUANDO NÃO EXPLICITADO:

1.7.1 Lavar as caixas d'água dos prédios, remover a lama depositada e desinfetá-las.

ESQUADRIAS EXTERNAS

2. DESCRIÇÃO DOS SERVIÇOS

Os serviços serão executados pela contratada na seguinte frequência:

2.1 QUINZENALMENTE, UMA VEZ:

2.1.1 Limpar todos os vidros (face interna/externa), aplicando produtos anti-embaçantes.

2.2 SEMESTRALMENTE, UMA VEZ:

2.2.1 Limpar fachadas envidraçadas (face externa), em conformidade com as normas de segurança do trabalho, aplicando produtos anti-embaçantes.

ÁREAS EXTERNAS

3. DESCRIÇÃO DOS SERVIÇOS

Os serviços serão executados pela contratada na seguinte frequência:

3.1. DIARIAMENTE, UMA VEZ, QUANDO NÃO EXPLICITADO:

3.1.1. Remover capachos e tapetes, procedendo a sua limpeza;

3.1.2. Varrer, passar pano úmido e polir os pisos vinílicos, de mármore, cerâmicos, de marmorite e emborrachados;
3.1.3. Varrer as áreas pavimentadas;
3.1.4 Realizar a separação dos resíduos recicláveis na fonte geradora e a sua destinação às associações e cooperativas dos catadores de materiais recicláveis, conforme Decreto n$^{\circ}$ 5.940, de 25 de outubro de 2006, procedida pela coleta seletiva de papel para reciclagem, quando couber, nos termos da legislação vigente.
3.1.5 Executar demais serviços considerados necessários à frequência diária.

3.2 DIARIAMENTE, DUAS VEZES, QUANDO NÃO EXPLICITADO:

3.2.1. Retirar o lixo, duas vezes ao dia, acondicionando-o em sacos plásticos de cem litros, removendo-os para local indicado pela Administração.

3.3. SEMANALMENTE, UMA VEZ:

3.3.1. Limpar e polir todos os metais (torneiras, válvulas, registros, sifões, fechaduras, etc.);
3.3.2. Lavar com detergente, encerar e lustrar os pisos vinílicos, de mármore, cerâmicos, de marmorite e emborrachados;
3.3.3. Retirar papéis, detritos e folhagens das áreas verdes; e
3.3.4. Executar demais serviços considerados necessários à frequência semanal.

3.4. MENSALMENTE, UMA VEZ:

3.4.1 Lavar as áreas cobertas destinadas a garagem/estacionamento; e
3.4.2 Efetuar a capina e roçada, retirar de toda área externa plantas desnecessárias, cortar grama e podar árvores que estejam impedindo a passagem de pessoas.
3.4.2.1 Os serviços de paisagismo com jardinagem, adubação, aplicação de defensivos agrícolas não integram a composição de preços contemplados por esta Instrução Normativa, devendo receber tratamento diferenciado.

4. DEFINIÇÃO DE SANEANTES DOMISSANITÁRIOS

São substâncias ou materiais destinados à higienização, desinfecção domiciliar, em ambientes coletivos e/ou públicos, em lugares de uso comum e no tratamento da água, compreendendo:

4.1 Desinfetantes: destinados a destruir, indiscriminada ou seletivamente, microrganismos, quando aplicados em objetos inanimados ou ambientes;

4.2 Detergentes: destinados a dissolver gorduras e à higiene de recipientes e vasilhas, e a aplicações de uso doméstico;

4.3 São equiparados aos produtos domissanitários os detergentes e desinfetantes e respectivos congêneres, destinados à aplicação em objetos inanimados e em ambientes, ficando sujeitos às mesmas exigências e condições no concernente ao registro, à industrialização, à entrega, ao consumo e à fiscalização.

5. OBRIGAÇÕES E RESPONSABILIDADES DA CONTRATADA

A contratada, além do fornecimento da mão-de-obra, dos saneantes domissanitários, dos materiais e dos equipamentos, ferramentas e utensílios necessários para a perfeita execução dos serviços de limpeza dos prédios e demais atividades correlatas, obriga-se a:

5.1 assumir responsabilidade integral pelos serviços contratados, nos termos da legislação vigente;

5.2 selecionar e preparar rigorosamente os empregados que irão prestar os serviços, encaminhando elementos portadores de atestados de boa conduta e demais referências, tendo funções profissionais legalmente registradas em suas CTPS;

5.3 manter a disciplina nos locais dos serviços, retirando, no prazo máximo de vinte e quatro horas após a notificação, qualquer empregado cuja conduta seja tida como inconveniente pela Administração;

5.4 manter seu pessoal uniformizado, identificando-os através de crachás, com fotografia recente, e provendo-os dos Equipamentos de Proteção Individual - EPI;

5.5 manter sediados junto à Administração, durante os turnos de trabalho, elementos capazes de tomar decisões compatíveis com os compromissos assumidos;

5.6. manter todos os equipamentos e utensílios necessários à execução dos serviços em perfeitas condições de uso e substituir os danificados em até vinte e quatro horas. Os equipamentos elétricos devem ser dotados de sistemas de proteção, de modo a evitar danos à rede elétrica;

5.7. identificar todos os equipamentos, ferramentas e utensílios de sua propriedade, tais como aspiradores de pó, enceradeiras, mangueiras, baldes, carrinhos para transporte de lixo, escadas, entre outros, de forma a não serem confundidos com similares de propriedade da Administração;

5.8. implantar, de forma adequada, a planificação, execução e supervisão permanente dos serviços, de forma a obter uma operação correta e eficaz, realizando os serviços de forma meticulosa e constante, mantendo sempre em perfeita ordem todas as dependências objeto dos serviços;

5.9. nomear encarregados responsáveis pelos serviços, com a missão de garantir o bom andamento dos mesmos, os quais devem permanecer no local do trabalho, em tempo integral, fiscalizando e ministrando a orientação necessária aos executantes dos serviços. Estes encarregados terão a obrigação de reportarem-se, quando houver necessidade, ao responsável pelo acompanhamento dos serviços da Administração e tomar as providências pertinentes para que sejam corrigidas todas as falhas detectadas;

5.10. responsabilizar-se pelo cumprimento, por parte de seus empregados, das normas disciplinares determinadas pela Administração;

5.11. assumir todas as responsabilidades e tomar as medidas necessárias ao atendimento dos seus empregados, acidentados ou com mal súbito, por meio de seus encarregados;

5.12. cumprir, além dos postulados legais vigentes de âmbito federal, estadual, distrital ou municipal, as normas de segurança da Administração;

5.13. instruir os seus empregados quanto à prevenção de incêndios nas áreas da Administração;

5.14. registrar e controlar, juntamente com o preposto da Administração, diariamente, a assiduidade e a pontualidade de seu pessoal, bem como as ocorrências havidas;

5.15. fazer seguro de seus empregados contra riscos de acidentes de trabalho, responsabilizando-se, também, pelos encargos trabalhistas, previdenciários, fiscais e comerciais, resultantes da execução do contrato, conforme exigência legal;

5.16. prestar os serviços dentro dos parâmetros e rotinas estabelecidos, fornecendo todos os materiais, inclusive sacos plásticos para acondicionamento de detritos, equipamentos, ferramentas e utensílios em quantidade, em qualidade e com tecnologia adequadas, com a observância das recomendações aceitas pela boa técnica, normas e legislação;

5.17. adotar conduta adequada na utilização dos materiais, equipamentos, ferramentas e utensílios, objetivando a correta execução dos serviços;

5.18. executar os serviços em horários que não interfiram com o bom andamento da rotina de funcionamento da Administração;

5.19 adotar boas práticas de sustentabilidade baseadas na otimização e economia de recursos e na redução da poluição ambiental, tais como:

5.19.1 racionalização do uso de substâncias potencialmente tóxicas e/ou poluentes;

5.19.2 substituição, sempre que possível, de substâncias tóxicas por outras atóxicas ou de menor toxicidade;

5.19.3 uso de produtos de limpeza e conservação que obedeçam às classificações e especificações determinadas pela Agência Nacional de Vigilância Sanitária - ANVISA;

5.19.4 racionalização do consumo de energia elétrica e de água;

5.19.5 destinação adequada dos resíduos gerados nas atividades de limpeza, asseio e conservação;

5.19.6 utilização, na lavagem de pisos, sempre que possível, de água de reuso ou outras fontes (águas de chuva e poços), desde que certificada de não contaminação por metais pesados ou agentes bacteriológicos, minas e outros;

5.19.7 treinamento periódico dos empregados sobre práticas de sustentabilidade, em especial sobre redução de consumo de energia elétrica, de consumo de água e destinação de resíduos sólidos, observadas as normas ambientais vigentes; e

5.19.8 observação da Resolução CONAMA (Conselho Nacional do Meio Ambiente) nº 20, de 7 de dezembro de 1994, quanto aos equipamentos de limpeza que gerem ruído no seu funcionamento;

5.20 desenvolver ou adotar manuais de procedimentos de descarte de materiais potencialmente poluidores, tais como pilhas e baterias dispostas para descarte que contenham em suas composições chumbo, cádmio, mercúrio e seus compostos, em estabelecimentos que as comercializam ou na rede de assistência técnica autorizada pelas respectivas indústrias, para repasse aos fabricantes ou importadores, conforme disposto na legislação vigente;

5.21 conferir o tratamento previsto no item anterior a lâmpadas fluorescentes e frascos de aerossóis em geral. Estes produtos, quando descartados, deverão ser separados e acondicionados em recipientes adequados para destinação específica;

5.22 encaminhar os pneumáticos inservíveis abandonados ou dispostos inadequadamente aos fabricantes, para destinação final, ambientalmente adequada.
5.23 observar, quando da execução dos serviços, as práticas de sustentabilidade previstas na Instrução Normativa nº 1, de 19 de janeiro de 2010, no que couber.

6. OBRIGAÇÕES DA ADMINISTRAÇÃO
A Administração obriga-se a:
6.1. exercer a fiscalização dos serviços por intermédio de servidores especialmente designados, na forma prevista na Lei nº 8.666, de 1993;
6.2. disponibilizar instalações sanitárias;
6.3. disponibilizar vestiários com armários guarda-roupas; e
6.4. destinar local para guarda dos saneantes domissanitários, materiais, equipamentos, ferramentas e utensílios.

7. FISCALIZAÇÃO E CONTROLE
Não obstante a contratada seja a única e exclusiva responsável pela execução de todos os serviços, a Administração reserva-se o direito de, sem que, de qualquer forma, restrinja a plenitude desta responsabilidade, exercer a mais ampla e completa fiscalização sobre os serviços, diretamente ou por prepostos designados, podendo, para isso:
7.1. ordenar a imediata retirada do local, bem como a substituição, de empregado da contratada que estiver sem uniforme ou crachá, que embaraçar ou dificultar a sua fiscalização ou cuja permanência na área, a seu exclusivo critério, julgar inconveniente;
7.2. examinar as CTPS dos empregados colocados a seu serviço, para comprovar o registro de função profissional; e
7.3. solicitar à contratada a substituição de qualquer saneante domissanitário ou equipamento cujo uso considere prejudicial à boa conservação de seus pertences, equipamentos ou instalações, ou, ainda, que não atendam às necessidades da Administração.

8. TABELA DE ÁREAS E ENDEREÇOS
Os serviços de limpeza e conservação serão prestados nas dependências das instalações da Administração, conforme Tabelas de Locais constantes de anexo próprio.

ANEXO VI
(Redação dada pela Instrução Normativa nº 6, de 23 de dezembro de 2013)

CONTA VINCULADA PARA A QUITAÇÃO DE OBRIGAÇÕES TRABALHISTAS

1. As provisões realizadas pela Administração contratante para o pagamento dos encargos trabalhistas de que tratam este Anexo, em relação à mão-de-obra das empresas contratadas para prestar serviços de forma contínua, por meio de dedicação exclusiva de mão-de-obra, serão destacadas do valor mensal do contrato e depositadas em conta vinculada em instituição bancária, bloqueada para movimentação e aberta em nome da empresa.
1.1 A movimentação da conta vinculada dependerá de autorização do órgão ou entidade contratante e será feita exclusivamente para o pagamento dessas obrigações.
1.2 O montante do depósito vinculado será igual ao somatório dos valores das seguintes provisões:
I - 13º (décimo terceiro) salário;
II - férias e um terço constitucional de férias;
III - multa sobre o FGTS e contribuição social para as rescisões sem justa causa; e
IV - encargos sobre férias e 13º (décimo terceiro) salário.
1.3 O órgão ou entidade contratante deverá firmar acordo de cooperação com instituição bancária, o qual determinará os termos para a abertura da conta corrente vinculada.
2. A assinatura do contrato de prestação de serviços entre o órgão ou entidade contratante e a empresa vencedora do certame será precedida dos seguintes atos:
2.1. solicitação do órgão ou entidade contratante, mediante ofício, de abertura de conta corrente vinculada bloqueada para movimentação, no nome da empresa, conforme disposto no item 1;
2.2. assinatura, pela empresa a ser contratada, no ato da regularização da conta corrente vinculada, de termo específico da instituição financeira que permita ao órgão ou entidade contratante ter acesso aos saldos e extratos, e que vincule a movimentação dos valores depositados à sua autorização.
3. O saldo da conta vinculada será remunerado pelo índice da poupança ou outro definido no acordo de cooperação, observada a maior rentabilidade.
4. Os valores referentes às provisões de encargos trabalhistas mencionados no item 1.2, depositados em conta vinculada, deixarão de compor o valor mensal a ser pago diretamente à empresa.
5. Os editais deverão conter expressamente as regras previstas neste Anexo e um documento de autorização para a criação da conta vinculada, que deverá ser assinado pela contratada, nos termos do art. 19-A desta Instrução Normativa.
6. A empresa contratada poderá solicitar a autorização do órgão ou entidade contratante para utilizar os valores da conta vinculada para o pagamento de eventuais indenizações trabalhistas aos empregados, decorrentes de situações ocorridas durante a vigência do contrato.
6.1 Para a liberação dos recursos da conta vinculada para o pagamento de eventuais indenizações trabalhistas aos empregados, decorrentes de situações ocorridas durante a vigência do contrato, a empresa deverá apresentar ao órgão ou entidade contratante os documentos comprobatórios da ocorrência das obrigações trabalhistas e seus respectivos prazos de vencimento.

6.2 Após a confirmação da ocorrência da situação que ensejou o pagamento de indenização trabalhista e a conferência dos cálculos, o órgão ou entidade contratante expedirá a autorização para a movimentação da conta vinculada e a encaminhará à instituição financeira no prazo máximo de 5 (cinco) dias úteis, a contar da data da apresentação dos documentos comprobatórios pela empresa.

6.3 A autorização de que trata o item 6.2 deverá especificar que a movimentação será exclusiva para o pagamento das indenizações trabalhistas aos trabalhadores favorecidos.

7. A empresa deverá apresentar ao órgão ou entidade contratante, no prazo máximo de 3 (três) dias úteis, contados da movimentação, o comprovante das transferências bancárias realizadas para a quitação das obrigações trabalhistas.

8. O saldo remanescente da conta vinculada será liberado à empresa, no momento do encerramento do contrato, na presença do sindicato da categoria correspondente aos serviços contratados, após a comprovação da quitação de todos os encargos trabalhistas e previdenciários relativos ao serviço contratado.

9. Os valores provisionados para atendimento do item 1.2 serão discriminados conforme tabela abaixo:

10. A Administração poderá utilizar como referência para fins de provisão dos encargos sociais e trabalhistas o modelo de Planilha disponível no Portal Comprasnet, devendo adaptá-lo às especificidades dos serviços a ser contratado.

Este texto não substitui o publicado no DOU nº 250, Seção 1, de 26 de dezembro de 2013 com retificação publicada no DOU nº 252, Seção 1, de 30 de dezembro de 2013.

RESERVA MENSAL PARA O PAGAMENTO DE ENCARGOS TRABALHISTAS -
PERCENTUAIS INCIDENTES SOBRE A REMUNERAÇÃO

ITEM			
13º (décimo terceiro) salário	8,33% (oito vírgula trinta e três por cento)		
Férias e 1/3 Constitucional	12,10% (doze vírgula dez por cento)		
Multa sobre FGTS e contribuição social sobre o aviso prévio indenizado e sobre o aviso prévio trabalhado	5,00 % (cinco por cento)		
Subtotal	25,43% (vinte e cinco vírgula quarenta e três por cento)		
Incidência do Submódulo 4.1 sobre férias, um terço constitucional de férias e 13º (décimo terceiro) salário*	7,39% (sete vírgula trinta e nove por cento)	7,60% (sete vírgula seis por cento)	7,82% (sete vírgula oitenta e dois por cento)
Total	32,82% (trinta e dois vírgula oitenta e dois por cento)	33,03% (trinta e três vírgula zero três por cento)	33,25% (trinta e três vírgula vinte e cinco por cento)

* Considerando as alíquotas de contribuição de 1% (um por cento), 2% (dois por cento) ou 3% (três por cento) referentes ao grau de risco de acidente do trabalho, previstas no art. 22, inciso II, da Lei nº 8.212, de 24 de julho de 1991.

ANEXO VII

(Redação dada pela Instrução Normativa n° 6, de 23 de dezembro de 2013)

MODELO DE DECLARAÇÃO

DECLARAÇÃO DE CONTRATOS FIRMADOS COM A INICIATIVA PRIVADA E A ADMINISTRAÇÃO PÚBLICA

Declaro que a empresa _____,
inscrita no CNPJ (MF) n° _____, inscrição estadual n° _____, estabelecida em _____, possui os seguintes contratos firmados com a iniciativa privada e a administração pública:

Nome do Órgão/Empresa	Vigência do Contrato	Valor total do contrato
_____	_____	_____
_____	_____	_____
_____	_____	_____
_____	_____	_____

Valor total dos Contratos   R$ _____

Local e data

_____
Assinatura e carimbo do emissor

Observação:
Além dos nomes dos órgãos/empresas, o licitante deverá informar também o endereço completo dos órgãos/empresas, com os quais tem contratos vigentes.

BIBLIOGRAFIA

AMARAL, Antonio Carlos Cintra do. Duração dos contratos administrativos. Ato administrativo, licitações e contratos administrativos.

AMARAL, Antônio Carlos Cintra do. Os conceitos de reajuste, revisão e correção monetária de preços nos contratos administrativos. *Revista Trimestral de Direito Público*. São Paulo, v. 15, jul. 1996.

AMORIM, Helder Santos. Terceirização no serviço público: uma análise à luz da nova hermenêutica constitucional. São Paulo: LTr, 2009.

AMORIM. O valor do orçamento no pregão. *Correio Braziliense*, 18 jun. 2001. Caderno Direito e Justiça.

ARRUDA, Kelly de. Visita técnica - Aspectos gerais e ponderações feitas pelo TCU. *Revista Zênite* - Informativo de Licitações e Contratos (ILC). Curitiba: Zênite, n. 241, p. 238-244, mar. 2014.

AULETE. Dicionário contemporâneo da língua portuguesa: digital.

BACELLAR FILHO, Romeu Felipe. Direito Administrativo.

BARBOSA. Os termos de parceria como alternativa aos convênios: aspectos jurídicos. In: SZAZI. Terceiro setor.

BARKI, Tereza. Oficina de Serviços de Limpeza. <www.agu.gov.br/page/download/index/id/15177172>.

BETIOL, Luciana. Licitações sustentáveis: o poder de compra do governo em prol da sustentabilidade. <http://construcaomercado.pini.com.br/negocios-incorporacao-construcao/90/artigo284260-1.aspx>.

BITTENCOURT, Sidney. As licitações públicas e o estatuto nacional das microempresas. 2. ed. Fórum, 2010.

BITTENCOURT, Sidney. Licitação Passo a Passo. 6. ed., Fórum, 2010.

BITTENCOURT, Sidney. Licitação Passo a Passo. 7. ed., Fórum, 2014.

BITTENCOURT, Sidney. A participação de cooperativas em licitações públicas. Ed. Temas & Ideias.

BITTENCOURT, Sidney. A questão da duração do contrato administrativo. Revista Diálogo Jurídico, ano I, n. 9, dezembro de 2001 - Salvador - BA - Brasil. <http://www.direitopublico.com.br/pdf_9/DIALOGO-JURIDICO-09-DEZEMBRO-2001-SIDNEY-BITTENCOURT.pdf>.

BITTENCOURT, Sidney. As licitações públicas e o Estatuto Nacional das Microempresas. 2. ed., Belo Horizonte: Fórum, 2010.

BITTENCOURT, Sidney. Licitações de Tecnologia da Informação, Ed. JHMizuno, 2014.

BITTENCOURT, Sidney. Licitações Sustentáveis – O uso do poder de compra do Estado fomentando o desenvolvimento nacional sustentável. Ed. Del Rey, 2014.

BITTENCOURT, Sidney. Pregão Eletrônico. 3. ed., Ed. Fórum.

BITTENCOURT, Sidney. Pregão Presencial. Ed. Fórum.

BITTENCOURT, Sidney. Questões polêmicas sobre licitações e contratos administrativos. 2. ed., atual. e ampl. com novos artigos.

BOTELHO, Georgeanne Lima Gomes. Elaboração de Termo de Referência. Disponível em: <http://www7.tjce.jus.br/portal-conhecimento/wp-content/uploads/2013/11/Elaboracao_de_Termo_de_Referencia.pdf>.

BRANDÃO, Mariana Wolfenson Coutinho. Terceirização ilícita. Disponível em: http://www.ambito-juridico.com.br/site/index.php?n_link=revista_artigos_leitura&artigo_id=8537

BRUNO, Reinaldo Moreira. Habilitação preliminar nas licitações. Disponível em: <http://www.amdjus.com.br/doutrina/administrativo/106.htm>.

CAMARÃO, Tatiana. A elaboração de Projetos Básicos e Termo de Referência: A observância de padrões de Sustentabilidade. Palestra realizada em Belo Horizonte em 19 de junho de 2012.

CARELLI. Cooperativas de mão de obra: manual contra a fraude.

CARVALHO FILHO. Manual de Direito Administrativo. 23. ed., Lumen Juris.

CHARLES, Ronny. Leis de Licitações Públicas comentadas. 3. ed., Juspodivm.

CHAVES, Luiz Cláudio de Azevedo. Contratos de terceirização. Fixação dos salários das categorias acima do piso mínimo fixado na convenção ou acordo coletivo de trabalho. Prorrogação. Pesquisa de preços. Desnecessidade. Aplicação da in 06/2013. Revista JML – Licitações e Contratos – n. 32, jul./set. 2014.

CHIARADIA, Benedito. O novo Código Civil e os contratos administrativos da Lei nº 8.666/93.

CHIAVENATO. Teoria geral da administração.

COELHO, Fábio Ulhoa. Manual de Direito Comercial: Direito de Empresa, 18. ed., São Paulo: Saraiva, 2007.

CORRÊA, Davi Beltrão de Rossiter. Conta vinculada para a quitação de obrigações trabalhistas. Disponível em: <http://jus.com.br/artigos/18712>.

CRETELLA JÚNIOR. Das licitações públicas: comentários à nova Lei Federal nº 8.666, de 21.6.1993. 4. ed., Forense.

DE VITA, Pedro Henrique Braz. A contratação de serviços de vigilância em conjunto com a instalação e manutenção de equipamentos de vigilância eletrônica. Disponível em: <http://www.zenite.blog.br/a-contratacao-de-

servicos-de-vigilancia-em-conjunto-com-a-instalacao-e-manutencao-de-equipamentos-de-vigilancia-eletronica/#.VB3DG_ldXwg>.

DI PIETRO, Maria Sylvia Zannella. Parcerias na Administração Pública. Ed. Atlas.

FERNANDES, Jorge Ulisses Jacoby. Responsabilidade fiscal na função do ordenador de despesa; na terceirização de mão de obra; na função do controle administrativo. Brasília: Ed. Brasília Jurídica, 2001.

FERNANDES, Luciana Fernandes. Reforma do Estado e terceiro setor.

FERRAREZI; REZENDE. OSCIP – Organização da Sociedade Civil de Interesse Público: a Lei nº 9.790/99 como alternativa para o terceiro setor.

FERRAZ. Função regulatória da licitação. Revista Eletrônica de Direito Administrativo Econômico – REDAE.

FIGUEIREDO. Direitos dos licitantes. 4. ed.

FREITAS, Juarez. Licitações e sustentabilidade: ponderação obrigatória dos custos e benefícios sociais, ambientais e econômicos. Interesse Público – IP. Belo Horizonte, ano 13, n. 70, p. 1537, nov./dez. 2011.

FRIEDRICH, Laercio Rogerio; PAES, Israel Oliveira. Precificação de prestadora de serviços para processo licitatório do governo federal. Disponível em: <http://online.unisc.br/acadnet/anais/index.php/salao_ensino_extensao/article/view/11123/0>.

GALARDA, Carlos. Licitações - Técnica e Preço. Ed. Juruá.

GARCIA, Flávio Amaral; RIBEIRO, Leonardo Coelho. Licitações públicas sustentáveis. *Revista de Direito Administrativo* - RDA, Rio de Janeiro, v. 260, p. 231-254, mai./ago. 2012.

GASPARINI, Diógenes. Direito Administrativo. 7. ed., São Paulo: Saraiva, 2002.

GUASQUE, Luiz Fabião. Manual das Fundações e ONGs. Ed. Freitas Bastos.

JUSTEN FILHO, Marçal. Comentários à Lei de Licitações e Contratos Administrativos. 12. ed., São Paulo: Dialética, 2008.

LEIRIA, Jerônimo Souto; SOUTO, Carlos Fernando; SARATT, Newton Dornelles; e LA PORTA, Sylvia. Terceirização passo a passo - o caminho para a administração pública e privada, Sagra-DC Luzzato Editores.

LIMA, SAMPAIO. As propostas apresentadas pelas cooperativas e seu verdadeiro ônus para a administração. ILC – Informativo de Licitações e Contratos, v. 7, n. 76.

LUÍS, Mauro Scheer. Não basta ter legalidade é preciso que a cooperativa tenha legitimidade. Valor Econômico, 24.8.2012.

LUNELLI, Rômulo Gabriel M. Da vedação da participação de cooperativas em licitações. Disponível em: <http://jus.com.br/artigos/27623/da-vedacao-da-participacao-de-cooperativas-em-licitacoes>.

MEIRELLES, Hely Lopes. Direito Administrativo Brasileiro. 20. ed., Malheiros.

MEIRELLES, Hely Lopes. Licitação e Contrato Administrativo, 11. ed. (atualizada por Eurico de Andrade Azevedo e Célia Marisa Prendes), Malheiros, 1996.

MENDES, Renato Geraldo. Lei de Licitação e Contratos Anotada, 4. ed., Zênite.

MOREIRA NETO, Diogo de Figueiredo. Curso de direito administrativo. Ed. Forense.

MOTTA, Carlos Pinto Coelho. Eficácia nas licitações e contratos: comentários à Lei nº 8.666/93, alterada pela Lei nº 8.883/94. 10. ed.

MOTTA, Carlos Pinto Coelho. Eficácia nas Licitações e Contratos. 7. ed., Del Rey.

MOTTA, Carlos Pinto Coelho. Os efeitos das regulamentações complementares na condução dos pregões. *Revista do Tribunal de Contas do Estado de Minas Gerais,* abr./mai./jun. 2010, v. 75, n. 2.

MUKAI, Toshio. As prorrogações nos serviços contínuos são facultativas? Disponível em: <http://novo.licitacao.uol.com.br/apoio-juridico/artigos/17-as-prorrogacoes-nos-servicos-continuos-sao-facultativas.html?showall=&start>.

MUKAI, Toshio. E ainda se legisla por portarias e/ou instruções normativas. Boletim Legislativo Adcoas, v. 30, n. 1.

MUKAI, Toshio. O novo estatuto jurídico das licitações e contratos públicos: comentários à Lei nº 8.666, de 21.6.1993.

NARDES, Carlos Juliano Ribeiro. A terceirização no serviço público: entendimentos distintos. Disponível em: <http://www.conteudojuridico.com.br/monografia-tcc-tese,a-terceirizacao-no-servico-publico-entendimentos-distintos,29081.html>.

NÓBREGA, Airton Rocha. Encargos trabalhistas em contratos administrativos. Jus Navigandi, Teresina, ano 5, n. 49, fev. 2001. Disponível em: <http://jus2.uol.com.br/doutrina/texto.asp?id=1172>. Acesso em: 17 fev. 2009.

OLIVEIRA, Ivo Ferreira de. Diligências nas licitações públicas. Ed. JM.

OLIVEIRA, MÂNICA. Organizações da sociedade civil de interesse público: termos de parceria e licitação. Fórum Administrativo – FA.

PACHECO FILHO, Ary Braga. O projeto básico como elemento de responsabilidade na gestão pública. ILC – Informativo de Licitações e Contratos. Curitiba, n. 159.

PAES, José Sabo. Terceiro setor e Estado: legitimidade e regulação por um novo marco jurídico.

PELLENZ, Fernando; SPINELLI, Luis Felipe; TELLECHEA, Rodrigo. Cooperativas e recuperação judicial. Jornal Valor Econômico, 26.6.2014.

PEREIRA JUNIOR, Jessé Torres. Comentários à lei de Licitações e Contratações da Administração Pública. 7. ed., Renovar, 2007.

PEREIRA JUNIOR, Jessé Torres; DOTTI, Marinês Restelatto. A responsabilidade dos fiscais da execução do contrato administrativo. *Fórum de Contratação e Gestão Pública – FCGP*, Belo Horizonte, ano 10, n. 120, p. 9-26, dez. 2011.

PEREIRA JÚNIOR, Jessé Torres; DOTTI, Marinês Restelatto. Políticas Públicas nas Licitações e Contratações Administrativas, 2. ed., Belo Horizonte: Fórum, 2012.

PEREIRA, Francisco José de Andrade. Regras e diretrizes para a contratação de serviços, continuados ou não, na Administração Federal. Ed. Schoba.

PERSECHIN, Silvia Ferreira. Disponível em: <http://www.homerocosta.com.br/cpanel/arquivos/OSCIP_e_LICITACAO.htm>.

PESSOA, Robertônio. Alerta! A "nova Administração Pública". Disponível em: <http://jus2.uol.com.br/doutrina/texto.asp?id=318>).

PINHEIRO, Patrícia Peck. O Acordo de Nível de Serviço (ANS) na Administração Pública. Disponível em: <http://www.pppadvogados.com.br/Publicacoes.aspx?v=1&nid=313>.

RAMOS, Dora Maria de Oliveira. A *Terceirização na Administração Pública*. São Paulo: LTr, 2001.

REGULES. Terceiro setor: regime jurídico das OSCIPs.

REQUIÃO, Rubens. Curso de direito comercial, 25. ed. rev. e atual. por Rubens Edmundo Requião. São Paulo: Saraiva, 2008, v. II.

RIGOLIN, Ivan Barbosa. Serviço intelectual se licita por pregão? Disponível em: <http://www.acopesp.org.br/artigos/Dr.%20Ivan%20Barbosa%20Rigolin/artigo%20164.pdf>.

RIGOLIN, Ivan Barbosa; BOTTINO, Marco Tullio. Manual prático das licitações: Lei nº 8.666/93. 5. ed. rev. e atual.

RIGOLIN, Ivan Barbosa. Serviço intelectual se licita por pregão. *Revista Zênite* - Informativo de Licitações e Contratos - ILC, **n. 239, jan. 2014.**

ROCHA. Terceiro setor, 2. ed.

ROVER, Oscar José. Noções básicas de planejamento. Disponível em: <www.ufcg.edu.br/~cedrus/.../nocoes_basicas_de_planejamento.rtf>.

RUBIN, Gleisson Cardoso. Disponível em: <http://www.sdh.gov.br/sobre/licitacoes/pdf/licitacoes-concluidas/concluida_99_decisao-de-recurso>.

SAMPAIO, Ricardo Alexandre. <http://www.zenite.blog.br/a-fixacao-de-criterios-de-sustentabilidade-para-as-contratacoes-publicas-dever-legal/>.

SAMPAIO, Ricardo Alexandre. A nova Lei n° 8.666/93. ILC. Zênite.

SAMPAIO, Ricardo Alexandre. A responsabilidade subsidiária trabalhista e o dever de a administração contratante adotar medidas efetivas que afastem o prejuízo dos trabalhadores no caso de inadimplemento da contratada. Disponível em: <http://jus.com.br/artigos/24728/a-responsabilidade-subsidiaria-trabalhista-e-o-dever-de-a-administracao-contratante-adotar-medidas-efetivas-que-afastem-o-prejuizo-dos-trabalhadores-no-caso-de-inadimplemento-da-contratada#ixzz349jx9NFC>.

SAMPAIO, Ricardo Alexandre. Acórdão n° 210/2011 – Plenário do TCU confirma conclusões formadas no Seminário Nacional "CONTRATAÇÃO DE TECNOLOGIA DA INFORMAÇÃO DE ACORDO COM A NOVA IN N° 04/10 E O DECRETO N° 7.174/10"- <www.zenite.blog.br/acordao-n°-2102011---plenario-do-tcu-confirma-conclusoes-formadas-no-seminario-nacional-"contratacao-de-tecnologia-da-informacao-de-acordo-com-a-nova-in-n°-0410-e-o-decreto/#.UZ43KyL7XRQ>.

SAMPAIO, Ricardo Alexandre. Serviços de limpeza e vigilância - Dispensa - Emergência - Observância dos valores definidos nas portarias do Ministério do Planejamento - Necessidade. *Revista Zênite* - Informativo de Licitações e Contratos - ILC. Curitiba: Zênite, n. 229, p. 290, mar. 2013, seção Perguntas e Respostas.

SANTANA, Jair Eduardo. Licitação e Contratação de Serviços Continuados ou Não - A Instrução Normativa 02/2008 – SLTI/MPOG. Disponível em: <http://transparencia.pi.gov.br/phocadownload/Legislacao_Controle_Interno/Instrucoes_Normativas/in02_np.pdf>.

SANTANA, Jair Eduardo. Pregão Presencial e Eletrônico: manual de implantação, operacionalização e controle. 2. ed., Belo Horizonte: Fórum, 2008.

SANTOS. Licitação e terceiro setor. *Revista Zênite* - Informativo de Licitações e Contratos - ILC, p. 354-366.

SILVA FILHO, Milton da Cunha da. Parecer s/n°, AJDADM, de 13.4.2014.

SILVA, Erivan da. O uso do poder de compra do Estado como instrumento de política pública: a Lei Complementar n° 123/2006, sua implementação.

SILVA, Maria das Graças Bigal Barboza da; SILVA, Ana Maria Viegas da. Terceiro Setor, Gestão das Entidades Sociais (ONG – OSCIP – OS). Ed. Fórum.

SOUTO, Marcos Juruena Villela. Direito administrativo das parcerias. Rio de Janeiro: Lumen Juris, 2005.

SOUTO, Marcos Juruena Villela. Licitações e contratos administrativos, v. 1.

SZKLAROWSKY, Leon Frejda. Duração do contrato administrativo. <http://www.ambito-juridico.com.br/site/index.php?n_link=revista_artigos_leitura&artigo_id=2150>.

TEIXEIRA JUNIOR, Amilcar Barca; CIOTTI, Lívio Rodrigues. A Participação de Cooperativas em Procedimentos Licitatórios. Mandamentos, 2002.

TORRES, Ronny Charles Lopes de. Terceiro Setor – Entre a liberdade e o controle. Ed. Juspodivm.

VARESCHINI, Julieta Mendes Lopes. Licitações e Contratos no Sistema S. 5. ed., Ed. JML.

VARESCHINI, Julieta Mendes Lopes. Gestão de contratos: inadimplência da contratada dos encargos trabalhistas e a retenção do pagamento à luz do novo entendimento do TCU. Disponível em: <http://www.jmleventos.com.br/images/artigos/JML_EVENTOS_ARTIGO_GESTAO_DE_CONTRATOS.pdf>.

VIANNA, Flavia Daniel. Ferramenta contra o fracionamento ilegal de despesa.

VIEIRA, Agostinho. O embrulho é verde, mas a nota é vermelha: economia verde. *O Globo.*

VITA, Pedro Henrique Braz de. A disciplina da Conta Vinculada na IN nº 02/2008. Disponível em: <http://www.zenite.blog.br/a-disciplina-da-conta-vinculada-na-in-n%C2%BA-022008/#.U7_0YfldXwg>.

XAVIER, Bruno de Aquino Parreira. Licitações públicas e a participação de cooperativas. Disponível em: <http://jus.com.br/artigos/3287/licitacoes-publicas-e-a-participacao-de-cooperativas>.

VISITE NOSSO SITE E CONHEÇA ESTES E OUTROS LANÇAMENTOS
www.matrixeditora.com.br

Busque e Destrua
Conheça o outro lado da história – o livro não autorizado que o Google não quer que você leia. Em *Busque e Destrua*, Scott Cleland detalha por que a empresa mais poderosa do mundo não é quem demonstra ser. Informação é poder, e, no caso do Google, poder é influenciar e controlar praticamente tudo o que passa pela internet. Cleland prova que a marca número 1 do mundo não é digna de confiança. Ele revela a agenda política oculta da empresa e como sua famigerada missão de organizar a informação do mundo é destrutiva e errada.

Coaching Líder Transformador
Neste livro em forma de caixinha estão 100 perguntas práticas para desenvolver as habilidades e o *mindset* – aquelas características psicológicas muito específicas, dessas que não se ensinam nas escolas de negócio. Você vai rever sua maneira de liderar e vai se tornar um líder transformador, com alto nível de energia e determinação.

O Filho da Crise
O Filho da Crise relata a trajetória de Marco Stefanini, dono da Stefanini IT Solutions, que, a partir do zero, construiu um grupo que hoje fatura R$ 1,2 bilhão por ano e está presente em 28 países. No entanto, esse não é um livro apenas sobre um empresário ou o mercado de tecnologia. Ele revela algo sobre a própria natureza do ser humano, suas limitações e possibilidades. É um pouco da história e do perfil de cada brasileiro.

Curso Prático de Convênios com Ênfase no Sistema Federal de Gestão Siconv
Nessa obra você vai ver, de maneira prática, como realizar transferências de recursos federais por meio de instrumentos de convênio, tanto nas questões legais quanto nas técnico-operacionais do Sistema de Gestão de Convênios e Contratos de Repasse – Siconv. Um livro que apresenta os detalhes das funcionalidades, para que o interessado possa utilizar o Siconv da maneira correta. Se você é operador que transfere ou recebe recursos públicos por meio dos instrumentos de transferência, é uma obra indispensável para o seu dia a dia.

facebook.com/MatrixEditora